张海鹏 著

第六卷
序与跋

张海鹏文集

社会科学文献出版社
SOCIAL SCIENCES ACADEMIC PRESS (CHINA)

目　录

一

《武昌起义档案资料选编》编辑说明 …………………………………… 003
《简明中国近代史图集》前言 …………………………………………… 006
《中国近代史稿地图集》前言 …………………………………………… 011
《卓越使者》卷首语 ……………………………………………………… 014
《第二届近百年中日关系史国际研讨会论文集》后记 ………………… 015
《追求集》自序 …………………………………………………………… 017
《追求集》后记 …………………………………………………………… 018
《中国近代史（1840—1949）》前言 …………………………………… 020
《中葡关系史资料集》序言 ……………………………………………… 027
《二十世纪中国·政坛风云卷》序言 …………………………………… 031
《刘大年集》编辑前言 …………………………………………………… 035
《国耻百谈》序言 ………………………………………………………… 038
《日本历史教科书问题评析》序言 ……………………………………… 041
《中国近代史研究》序言 ………………………………………………… 043
《中国近代史论著目录（1979—2000）》序言 ………………………… 046
《东厂论史录》跋 ………………………………………………………… 051
《中国历史上的西部开发——2005年国际学术研讨会论文集》序言 … 058
《张海鹏集》前言 ………………………………………………………… 061
《辛亥革命史话》再版后记 ……………………………………………… 063

"中国社会科学院台湾史研究中心丛刊"总序 …………………… 064
《台湾简史》《台湾史稿》序言 …………………………………… 066
《湘籍辛亥革命先驱墨迹诗文选集》序言 ………………………… 070
《张海鹏自选集》自序 ……………………………………………… 074
《中国近代史基本问题研究》后记 ………………………………… 076
《台湾历史研究》发刊词 …………………………………………… 078
"历史学者眼中的毛泽东"小丛书总序 …………………………… 081
《刘大年诗集》编者絮语 …………………………………………… 085
《刻骨铭心的抗日战争》序 ………………………………………… 094
"抵御外侮——中华英豪传奇"丛书总序 ………………………… 109
《台湾光复史料汇编》编辑说明 …………………………………… 111
《刘大年全集》出版说明 …………………………………………… 114
《简明中国近代史读本》前言 ……………………………………… 118
藏语系佛学院《中国近现代史》教材（初级班、中级班）序言 … 124

二

《张西曼文集》跋 …………………………………………………… 129
《刘大年存当代学人手札》跋 ……………………………………… 132
《民国军阀书系》序言 ……………………………………………… 134
《陆荣廷新论》序 …………………………………………………… 136
《陈明侯将军》序 …………………………………………………… 138
《佗城开基客安家》序 ……………………………………………… 142
《甲午战前钓鱼列屿归属考》（日文版）序 ……………………… 144
《张国淦文集》序 …………………………………………………… 147
《中国社会科学院近代史研究所研究人员著述
　目录（1950—2000）》前言 …………………………………… 149
《中国社会科学院近代史研究所青年学术论坛
　（1999年卷）》序言 …………………………………………… 153
《张学良世纪风采》序言 …………………………………………… 156

《七七事变前的日本对华政策》序言 …………………… 160
《幸运的人》（中文版）序 …………………… 162
《中国社会科学院近代史研究所青年学术论坛（2000年卷）》序言 …… 166
《毒品问题与近代中国》序 …………………… 169
《中国近代工人阶级和工人运动》序言 …………………… 172
《中国社会科学院近代史研究所青年学术论坛（2001年卷）》序言 …… 176
《中俄关系中文文献目录（17—20世纪）》前言 …………………… 180
《从"笔谈外交"到"以史为鉴"——中日近代关系史探析》序 …… 182
《故纸堆》序 …………………… 187
《北京的莫理循》中译本序 …………………… 193
《张国淦文集续编》序 …………………… 196
《百年中国社会图谱》序 …………………… 198
《南三岛志》序言 …………………… 200
《严复与中国近代文化》序 …………………… 205
"中国社会科学院近代史研究所专刊"总序 …………………… 207
《张之洞与清末新政研究》序 …………………… 209
《中国社会科学院近代史研究所青年学术论坛（2002年卷）》序言 …… 211
《第三种力量与抗战时期的中国政治》序 …………………… 216
《近代中国与世界——第二届近代中国与世界学术
　　讨论会论文集》序言 …………………… 220
《保定历代史事长编》序 …………………… 225
《中葡关系史（1513—1999）》序 …………………… 228
《伟大的爱国者张学良》序 …………………… 236
《金石铭刻的澳门史——明清澳门庙宇碑刻钟铭集录研究》序言 …… 241
《中国工人运动图史》序言 …………………… 244
《日据时期台湾警察制度研究》序言 …………………… 250
《中国近代史学科体系形成的评析》序言 …………………… 253
《滇缅抗战纪实》序言 …………………… 255
《清代台湾军事与社会》序言 …………………… 257

《圆明园西洋楼景区的园林建筑与精致文化》序 ……………… 259
《日据时期台湾总督府经济政策研究（1895—1945）》序言 265
《刘大年传》跋 …………………………………………………… 268
《曾国藩传》序言 ………………………………………………… 284
《教育改造与改造教育》序言 …………………………………… 289
《一代宗师　布衣学者——罗尔纲先生传》序 ………………… 295
《台湾史》序 ……………………………………………………… 299
《庆阳通史》序 …………………………………………………… 301
《辛亥革命江苏地区史料合集》序 ……………………………… 305
《黄炎培与国民参政会》序 ……………………………………… 308
《北洋集团与晚清政局》序 ……………………………………… 311
《台湾　台湾》序 ………………………………………………… 314
《赫德与晚清中英外交》序 ……………………………………… 317
《辛亥革命与百年中国——纪念辛亥革命100周年国际
　学术研讨会专辑》序 …………………………………………… 319
《蒋介石传》序 …………………………………………………… 322
《民国散论》序 …………………………………………………… 330
《四川抗战史》序 ………………………………………………… 336
《文王周易解密》序 ……………………………………………… 342
《宜昌抗战史料汇编》序 ………………………………………… 345
《马交与支那诸名考》序 ………………………………………… 351
《中国大陆台湾史书目提要》序 ………………………………… 354
《丝路记忆——"一带一路"历史人物》序 …………………… 356
《归去来兮——那些去往台湾的文化名家》序 ………………… 361
《天下为公：孙中山的中国梦与澳门》序 ……………………… 365
《刘大年年谱》序 ………………………………………………… 367
《留学生群体与民国的社会发展》序 …………………………… 369
《日本侵华战争自供状：中国事变画报》序言 ………………… 375
《共和磐石——黎元洪150周年诞辰学术纪念文集》序言 …… 378

《太平天国史料汇编》序 …………………………………… 384
《创榛辟莽：近代史研究所与史学发展》序 …………………… 387
《黄遵宪年谱长编》序 …………………………………… 390
《中日媾和研究》序 ……………………………………… 394

《武昌起义档案资料选编》编辑说明*

一、本书是为了纪念辛亥革命70周年而编辑的。

二、本书资料全部选自原湖北革命实录馆所藏档案。

武昌起义后不久，孙武、张振武等人曾建议创立革命实录馆，以记录、编纂湖北革命史实。1912年6月16日，经时任副总统兼湖北都督黎元洪批准，湖北革命实录馆以谢石钦为馆长，以汉口英租界普海春番菜馆为馆址，开始办公。湖北革命实录馆建立以后，除登报声明外，曾专门函请各省都督、临时议会，以及省内各政府部门、各军事单位、各府县，并派出专任、义务调查员，从事搜集武昌起义史实。至1913年8月，共搜集集体和个人所撰史料五百余件。与此同时，该馆还编出武昌起义史料长编共8册。1913年7月，李烈钧在江西湖口宣布独立，成立讨袁军总司令部，开始了二次革命。这时倒向了袁世凯的黎元洪，于8月27日乘李烈钧败北之机，宣布"从前革命伟人附和乱党颇多"，决定取消湖北革命实录馆，命令该馆将所藏资料交湖北都督府"转咨中央采择"。谢石钦无可奈何，表示"奉职无状，即归田里"。此后，人们就不知道这一批档案资料的下落了。

1956年，谢石钦先生去世，其家人将所藏实录馆档案资料提交武汉市文史馆，复经湖北省政协委托贺觉非先生，将这批资料接管过来。从此，这一批埋没40多年的宝贵史料得以发现，为关心这段历史的人们所重视。1958年，湖北省政协又将这批史料转交湖北省博物馆收藏至今。应当指出，谢石钦先生长期珍存这批史料之功是不可没的。

据说，原湖北革命实录馆资料，谢石钦先生曾借给孙武、胡祖舜、

---

* 张海鹏统编《武昌起义档案资料选编》1—3卷，湖北人民出版社，1981—1983。

李春萱等人使用。几经变故之后，该资料已经散失不全。现除湖北省博物馆收藏大部分外，武汉市档案管也收藏一部分，还有少数藏于中国社会科学院近代史研究所。除此之外，据湖北革命实录馆资料登录簿，还约有60件不知下落，其中16件，在1913年已不存在。该馆所撰史料长编，除一册收藏于天津市历史博物馆外，其余亦下落不明。

三、原湖北革命实录馆所存档案资料，是在1912年8月至1913年8月这一年间陆续写成交付的，大多为手写本。撰述者都是亲身参加辛亥革命的人士。一些重要人物的记述反映了起义前后一些重大事件，许多一般人物的记述更是生动地反映了那个革命年代的各种场景。许多人不谙写作，文字不免粗疏、芜杂，多有不通顺之处。不少人物事略系"攘臂言功之作"，对个人功绩不免夸大渲染。尽管如此，它仍是我们目前能看到的十分宝贵的第一手资料，其价值是毋庸置疑的。

四、本书共分四编，分上、中、下三册出版。上卷包括第一编武昌首义及湖北军政府建设，中卷包括第二编湖北各属响应及第三编首义人物事略（上），下卷包括第三编首义人物事略（下）及第四编各省起义，末附湖北革命实录馆始末。全书约110万字。原藏资料有不完整之处，如有关日知会、共进会等重要史实，湖北革命实录馆虽拟搜集，仍付阙如。本书编辑以档案资料为限，不再另行补充。

本书编辑以尊重原始文件为原则，除删节一些无史料价值的浮文之外，不对原件加以改窜，以保存原件面貌。原文不通顺之处，所在皆有，悉仍其旧，不做改动。其记事、记时矛盾误讹之处，亦不加注释，留待读者自行判断。

五、我们在编辑整理中所做的注释，一般是技术性的，概置于页末。有少数说明性的按语，置于文中。标点、分段，努力做到正确、清晰、易读。原文残漏处，以◇号代，错别字仍保留，改正后以〔 〕号标明附于原文之后，衍文，以〈 〉号加于原文之上。增补佚文以【 】标明。原文中夹注，以（ ）号标明。以上均以能判断者为度。繁体字改简化字，别体字改通用字，如"谭话"改"谈话"，"廼"改"乃"等。各件原有标题，一般采用，少数不妥者由编者酌改，个别无标题者由编者酌拟。原人物事略，有正式题名的仍沿用，不少事略只提"手折""清折""简历""节略"等者，均改作《×××事略》，不再分别注明。原件书写格式往往有抬头、空格，均免去。

六、参加本书编辑工作的，有中国人民政治协商会议湖北省委员会贺觉非、李振东、张云冕等同志，湖北省博物馆楚文杰、陈祯琏、张惠芬、余汉涛、甘骏、杜顺泉等同志，武汉市档案馆戴诗堂、邢文华、白汉娟等同志，中国社会科学院近代史研究所石方勤、吕良海、杨天石、王学庄、张海鹏等同志。全书统稿工作由张海鹏同志负责。本书所附照片，是湖北省博物馆提供的。

本书编辑过程中，得到湖北省博物馆李咏君、蔡汉宁、丁玲唎等同志协助，谨此致谢。

由于时间十分仓促，编者学识有限，编辑中错误不妥之处，敬祈读者指正。

1981 年 4 月 20 日

《简明中国近代史图集》前言[*]

奉献给读者的这本《简明中国近代史图集》，是一本以图片为主，辅以少量文字说明的形象化的近代史普及读物。

近几年来，面临思想政治工作的新形势，许多单位采用从中国近代史入手的办法，对学生、青年进行爱国主义和共产主义教育，收到了明显的效果。胡耀邦同志在党的十二大报告中强调了建设社会主义精神文明是全党的任务，并把加强祖国历史特别是近代史教育，作为对广大人民群众首先是对干部和青年进行党的思想教育工作的重要方面，从而充分肯定了从近代史入手的教育方法在社会主义精神文明建设中的作用。近年来，中国近代史普及读物的出版方兴未艾，仍然不能满足广大读者的需要，一书应市，立即售缺，使人颇有洛阳纸贵之感。这本近代史图片集加入社会主义的百花园地，希望能对读者了解中国近代史起到一点有益的作用。

本书的特点主要是以图片说明历史。采用这种形式可能更为有效地帮助读者（特别是青年读者）了解中国近代史。鸦片战争距离今天只有140多年，五四运动也只过去了60多年，时间不算很长，却经历了清朝末年和民国初年两段重要的历史时期。历史翻开了一页又一页，但是昨天与今天之间，并无一道不可跨越的沟壑，今天是从昨天走过来的。了解昨天是为了更好地认识今天。昨天的中国是什么样子？帝国主义是怎样把中国变为半殖民地半封建社会的？落后的旧中国是怎样步步挨打的？清朝末年的封建统治者和民国初年的北洋政府是怎样同帝国主义勾结起来镇压人民反抗的？中国人民（包括农民阶级、资产阶级和工

---

[*] 张海鹏编著《简明中国近代史图集》，长城出版社，1984。

人阶级）是怎样同帝国主义、封建主义进行不屈不挠的斗争的？为了争取民族独立和社会进步，先进的中国人是如何奋斗、牺牲的？本书将通过图片资料和简明扼要的文字给读者提供这方面的一个概貌。百年前的祖国风雨如晦，革命者的鲜血代代流淌，人民的苦难没有尽头。只是在马克思列宁主义传入中国之后，只是在五四运动之后，只是在工人阶级的政党中国共产党成立之后，只是在共产主义运动磅礴于中国大地之后，中国的面貌才开始发生变化，半殖民地半封建道路在中国才被终止，帝国主义、封建主义在中国人民头上蹁跹乱舞的时代才告结束。因此，中国近代史告诉我们一条最基本的历史经验，"只有社会主义才能救中国"。今天我们讲爱国，就是爱我们这个经过千千万万儿女为之折腰、为之奋斗、为之流血牺牲才建立起来的社会主义祖国。生活在20世纪80年代的中国青年，回顾我们的先人经过千辛万苦的英勇斗争，才使社会主义祖国得以屹立于世界东方的艰难历程，难道不应当感到自豪和幸福吗？难道不应当为了振兴中华而在社会主义现代化的建设大道上奋勇拼搏吗？

这本《简明中国近代史图集》共汇集了反映这段历史的照片和图画500余张，有各种说明文字6万多字。80年丰富的历史单靠这6万字当然是说不清楚的，它只是配合500余张历史图片，简要地说明中国近代史的基本进程。应当说，用图片来反映历史，和用文字来反映历史，是不尽一样的，既有它的长处也有它的短处。用文字描述历史，除了记录基本的历史事实外，它还可以运用逻辑的力量合理地分析，帮助人们更深刻认识历史现象和历史规律。用图片来反映历史，能使读者感到历史的发展是具体的、生动的、形象的，虽不能逻辑地说明历史发展的内在规律，有它的局限性，却可以使读者对历史的具体发展留下深刻印象，能弥补文字说明的某种不足。从前郑振铎先生有鉴于此，在解放前几年相当困难的条件下，搜集了反映中国历史发展的文物、典章方面的历史图片（包括反映近代历史的若干照片），编成了一套《中国历史参考图谱》共24册，直到解放初才得以印行。但那套图谱规模较大，基本上没有文字说明，当时制版印刷条件和纸张都比较差，效果不是很好，而且印数很少，现在已不大能看到。1958年上海教育出版社出版了中国历史博物馆主编的《中国近代史参考图片集》上、中、下三集，反映了我国当时这方面工作的水平，起到了一定的作用。但它规模也不小，不易普及。1976年香港七十年代杂志社出版了《中国近百年历史图集》，编入了1700多幅图片，用大16开印成一巨册，企图反映从1840年到1975年间的中国历史，主要是为香港地区大学和中学的中国历史课程提供教材。这部图集用了700多幅图片来反映前80年的历史。从这部分图片看，它主要是利用了国内图片工作的现有成果，未能利用香港藏书的有利条件，查明图片的原始出处。1978年春夏间美国费城艺术博物馆举办了一次中国近代史照片展览，不久就有两本关于中国近代史照片集的出版，一本名为《1850—1912年中华帝国摄影集》（Imperial China Photographs 1850–1912），一本名为《1860—1912年摄影家和旅行家所看到的中国面貌》（The Face of China as Seen by Photographers and Travelers 1860–1912）。这两本图片集编入的照片数量不多，但照片印制的效果较好，其中有一些是我们过去没有见过的照片。

本书利用了国内外已经出版的有关中国近代史图片集的积极成果，又花工夫到中外有关图书中去搜寻有价值的历史图片，查阅了百数十种书籍，书中注明原始出处的外文图书有50多种。通过这种工作，从中发现了一些过去国内未曾用过的照片，已经用过的若干照片，由于找到比较原始的出处，翻印出来，效果也要好一些。某些已经传世的但我认为不大可靠或确已证明有错误的照片，就不再采用。比较起来，用照片来反映历史，受到照片资料的很大限制。不是每一件重大的历史事件都能找到照片，选用的照片也不是每一张都能严格符合要求。有的专题图片资料较多，有的专题图片资料较少，因此各部分之间出现畸轻畸重的现象，在所难免。同时由于编者见闻和时间有限，遗漏和缺陷或恐不少，还希望读者帮助发现和纠正。

为了逼真地反映过去时代的社会风貌，本书尽可能选用当时人留下的照片。在照片资料不足的情况下，也选用了一些当事人的绘画，个别情况下还选用了一点今人的绘画和照片。照相机是19世纪20年代出现在欧洲的，鸦片战争后不久，就有来华的外国人把当初相当原始的照相机带到了广州。但是我们今天能够看到反映有关中国社会政治生活的照片，从第二次鸦片战争才开始。一个名叫比亚多（F. Beato）的英国随军记者在英法联军进攻中国时拍摄了最初一些照片。毋庸讳言，反映近代中国社会面貌、政治生活的照片，绝大部分是来自各侵略国家的传教士、外交官、新闻记者、军人及打着各种旗号的旅游者。他们留下的照片虽然只是反映了帝国主义侵略中国的很小一个侧面，今天把它们按中国近代历史的进程稍加编辑，恰好成为帝国主义侵略中国的有力罪证。毛泽东同志指出："帝国主义和中国封建主义相结合，把中国变为半殖民地和殖民地的过程，也就是中国人民反抗帝国主义及其走狗的过程。"任何一本称得上以马列主义、毛泽东思想做指导的中国近代史作品，都应把这样两个过程科学地、历史地给读者揭示出来。本书也努力按照毛泽东同志指出的这样两个过程，使用照片和文字来安排中国近代史的基本进程。从鸦片战争起，帝国主义一次又一次侵略中国，使中国越来越深地沉沦到半殖民地半封建社会中去，人民群众一次又一次起来斗争，包括农民阶级发动的太平天国起义和义和团运动，资产阶级改良派发动的戊戌维新运动，资产阶级革命派发动的辛亥革命运动，都希望振兴中华，使中国获得独立和解放，使中国自立于世界民族之林，但是都失败了。经过十月革命，经过马克思主义在中国的初步传播，一批具有初步共产主义思想的知识分子终于领导了一场彻底反帝反封建的五四运动。从此，中国的革命转入新民主主义阶段，中国民主革命取得胜利的希望就空前增大了。本书用一组一组照片具体而形象地证实了中国近代史的这种轨迹。读者看过后，是会获得一个比较深刻的印象的。

说到本书的编辑，首先应当感谢解放军画报社。1982年夏天，画报社打算运用图片的形式向她的读者介绍中国近代史。他们找到中国社会科学院近代史研究所。我早有向青年读者通俗介绍中国近代史的奢望，又在工作中对涉及近代史实的图片资料稍稍有所注意，于是便愉快地接受了这一任务。经过商量，决定在《解放军画报》上开辟一个中国近代史讲座专栏，将近代史实分为16讲在画报上连载。第一讲在1982年10月刊出，最后一讲直到1984年1月方告结束。

这个讲座在《解放军画报》刊出后，受到了军内外广大读者的欢迎。解放军画报社收到的读者来信，有时候日必数起。有的部队来信要求迅速出齐以便在部队开展爱国主义教育；有的城市来信，要求翻印若干套；有的读者来信，表示从中受到教育。这对我无疑是一种很大的鼓舞和有力的鞭策。有鉴于此，长城出版社决定将画报连载的16讲编印出版，以飨读者。为了加速出书，我一边为画报编写最后的几讲，一边为出书进行修订。我不得不把所有的业余时间都利用起来。我所做的修订，主要是根据已经掌握的照片资料，在画报连载的基础上加以扩充，几乎重写了每张图片的文字说明,增加了知识性,改动了若干已经发现的错误;至于每节前面的一篇简短文章,除个别外,一般未做增删,只是改动了一些明显的错误不妥之处。

为了帮助读者理解,本书还绘制了一些地图。这些地图,都是经我审定的。中国人民革命军事博物馆的陈以声同志精心绘制了这些地图。

应该感谢解放军画报社和长城出版社给我提供了机会,使我能够为我军广大指战员和各界读者服务。我还要感谢画报社的编辑陈德通同志以及设计组、制作组的同志,他们为本书的编成付出了很多劳动。对于军内外广大读者的关怀和鞭策,我也要深致谢意。

1983 年 12 月 3 日于北京

《中国近代史稿地图集》前言[*]

我国古代历史家重视"左图右史"。图史结合是我国历史学界的优良传统之一。我国绘制地图的历史久远，马王堆汉墓出土的古地图，以其标绘准确引人注目。但是，直接为历史著作服务的读史地图，直至近代以来，方为历史学家所注意。以近代史而论，英国有《剑桥近代史》十四卷，其末卷就是《剑桥近代史地图集》，自初版发行以来，屡有订正；东京出版了多卷本的《日本外交史》，它的最后一卷从日本外交史的角度，编绘了历史地图若干幅，别为一卷，也就是全书的地图集。我国近代学人编辑的大型资料书《清季外交史料》，也附有地图一卷，但它似乎还说不上严格意义的读史地图集。迄今为止，我国近代史园地著述不少，只是一部比较完整的读史地图集尚未出现。

摆在读者面前的这部《中国近代史稿地图集》，是为着填补这方面的空白所做的一次尝试。它是按照郭沫若同志生前规定的统一体例，为了配合阅读《中国近代史稿》而绘制的，可看作该书的附册，也可作为一部独立的近代历史地图集。

马克思主义的常识告诉我们：历史是在一定的空间和时间里发展的，大至社会生产方式的演替，小至具体历史事件的经过，都是在某一确定的地理环境里按时间先后发展的。任何一部历史著作，它要阐明历史发展的规律，描绘历史人物的风貌业绩，或者勾勒历史事件的因果关系，都要与一定的地理条件和时间因素结合起来。这是显而易

---

[*] 张海鹏编著《中国近代史稿地图集》，地图出版社，1984。

见的。但是，历史著作在涉及地理关系的说明时，只能是概略和抽象的。这往往使读者难以树立历史是在某种确定的地理环境里发展起来这样一个完整概念，因而多少会增加人们理解历史问题的困难。读史地图可以帮助克服这种困难。比如，往往需要许多文字才能说明的战争场景，一看历史地图便能豁然开朗。又如，我国一些通商口岸设置的所谓租界，是帝国主义侵略中国的严重步骤之一。把历史书上关于租界的叙述同绘制精当的若干幅租界地图结合起来阅读，就可以使读者形成关于这个问题的完整认识。这就是读史地图所具有的直观、立体作用。

一本好的近代史地图集，可以帮助读者从历史和地理的角度思考中国近代史上某些事件的发展和演变。在这方面，读史地图和历史著作可以起到相辅相成、相得益彰的作用。当然，并不是所有社会历史中的重大问题都能在地图上表现出来。能够得到表现的那些方面，也不是所有的问题都能在地图上标绘得尽善尽美、纤细毕备。事实上也不需要那样做。编绘读史地图，不仅要占有丰富的历史资料，还要设计出合适的表达方式并找到较好的地图资料。这里就有一个科学性问题要求注意。准确标绘历史事件所发生的地理方位、道里远近，当然是科学性的一种表现。但是历史内容是异常丰富的，历史资料也是非常繁复的，在地图上表现时，如果不剔除次要的方面，突出主要的方面，图面上势必线条纷呈，主次莫辨，不仅减弱历史地图的可读性，也起不到配合读史的作用，当然也就谈不到科学性。

这部地图集反映的是 1840—1919 年的历史，举凡这个时期的政治、军事、经济、文化方面的重要问题大都在地图上得到表示。加上图集所附的简要的文字说明，可以使它在对读者进行爱国主义教育方面起到某种积极作用。今天，许多读者对帝国主义在中国设立租界和强划租界地的历史知之不多或者全然不晓。图集编绘了帝国主义在上海、汉口、天津开设的租界和北京使馆区界址以及旅大、威海卫、香港新界、广州湾等五处租界地，读后可使人警醒。

三十多年来，我国历史地理学的研究取得不少进展，历史地图的编绘出版工作也日益受到重视。一些近代史著作中配制了部分历史地图作为插图，出版部门还适应教学需要出版过若干近代历史教学挂图，但总是不能满足广大读者的要求。这部近代史地图集，筚路蓝缕，草创问世，意在为我国近代史地图的园地投下一颗铺路石子。虽然编者花了数年的精力，也汲取了前人的成果，但不能说已经成熟了。它是否符合我们对读史地图的要求，还要请广大读者批评指正。

1983 年 3 月

《卓越使者》卷首语[*]

中华文明曾孕育出许多为维护国家民族利益而奔走于各国之间的外交人才。本卷编入自春秋至现代中国活跃在外交舞台上的卓越使者共35人。

春秋战国时代，五霸七雄，诸侯并争，一批纵横家周旋于各国之间。他们提出合纵连横、远交近攻等谋略思想，闪耀着智慧之光。这些思想一直对后人发生着影响和启迪，乃至在今天观察国际问题时也不失为某种借鉴。

两汉已降，封建社会日益成熟，中国在物质文明和精神文明方面，走在世界的前列。对外交往，颇为活跃。络绎于途的使者们创造了那个时代的光辉业绩。流沙、大海、荒漠、巨浸，艰难险阻不曾挡住他们探求新知识的脚步，不曾游移他们传播中华文明、建立中外友谊的使命。克服困难，勇敢进取，传播友谊，学习吸收，忠于祖国，不辱使命，是他们留给后人的宝贵精神财富。

近代中国，落伍世界，形成落后挨打、弱国无外交的局面。外交使者，捉襟见肘。无强国实力做后盾，国家主权难免受损。中华儿女每每难抑胸中悲愤。然而亦有奉命于危难之际，为国家主权、民族尊严而抗争，且有所建树的使者，值得敬重。

现代中国，奋争、崛起，国威日隆；外交使者扬眉吐气，更有功勋卓著者可书。

---

[*] 张海鹏主编《卓越使者》，张国祚主编《中华骄子》丛书之一种，龙门书局，1995。

《第二届近百年中日关系史国际研讨会论文集》后记[*]

　　第二届近百年中日关系史国际研讨会是由中国抗日战争史学会、中国社会科学院近代史研究所和美国日本侵华研究学会、美国南伊利诺大学联合发起的。这次讨论会是继续1990年8月在香港召开的近百年中日关系史研讨会的工作，两年前，一批热心于中日关系研究的海内外学者聚会香港，检讨近百年中日关系，取得成功。那次与会的各方面人士，建议第二次会议在北京举行。中国抗日战争史学会、中国社会科学院近代史研究所认真考虑了这一建议，认为召开这样的学术会议对促进中日关系历史的研讨，对海内外学者的学术交流是有好处的，于是在1991年9月沈阳九一八事变60周年国际学术讨论会上，中外学者再次商议，决定在北京召开第二次会议。从1991年底开始会议的筹备工作。幸得海内外学者大力支持与配合，本次会议终于得以在1993年1月4—7日假北京21世纪饭店举行。参加此次研讨会的学者共90人，分别来自日本，美国、中国大陆、台湾和香港、澳门地区。中国社会科学院副院长汝信研究员、中国抗日战争史学会会长刘大年研究员、中国抗日战争史学会执行会长白介夫先生、美国南伊利诺大学吴天威教授、美国日本侵华研究学会朱永德教授、香港纪念抗日死难同胞联合会会长杜学魁校长等先生对本次会议的召开给予了积极的推动。中国社会科学院近代史研究所科研处处长徐辉琪副研究员组织了此次会议的会务工作。

---

[*] 张海鹏主编《第二届近百年中日关系史国际研讨会论文集》，中华书局，1995。

本论文集是从会议收到的 70 篇论文中选编的。《抗日战争研究》杂志的荣维木、金以林先生承担了论文集的编辑工作。

北京统一食品公司资助了本论文集的出版，谨此致谢！

1994 年 1 月

《追求集》自序[*]

本书由若干篇学术论文组成。它是作者探索与思考近代中国历史的产物。作者在中国社会科学院近代史研究所工作，耕耘于斯，矻矻孜孜，少有所获。本书道出了作者的心路历程，也从一个侧面反映了近代中国的心路历程。当欧洲资产阶级"按照自己的面貌为自己创造出一个世界"的时候，中国被迫走入了近代社会，这个社会却不是近代化的资本主义社会，而是半殖民地半封建社会。御侮图强，发愤为雄，一代一代中国人编织着苦难与希望的梦。作者沉浸于记录这种历史的文献史料中，爬梳抉剔，难免对近代中国的历史行程做出若干思考。不敢说这种思考已经在多大程度上接近历史的真理，只是努力探索追求而已。对历史真理的追求是无止境的，本书所做的工作只是初步，更多的追求还在今后不断的努力之中。所以以"追求"名书，是借以自勉的意思。是为记。

1997年9月10日于东厂胡同一号

---

[*] 张海鹏：《追求集——近代中国历史进程的探索》，社会科学文献出版社，1998。

《追求集》后记

《追求集》即将出版，我要感谢社会科学文献出版社给予的出版帮助。出版学术性的著作是要赔钱的，该社慷慨伸出援手，丝毫未提钱字，这在当今出版界是不多见的，实在使我感动。汝信、何秉孟、黄浩涛等同志给予关心，指点我与该社联系，终于使得这本小书的出版有了可能。

胡绳、刘大年同志是我国近代史学界执牛耳者，不忘提携后学。胡绳同志在病中，挥毫赐字，题签书名，大年同志不吝赐序，给予鼓励，实在愧不敢当。

选编在这个集子里的东西，都是在党的十一届三中全会以后，国家进入新的历史时期写的。不管是研究近代中国历史上的具体问题，还是从宏观角度观察近代中国的历史进程，我总是力求用唯物史观做指导，追求历史进程的真实面目。我的追求是否真正符合历史进程的本来面目，我不敢自以为是，还有待读者评论。我是学历史的，在中国社会科学院近代史研究所工作，本应有更多更好的学术著作奉献给读者。多年来，我总希冀有更多供我支配的时间，专心致志地从事学术研究，似乎总也难以如愿。我到这个研究所已有三十多年，但是1976年前的十余年间，由于众所周知的原因，实在难以有读书的机会。时运际会，到了1988年秋，我又得以参与研究所的行政领导工作，从副所长到所长，迄今又近十年。研究所的学术行政工作，主要是服务工作，组织各种学术活动，参加各种会议，与所内所外各方面的朋友谈话，等等，终日忙忙碌碌，有时甚至寝食难安，终于无心无时专心从事个人感兴趣的研究课题。我对此真有不胜遗憾之感。我真羡慕那些有时间专心向学的朋友。我非常真诚地希望赐予我这样的机会。

生活在现代中国，正是一个发生社会巨变的中国，这个社会巨变，足以影响中国未来的历史发展；回首昨日，从历史文献中观察近代中国，也是一个发生社会巨变的中国，这个社会巨变所带来的中国人的痛苦、踌躇、奋斗、牺牲，使得中国社会历史的发展虽然曲折，却也达到了中国未来发展的较为理想的时代。我希望并且相信，我们今天的发展甚于昨日，我们今天的进步甚于昨日，我们今天为这个发展和进步所付出的痛苦和牺牲，应大大小于昨日。

这本小册子问世的时候，正是我和王玉清认识四十周年、结婚三十周年。她在生产队做了20年会计，在近代史所当了18年临时工。我感谢她为我和孩子付出的辛劳、做出的牺牲。本书的劳绩有一半应该记在她的名下。

这本小册子问世的时候，又值我六十初度。我很惭愧，在近代史研究所工作多年，回首往事，常感碌碌无为，学无所成，检视以往写过的东西，不免汗颜。因出打油一首以述怀：

人生难逢二甲子，我今初度六十春。
朋侪相助复相勉，同志共事又共心。
莫道春风不解意，难为落花愿作尘。
回首不禁笑蹒跚，何日高枕问笔润。

1998 年 5 月 8 日于北京东厂胡同一号

《中国近代史（1840—1949）》前言[*]

本书是应公安部的要求编写的。公安部决定在全国干警中开展读书活动，制订了首批出版包括本书在内的十本书的出版计划。我应邀并且接受了为干警编写一本通俗、简明的中国近代史的任务。党中央多次号召在全体人民中进行爱国主义教育，提高人民群众的精神文明素质，学习中国近代史是最有效的途径之一。现在公安部决定在公安系统首先发起学习包括中国近代史在内的学习活动，是对我国国家机器的一个重要部门的全体工作人员进行爱国主义教育、提高文明素质的一个重要措施。此举实属重要。我接到编写任务的邀请，感到作为中国社会科学院近代史研究所的一名工作人员，一个史学工作者，应该责无旁贷，应该全力以赴。

中国是一个历史悠久的国家，也是一个历史学十分发达并且历史学的历史十分悠久的国家。但是作为中国历史学的一个分支学科，中国近代史是一个新兴的学科。对中国近代史的研究，虽然在20世纪二三十年代开始进行，但作为一个学科，严格说来，是从1949年新中国成立以后才建立起来的。20世纪50年代，在中国史学界，关于中国近代史分期问题曾有过热烈的讨论。当时的讨论集中在分期的标准上，但也涉及中国近代史上下限问题。当时多数的意见，把中国近代史定在1840—1919年的时限内。但也有一些人主张，应依据社会性质和革命性质，把1840—1949年的中国历史都称为中国近代史。中国科学院近代史研究所的荣孟源同志在1956年发表文章，讨论中国近代史分期问

---

[*] 张海鹏主编《中国近代史（1840—1949）》，群众出版社，1999年5月第1版，2000年3月第2次印刷。

题，认为："从鸦片战争起，到中华人民共和国成立以前，中国社会性质是一个半殖民地半封建社会，中国革命性质是民主主义革命，这一百一十年的历史应该作为一个历史时期，叫做中国近代史。假如从新民主主义革命起到目前止作为中国现代史，那么所谓近代史只是半殖民地半封建社会历史的一半，而现代史却包括着中华人民共和国成立前后两个不同性质社会的历史。这样就其科学性来说是不妥当的……1949年以前，我们把新民主主义革命时期作为现代史，把旧民主主义革命时期作为近代史，那时中国社会性质没有改变，按两段民主主义革命的不同来区分历史是应该的。但在今天中国人民民主革命胜利之后，中国社会性质已经改变，中国革命性质已经改变了，再保守着旧日的样子划分历史阶段就不妥当了。"中国科学院近代史研究所当时的主流意见都同意这一观点。近代史研究所的负责人刘大年1959年在《中国近代史研究中的几个问题》一文中以及1964年在向外国历史学者介绍新中国的历史科学时，也持这种观点。刘大年指出："中华人民共和国成立以后，历史前进到了一个崭新的时代。十几年前的'现代'，已经很快为今天的'现代'所代替。时至今日，我们再用'近代'去概括鸦片战争至五四运动的历史，用'现代'概括五四直至中华人民共和国以后的历史，显然是非常不合理了。"

但是，在中国历史学界，对中国近代史、现代史的概念，至今仍有很不相同的认识。一般来说，是把1919年五四运动以后的历史称作中国现代史，而把由此上溯到鸦片战争的历史称作中国近代史。大学历史系一般以1919年为中界，分设中国近代史教研室、中国现代史教研室，学生们关于中国近代史、现代史的知识，大约以此为依据。

现在已经有越来越多的近代史学者认为，应该把1840—1949年这个时期的历史都称作中国近代史。明确中国近代史这一概念的科学定义，其理论依据在于，要阐明中国近代史所涵盖的那个社会的社会性质是什么？他们认为，1840年鸦片战争发生在清朝的道光年间，在那以前，中国是一个与外部世界来往不多的、独立发展的封建社会。从第一个不平等条约《南京条约》签订以后，中国的国家地位和主权受到很大损害，而且随着此后一系列不平等条约的签订，这种损害变得越来越巨大。在帝国主义的侵略压迫下，中国从一个独立的封建社会变成了一个半殖民地半封建的社会。在这样的社会里，中国的政治、经济、军事、文化的发展，往往要打上帝国主义侵略的烙印。看起来中国是独立的，但国家主权受到帝国主义的严重侵害。中国的这个社会性质，不仅在道光以后的晚清社会没有改变，在北洋军阀时期没有改变，就是在国民党在南京建立全国统一的中央政府——国民政府以后，也没有改变。只是在1949年10月1日中华人民共和国成立以后，才根本改变了旧中国半殖民地半封建社会的性质，中国才改变成为一个新民主主义的，往后更发展成为一个社会主义的社会。这个国家是一个主权在民的、人民群众当家做主的，虽受国际环境影响但不受外国干预的独立的国家。这就是说，1949年10月1日前后的中国国家性质、社会性质是完全不同的。依据对中国社会历史发展的特点的这种认识，这些学者认为，以1840年鸦片战争为开端，到中华人民共和国成立以前的这一段历史都应该称作中国近代史。因为在这110年里，中国社会性质没有变化。

1981年人民出版社出版了胡绳著《从鸦片战争到五四运动》，这是中国近代史研究领域一本很重要的著作。作者在序言中开篇就说道："这本书所讲的是中国半殖民地、半封建时代中的前一段，即无产阶级领导的新民主主义革命开始以前一段的历史。虽然多年来大家习惯上称这一段的历史为中国近代史，但是早已有人建议，把中国近代史规定为从1840年鸦片战争到1949年中华人民共和国成立前的一百一十年的历史，而把中国民主革命胜利，摆脱了半殖民地、半封建的社会以后，进入社会主义时代的历史称为中国现代史。在中华人民共和国成立已经超过三十年的时候，按社会性质来划分中国近代史和中国现代史，看来是更加适当的。"1997年，胡绳同志再次提到："把1919年以前的八十年和这以后的三十年，视为一个整体，总称之为'中国近代史'，是比较合适的。这样，中国近代史就成为一部完整的半殖民地半封建中国的历史，有头有尾。1949年中华人民共和国成立以后的历史可以称为'中国现代史'，不需要在说到1840—1949年的历史时称之为'中国近现代历史'。"这以后，我曾专门撰写文章阐述胡绳同志的意见。

今天看来，中国史学界绝大多数人都赞成1840—1949年中国社会是半殖民地半封建社会，因此，实际上绝大多数学者是接受依社会性质相同，把1840—1949年的中国历史作为中国近代史的学科对象这一看法的。可是实际上，依照习惯，尤其是大学历史系方便组织教学的习惯，许多人仍照旧把这一段历史分为中国近代史和中国现代史，而所谓中国现代史的下限往往是模糊不清的。还要指出，除了个别小册子做了一点探索外，还没有一本严肃的学术著作是按照1840—1949年的时限来撰写中国近代史的。

这一次，接受公安部的任务，为我们实践对中国近代史（1840—1949）的全面理解提供了一个机会。

关于中国近代史的看法中，还有一个问题需要说到。人们常说，近代中国的历史是屈辱的历史。从鸦片战争中清政府失败时候起，中国社会便逐渐陷入了半殖民地半封建社会的深渊。这便是近代中国社会的"沉沦"。这是以往的历史学家对中国近代史的一种解说。十来年前，有学者发表论文，提出近代中国不仅有"沉沦"，还有"上升"。所谓半殖民地半封建社会，半殖民地是对独立国家而言的，半封建是对半资本主义而言的。半资本主义，对封建社会是一种历史的进步。半资本主义的存在，就是"上升"。所以，半殖民地半封建社会不仅有"沉沦"，而且有"上升"。这种"沉沦"和"上升"是同时并存的。这是历史学家对近代中国历史的又一种解说。

说近代中国"沉沦"，有它合理的地方，因为它看到了帝国主义侵略、政府腐败给中国社会带来的严重后果，但是，仅止于此，却不能很好地解释为什么近代中国以后有积极的、向上的发展。说近代中国的"沉沦"中有"上升"，也有它合理的地方，因为它看到了在沉沦、屈辱的中国，仍然存在着上升的因素。但说在"沉沦"的过程中始终"包含着向上的因素"，"沉沦"与"上升"同时并存，也不能解释整个中国近代史。

怎样解释才符合历史发展的真实呢？

帝国主义侵略确实使中国社会发生"沉沦"，使独立的中国社会变为半殖民地，独立主权、领土完整受到严重损伤。但是，"沉沦"也不是中国社会的唯一标志，换句话说，近代中国社会也不是永远沉沦下去。即使是"陷入半殖民地半封建社会的深渊"，这个"深渊"也应该有一个底。

这个深渊的"底"在哪里？底就在20世纪的头二十年，就在《辛丑条约》签订以后至北洋军阀统治时期。因为是"谷底"，所以是中国社会最困难的时候：《辛丑条约》给中国带来了最大的打击，帝国主义侵略中国更加重了，西有英国对西藏的大规模武装侵略，东有日俄在东北为瓜分中国势力范围进行的武装厮杀，北有俄国支持下外蒙古的独立运动，南有日本、英国、法国在台湾、九龙租借地和广州湾租借地的统治；到1915年以后，又有袁世凯接受日本提出的企图灭亡中国的21条、袁世凯称帝、张勋复辟、日本出兵青岛和山东以及军阀混战，民不聊生至于极点。看起来中国社会变得极为黑暗、极为混乱，毫无秩序、毫无前途。这正是"沉沦"到谷底的一些表征。但是，正像黑暗过了是光明一样，中国历史发展在谷底时期出现了向上的转机。中国资产阶级革命派力量壮大起来，并导演了辛亥革命推翻帝制的悲喜剧，这个革命失败，中国人重新考虑出路。于是，新文化运动发生了，五四爱国运动发生了，马克思主义大规模传入并被人们接受也在这时候发生了。孙中山领导的中国国民党从这时改弦更张，重新奋斗。中国共产党在这时候成立并提出反帝反封建的明确主张。我们可以看出，从这时候起，中国社会内部发展明显呈现上升趋势，中国人民民族觉醒和阶级觉醒的步伐明显加快了。在这以前，中国社会也有不自觉的反帝反封建斗争，也有改革派的主张和呐喊，但相对于社会的主要发展趋势而言，不占优势；在这以后，帝国主义的侵略还有加重的趋势（如日本侵华），但人民的觉醒，革命力量的奋斗，已经可以扭转"沉沦"，中国社会的积极向上一面已经成为社会发展的主要趋势了。

近代中国社会的发展轨迹像一个元宝形，开始是下降，降到谷底，然后上升，升出一片光明。这就是说，鸦片战争以后，中国陷入半殖民地半封建社会深渊，直到20世纪初期，北洋军阀时期，深渊到了谷底，对于中国社会的发展来说，这时候面临的主要是"沉沦"，虽然，这时中国在经济、政治、思想、文化诸方面，实际上存在着积极的、向上的因素，但这种因素的发展是渐进的、缓慢的，相对于社会"沉沦"主流来说，它是弱小的；北洋军阀往后，直到40年代，半殖民地半封建社会中国渐渐走出谷底，随着新的经济因素不断成长、壮大，随着新的社会阶级的出现，随着人民群众、社会精英民族意识和阶级意识的日渐觉醒，社会向上的、积极的因素逐渐发展成为社会的主流因素，影响着社会向好的方面发展，虽然，消极的、"沉沦"的因素仍然严重地存在，其对中国社会的压迫，甚至不比北洋军阀时期以前弱。但是由于有新的阶级、新的政党、新的经济力量、人民群众的普遍觉醒这样的上升因素在起作用，终于制止了帝国主义使中国滑向殖民地的企图。从另一个角度来说，中国近代史不仅是屈辱的历史，也是中国人民为了民族独立、国家富强而不屈不挠奋斗的历史。所谓屈辱主要体现在历史的"沉沦"时期，所谓奋斗，主要体现在历史的"上升"时期。这不是说历史的"沉沦"时期没有奋斗，那个时期中国人民有过不少次的奋斗，但是，由于觉醒程度不够，物质力量不够，斗争经验不够，那时候中国人民的奋斗还不足以制止中国社会的"沉沦"；在历史的上升时期，不是没有屈辱，日本帝国主义对中国的侵略，甚至比以往历次帝国主义侵略给中国造成的损害还要严重，但由于中国人民空前的民族觉醒和空前的艰苦奋斗，中国社会不仅避免了继续沉沦，而且赢来了反侵略战争的彻底胜利，为中国的现代化造就了基础条件。

以上所说，就是本书所把握的两个方面。即：一、所谓中国近代史，它起于1840年英国为侵略中国发动的鸦片战争，终于1949年中华人民共和国成立，由于这个历史事件，结束了中国半殖民地半封建社会的历史，开创了中国历史的新纪元；二、近代中国的历史发展过程，不仅经历了由于帝国主义侵略和封建腐败统治的双重作用，不断向半殖民地半封建社会的深渊沉沦，并且沉沦到谷底，更经历了冲出谷底，向上发展，进而走出半殖民地半封建社会的魔影，走向社会主义现代化的新中国的历程。

本着对中国近代史的这种认识，我邀约了本所几位研究人员，分头执笔，共同完成了这本书的写作。他们是：

姜　涛（研究员），负责第一、第二两章；

王也扬（副编审），负责第三至第六章；

马　勇（副研究员），负责第七、第八两章；

杨奎松（研究员），负责第九至第十三章；

刘　兵（编辑），负责第十四至第十六章；

汪朝光（副研究员），负责第十七章。

全书的体例和章节是由我来设计的，上述各章统一由我来修改，其中，第六、七、八、九、十各章，我做了较多的增删、改写，第十章第三节是由我补写。全部修改工作，都是在电脑上完成的。遗憾的是，由于时间仓促，由于体例和篇幅限制，这本书只能就近代中国的政治发展做出历史描绘，只能算是近代中国政治史，至于近代中国的经济状况，思想斗争，文化变迁，社会状况，或者只是偶一提到，或者根本未能提及。就是对中国近代政治史的描绘，也不一定考虑得很周全，叙述得很准确，或者还一定会有不少错误，尚请读者不吝赐教。这是需要特别加以说明的。

  本书是一本较为通俗的干部读物。写作过程中，除了加入个人的研究心得外，还吸收了学术界的若干研究成果，有所参考之处，未能一一列出，谨向学术界的各位朋友表示感谢！

1998 年 10 月 6 日

《中葡关系史资料集》序言[*]

澳门回归祖国，标志着澳门历史翻开新的一页，也标志着中国和葡萄牙关系的历史翻开新的一页。为迎接这一世纪盛典，纪念这一历史转折，并推进中葡关系与澳门史的研究，中国社会科学院近代史研究所中葡关系史研究课题组，编纂了《中葡关系史资料集》，定于澳门回归前出版问世。

世界历史进入近代以来，葡萄牙是最早与中国发生关系的欧洲国家。如果自1514年算起，迄今已有485年，如果从1553年葡萄牙人登陆澳门算起，迄今也有446年。那时候，英国资产阶级革命还没有发生，英国还处在前资本主义时期。英国舰队远航东来，发动鸦片战争，还要等待将近300年之久。

人们在探讨中国历史的变化，追索其由盛转衰的历史原因时，往往要提到15—16世纪。15世纪初叶，正当明朝永乐年间，三保太监郑和率领大约300艘的大型船队，乘坐2.8万人远航东非，创下了那个时代世界远洋史上的奇迹。郑和下西洋，也是中国远洋史上的绝响。大约半个世纪后，意大利人哥伦布受西班牙国王派遣远航美洲时，远洋航道上已经看不到中国船队的踪迹。从郑和下西洋到哥伦布"地理大发现"，正是中国历史发展的转折时期，也是欧洲历史发展的转折时期。由于资本主义生产力发生、发展的躁动，"地理大发现"启动了早期欧洲列强寻找海外殖民地的热情。15世纪末，印度新航线的发现，促进了欧洲人的东来。葡萄牙人、西班牙人、荷兰人带着火枪先后来到亚洲，并且到达中国的南海。这时候，距离郑和下西洋，不过一个世纪。葡萄牙人

---

[*] 张海鹏主编《中葡关系史资料集》，四川人民出版社，1999。

正是在这样的历史转折时期，进入澳门，从此展开了中葡两国交往的历史。

葡萄牙是最早在东方建立殖民据点的国家，也是最晚在亚洲放弃殖民统治的国家。欧洲人的宗教和文化，最早便是通过葡萄牙，通过澳门，系统地传入中国。在与中国关系密切的欧洲国家中，可以说，葡萄牙与中国之间没有发生过较大的战争行为，换句话说，葡萄牙基本上不是以武力威胁取得在中国的地位。在明清之际大约 100 年间，葡萄牙商人通过向中国地方政府租借的澳门展开远洋贸易，对于促进欧、亚和南美之间的物质交流，起到了积极作用。18 世纪，中国皇帝和葡萄牙国王之间互通音问，感情融洽。1849 年以前，澳门的葡萄牙人总的来说是服从中国政府管理的，但是葡萄牙向澳门派出军队，在澳门替葡萄牙国王征税，显然是侵袭中国主权的行为。1849 年以后，在英国发动侵略中国的鸦片战争的大背景下，葡澳总督拒绝向中国交租，驱逐中国政府派驻澳门的官员，霸占中国领土澳门，虽然不是通过战争行为，显然也是不折不扣的侵略了。

近代中外关系的研究中，中葡关系研究是比较薄弱的一环。借着新的历史转折的机会，开展中葡关系研究，系统总结差不多 500 年间中国和葡萄牙、中国和欧洲交往的历史，不仅有学术意义，而且有现实意义。为此，首先要系统收集中葡关系交往的历史资料。这是我们编辑这部《中葡关系史资料集》的缘起。

这部资料集所收集的文献，自 1514 年（明正德九年）葡萄牙人来华"叩关求市"起，至 1987 年中葡两国签订新条约为止，涵盖了 473 年的历史。史料搜集范围包括在上述时间断限内有关中葡外交往来文书、官方档案、官员奏疏、地方志传史料，以及围绕中葡关系首先是与澳门问题有关的官私文献等。我们的编辑工作，是对所搜集的中外史料去芜取精，选其中重要或罕见者加以点校，按史料的来源和性质分为实录、奏疏、档案、志传等若干大类，每一类按时间顺序编排。

实录是中国封建王朝的正史，本资料集从明、清两朝实录及《明史》《清史稿》等书中辑出有关中葡关系史料 30 万字，为研究这段历史提供了基本的脉络。

官方档案是研究中葡关系史的第一手资料，也是本资料集的主要部分，约有 250 万字。汉文档案，除由"中央研究院"近代史研究所编

《澳门专档》中选出 20 万字外，其他 230 万字档案分别选自北京、南京和葡萄牙、日本等地的档案馆，其中本所藏档案文献约 20 万字。

中葡关系，涉及中国和葡萄牙两方。我们痛感中国历史学者不能利用葡萄牙文文献，下决心培养能够阅读葡文文献的学者。本资料集收录了葡、英等国档案译文计 40 万字。其中葡、英文档案分别来自香港、葡萄牙和本院、所的馆藏。1995 年和 1998 年，我们先后访问里斯本，从葡萄牙东坡塔国家档案馆、外交部外交史料馆、海外部档案馆、皇家图书馆等处搜集了一部分文献史料。最近又从日本外务省外交史料馆收集了部分有关澳门和中葡关系的档案史料。葡萄牙文文献档案的翻译和公布，可能是中国文献史料编纂中的第一次，可以说是本资料集的一点特色。

在中葡早期关系中，传教士在华活动是一个重要方面，本资料集中收入了葡籍传教士的有关文献史料及墓志等。康熙、雍正等朝，葡籍传教士与清廷关系密切。本书收入了记载其活动的满文档案译文约 3 万字。

历朝官员奏疏文集，散见有反映中葡关系的内容，是官方档案的重要补充。本书收入了这方面的文献约 25 万字。

地方史志，是研究中葡关系尤其是澳门历史的基本参考依据，本书收有从明、清及民国时期 70 余种地方史志中辑出的史料 30 余万字。

由于出版时间急迫，我们在收集和编辑史料的过程中难免有种种缺憾。但是我们相信，这部资料集仍可以为中葡关系史的研究提供可以利用的基础史料。

本书的编辑工作是由刘小萌、张德信研究员负责的。黄庆华副研究员对葡萄牙文文献档案的收集贡献良多。正在澳门大学攻读中葡关系硕士学位的寇伟先生也参加了史料的收集。中国社会科学院历史研究所的明史专家刘重日先生把平日收藏的有关澳门的历史资料，扫数以尽地送给课题组，对本书的编辑工作做出了贡献。近代史研究所的韩荣芳、丁贤俊两位先生参加了本书中文文献的点校工作。中国社会科学院近代史研究所科研处、图书馆积极支持了本书的编辑工作。我个人在提出任务后，努力推动其事，给予必要的配合，也做一点资料收集工作。

寻觅葡文文献的翻译人员很不容易。感谢丘陵、李欣两位先生翻译《葡中关系史资料汇编》中有关文字，并由何高济、黄庆华先生审校；

后两位先生还翻译了其他的葡文文献。有关日文档案是请近代史研究所的齐福霖研究员翻译的。

我要感谢葡萄牙科技大学国际研究中心主任萨安东（V. De Saldanha）教授，他允许我们从他编辑出版的《葡中关系史资料汇编》中选用了若干葡文文献。同时我也要感谢我们海峡彼岸的同行陈三井先生，他同意我们使用《澳门专档》公布的史料。

中国社会科学院重视这本资料集的编辑，不仅作为院重点课题提供了研究资助，而且提供了出版资助中的主要部分。澳门基金会也为我们提供了出版资助。我对此表示衷心感谢！

四川人民出版社在时间并不充裕的情况下接受出版任务，并且力争在本年12月20日以前出版，为此煞费苦心，我表示衷心感谢！

中共中央政治局委员、中国社会科学院院长李铁映同志在百忙中应邀为本书署书名，不仅为本书增色，而且为澳门回归祖国留下一个值得纪念的记录。我代表课题组向他表示衷心感谢！

1999年11月16日

《二十世纪中国·政坛风云卷》序言[*]

本书是《二十世纪中国》丛书的《政坛风云卷》。丛书的总体设计，要求本卷不是纯粹记载史事的"大事记"、编年史和历史教科书。写法上，要求史论结合、以论带史，"论"要起好"统领"作用。叙述事实要求抓住重点，不要求面面俱到。因此，它不是一般意义上的20世纪中国历史或者中国近代史。

如何理解政坛风云？这是我们接到任务时首先必须明确的，否则将难以下笔。政坛一词，不见于新旧《辞海》，却是司空见惯的说法。从我们的研究对象出发，我们给自己下的定义是：政坛是国家上层政治机关的代称或俗称。准此定义，所谓政坛风云，是指发生在国家上层政治机关的种种斗争。一个国家的政权鼎革，是国家政治上的大事，当然是政坛大事。政权机关上层派系纠纷、意见分歧，往往引起政坛斗争。但是我们并不认为，国家政治上的一切大事，社会生活中一切大事都必须概括为政坛风云。如果那样去写政坛风云，那就与记载史事的"大事记"、编年史和历史教科书没有两样了。必须指出，本卷所指20世纪中国的政坛风云，只是写了发生在中国政坛上层的那些主要事件，没有企图概括所有事件。有的曾经震动全国的大事，如1919年的五四运动，它是学生爱国运动，引发了工人运动，并且在此后的社会生活和政治生活中影响至巨，但是我们不认为它是发生在国家政治上层的斗争，因此不写入政坛风云中去。又如1921年中国共产党的成立，在其后的中国政治生活中引起翻天覆地的大变化，引发了其后中国政坛的种种巨大风云，但是其成立之初，创始也简，并没有立即引起政坛变化，因此，我

---

[*] 张海鹏主笔《二十世纪中国·政坛风云卷》，甘肃人民出版社，1999。

们只是在行文中简单交代，没有重点说明。这不是遗漏，我们给政坛所下的定义，规定了我们的写法。因此，对于20世纪中国政坛风云来说，我们论述的对象是：发生在20世纪内的、国家政治上层对于半殖民地半封建社会中国的前途和出路以及对新中国的成立、中国社会主义道路的探索方面引发的重大争论、斗争甚至改朝换代而足以影响全国政治走向乃至发生深远历史影响的行为。高层政治人物之间因不同政见引起的政治斗争，集中体现了政治斗争史。20世纪中国高层政坛的斗争则集中体现了20世纪中国的政治史。我们是按照这样的思路，来安排本书写作内容的。

本书前四章，反映了本世纪前16年中国政坛的动荡起伏：义和团运动的勃发和八国联军的侵略，给了清政权以沉重打击，反映出枢廷内部势力的分化、中央权势的弱化和谋求复兴的努力，由此引出革命势力的增长、清政权被推翻和中华民国的成立，以及由于辛亥革命的成功和不成功导致革命派取得革命成功却不能掌握中华民国政权的局面。第五、第六章，论述北洋军阀时期军阀征战不息、政坛变幻如走马灯，同时新生力量奋起成为足以影响全国政局并终于形成国共合作的局面。第七、第八章论述国民党在全国争夺并建立政权的经过以及国共合作破裂导致十年内战。第九、第十章写了抗日战争期间在日寇大举入侵形势下国内政局的新变化，在面临民族战争的严峻形势时国共两党的重新合作对发动全国全民族的抗日战争的极端重要性，而皖南事变的发生则造成了国共合作的严重裂痕，调动了国内政治力量的新组合，预示了战后国内政局重新动荡的前景。第十一章"重庆谈判，毛泽东运筹帷幄"和第十二章"蒋介石下野，南京政府四面楚歌"，则写出了国内两大政治势力对于国家、民族前途的大决战，以及与之相联系的政坛斗争和南京政府的覆灭。第十三章描述了中华人民共和国的成立这一具有深远历史影响的政治事件，通过共同纲领产生的新的人民政权，实际上是抗战以来中国政治发展的自然结局，是没有国民党参加、由共产党领导、多党合作执政的联合政府。从第十四章到第十九章共有六章，写出了近50年来新的中国探索社会主义道路的艰巨性。中国探索社会主义道路的艰巨性，可以通过多个角度、多种形式来表现，本卷是通过政坛风云的变幻来表现的。探索中国特色社会主义道路尽管艰巨而且漫长，通过几代人的摸索和奋斗，通过全国范围的试验、失败、再试验，终于建立了社会主义市场经济的新体制。在形成和完善这个新体制的过程中，我们还可能要付出代价，但是这个新体制已经开辟了我国社会主义建设的新航向，这是可以断言的。毛泽东在新中国成立前夕，在《中国共产党第七届中央委员会第二次全体会议上的报告》中特别告诫共产党人："夺取全国胜利，这只是万里长征走完了第一步。如果这一步也值得骄傲，那是比较渺小的，更值得骄傲的还在后头。在过了几十年之后来看中国人民民主革命的胜利，就会使人们感觉那好像只是一出长剧的一个短小的序幕。剧是必须从序幕开始的，但序幕还不是高潮。中国的革命是伟大的，但革命以后的路更长，工作更伟大，更艰苦。"这是一代开国领袖在新中国成立前夕所说的非常冷静的话。应该说，毛泽东对于新中国成立以后探索社会主义道路的艰巨性有了一定估计，但是估计得不够。我们为此付出了相当多的学费。反映在新中国成立以后的政坛斗争上，我们也吃了更多的苦头。新中国成立以来50年的历史，20世纪以来的历史，已经给我们提供了十分丰富的历史经验。加上我们已经确定了新的航向，我们今后的路应该走得平稳一些了。

20世纪的中国风云变幻，革故鼎新；其风云之骤且烈，其变幻之多且快，其革故之彻底，其鼎新之艰难，在在为五千年历史之所仅见。这种风云变幻、革故鼎新体现在政坛上，更是波诡云谲，惊世骇俗。政坛风云，直接反映了政治风云。20世纪的中国，是在一个变字中走过来的，政坛风云变幻，始终贯穿着一个变字。它体现了20世纪中国政治斗争的复杂性、多样性、深刻性，也在一定程度上体现了20世纪中国社会变化、社会进步的复杂性、多样性、深刻性。回顾1900年八国联军对中国的侵略和对北京、天津的占据，国将不国、民不聊生的情景，已经恍若隔世；如果我们联系今天，在新中国成立50周年大庆后，我们赢得了与美国在加入世界贸易组织问题上谈判的双赢的局面，我们成功地进行了宇宙飞船的试验航行，我们会感到我们经过的不是100年的时间。

20世纪中国的政治斗争，或者政坛风云，基本上围绕两条线索进行。一条是为争取国家的独立和主权完整，进行反帝反封建斗争，这主要体现在20世纪上半叶；一条是为了国家的富强，为了早日实现现代化而展开的种种政治斗争。本卷大体上围绕着这样的主题思想展开论述。这样的写作设计，是我们以往没有经历过的。这样的设计是否合理，实际的写作是否符合这样的设计，有待读者批评。思考不周以及缺陷之处，还请各位读者不吝指正。

感谢甘肃人民出版社选择我来主持本卷书的写作，感谢中国社会科学院近代史研究所各位朋友的合作，使得本书能够顺利完成。我本人设计了本书的主题思想，并且对各章书稿进行了统一修改。本书写作上的各种缺点应该由我来负责。

现将本书各章作者交代如下：

张海鹏　第一至第四章、第十章

李学通　第五章

黄道炫　第六章、第七章、第九章

禾　子　第八章

左玉河　第十一至十三章

马　勇　第十四至十六章

王也扬　第十七至十九章

本卷所有图片由马勇提供。

1999 年 12 月 4 日于北京东厂胡同一号

《刘大年集》编辑前言[*]

中国社会科学院决定出版本院老专家文集，我国著名的马克思主义历史学家、中国科学院哲学社会科学部学部委员、俄罗斯科学院外籍院士、中国社会科学院近代史研究所名誉所长刘大年首当其选。刘大年先生非常重视这件事，他把它当作院里交给他的工作任务，认真准备文集的编选工作。非常遗憾的是，刘大年先生不幸已于1999年12月28日去世，他已经看不到这本文选的出版了。我受委托，就本书的编选事项做一点说明。

一、这本选集的编辑方针是刘大年先生自己确定的。考虑到此前刘大年已经出版过《中国近代史诸问题》（1965年，1978年重印时改名为《中国近代史问题》）、《刘大年史学论文选集》（1987年）、《抗日战争时代》（1996年）等三种文选，这次新编选集，应该有新的面貌。新的面貌不仅要求有新的内容，在编辑方法上也要体现一种思想。这种思想，我想主要是指刘大年先生生平研究所追求的东西，一种马克思主义的思想力量。把自己的研究成果按照这种思想有逻辑地编辑起来，而不是仅仅按照文章发表的时间先后为序。按照这种思想，这本文选共分为六个部分。第一部分是引论，所辑文章是讲中国近代史的宏观思考的；第二部分称为历史关键（上），所辑文章讲孙中山和辛亥革命，这是近代中国历史上的关键问题之一；第三部分是历史关键（下），所辑文章是讲抗日战争研究及与此相关的思想理论问题，抗日战争是近代中国历史上的又一个关键；第四部分是思想文化（上），所辑文章是对中国近代传统文化尤其是马克思主义与中国传统文化相结合的评论，其中大量

---

[*] 张海鹏编辑《刘大年集》，中国社会科学出版社，2000。

评论了我国第一代马克思主义历史学家的学术功绩；第五部分是思想文化（下），是对近代经学做出的马克思主义评论，这一部分只收了一篇文章——《评近代经学》，全文8万余字，可以说是刘大年先生最后一篇重要文章，是临终前在病床上定稿的；第六部分称外录，所收文章涉及几位外国学者和朋友，其中一篇题为《讲座元老，西京大师》，是记述日本京都大学名誉教授井上清的。井上清是日本非常著名的马克思主义历史学家，他是中国学术界的老朋友，是近代史研究所的老朋友，是刘大年的老朋友。大年先生早就计划写一篇有关井上清教授的文章，一直未能如愿。此次编文集，而且可能是最后一本文集，刘大年先生认为不可没有一篇有关井上清教授的文字。但是这时候，大年已经在病床上，不能捉笔，他便对随伺病床侧的子女口授了这篇不长的文字。念兹于兹，可见刘大年先生与井上清先生的情谊。1999年9月24日，中国社会科学院举办"新中国社会科学50年学术报告会"，刘大年作为老学者、老学部委员的代表在会上做报告。这篇报告稿，现在就作为本书的代前言，题目是重新拟定的。

二、为了贯彻如上的编辑方针，在选取文章时，尽可能不与前已出版的三种文集重复，又能体现刘大年先生一贯的研究旨趣。所选文章，大部分是在1990年代内写作的，少部分是在80年代写的，除了个别篇章是在1979年写的以外，70年代以前写的文章没有收进来。所以，像《论康熙》《回答日本历史学者的问题》《亚洲历史怎样评价？》等60年代写作的名篇，这次都没有收入。这本选集要尽可能体现作者一生的基本研究方向，又在说明作者在最近十年里做了哪些新的思考，随着时代的进步、学术的发展，作者在学术研究中有哪些新的发展、前进。看了这本选集，读者大体上可以明了。但是，读者要想了解作者的全面思想、全部学术成就，这部选集限于篇幅，就难以满足，那就需要参看他的其他选集、著作，以及散见于报纸杂志的各类文章。本书附有著作目录，可以给读者省去查找的麻烦。

三、全书的编选，是在刘大年先生指导下，由他的女儿刘潞协助完成的。大部分篇章，大年先生重新看过，不少文章上留下了他亲自斟酌、修改的痕迹。刘大年先生总是希望用准确、洗练的文笔来表达他的思想。他是对读者负责的。我接到文稿后，在对篇章的选取和排序等方面做了一点技术性的工作，包括一些校订工作，并拟定了生平年表和著述要目。

四、1999年11月某日，在北京协和医院601病房里，我曾在大年先生病床旁短暂逗留。在谈到选集时，大年先生提到把我过去写的一篇介绍他的小文章作为他的文集的附录。我没有说话，点头表示从命。这是文集的这篇附录的由来。也许，这篇附录对于读者了解刘大年先生一生的经历和学术成就，会有一点帮助。

五、刘大年先生是在八年全面抗战中，从太行山走下来的一位学者。他从1949年首次发表《美国侵华简史》，到1999年12月最后发表《评近代经学》，终身都在思考、探讨近代中国的历史。他曾经是抗日根据地一个拿枪的正规八路军战士，此后大部分时间都在从事思想理论战线工作，从事历史研究工作，他是思想理论战线上一个不知疲倦的战士。我把他概括为战士型的学者，学者型的战士。我们从这本文集里，完全可以看出他的这种特色。不管是中国近代史的宏观思考，还是具体历史问题的探讨，他都力求以马克思主义为指导，力求对近代中国历史的来由和去向，做出马克思主义的解说。他长于对政治史的探讨和分析，尤其长于对思想文化领域的历史研究和理论探讨。他对于唯物史观有许多阐说，对历史研究中的方法、理论，有许多独到的见解，对不同的或者不一定正确的观点，他都能结合历史事实，结合国内外最新的研究成果，或者最新发现的资料，给予评论和解说，不自以为是，不强人所难，实事求是，循循善诱，平等讨论。读过这本文集以后，读者当会自己做出判断。

2000年2月23日

《国耻百谈》序言[*]

摆在读者面前的这本小书，是我应中华书局的邀约编写的。大约在1995年10月，我应邀参加第一历史档案馆主办的一次学术讨论会，会间与与会的中华书局近代史编辑室主任陈铮先生相遇。陈铮先生约我入室小坐。他说，他看到了《北京日报》记者专访我的一系列谈国耻的文章，很有意思，是否可以用这种形式，为中华书局写一本书呢。我说，江泽民同志常讲要用中国近代史对青年进行爱国主义教育，近代的"国耻"正是中国近代史中的一部分重要内容。讲得好，可以为爱国主义教育起一点作用。而且，这种教育要经常反复进行。我对陈先生说，只要你们正式约稿，我可以考虑组织一两个人做这件事。陈先生的意思，谈过了，就算正式约稿，稿子慢慢写，不必赶时间。这样，我们就说定了。

陈先生提到的《北京日报》记者专访，是这么回事。1994年秋，北京日报记者崔立希望就中国近代史上的"国耻"问题，采访中国社会科学院近代史研究所的学者。近代史研究所科研处安排了几位学者接受采访。采访报道从这年10月开始在《北京日报》京华周末版刊登，到1995年5月结束，共写出报道二十多篇，其中绝大多数是报道我的谈话。本来我只准备接受一两次采访，但是谈下来就结束不了。大约因为我有研究所所长的名义，记者追着我不放。这一来，差不多把涉及清朝时期的"国耻"都大略提到了。这次专访的发表，影响不小，国内许多报纸都转载了。我的一位住在加拿大的朋友，就是因为看到了美国、加拿大华文报纸转载有关我的专访，才打电话找到我的，这时候，

---

[*] 张海鹏、邓红洲、赵一顺：《国耻百谈》，中华书局，2001。

我们不见面已经十好几年了。在北京，我还听到一些朋友提到这次专访，接到各地一些普通读者热情的来信，他们或者表示某种感谢，或者提出问题加以讨论；还有人向我转述一些在相当负责岗位上工作的领导人对这些专访的称赞。看来，讲讲近代中国的"国耻"，对于激发人们的爱国主义热情还是可以起一点作用的。

有这个经验，对于中华书局的邀约，我也就慨然应允了。这时候，我正好有两个学生，都在中国社会科学院研究生院读硕士学位，一个是二年级，一个是三年级。除了课程和论文之外，他们还有一点时间，我也正想让他们多一点写作训练。同时，要他们参加写作，对他们也是一种思想训练。谈过之后，他们都乐于承担。邓红洲读二年级，时间多一些，他承担的任务就多一些；赵一顺读三年级，要忙着写论文，承担的任务就少一些。我把《北京日报》刊登的专访全部给他们看，商讨写作方法，考虑到读者对象主要是有中学文化水平的广大人群，不是学者，只能写成比较通俗的读物，不能写成专门著作，决定采用问答形式，同时联系社会上流行的一些看法，有针对性地解释历史事实，这样写起来可以灵活一些，不至于像教科书那样，过于呆板，不容易吸引读者。我还提出，文笔尽量活泼一点，不要太刻板，但不能写成纪实文学，不能掺杂创作意味。这一次，我们按照近代中国110年的历史进程，就帝国主义侵略中国，中国政府腐败无能所造成的中国主权的沦丧，列举了100件事，姑且名之为《国耻百谈》。前86件是邓红洲写的，后14件是赵一顺写的。这种分工，有他们各自时间的原因，也有他们专攻领域的区别。邓红洲的论文研究张之洞，他是攻晚清历史的；赵一顺的论文研究国共谈判中第三方面的作用，他是攻民国历史的。到1996年秋，两位的稿子先后写出来，由我加以统一修改。大约这年底，我把稿子交给陈铮先生。那时候，中华书局还在王府井大街。不久，中华书局从王府井大街搬到了六里桥，内部又进行了改组，人事变动很大，大约一时也顾不上审读这部书稿。好在陈铮先生当时说过，这类书，希望它成为常版书，并不需要抢时间，我也没有去催。

前不久，中华书局编辑部吴广义先生有事与我联系，我从他那里了解到，编辑部已经安排了一位编辑在审读。又不久，吴广义先生把经过审读的稿子退给我，并附上了正式的审读意见，对书稿做了相当的肯定，同时指出了若干缺点和不足。他希望我尽快处理，争取尽快安排出版。我非常感谢负责审读的编辑，阅读极为认真，提出了不少很好的修改意见。除了少数外，审读编辑的大多数意见，我都一一采纳了。我希望这次修改，能够把原稿中大多数毛病改掉，尽可能给读者一个可以读得下去的本子，尽可能使它对读者了解近代中国历史的一个重要侧面有所帮助。那样，我们的劳动也许就是值得的。

这本小书的写作，吸收了学术界许多学者的研究成果，或者利用了他们编辑的各种资料，因为体裁关系，不能一一载明，谨向他们的劳动表示衷心的感谢！概括、综合不好，是限于我们的水平；有什么可取的地方，则应归功于学术界的贡献。我希望，在进入新的千年的时候，读者朋友在工作闲暇之余，把这本小书放在自己的案头；同时我也希望，这本小书中提到的事实，永远地成为历史！

1999 年 3 月 13 日于北京东厂胡同一号

《日本历史教科书问题评析》序言[*]

2001年4月3日，日本文部科学省宣布，经过文部科学省审定，由右翼学者团体"新历史教科书编纂会"编写的，2002年使用的初中历史教科书为合格。我国外交部发言人已经代表中国政府发表谈话，谴责了这种行为。4月4日上午，中国社会科学院近代史研究所和黑龙江省社会科学院分别在北京、哈尔滨邀请有关中国近代史和抗战史学者举行座谈，对日本政府批准的篡改历史的历史教科书展开了严肃的抨击。亚洲各国政府和人民也都表示了严正的抗议。

进入20世纪80年代以来，日本政府一再批准右翼团体修改反映日本帝国主义侵略中国和亚洲历史的教科书，企图以歪曲历史真相的教科书给日本国民以不正确的历史教育，重塑年青一代国民对国家形象的认识，这是日本社会日益走向右倾化的一种社会指标，值得中国和亚洲各国人民严重警惕，需要引起研究中国近代史和抗日战争史的学者密切关注。就在前几天，也就是3月30日，日本首相森喜朗对来访的《人民日报》代表团谈到历史教科书问题，还说过对日本过去侵略亚洲各国，给各国人民造成的巨大损害表示反省和道歉。不过几天，日本政府就正式批准否认侵略、歪曲历史事实的教科书合格。可见日本首相完全是在掩耳盗铃、欺骗舆论。日本右翼团体牵着日本政府的鼻子走，日本政府的态度又推动着右翼团体向前走。两者交相为用，形成今日日本社会右倾化的危险局面。

日本的这种动向，亚洲各国都在密切关注着。4月28日来自东京

---

[*] 张海鹏、步平主编《日本历史教科书问题评析》，社会科学文献出版社，2002。

的消息,日本日中友好协会机关报《日本与中国》最新一期发表日本前首相村山富市的文章,指出日本"新历史教科书编纂会"主导下编写的初中历史教科书歪曲历史,闭眼不看历史事实,企图使殖民地统治和侵略正当化,完全无视政府审定教科书的"近邻国家条款",从根本上否定了迄今建立起来的国家间的信赖关系,日本的信誉在国际上也被动摇,他认为,日中两国只有坦率地认识和正确理解过去的历史事实,才能开辟睦邻友好的未来。

村山富市前首相在文章还说:"我在担任首相期间,在1995年8月15日二战结束50周年之际,为了建立同亚洲近邻国家的信任关系发表了如下的谈话:在不远的过去的一个时期里,我国国策有误,走了战争的道路,使国民陷入存亡的危机,殖民统治和侵略又给许多国家,尤其是亚洲各国人民带来了巨大的损害与痛苦,对此表示深刻反省和由衷的歉意。这一谈话为后来的几任首相所继承,并写进了1998年的日中共同宣言等文件。"

这是日本负责任的政治家对修改历史教科书的看法。但是日本今天当政的主流政治家是否真心接受这样的认识呢?事实已经做出了否定的回答。

日本侵略中国和亚洲的历史是用血写出来的,日本军国主义的标志就是称霸亚洲和世界,就是惨无人道的屠杀和暴行。这一页历史无论如何是抹杀不掉的。为着中日两国的友好相处,为着远东和亚洲的和平,日本政府必须扭转在历史认识问题上的倒退行为,否则日本很难取信于亚洲各国人民,很难取信于世界各国人民。

黑龙江省社会科学院副院长步平、中国社会科学院近代史研究所《抗日战争研究》副主编荣维木有鉴于此,特邀约北京、哈尔滨和上海等地学者,对日本历史教科书的历史状况和历次修改做出介绍和分析,提供愿意了解日本动向的读者参考。

2001年5月3日
于中国社会科学院近代史研究所

《中国近代史研究》序言[*]

中国近代史研究是20世纪中国历史学的一个重要分支。20世纪中国历史从半殖民地半封建社会转变到社会主义社会，发生了翻天覆地的变化。20世纪中国近代史研究也发生了翻天覆地的变化，它从传统中国历史学中分离出来，到30—40年代为半殖民地半封建社会服务的、代表统治阶级利益的资产阶级倾向的中国近代史研究占统治地位，以马克思主义为指导的中国近代史研究在新民主主义革命中产生，新中国成立以后，马克思主义的中国近代史研究逐渐占了统治地位。

最近半个世纪以来，中国近代史研究取得了很大成绩，首先是学术地位发生了根本变化。半个世纪以前，中国近代史研究在中国历史研究中是不被看重的，新中国成立后，中国近代史研究成为显学，不仅对中国历史学的发展做出了贡献，而且在对广大人民群众的爱国主义教育中发挥了重要作用。半个世纪以来，在中国近代史的分期、中国近代史的基本线索、中国近代史的革命高潮、中国近代史的学科对象、中国近代史的指导思想等各方面，都有不少争议和讨论。总结20世纪中国近代史研究的发展趋势，研究中国近代政治文化转型对中国近代史学科发展的意义，阐述在中国近代史研究的总体把握中运用马克思主义、唯物史观理论指导的成败得失和分歧，对于整合和提升中国近代史研究的学术水平，对于指导新世纪的中国近代史研究会有积极意义。中国近代史是一门与现实政治、社会关系密切的学科，对中国近代史抱有何种看法，会影响到对中国社会未来发展的看法。中国共产党的三代领袖历来十分

---

[*] 《中国近代史研究》是"二十世纪中国人文学科学术研究史丛书"史学专辑的一种，与龚云合著，福建人民出版社，2005。

重视中国近代史的学习与研究。全面回顾总结 20 世纪中国近代史研究，对于发挥中国近代史对中国社会主义建设的理论指导和历史借鉴作用有着重要的现实意义。

对中国近代史研究的学术回顾与总结，一向受到学者关注。20 世纪 80—90 年代，巴蜀书社和天津教育出版社分别推出了有关中国近代史研究的专题综述。《近代史研究》编辑部为庆祝新中国成立 50 周年，约请专家撰写了《50 年来的中国近代史研究》。《历史研究》编辑部开设了"20 世纪中国历史学回顾"，其中涉及中国近代史的若干专题研究。中国义和团研究会在 2000 年组织编写了《义和团研究 100 年》，对 20 世纪的义和团研究进行了比较全面系统的总结。北京出版社 1999 年出版《历史学百年》，对 20 世纪中国近代史研究做出了初步总结。北京大学张柱洪、王晓秋出版了《国外中国近现代史研究述评》。台湾李云汉发表了《八十年来的民国史研究》。美国学者柯文和德里克分别出版了《在中国发现历史——美国中国中心观的崛起》《革命之后的史学——中国近代史研究的当代危机》，对美国学者的中国近代史研究进行了反思。以上中国学者的研究，都是专题性的、局部性的，尚缺乏对 20 世纪中国近代史研究进行总体的、宏观的、全面的、系统的历史考察。美国学者的研究是针对美国学术界的，虽然对我们有一定参考意义，但它不是对中国学术界有关中国近代史研究的考察。

本书作为"20 世纪中国人文学科学术研究史丛书"之一，试图从历史与现实、学术与政治的视角，将 20 世纪中国近代史研究置于中国近代学术转型的架构内，对与中国近代史研究相关的报刊、代表性的学者、代表性著作、学术流派、研究机构进行全面的、系统的、历史的考察，在此基础上，梳理出 20 世纪中国近代史研究发展的基本脉络，整理、分析每一阶段中国近代史研究的主导思潮、次要思潮，并从学术思潮起伏变化中去探寻其得失，力争在回顾总结的基础上对于 21 世纪中国近代史研究的方向给予前瞻性预测。

中国近代史研究作为 20 世纪中国历史学的一个重要分支出现，是中国近代社会转型的产物，也是中国近代学术转型的产物，受到国外史学包括马克思主义唯物史观、其他种种资产阶级史学观的重大影响。20 世纪中国近代史研究经历了萌生（20 世纪初至 30 年代）、兴起（20 世纪 30 年代至新中国成立）、发展（新中国成立至"文化大革命"）、停滞("文化大革命"期间)、繁荣(改革开放至2000年)几个阶段。在兴起时期,中国近代史研究中的马克思主义学派开始出现并挑战那时占主导地位的近代史研究。在发展时期,国家建立涉及近代史研究的专门研究机构,各大学历史系设置近现代史教研室,近代史学界结合研究中国近代史学习唯物史观,马克思主义指导研究中国近代史成为主流,中国近代史学科成为学术研究中的显学。在繁荣阶段,近代史研究中拨乱反正,纠正了学习马克思主义过程中的教条主义、形式主义倾向;同时又出现了淡化意识形态、轻视唯物史观、轻视阶级分析方法的倾向,出现了用现代化的方法研究中国近代史的主张和研究实践,研究领域大大拓宽,研究专题大大加深。所有这些,都需要认真加以总结,并针对各个时期的学术潮流进行分析,提出看法和建议。中国近代史研究不能脱离政治,也不等同于政治,如何把握其中分寸,是总结以往的研究,提出今后研究方向的关键。

  对20世纪中国近代史研究的总体考察,就是对中国近代史学科的总体考察,就是对唯物史观与中国近代史研究相结合的考察。本书不是对中国近代史研究的学术综述,是在唯物史观指导下对中国近代史学科学术流派、学术思潮的学术发展史的考察。已经发表过的研究成果往往是学术综述。本书设计的这种考察方式和研究方向,迄今似无人认真做过,这样的研究如果取得预期的成功,将会对中国近代史学科的未来发展具有借鉴意义,因此可能会带来相当的理论价值。当然,一切要看研究成果的社会评价如何,现在自己说它的理论价值为时过早,只是想当然罢了。那是不足为凭的。我们期待着历史学界的批评。

2002年5月2日

《中国近代史论著目录（1979—2000）》序言[*]

改革开放以来，中国近代史研究取得了长足进展。据粗略估计，20年来平均每年都有千篇以上论文发表、约百种专著问世。这些浩繁的研究成果，反映了中国近代史学科繁荣昌盛的情形，也给研究者全面掌握信息、及时了解学术前沿动态带来了一些困难。为了使专业学者以及各方面读者及时了解国内外关于中国近代史学的最新研究动态，中国社会科学院近代史研究所图书馆多年来特别注意做好中国近代史论著索引工作，将国内外每年发表、出版的有关论著目录在《近代史研究》上逐年刊载，受到了国内外学术界的好评，对中国近代史的研究者，尤其是对众多的硕士生、博士生入门研究起到了方便检索的作用。

新中国成立55年来，反映1949年至1979年间中国近代史研究成果的资料目录已经出版了多部，如徐立亭等编《中国近代史论文资料索引（1949—1979）》；华东师大历史系编《中国近代史报刊论文与资料编目索引》；杭州大学历史系资料室编《中国近代史论著目录索引》《中国近代史论文资料索引》；复旦大学历史系资料室编《中国近代史论著目录索引》；等等。但这些目录索引收录的，多是反映1840年到1919年的中国近代史研究成果，并没有包括1919年以后中国近代史研究的成果。改革开放以后，河南大学李光一主编的《中国现代史论文书目索引（1949—1984）》，收录篇目下限到1984年底；北京大学历史系编《中国现代史论文目录索引》，收录篇目下限到1988年，内容也仅限于1919年以后的史事。徐舸主编的《中国近现代史论著目录总汇（1980—1990）》，虽然打破了以1919年为分界线的传统，但也只是收录了1980年到1990

---

[*] 张海鹏主编《中国近代史论著目录（1979—2000）》，上海人民出版社，2005。

年间涉及传统上所称中国近现代史研究的论著目录。由于学术研究的发展，由于时代的前进，中国近现代史学界目前业已大多同意1840—1949年半殖民地半封建时期的中国历史为中国近代史。这是新的学科分类方法。迄今为止国内尚无一部全面反映20年来（1979—2000）按照新的中国近代史（1840—1949）学科分类方法编辑出版的目录索引。为了填补这一空白，使国内外致力于中国近代史研究的学者能够准确、便捷，且又比较全面地了解与掌握20年来中国近代史研究的学术研究全貌与成果，进一步推动近代史研究的深入发展，近代史所图书馆利用自身的专业馆藏，积20余年连续编制中国近代史论著索引工作的经验，编辑了这部具有本学科"品牌"特色的工具书——《中国近代史论著目录（1979—2000）》，为史学界提供一部20年来国内近代史学领域较为完整、系统的专题研究的目录索引。

本书是在《近代史研究》逐年刊载的论著目录索引的基础上进行筛选、增补后重新分类编排的。全书分论文卷、著作卷两部分，论文卷汇编论文、资料、书评等题录近4万条，著作卷汇编论著、资料、文集、工具书等书目题录1万余条。作为一部专业学科的工具书，课题组在立项初期的收录原则是以"全"为指导思想的，书目索引中不仅有公开出版物，还有内部出版物；论文篇目的收录范围更加宽泛，囊括了全国近700种报刊。凡在中央报刊、各地史学刊物、大专院校学报、理工科院校学报（社会科学版）、党史、军史研究等正式和非正式刊物上发表的有一定学术水平的研究论文、资料、书评均予以收录，以尽量满足研究者的需要，充分发挥专业工具书的信息导读作用。这样不仅可以节省使用者在专题资料查询上的时间，也能够让研究者在更完整的信息范围内去研究与判断取舍。然而，由于信息量过于庞大，艰苦筹集到的出版经费难以支持，经与出版社反复商量、斟酌，我们不得不确定以删除若干信息来源作为取舍原则，最终保留国内正式出版的300余种相关期刊。以刊取文，使一些具有相当学术水平和参考价值的论文、资料信息被排除在外（如被删除的中央报刊、地方学刊、师专学报和部分综合类大专院校学报等），留下了一定的缺憾。在此，我们向读者表示无奈的歉意。

本书的编辑体例是专业图书馆图书分类法与中国近代史学科研究方法的一次有机结合，它首先以史事、主题为纲目，借鉴中国近代史研究领域的最新学术成果，将鸦片战争至新中国的诞生（1840—1949）百年来近代中国的历史进程分列为 18 个历史主题，这是一种纵向的分类；然后再根据近十年来中国近代史学科各分支领域的研究概况分列为政党史、政治史、军事史、外交史、经济史、思想文化史、教育史、社会史、民族史、地方与边疆史等 18 个专题类目，最后专列台、港、澳地区史与近代人物两个专题类目，全部主题纵横交错、经纬并陈，希望能更适用于目前中国近代史学科发展与专题研究的需要，给读者提供检索之便。

论文卷依此体例分类，以题录表述的史事时间为纲，以主题为目，统一排序。凡题录涉及人名的，一律归入人物部分。每一子类目下设论文、综述、资料、书评，先按出版年、期，再按出版刊物的字头排序。论文卷的这种编辑方式，是力求把一个信息纷繁复杂的期刊篇目库系统化、规范化、简单化，使研究者查询主题、专题事件、人物，可以一目了然。当然，近十年来研究方法上的多角度、多层次，课题论述上的长时间跨度，专题研究上的纵横交错、立体交叉，给本卷的编辑工作增加了很大的难度。许多下属类目的标题难以设置，不少论文题录也不易确定归类，为此，课题组成员求教本所的专业研究人员给予帮助和指导，突破了图书馆分类的常规模式，以新的研究专题设置二、三级类目，顺利完成了本卷的编辑工作。

著作卷按著作的内容、体裁首先分为论著、文集、资料、工具书四大部分，然后再按史事、专题、主题分类编排。这种按专业研究需求分类的独到方式，以方便读者对国内正式出版的中国近代史研究的不同学术成果，进行多方位的回顾与综述而见长；若能收全，则是一部 20 年来本学科不同科研成果形式的总体检阅。它不仅能够揭示和报道这一历史时期的文献出版状况，也反映了该时期中国近代史研究发展的概貌。但遗憾的是：虽然本卷的著作题录来源于中国社会科学院近代史研究所图书馆、中国社会科学院图书馆、国家图书馆三个信息库，却仍然不免遗漏。专业学术著作印量少，发行渠道窄，缺藏情况屡见不鲜，使编辑工作难以提供更完整的信息检索。另外，这种编辑方式给本卷的编辑人员提出了更高的要求，仅仅依据数据库的题录无法确定著作的形式，要"看书、知书"，才能准确区分归类。按照图书版权页著录，是图书馆编目的规范要求，而多年来一般出版社在版权页上多不注明版次，本卷编辑若不"知书"又未见书，便会以初版收录，使读者对本卷的编辑水平提出质疑。

　　本书的编辑工作历时4年，是专业图书馆馆员向专业研究人员学习，并在不断的交流中达到互相了解、相互认知的过程，该工具书的编辑体例、编辑方法，作为一次尝试性的实践，有它的特点和长处，也会有它的不足，出版后能否成为史学研究者的益友而受到欢迎，能否达到为专业研究人员导读的预期效果，还有待于读者评说。

　　本书最初在2001年以近代史所图书馆集体课题在所内立项。在编辑工作开始之初，我被课题组邀请担任主编。我无论是作为近代史研究所所长，还是作为研究中国近代史的学者，都乐于承担这项工作。我在1988年9月开始担任近代史研究所副所长，分工联系图书馆。那时候，与图书馆同志有较多的工作联系。自1994年1月起，我担任所长，虽然不再分工联系图书馆，我对图书馆的建设依然关心，与图书馆的工作联系也不少。接受主编任务后，我与课题组成员张秀清、刘丽、胡槿等课题组成员反复磋商、依据我对中国近代史（1840—1949）学科的理解和主张，商定了编辑体例，并在逐条审阅全部条文的过程中，与课题组成员商讨编写过程中提出的有关问题。课题立项后，张秀清副馆长负责组织全书的编辑工作，刘丽馆员负责论文卷的编辑，胡槿副研究馆员负责著作卷的编辑。课题组的其他成员段梅、杜华、王北红、仇力、李桂华等也做出了各自的努力。我与他们之间的互动关系很好。她们是在坚持图书馆的正常工作的前提下，在业余时间承担本书的编辑工作的。她们的工作很努力、很辛苦。在编辑过程中，课题组成员征询过本所马勇、左玉河、严立贤等诸位研究人员的意见，得到过他们的热情帮助。本书的编成、出版，还得到了本所图书馆闵杰馆长和本所科研处的积极支持与协作。在本书完稿付梓之际，我谨对以上各位同志的努力和帮助表示衷心的感谢！对上海人民出版社的支持，表示衷心的感谢！

　　在本书交付出版社的时候，我刚刚离开近代史研究所所长的岗位不久。本书的出版总算完成了我的一个心愿。我有一个信念：一个研究所，要想在国内外学术界站住自己的位置，除了要有一流的人才、一流的研究成果、一流的学术期刊，还要有一流的图书馆。我一向把本所图书馆视为我们研究所的生命组成部分之一。本所图书馆在收藏与中国近代史有关的中外文书籍、中外文报纸期刊和档案资料方面，其数量之丰富、品种之完全，在同类的研究所中是不遑多让的。近些年，我在提倡本所图书馆的自动化、数字化管理和检索方面，也颇用心力。十年前，我所图书馆率先建起了自己的局域网。在经费困难的情况下，我们舍得在图书馆现代化方面投入。现在图书馆书目数据库和网络建设也取得初步成就。我的基本理念是，好的图书馆，是一个一流研究所必备的条件。此前图书馆已经完成几本书目索引方面的著作，这本《中国近代史论著目录（1979—2000）》的出版，是图书馆的成果之一，也是研究所的成果之一。在我离开所长岗位之际，它的得以出版，我是感到欣慰的。它也算是对我的工作的一种纪念吧。

2004 年 10 月

2005 年 1 月 6 日修订

《东厂论史录》跋[*]

拙著题名《东厂论史录》，这里大概体现了一种情节。我从 1964 年 8 月离开武汉大学走进中国科学院近代史研究所，从一而终，职业上没有任何变易。其间，只是在 1977 年把中国科学院更名为中国社会科学院，所名一字未易。东厂是北京的老胡同，也是见证了许多史事的地方。明朝东厂就在此地，清末名臣荣禄以此地为居所，民国初年是副总统黎元洪的住地，且在袁世凯去世后，黎元洪就任大总统于东厂胡同一号。1948 年 12 月以前，北京大学校长胡适的私邸在此地，前后大约三年。1949 年 1 月北平解放，4 月，以范文澜为首的华北大学历史研究室在这里安家。1950 年 5 月 1 日，华北大学历史研究室正式更名为中国科学院近代史研究所。著名的马克思主义历史学家范文澜、刘大年等人先后出长此所。我是晚辈后学，从单身汉住集体宿舍，到有家眷，始终未离开过东厂胡同。当然，农村四清、劳动锻炼、干校时期的暂别在外。我在这个胡同里来回走了 40 多年。也许，与我前后在近代史研究所工作的人相比，我是少数几位从未离开过东厂胡同的人之一。

1998 年，在我担任近代史所所长的第二个任期开始的时候，社会科学文献出版社出版了我的第一本文集。那时候，中国社会科学院院长胡绳先生、中国社会科学院近代史研究所名誉所长刘大年先生都健在，承蒙他们题签和作序。

2004 年 7 月，卸去所长任，我就打算再出版一本论文集，借此表示一个时期的结束。16 年来，我的精力主要花在治所上，只能利用业余时间治学，成绩微微，颇不能令我满意。我已经过了 66 岁，来日无

---

[*] 张海鹏：《东厂论史录——中国近代史研究的评论与思考》，广东人民出版社，2005。

多，今后可能难以开出新生面。出版这本文集有结束过去，开辟未来的意思。但是，现在说这句话，还是底气不足。未来也许还是不能令人满意。我当然立志还要在学术工作上做出一点事情，但是不能把话说满，不能许太多的愿。

这本文集，分成上下两编。上编编入学术性论文，这些论文大多是学术评论性的。这一编的副题称作"史学与史识：中国近代史研究理论方法的探索与评论"。这一部分勉强列入了 16 篇。下编所收入的，大体是历史与现实相结合的文章，不少是应有关部门的要求写作的，体现了社会对近代史所所长的要求。这一编的题目，称作"历史与现实：在中国近代史时空环境中的观察与思考"。主要说的是从现实社会中学习历史，也从历史中观察现实。其中，包括港澳回归问题、海峡两岸关系问题、中日关系问题等，以及有关中国近代史的思考。也选了若干篇序言，但是我直接参与的著作，或者纯粹是我个人的著作，我所做序言不在选取之列。

这次整理的文稿，大体是从我担任近代史所负责人的 16 年期间撰写的文章中选出的。以前的集子用过的，这次不选。绝大部分在国内外报刊上发表过，少数几篇未刊，均在题目下注有说明。

我离开研究所的负责岗位已过一年。我希望这个集子在一定意义上是对那十多年工作在学术方面的一个总结。我是治所兼治学，我所写的东西几乎都是在业余时间里完成的。我自己给我的总结是：治所兼治学，肩挑双担；论史又论政，心忧天下。《中国社会科学院院报》在今年 7 月 29 日发表了我写的治学心得，我用的题目就是上面这句话。我结合现实问题写的文章，都是心忧天下的，但是都在我所从事的中国近代史研究的知识范围内，其他则不敢逾越。

我对我在学问上的贡献感到羞愧。我在研究工作上的成绩难以与社会的要求相称。我在近代史所四十一年。头十三年几乎不能参加任何研究工作。当然，那十三年也给我留下了许多终身难以忘怀的经历，是我人生轨迹中重要的组成部分。我的第一篇文章是讨论李秀成的，那是 1976 年 9 月，我刚被解除审查不久，当时的近代史组愿意接纳我。组里正在学习讨论毛主席的评《水浒传》，大家要我结合评水浒的精神，写一篇评论太平天国时代的主要人物李秀成的文章。我承担了这个任务。这是我离开大学以后第一次执笔写学术论文。近代史组的负责人何重仁先生给了我两个月的时间。我花了两个月阅读报刊上发表的有关太平天国的文章，并检索当时能找到的太平天国史料，用一个月写出了文章初稿。文章中有的观点是针对梁效和罗思鼎的文章的。但在当时的政治气氛下，免不了从整体上带有"文革"氛围。我先把这篇文章送给组里主要负责人看过，他们通过了。我又送请刘大年先生审阅。刘大年先生是我尊重的长者，那时已在工宣队、军宣队安排下担任了中共近代史所总支书记。他认可了我的文章，只在文章段落结构上提了修改意见。我遵照他的意见做了修改，然后把文稿当面交给了重新主持《历史研究》编辑工作的黎澍先生。黎澍先生当时已接受了从国务院科教组接办《历史研究》杂志的任务。1975年底和1976年初，他召开了几次接办刊物的学术座谈会，都是让我做的会议记录，整理会议纪要。我得以有机会在一次座谈会后亲手把文章面交给他。这篇文章不久后发表在黎澍先生重新主持的《历史研究》1976年第一期上。这篇文章大体上是一篇"文革"式的学术文章。过了一年多，曾经有人著文加以抨击。这篇文章未收入从前的集子，这次也不打算收进去。以后如果有机会，我想收入另外的集子，它毕竟是一种历史的纪念。也许由于这篇文章，刘大年先生觉得我还能做点事，吸纳我参加《中国近代史稿》编写组，协助他整理文稿、核对史实，偶尔也写几条带考证性的注释。也许还是这个原因，黎澍先生也找过我，希望我到《历史研究》编辑部去，不过我没有同意。

　　说到这里，有必要再说点故事。我于1964年8月进所，对近代史所基本上没有什么了解。随后参加甘肃张掖乌江公社的"四清"，用了八个月。接着到山东黄县大吕家公社劳动锻炼，又是七个月。回到北京，正是1965年11月，姚文元的评海瑞罢官的文章刚发表。黎澍先生似有看重我的意思，召我到他家里谈过几次话，要我学写评论海瑞罢官的文章。这时候，所里又组织大部分人员到江西参加"四清"。我被留了下来，并让我进了黎澍先生主持的设在西郊（今友谊宾馆）的"中国近代史讨论会"。"讨论会"的实际工作，是在外交部领导下，搜集、整理并且研究中苏边界的历史资料，以备外交部在中苏边界谈判中使用。当时这是一项很重要的政治任务。这个讨论会，在近代史所俗称西郊组。西郊组具体工作由金应熙（中山大学历史系主任）、李龙牧（复旦大学新闻系主任）、余绳武（近代史所）集体负责，还从北京师大、吉林大学、云南大学等单位调集了懂俄语和英语的历史学者参加。我按照黎澍先生布置，写了一篇批评海瑞罢官的文章，黎澍先生看了不满意，要我多读书（实际上，那时的政治形势正在急剧地发生着变化），先不要急于写文章。这样我就埋头西郊组，受命管理西郊组从全国各地搜集来的大量有关中俄关系的西文书籍。组里还安排金应熙先生给我上过几次课，让我初步了解中苏边界的基本历史情况。刘存宽先生还挑出一两篇俄文资料，让我学着翻译。正当此时，"文化大革命"急剧地到来了。有人告诉我，黎澍先生在《光明日报》以评论员名义发表《让青春放出光辉》的文章，是"修正主义的"毒草。我很气愤，于1966年5月底在所内贴出了一张大字报，要求批判黎澍先生的"放光辉"文章。6月3日，《人民日报》发表了著名的社论《夺取资产阶级霸占的史学阵地》。早起听到广播，才知道近代史所是"资产阶级霸占的史学阵地"，心情难以平静。我以为这是党中央的声音。第二天上午，当时的中国科学院哲学社会科学部分党组在首都剧场召开全体人员大会，主题是批判学部政治部主任杨述的《青春漫语》（《北京日报》开辟的专栏，当时认为类似《北京日报》的"三家村札记"，批判它，是"文化大革命"即将到来的标志）。我此前曾在所内做过发言，这次被所内推荐到大会上发言。我在发言的末尾，结合"六三"社论，点了刘大年先生的名，质问近代史所为何成为资产阶级霸占的史学阵地。刘大年先生作为分党组成员正坐在主席台上。我讲到这里，台下一片呼喊，对刘大年先生颇多不敬之词。我就这样成为"文革"初期近代史所的造反派。6月15日，在中央派出的驻所工作组支持下，近代史所的造反派夺了所领导的权，按照中共中央"五一六通知"的精神，组成了近代史所"文化革命领导小组"，我担任了副组长。此后所内批判"走资派"，主要是批判刘大年和黎澍两位先生，这样的批判会，大部分是我主持的。1968年2月，由于戚本禹被抓起来，在学部，我所在的那一派被另一派打垮了。从此以后，我经历了长达七年（正式的）组织（工宣队、军宣队）审查，经受了严酷的锻炼。在这七年中，有人多次告诉我，刘大年先生（他仍是走资派，尚未解放）对我颇有好感。这种好感，我实际上已经感受到了。无论是在河南息县干校还是在信阳明港军营里，在无数次批判会上，我发现刘大年先生在批判我时绝口不提"五一六反革命分子"这个词，这使我在当时的高压气氛下感到温暖。

1974年底，所内工军宣队宣布对我的审查结论，属于"文革"中一般性错误，正式解除审查，宣传队领导通知我，我可以选择一个研究组。许多与我同时进所的年轻朋友都已在前几年参加民国史组的研究工作，我颇为之心动。我曾经表达一个愿望，加入民国史组，被拒绝。不久，近代史组何重仁先生、龙盛运先生多次向我表达，欢迎我加入近代史组。这就是我前面所说的写作李秀成文章的由来。当我已经决定参加近代史组工作，并被吸纳进入《中国近代史稿》编写组后，我就难以接受黎澍先生要我加入《历史研究》编辑部的要求了。

《中国近代史稿》第一册是在1978年出版的，在此以前，我为了它的出版做了大量的编务工作，除了整理文稿（刘大年先生对所有初稿都进行了彻底改写）、核对史实、编写考证性注释外，还编写了书末所附的大事记、中外人名对照表，选用了历史图片。但我真正做学术研究工作是从1978年开始的。我曾和那时刚从大学毕业进所的年轻朋友们说过，在研究工作上，我们处在同一起跑线上。为此，我做了很大的努力。当1984年《中国近代史稿》第二、第三册出版时，我自己也出版了《简明中国近代史图集》（长城出版社）和《中国近代史稿地图集》（中国地图出版社），组织编辑出版了《武昌起义档案资料选编》三册。1985年，刘大年先生生病住进了协和医院，他找我过去，说了一些很悲观的话，大意说，夏鼐、华罗庚是他的两位好朋友，已经先后故去，他现在卧病在床，恐怕也会不久于世了。他希望我把《中国近代史稿》第四、第五册的工作抓起来。我表示，我会努力去做，但我感到要像刘大年先生那样去修改所有初稿，非我的学力所能够。此后，我为这件工作投入了很大的精力和时间。1988年9月我担任了副所长，事务冗杂，我就没有时间去做《中国近代史稿》第四、第五册的工作了。大年先生年事已高，精力不济，这部书的后两册终于未能出版。这是一大遗憾。

1978年到1988年，是我做研究工作的黄金十年。除了上述成果外，我还发表了若干篇论文，大体上奠定了我的研究工作的基础，形成了我的研究特点和学术趋向。1988年9月以后，我作为副所长，协助所长王庆成先生工作。那时候，王庆成所长长期在国外，另一副所长李宗一去世，又遇到1989年政治风波，那五年里，我几乎没有可能做什么研究。此后，两任所长，长达十一年之久，我为推动所内的学术研究，特别是推动各项学术讨论会的召开，推动海峡两岸和海外的学术交流，耗费了大量心血。虽然在个人的学术研究上勤谨将事，也只能利用假期，探讨学问，偶一为之而已。回顾及此，不胜浩叹。我写的东西，评论性的居多，与这种背景有关。当然，也与我的某种使命感有关。我本来想在基础研究上做得深些，做得多些，时不我与，徒呼奈何而已。最近十年，我努力推动了一些课题的开展，如主编了《中国近代史1840—1949》（群众出版社）、《中葡关系史资料集》（四川人民出版社）、《20世纪的中国·政坛风云卷》（甘肃人民出版社）、《百年中国史话》（四集92本，与王忍之共同主编，社会科学文献出版社）、《中国二十世纪通鉴》（与龚育之、金冲及、郑惠共同主编，线装书局）、《日本教科书问题评析》（与步平共同主编，社会科学文献出版社）、《从文明起源到现代化——中国历史二十五讲》（与林甘泉、任式楠共同主编，人民出版社）、《中国近代史论著目录1979—2000》（上海人民出版社）。今年还出版了我与我的学生龚云副教授共同编著的中国近代史的学术史《中国近代史研究》（福建人民出版社）。最近数年以来，我推动了十卷本的《中国近代通史》的编撰，是想完成本所长期以来的一个心愿。今年底，这项工作基本完成，可以告慰本所的各位先辈了。

我在大学里学习，对中国古代史、中国近代史和世界史都有留意。武汉大学历史系的中国古代史（唐长孺先生等）、中国近代史（姚薇元先生、汪诒荪先生、彭雨新先生等）和世界史（吴于廑先生等）有很强的教学力量。我入学后，一直亲炙在他们的教诲之下。但是我未能确定，如果我将来研究历史，将从哪里入手。我在四年级作学年论文，是有关中国古代史的，题目是《试论秦汉之际的游侠》；五年级作毕业论文，做的是世界史，题目是《试论苏美建交三十年》。我在学中国近代史时，完成了老师布置的有关太平天国的课堂论文，姚先生也给予较高的评价。五年级时，我曾想报考侯外庐先生的思想史研究生，读过了他的《中国思想通史》，完成了报名手续，但没有考成。历史系党总支要我报考外交学院外交研究班。我考取了外交研究班。但是，毕业分配时，宣布我进中国科学院近代史所，据说，近代史所挑选我在前，我考研究生在后，我不知道近代史所挑中了我。我进近代史所完全是被动的，是我不知情的。由于时代的调侃，进近代史所十多年不能与闻近代史研究，终于造成了难以弥补的遗憾。

这一本《东厂论史录》是我的心血，是我在治所之余的学术结晶。无论学术界如何是非（这当然是我欢迎的），我都会接受。我希望它能留下一点足迹，不仅是我个人的，也是近代史所的，也是整个学术界的。这是一点菲薄的礼品，也许并不足道，我将爱护它。我特别欢迎读者对我的追求，对我的思考，对我研究工作的方向给予慷慨的批评。

我感谢广东人民出版社，感谢卢权先生，慨允出版。我感谢龚书铎先生、张磊先生，不吝赐序，他们在中国近代史研究上，是我的前路先辈，曾经给予我很多关怀和鼓励。我的同事和学弟李细珠在编辑本书之初，提出了很好的建议，上下编的标题就是他拟定的。我的学生杜继东、张志勇悉心校对全书，给了我很大的帮助。当然，最需要感谢的，是我工作的这个研究所。四十多年来，生活于斯，思考于斯，写作于斯，磨难于斯，她与我已经不能分离了。我今后还要依靠她，献出我最后的光和热，给予中国的近代史学界，如果天假以年的话，如果身体康健的话。

东厂论史，苦耶，乐耶，是耶，非耶，请读者评论。

2005 年 9 月 15 日

《中国历史上的西部开发——2005年国际学术研讨会论文集》序言[*]

2005年9月27—29日，在宁夏回族自治区首府银川市举办了"中国历史上的西部开发"国际学术讨论会。会议共收到论文65篇，涉及从秦汉到当代各个历史时期西部开发的历史。宁夏大学历史文化学院从中选出了30篇，结集出版。

这次国际学术讨论会是由中国史学会和宁夏大学联合主办的，得到了宁夏回族自治区党委和政府的大力支持，获得了学术界的广泛响应。学者们反映，会议是成功的。

宁夏是我国西部地区的重要组成部分之一。西夏王朝曾经在以宁夏地区为中心的地域发挥过重要的历史影响。宁夏地区的历史文化传统、宁夏地区的民族融合过程，对于整个中华民族的历史是极其重要的环节。宁夏在黄河文化的发展形成过程中有着独特的贡献。宁夏大学对于西夏历史，对于中华民族的民族史，都有很深入的研究和贡献。中国史学会选择"唯富一套"的银川，与宁夏大学合作举办有关西部历史开发的国际学术讨论会，就是有意在推动这项历史研究，推动中国历史学的发展。

中国的西部，占了中国领土面积的大部分，又与国外有着绵延数千公里的边界接壤。西部的发展状况如何，对于中国的整体发展战略，对于中国的发展前景，对于国家实现在21世纪中期的总体战略目标，关系极大。五年前，国家做出西部开发的战略决策，西部发展在社会主义

---

[*] 张海鹏、陈育宁主编《中国历史上的西部开发——2005年国际学术研讨会论文集》，商务印书馆，2007。

现代化建设进程中已经显示并将继续显示它的巨大作用。中国的和平崛起，正在转移世界的目光。有识之士也越来越注视中国的西部发展。

五千年来，在中国国家形成、发展和演变的过程中，不同的历史时期，对于西部有过不同的概念。以长安为起点的丝绸之路，在长达数世纪的时间里，曾经是联络中原和亚洲中部乃至欧洲的重要纽带，凭借这条纽带，经济、文化和人员的交流得以进行。正是这种交流，推动了人类文化的发展。宋以前，西部的广大地域，对于当时国家的形成、经济的发展、民族的融合、文化体系的建构以及中外交通，起过极其重要的作用。那个时候，我们今天所说的西部，比如，以长安、洛阳为中心的地区，是亚洲大陆的核心地带，在历史上创造过经济、文化高度发展的奇迹，绝不是一个落后的概念。南宋以后，随着社会经济发展的重心逐渐东移，海上丝绸之路的开辟，西部经济发展逐渐滞后，广大西部地区远离国家的政治中心，东西部在国家发展中的差距就渐渐加大了。近代开始，西方列强对中国的侵略，主要是以东部、东南部沿海地区为切入点。晚清时期的洋务新政也在沿海沿江地带。中国早期现代化的城市以及吸收西方资本主义生产方式的地方，也都远离西部。新中国成立以来，为了求得国家工业化配置的合理，曾经加强了三线建设，稍稍弥补了长期以来出现的工业配置不合理的现象。最近二三十年来，国家实施改革开放的一系列政策，都是首先从东部沿海地区开始，东西部发展的差距加大了。这种开发模式，是以东部为起点，向中部、西部渐次推进的梯次发展模式。邓小平当年提出让一部分人先富起来的设想，也是形象地指出了这种发展模式。但是，社会主义现代化是一个全局的概念，在这个概念下，决不允许出现东部现代化、西部长期停滞在比较原始的农牧业状态的情况。西部地区是国家的极其重要的组成部分，当然也是中国历史研究对象的极其重要的组成部分。我国历史学界，特别是广大西部地区的历史学者，对西部历史做了大量的探索和研究。为了配合国家发展战略，探讨并总结中国历史上西部开发的经验教训，中国史学会与厦门大学就中国历史上的西部开发问题召开国际学术讨论会，借以检验我国历史学界的研究成果，推动西部地区历史研究的开展，这不仅对于拓宽中国历史学研究领域具有积极的学术意义，其研究成果，对于国家实施的西部大开发战略决策中的具体实施问题也可能具有借鉴意义，因而对全面建设社会主义小康社会具有现实意义。

中国历史上的西部开发，可以有广泛的议题。举凡中国历史发展与西部开发，历史上西部开发与东部发展的关系，张骞通西域与丝绸之路，西部开发与民族融合问题，西部开发与藏传佛教、伊斯兰教的传播，汉藏通婚与西部开发，西夏文化与西部开发，历代屯垦戍边与西部开发，历代战乱与西部开发，回民起义与西部开发，西部地区的行政建制与西部开发，西部开发中的生态环境问题，新中国建设与西部开发，西部开发与周边国际环境，等等，都可以成为我们研究、探讨的对象。

当然，一次讨论会，不可能什么问题都谈到，不可能什么问题都解决。这次会议宣读的论文中，涉及西部开发与环境保护问题的，十分引人注目。

有的学者以处于农牧交错地带、具有代表性和指示性的毛乌素沙地为例，通过典型地层剖面、文献考据、古城考古等方面的证据，论证了该地区历次开发与沙漠化的关系；有的学者从"张骞凿空"与古代丝绸之路、自然环境变化对西域丝绸之路的影响、如何保护和改善丝绸之路沙漠路线的生态环境三方面进行阐述；有的学者回顾宁夏中部地区不同时段人类开发活动及其对生态环境产生的影响，探讨了不同时间尺度下生态环境变迁的机制，认为宁夏中部地区生态环境变迁是在气候变化主控下叠加了人为活动因素的"自然－人为"过程；还有学者就西部民族地区开发中的生态环境保护与国家安全问题以及西部开发中的环境保护和社会公平问题，提出了自己的见解。这些研究与见解，对今后国家的西部开发，提出了可资借鉴的重要方面。

"中国历史上的西部开发"是个跨学科的历史问题。到会的不但有历史学家，还有不同学科（如地理学、民族学、哲学、环境学、水利学等）背景的学者。不管什么学科背景，学者们在研究中都注意与现实的紧密结合，以期达到历史对现实的借鉴和警诫作用。

"中国历史上的西部开发"国际学术讨论会，对中国史学会来说，是组织历史学学术讨论会的一次可贵的尝试。这部论文集是对这次学术会议的一次可贵纪念。我希望它对我国历史学发展具有推动作用，也希望它的积极成果，对今后的西部开发具有借鉴作用。

2005 年 12 月 18 日于北京

《张海鹏集》前言[*]

这本文选，与此前作者的两本文选（《追求集》《东厂论史录》）不同，它只突出一个主题：关于中国近代历史的宏观思考。编者从所发表的百多篇文章中选取了 28 篇，集中反映作者有关中国近代史的基本线索、中国近代史的学科体系及其发展的种种见解，以及与此相应的若干评论与讨论。其中，有六篇是在那两本选集出版以后撰写、发表的，有一篇是那两个集子未选的。作者所撰写的一些专题研究论文，不在选取之列。

这一束文章，是作者探索近代中国历史进程的一点心得。20 多年来，我对中国近代史学科体系问题一直在进行思考，也一直在进行探索，有所得便写成文章公之于众，向学术界请教。我的研究心得往往与学术界的学术争鸣相关。作者正是在学术争鸣的环境中，读书、消化、思考、比较，才产生学术思想的火花，才形之于文字。作者体认到，学术在批评中求得进步，求得创新。最近一个世纪以来，中国近代史作为一个新兴的学科，许多重要的学术进步，许多重要的学术概念与观点，都是在百家争鸣的过程中取得的。最近 50 年来，在中国近代史研究领域，产生过一波又一波的探讨与争鸣。作者也注意到，最近十几年，学者们忙于各种营生，对学术争鸣，特别是对中国近代史基本线索、中国近代史学科体系等宏观领域的争鸣，没有以往那么热心了。学术刊物也没有像以往那样去组织、推动这方面的讨论。我以为，这是可惜的。当然，我也注意到，对于我的有关中国近代史学科体系的见解，有些学者发表了评论，有肯定，有商榷，有批评。我在经过适当的消化以后，还

---

[*] 《张海鹏集》是中国社会科学院学者文选之一，中国社会科学出版社，2008。

是会给予回应的。我希望,通过这种批评和回应,促进思考,促进认识的深化,促进学术的进步。我以为,这种深化与进步,既包括了对传统学术见解的坚持,也包括了对相关学术见解的创新。此次将这束文字集中汇编起来,希望借此机会,抛砖引玉,也希望引起注意,引起争鸣,引起批评。

28篇文章,大体上依照其内容,分成五组。每组文章,按发表先后为序。每篇文章题目下都做了题解,说明该文产生的经过。

收入本文选的文章,都保留了发表当时的原貌,除了明显的错误,原则上未加改动,以存历史真迹。

按照中国社会科学院学者文选的编辑规格,我也在书末附录了作者著述要目和作者生平年表,意在给读者提供更多的信息。

作者不才,已进入古稀之年。人生漫长,又如驹过隙,转瞬即逝。子在川上曰:逝者如斯夫!我以粗茶淡饭分享各位,其能宥我乎!

2008年4月1日于北京东厂胡同一号

《辛亥革命史话》再版后记[*]

  《辛亥革命史话》，是我在十年前策划、组织的"百年中国史话"丛书中的一种。这本小书，是我和我的学生邓红洲合作撰写的。写这本书，是要把学术界已经积淀形成的有关辛亥革命历史研究的成果，用通俗易懂的文字表述出来，让广大读者易于了解辛亥革命这一我国历史发展中的重大事件，了解它的来龙去脉，了解它的历史意义。辛亥革命马上就要迎来它的100周年。社会科学文献出版社要在这个重要的纪念日到来的时候，再版这本书，很有意义。我应出版社要求，重读了这本小书，觉得还是可以再版，在重读中，做了一些文字校改，补写了最后一部分：从纪念和评价的角度，观察分析了辛亥革命的伟大历史意义。在迎来辛亥革命100周年的时候再版，我认为补写这一段话，是需要的。

  出版社的黄丹编辑，也校阅了全书，对一些文字做了必要的修订。作为作者，对出版社以及它的编辑的努力，谨表示感谢！

2010年8月1日于北京东厂胡同一号

---

[*] 《辛亥革命史话》，张海鹏、邓红洲合著。本书是"百年中国史话"（王忍之、张海鹏主编）丛书之一种，社会科学文献出版社，2011年再版时与《中国文明史话》合编为《中国史话》200册，2011年5月版。

"中国社会科学院台湾史研究中心丛刊"总序*

  台湾是中国不可分割的一部分。在进入 21 世纪的今天，台湾与大陆统一问题仍是中国最大的国家安全问题，涉及国家的核心利益。加强中国历史研究中的台湾历史研究，进一步认识台湾历史与中国历史不可分割的关系，认识百多年来台湾人民的苦难、奋斗和牺牲，对于理解台湾人民，进一步认识台湾与祖国大陆不可分离的关系的重要性，促进台湾史研究的学术繁荣，将有所裨益。

  为此，中国社会科学院台湾史研究中心于 2002 年 9 月成立，意在推动、组织台湾史的学术研究，站在科学的立场上，对台湾历史进行综合研究，发展与台湾、香港、澳门地区和国外学者的合作，推动台湾史学科的建设，为祖国统一和学术进步服务。台湾史研究中心成立伊始，我们就设想为台湾史研究建设一个发表成果的园地。鉴于研究台湾历史的学者队伍状况，建立专业的台湾历史学术刊物的条件尚不够成熟。我们改变主意，决定建设"中国社会科学院台湾史研究中心丛刊"，努力推动台湾史研究，展示台湾史研究成果，使它成为为台湾史研究服务的平台。

  "中国社会科学院台湾史研究中心丛刊"是一个公开的学术园地。凡中国社会科学院台湾史研究中心组织的台湾史研究的成果，以及其他学者所撰写台湾史专著，愿意交由本丛刊发表者，经本丛刊委托的三名资深专家审定，认为达到出版水平者，本丛刊愿意刊载，公诸同好。本

---

  * "中国社会科学院台湾史研究中心丛刊"是 2010 年开始由江苏凤凰出版社出版的台湾史研究专业性丛书。

丛刊推出的研究成果，以专著为主，亦包括少量国外研究台湾史的译作。遴选纳入丛刊的著译，力求视点独到、资料翔实、方法科学、论证严密，学术上具有开拓性。

中国社会科学院台湾史研究中心为本丛刊组织编辑委员会，组成编辑部，并委托专人负责编务。纳入丛刊作品的体例、观点等，皆由作者文责自负。江苏凤凰出版集团凤凰出版社担任出版任务。

中国社会科学院台湾史研究中心是中国社会科学院所属非营利、非实体的学术社团，我们将一以贯之倡导、推动台湾历史的研究。我们缺乏经费支持。谨在此呼吁有识之士慷慨解囊，提供出版资金，欢迎国内外各界赞助，以共襄台湾史学科繁荣之盛举。

2010 年 4 月

《台湾简史》《台湾史稿》序言[*]

台湾自古以来是中国的土地。台湾历史是中国历史的一部分，台湾史研究是中国历史研究的一个分支。1918年，台湾爱国志士连横（雅堂）愤于日本统治当局毁弃台湾历史文献，泯灭台湾人民的民族意识，倾注多年精力，依传统中国史书体例，撰成台湾第一部通史——《台湾通史》。这部书的问世标志着台湾史研究和著述的开始。

上世纪五六十年代，大陆不少学者为配合我国政府在台湾问题上的斗争，纷纷撰写文章介绍台湾历史。这一时期的研究工作主要是围绕两个主题展开的：第一，论证台湾自古以来就是中国的领土，中国对台湾拥有主权，解放台湾是中国的内政；第二，揭露和批判美、日、法等帝国主义列强对台湾的侵略活动，颂扬中国人民的反抗斗争。其中，中国科学院近代史所刘大年、丁名楠、余绳武等先生1956年出版的《台湾历史概述》一书，是新中国成立后大陆发行的第一部台湾历史读物。此后相当长时间，台湾历史研究未能进入历史学者的视线。

1979年以后，随着大陆对台工作的全面展开，"和平统一，一国两制"方针的提出，台湾史研究开始得到重视。1980年，厦门大学台湾研究所建立，这是我国第一所设置于高校的台湾研究专门机构，台湾史研究为其重要任务和特色之一。1981年，该所陈碧笙先生出版《台湾地方史》（自远古至台湾光复），为新时期大陆地区出版的首部台湾历史学术专著。

上世纪八九十年代，我国多所大学相继建立台湾研究所。其中，南

---

[*] 《台湾简史》《台湾史稿》是中国社会科学院近代史研究所台湾史研究室的集体著作，张海鹏、陶文钊共同主编，前者出版于2010年10月，后者出版于2012年12月，都属于"中国社会科学院台湾史研究中心丛刊"。

京大学台湾研究所把研究重点放在1949年后的台湾历史，1988年茅家琦先生主编《台湾三十年》一书，是大陆地区第一部反映1949年以后台湾历史的书籍。

1996年，在中国史学会和全国台湾研究会推动下，集我国大陆地区主要学者力量编纂、陈孔立先生担任主编的《台湾历史纲要》一书出版，此书全面记载了台湾古代、近代、现代（止于1988年）的历史，是一部比较全面和学术性较强的著作，代表了大陆地区当时的台湾史研究水平。该书对清代以前及清代统治时期的台湾历史叙述较深入，对日据时期及其以后的历史叙述则相对显得不足。

在台湾和日本都有一些台湾史著作出版。"两蒋"时代，台湾史研究在台湾被称为"险学"，少人问津。随着两蒋先后谢世，台湾史研究在史学领域的地位发生变化。如今研究台湾史已形成趋势。由于"台独"意识形态的推动，"险学"变成了"显学"。近20年来，台湾史研究越来越受到重视，台湾当局的推动是一个重要原因。1994年台湾"教育部"公布新大学法，调整了课程，在中国史、世界史以外增加了台湾史，加强了师资力量，也加强了支持力度。有人统计，最近十多年，台湾各大学有关史学的硕士、博士学位论文中，有70%的论文涉及台湾史。20世纪50—80年代，台湾学者研究台湾历史，无论是古代史还是近代史，大多坚持中国主体性，认为台湾史是中国历史的一部分。近20年来，风向发生变化，台湾主体性超过了中国主体性。过去说"荷据台湾"、郑成功收复台湾、康熙统一台湾、"日据台湾"，现在变成"荷领台湾""明郑领台湾""清领台湾""日领台湾"。一字之差，说明了台湾历史研究中基本立场的转变。可以说，以"台独"理念为指导的、脱离中国历史的、强调台湾主体性的台湾历史研究，在台湾各高等院校和科研院所已成气候。强调台湾主体性的台湾历史研究，正是"两国论""一边一国""台湾是一个独立的国家"在历史观和文化观上的反映，是"文化台独"走向深入的明显表现。

台湾地区关于台湾历史研究的这一走向也迫切要求大陆方面要有一部材料扎实、观点正确、行文流畅的台湾通史性著作，以便于广大干部和读者正确、全面地了解台湾的历史。中国大陆学者出版的台湾史著作，对于满足广大读者的需要来说，还是显得不够。换句话说，中国大陆的历史学研究中，台湾史学科尚未得到足够的重视。能够帮助读者全面了解台湾历史的著作甚感缺乏。我们知道,厦门大学台湾研究院正在组织学者撰写多卷本的台湾史。他们研究基础雄厚,相对而言,有较强的研究力量。我们期待着,并且祝愿他们早日推出有学术分量的著作。中国社会科学院台湾史研究中心、中国社会科学院近代史研究所也感到有编撰台湾历史的必要。有鉴于此,我们也尝试推动这一研究工作。

中国社会科学院台湾史研究中心是一个晚出的研究机构。2002年,在中国社会科学院的大力支持下,中国社会科学院台湾史研究中心得以成立。同时,中国社会科学院近代史研究所组建了台湾史研究室。台湾史研究中心是中国社会科学院一个非实体的研究中心,它的任务,是要努力推动中国大陆的台湾史研究。这些年,尽管十分困难,我们仍然努力聚集人才、培养人才,台湾史研究室略具规模。与此同时,努力增购图书,加强与海内外特别是与台湾的台湾史学者交流。目前,台湾史研究室的研究人员,每人都有两个月或者以上的时间到台湾访学,搜集史料,扩大眼界。还有几位到日本访问,了解日本学术界的研究状况。这些,对于我们年轻的台湾史研究力量提高学术素养,不无裨益。

2005年,我们提出的"台湾历史研究"课题,通过了中国社会科学院重大科研课题的评审。我们的研究基础不够,我们努力在学习中、研究实践中提高自己。我们的这项研究,拟分成两项成果:一是两卷本《台湾史稿》,另一是一卷本《台湾简史》。《台湾史稿》较多从学术著作着眼,《台湾简史》则从学术普及的方面努力。

我们编撰的台湾史,将向如下四个方面努力。

(1) 尽可能写成关于台湾历史的平实客观的著作,努力全面反映台湾历史。目前海内外关于台湾历史的论著很多,或者有明显的"台独"史观,或者描述比较肤浅,或者未能概括台湾历史发展的全貌。为了维护国家统一,论证台湾与祖国大陆发展的密切联系,探讨台湾社会的发展轨迹,我们借鉴已有的学术成果,在分析历史资料的基础上,对台湾历史,特别是近百年的历史作简明的概括与分析,探讨重大问题的成因,剖析台湾的发展走向。

(2) 传播正确的台湾历史知识,正确解释有关台湾历史的观点,使读者了解台湾历史的由来,认识台湾自古以来是中国版图的一部分的历史事实,正确理解台湾和大陆都是中国的一部分,一个中国的领土和主权不容分割的历史依据,这对于在新的世纪里解决祖国统一问题将有助益。了解台湾的历史，就在理论上和历史事实上驳斥了"台独"谬言。

（3）说明台湾经济起飞的成因。台湾经济能够取得骄人的成绩，首先在于农业的发展。经过闽粤移民近200年的努力耕耘，也经过台湾巡抚的着意经营，台湾从一荒芜之岛发展成为一个农业较为先进的地区。在此基础上，日本人对台湾展开大规模的调查，运用先进的技术，改良品种，建立水电站，进一步推动台湾农业的发展，建立初步的工业体系。1949年前后，伴随着成百万党政军人败退台湾，大陆数万技术精英来到台湾，依靠美援，以计划式方式，走市场经济的道路，终使台湾经济迅速发展，为落后国家和地区的经济成长提供了宝贵的经验。

（4）研究西方列强侵略与台湾发展的关系。由于台湾特殊的地理位置，它成为西方侵略染指的目标，荷、西、英、美、法等国都曾侵略台湾，日本在台湾推行殖民统治50年。"台独"势力与美、日有着非常密切的关系。为了破坏中国统一，遏制中国发展，帝国主义惯于打台湾牌，以台制华。尤其是战后以来，日本与台湾始终保持着密切的"双边"关系，在美国的远东战略下形成的美日台三角关系成为"台独"势力的温床。我们的台湾史将对美台关系及日台关系的演变轨迹进行历史回顾和客观叙述。

《台湾史稿》是由我和陶文钊教授主持的。在通过中国社会科学院重大课题申请后，我们提出了编写大纲，邀请王建朗、汪朝光、王键等做了几次深入的讨论，形成了章节结构，在参与承担的研究者中间进行了分工。我们作为主持者，对原稿做了不同程度的修订和增删，统一全书的编写规范。原计划从远古时期写到2000年。在写作过程中，台湾发生了政党再次轮替，2008年5月后，台湾的局面有了新的积极的变化，两岸关系也随之出现新的积极的变化。我们改变了原来的想法，将台湾史的下限延长到2010年。

我们的研究集体尚在成长中，我们的研究成果尚很幼稚。本课题只是勾勒了台湾历史的最主要方面，建立起来一个基本的研究框架。已经建立起来的框架，研究还不很深入，许多内容还难以涉及。为了求得台湾史学科的成长，我们愿意把我们研究台湾历史的心得拿出来，向读者请教，敬请方家里手不吝指正！

2011年5月31日

《湘籍辛亥革命先驱墨迹诗文选集》序言[*]

以1911年10月10日武昌首义为标志的辛亥革命至今已整整一百年了。辛亥革命是由伟大的革命先行者孙中山先生领导的一次具有划时代意义的民族民主革命，是我国旧民主主义革命的顶峰。它不仅推翻了统治中国268年的清王朝，结束了在中国2000多年的封建君主专制制度，同时也开启了中国近代历史进步的闸门，推动了中华民族的思想解放，是20世纪中国社会进步的一个伟大的里程碑。

严格说来，辛亥革命史的学术研究，是1949年中华人民共和国成立以后开始的。1956年11月，正值孙中山90周年诞辰，毛泽东主席发表了《纪念孙中山先生》一文。同时，中国史学会组织推动徐特立、范文澜诸先生编辑《辛亥革命》大型史料丛书，中国同盟会机关刊物《民报》也在这时影印出版。由于新民主主义革命的胜利与社会主义革命和建设高潮所带来的喜悦与兴奋，广大史学工作者努力学习马克思主义理论，努力理解唯物史观的精神，开展了对包括辛亥革命历史在内的中国近代史的学习与研究。对辛亥革命的研究，包括对辛亥革命的历史背景、辛亥革命中的人民群众、辛亥革命中的革命派及其斗争、资产阶

---

[*] 张海鹏、赵剑英、孟昭宇主编《湘籍辛亥革命先驱墨迹诗文选集》，中国社会科学出版社，2012。这是一套书，包括下列诸书：周用宜主编《周震鳞墨迹诗文选集》，中国社会科学出版社，2012；杨友龙主编《杨度墨迹诗文选集》，中国社会科学出版社，2013；谢本书主编《蔡锷墨迹诗文选集》，中国社会科学出版社，2013；仇君好主编《仇鳌墨迹诗文选集》，中国社会科学出版社，2013；石景作主编《石醉六墨迹诗文选集》，中国社会科学出版社，2013；周用宜主编《湘籍辛亥革命先驱墨迹诗文合集》，中国社会科学出版社，2013；程瑜主编《程潜墨迹诗文选集》，中国社会科学出版社，2014。

级在辛亥革命中的作用、辛亥革命的经济基础和阶级基础，等等，这些研究，把新中国的史学与旧史学区别开来。

1961年10月，辛亥革命50周年，党和国家举行了隆重的纪念，中国史学会与湖北省社会科学联合会在武汉联合召开了辛亥革命50周年学术讨论会。这是辛亥革命以来有关辛亥革命的第一次学术讨论会。

1981年10月，1991年10月，2001年10月，中国史学会和湖北省社科联均在武汉举办了纪念辛亥革命70周年、80周年、90周年国际学术讨论会，发展了辛亥革命史的学术研究。2011年10月，武汉还要举办辛亥革命100周年大型国际学术讨论会。

辛亥革命纪念活动，有力地推动了学术界对辛亥革命历史的关注，也推动了公众对辛亥革命历史的关注。研究中国近代史的学者，以及辛亥革命的亲历者、后裔，都下功夫搜集、整理、考订和出版辛亥革命的历史资料，辛亥革命在各省的历史资料纷纷出版，这为学术界了解辛亥革命在各省的发展提供了丰富的史料，进一步促进了辛亥革命史的研究。辛亥革命史研究成为国内历史学界成果最为丰硕的史学领域。

辛亥革命虽然过去了百年，但辛亥革命的史料发掘却在继续进行。章开沅、罗福惠、严昌洪主编的《辛亥革命史料新编》八册在2006年由湖北人民出版社出版（收入国家清史编纂委员会文献丛刊），国家清史编纂委员会文献丛刊《赵凤昌藏札》，也在2009年10月由国家图书馆出版社推出。这都是涉及辛亥革命历史的重要史料。

中国社会科学出版社也将在辛亥革命百周年之际出版《湘籍辛亥革命先驱墨迹诗文选集》丛书，其中包括黄兴、周震鳞、石醉六、章士钊、蔡锷等五位湖南籍辛亥革命先驱。促成其事的是周震鳞先生孙女周用宜女士。周女士是我在中国社会科学院的工作同事。她以避嫌计，不愿意出任主编，要我来做这件不苦的苦差事。

湖南、湖北在清初同属湖广省，分省以后，在清代也同属湖广总督治下。湖南湖北在近代中国的历史地位很重要。湖南、湖北人都有一种扎实肯干的精神。黄兴在1903年底，约集湖南湖北同志多人聚会，成立反清革命团体华兴会，提出了"雄踞一省，各省纷起"的战略方针。1904年武昌成立科学补习所，其成员也是湖北湖南人。发动武昌起义的两大革命组织文学社和共进会，主要成员都是湖北湖南人。1911年9月武昌革命派确定的起义临时总指挥是湖南人蒋翊武，副总指挥是湖北人孙武。1911年10月10日牺牲的彭刘杨三烈士,彭楚藩、杨洪胜是湖北人,刘复基是湖南人。湖南善化(今长沙)人黄兴曾经就读武昌两湖书院,他在武昌是有一定人脉关系的。在发动武装起义过程中,黄兴协助孙中山做了大量扎实细致的工作,是有名的实干家。但是,孙中山领导的起义都在两广、云南边境一带,没有把武昌作为起义地点来精心筹划。孙中山、黄兴、宋教仁等同盟会领导人设想过武昌可以配合其他地方的起义,但都没有设想在武昌发动起义。湖北革命党人自觉起义准备工作已经成熟,但湖北缺乏登高一呼的领导人。1911年9月,湖北方面派湖北党人居正、杨玉如到上海请宋教仁来武昌指挥起义,宋教仁忙于为《民立报》写社论,不相信武昌可以发动起义,未能及时赶到武昌来。黄兴在广州起义失败后安全脱险来到香港,继续领导活动。在对待武昌能否发动起义一事,他认为"各省机关,还没有一气打通,湖北一省,恐难做到"。9月底,湖北方面派老同盟会会员吕天民到香港,敦请黄兴前来武昌领导起义,黄兴因广州黄花岗起义失败,他带去的许多战友阵亡,情绪低落,闭门自省,撰文总结经验教训,连续三天没有接见吕天民。10月3日,他从吕天民那里了解到武昌可能立即开始起义的确切消息,给中部同盟会复信表示支持武昌起义。此后,他在和谭人凤的一首七律中写道:"怀锥不遇粤途穷,露布飞传蜀道通。吴楚英豪戈指日,江湖侠气剑如风。能争汉上为先著,此复神州第一功。愧我年来频败北,马前趋拜敢称雄。"黄兴相信了武昌发动起义的急迫性,却未能立即束装就道,他在等待南洋和美国侨界寄送款项,也在等待孙中山的答复。款项和答复都没有等到,他在武昌首义后18天才来到武昌,丧失了在最佳时间掌握武昌起义大局的机会。其实,10月10日武昌起义后,革命党人强迫新军协统黎元洪就任湖北军政府都督,黎元洪害怕起义失败,好几天之内不言不语,不肯就任。黄兴如果在10月15日前赶到武昌,革命党人必然会拥戴黄兴做起义领导人,而不至于屈居黎元洪手下做前线抗敌的将军。我们看黄兴到了武昌拜将后,士兵高举写有"黄兴到"的大旗,骑马在汉口大街上奔驰,极大鼓舞了士气,可知黄兴在革命党人中的威望。如果不是黎元洪,而是黄兴担任军政府都督,辛亥革命的大局发展可能有不一样的格局。

这里讲的是一段真实的历史。这个历史事实说明了中国同盟会的弱点,说明了中国资产阶级革命派的弱点,在一定的意义上说明了辛亥革命的失败的某些原因。

　　《湘籍辛亥革命先驱墨迹诗文选集》的编者们多为辛亥革命先驱后裔，他们搜集、选编了散落于各图书馆、博物馆以及辛亥革命后裔手中珍藏的图片、诗文、墨迹等文物，这些文物生动地记录了辛亥革命前后革命斗争的一些历史事件的实况、细节，是不可多得的历史文献；它们体现了革命先驱对革命信念的坚定，对事业的执着追求，对战友情谊的真挚，有助于今人了解这些革命先驱的品质和情操。

　　在辛亥革命100周年的时候，选编这套丛书，是为了表达对辛亥革命有所建树的人们的称赞，表达为革命牺牲奋斗的高尚精神的敬仰。这些对于我们进一步认识辛亥革命的历史意义，继承和发扬辛亥革命的优良传统，在中国共产党领导下，为实现"振兴中华"的历史使命，完成中华民族的伟大复兴，建设中国特色社会主义，完成祖国统一大业，当是有所裨益的。

2011年8月22日

《张海鹏自选集》自序[*]

学习出版社发来约稿函，通知我，将我列为该社《学习理论文库·理论家自选集》作者之一。此前已出版九批，收录了54位专家学者的自选集。我作为第10批入选。这当然是很光荣的。但是，作为理论家，我又是不敢当的。此前的各位作者，在哲学社会科学各领域，分别做出了重要的理论贡献，对推动中国特色社会主义理论体系的学习研究宣传，推动与中国社会实际相结合的马克思主义理论的发展，促进哲学社会科学的繁荣，起到了重要的作用。他们是当之无愧的。

我自1964年进入中国科学院近代史研究所（1977年是中国社会科学院近代史研究所），一直在这个单位工作。但是"文革"前后十余年，在那时的时代背景下，未能专门从事中国近代史的学术研究。1978年开始，才有机会从事学术研究工作。1978—1988年，我坐了十年冷板凳，打下了学术研究的基础。1988年9月，我被任命为近代史研究所副所长，1994年1月被任命为所长，到2004年免职，前后担任研究所的负责工作16年。这16年，主要工作精力在治所。16年中，差不多每年一次筹办国际学术讨论会，耗去了许多时间和精力。16年中，只能努力把握业余时间去做学术研究。

我个人的研究的总的趋向是中国近代史，涉及近代中国的政治史、思想史，也涉及与近代中国历史相关的台湾史、香港史、澳门史、中日关系史。其间，我对中国近代史的学科体系的建设，做了较多的思考。历史学研究基本上是一种实证研究，比较不擅长于理论的思维。我个人的研究中，尤其是涉及中国近代史学科体系建设的思考，涉及学术领域

---

[*]《张海鹏自选集》，是学习出版社理论文库之一，2012年12月出版。

不同观点的争辩与评述，会努力做一些理论性的思考，当然，这种理论性的思考，并不是纯粹的思辨，并不跨越实证研究的基本范畴。

总起来说，我的研究文章达不到理论家的水准。个人自觉不是理论家。但是这并不表示，我写作的文章中没有理论性的思考。30多年来，我撰写并公开发表的文章，超过了300篇。这里选取了其中多少带有理论性思考的文章58篇，结集在一起，力图符合学习出版社理论文库的出版风格。即使如此，还是掌握了两条原则，一是纯粹史学考证、纯粹实证史学的文章不收，另一是超过2万字的文章不收。58篇文章，分成10个部分，包括中国历史学的宏观思考、中国近代史的宏观思考、中国近代史的学科体系、中国近代史研究评论、孙中山研究、对学术大师的评论、两岸关系以及台湾史研究、港澳历史研究、中日关系历史研究、影视评论。这10个部分，分别反映了我的学术兴趣和研究范围。以上文章，除了20篇写于1999年以前，38篇是2000年以后写作的。这些文章，或长或短，短的不过二三千字，长的将近两万字。除了一篇是与所内年轻朋友合作的以外，其余全是个人捉刀。

我以前在各种条件下，出版过不同内容的个人文集。读者大概主要是中国近代史研究领域的学者和大学生。此次选集，所收入的文章，难免与前此有所重复。好在此次选文，偏重理论性的思考，由学习出版社出版，也许读者对象与前此不大相同。通过此次自选，能向不同学术倾向的读者推出个人对中国近代史方面的思考，求得更多的指教，也求得更多的了解与理解，是我的衷心期望。

自己所作文章，难免如古人所说敝帚自珍。但是一旦公诸大众，就成为公众产品，评说由人，自己是不能拒绝评论的。敝帚或者有可珍之处，既已售出，就要由人挑肥拣瘦，评头品足。我期待着读者的批评和评论，以启我不逮！

2012年5月15日于北京东厂胡同一号

《中国近代史基本问题研究》后记[*]

中国社会科学院学部主席团决定为学部委员、荣誉学部委员出版专题文集。我很拥护，也很高兴。

2006年8月，中国社会科学院正式成立学部，我有幸成为第一批学部委员。这既是一种荣誉，也是一种压力。这一年，我已经67岁了。在这一压力推动下，我继续在中国近代史研究领域耕耘、爬梳。

收在这部专题文集里的18篇论文，都是2006年以后的产物。其中，四篇是2007年写作的，2篇是2008年写作的，12篇是2009年以后撰写。这当然不是这个时期写作的全部。文章排序按照发表或者出版先后。其中，只有关于台湾问题的两篇，曾收入2011年1月出版的《书生议政——中国近现代史学者看台湾的历史与现实》一书中，其他16篇都是第一次收入文集。除了一篇是我与我的学生赵庆云博士合写的外，其余各篇都是我自己执笔。我想，这大概符合中国社会科学院学部主席团有关出版学部委员、荣誉学部委员专题文集的要求。

除了以上各篇文章，我还和陶文钊共同主编了一本《台湾简史》（2010年出版）、一本《台湾史稿》（两卷本，2012年可能出版）。我另主持了马克思主义理论研究与建设工程委托编写的大学教材《中国近代史》（2012年出版）。这些也是我成为学部委员以后做的工作。

收入这本专题文集的文章，由于写作的时空环境不一，在几篇学术评论性的文章里，难免有重复现象，请读者谅解。

这本专题文集，是我对中国历史学，特别是对中国近代史的若干宏

---

[*] 《中国近代史基本问题研究》，张海鹏著，中国社会科学院学部委员专题文集之一，中国社会科学出版社，2013。

观思考，故题名为《中国近代史基本问题研究》。这是我向中国社会科学院，向中国社会科学院学部，向山东大学，向史学界的朋友们做出的一次汇报。成绩菲薄，不足言劳。我已经迈入74岁，来日无多，创作力减退，尽管我仍希望老有所为，但是毕竟精力不再允许了。

如果能得到读者不吝指教、鞭策，我将万分感谢！

2012年5月17日于北京东厂胡同一号

《台湾历史研究》发刊词[*]

由中国社会科学院台湾史研究中心主办、中国社会科学院近代史研究所台湾史研究室编辑的《台湾历史研究》问世了。这是一份专门发表台湾史研究成果的学术期刊。我们希望借发刊词的机会,说明几点期待。

海峡两岸的台湾史研究,开始吸引学者的注目,大约始自20世纪80年代初。在台湾,台湾史研究已经从"险学"变成了显学,研究者遍及各大学和各研究机构,至今仍有长足进展之势。中国大陆的台湾史研究,起自厦门大学台湾研究所的建立,但是较长时间以来,台湾史学术研究的发展,不尽如人意。在国外,尤其在日本,也有一些学者在台湾史研究上投入了很多精力。在欧美国家,也有研究台湾历史的学者。

由于台湾历史发展的独特性,台湾史逐渐发展成为一门学科。从学科建设的角度来说,台湾史是中国历史学科下的二级学科。鉴于台湾史研究还有进一步推动的空间,台湾史学科建设还有待于进一步加强,中国社会科学院于2002年在近代史研究所建立台湾史研究室,随后成立台湾史研究中心。台湾史研究中心的成立,意在协调、组织台湾史的学术研究,集聚全国台湾史学界的力量,从学科建设的角度,对台湾历史进行综合研究,开展与台湾、香港、澳门地区和国外学者的合作,为发展台湾史学术进步服务。自2004年到2013年,台湾史研究中心已经组织推动了七次学术讨论会的召开,联系了海峡两岸的台湾史学者,在清

---

[*] 《台湾历史研究》,以书代刊,中国社会科学院台湾史研究中心主办,张海鹏、李细珠主编,社会科学文献出版社出版,第一辑出版于2013年12月。

代台湾史、日据时期台湾史、台湾殖民地史、抗战胜利后的台湾史研究各方面，起到了一定的推动作用。

考虑到发表台湾史研究学术成果的学术刊物不多，台湾史研究中心成立之初，我们曾设想为台湾史研究建设一个发表学术成果的园地。当时鉴于研究台湾历史的学者队伍状况，建立专业的台湾历史学术刊物的条件尚不够成熟。我们改变主张，决定建设"中国社会科学院台湾史研究中心丛刊"，努力推动台湾史研究，展示台湾史研究成果，构建一个为台湾史研究服务的平台。该丛刊主要出版台湾史研究的学术专著，至今已出版本中心集体著作《台湾简史》、《台湾史稿》（两卷本）及研究人员个人专著多种，在学界有了一定的影响。这是本中心学术研究力量逐步壮大的标志，也是我们的台湾史学科建设日渐成长的见证。

《台湾历史研究》，暂以书代刊形式，每年出版一辑，由社会科学文献出版社出版。《台湾历史研究》是一个公开的学术园地，刊载台湾历史研究领域原创性学术成果，内容涵盖政治史、经济史、社会史、文化史、思想史、军事史、外交史、民族史、两岸关系及历史人物等各个方面，体裁包括专题研究论文、读史札记、史实考订、史料评介、书评及文评、学术综述、学术讨论、学术动态等，并适当刊载有关台湾历史研究的珍稀资料与口述史料。我们不仅关注有文献记载的台湾历史进程，特别是明末以来台湾的历史进程，也关注考古学意义上台湾的史前研究，关注有史以来大陆与台湾关系研究，关注台湾早期居民研究。一切着意于台湾史学术进步的研究成果，一切本着实事求是的精神探讨台湾史未知领域的研究成果，都在我们欢迎之列。我们的目的是为台湾史研究构建一个学术交流平台，努力推动台湾史学科建设，期望得到学界朋友们的热心关切与支持。

台湾史研究是中国历史学研究的一门新兴学科，也是一个具有重要理论价值与现实意义的学科。正因为是一门年轻的学科，所以还很不成熟，尚有进一步研究的广阔空间。同时，由于历史的原因，海峡两岸长期分隔，台海两岸未来走向问题，一直是关系两岸人民切身利益的重大现实问题。观今宜鉴古。从历史研究中寻找解决现实问题的智慧，是中国史学的优良传统。我们殷切地期望，《台湾历史研究》能够为此发挥一点积极的推动作用。

我们也期待与台湾史学者的积极交流,期待学界朋友们对改进刊物的批评意见。我们最大的期待,当然是学界朋友们不吝赐稿,支持本刊的发展。支持本刊的发展,也是支持台湾史学科的发展。谨此多多致意耶!

"历史学者眼中的毛泽东"小丛书总序[*]

2013年12月是毛泽东120周年诞辰。毛泽东去世也已37年。毛泽东作为中国近现代史上一个伟大的人物，已经进入了可以评说的时候。有人说毛泽东是伟大的人物，有人说毛泽东是历史罪人，在对毛泽东的历史评价上，出现了两极分化。这种两极分化的历史评价，或多或少与他们对现实中国的认识有关，与中国特色社会主义的价值体系有关。这本小丛书拟定了大小适中的选题，约请历史学者，从中国近现代史研究出发，以历史学者的眼光来观察毛泽东，来评价毛泽东，希望给毛泽东这个伟大的历史人物一个符合历史的评价。这些历史学者基于历史事实的分析，希望给大众特别是青年读者以正确的引导。敬请读者不吝赐教。

毛泽东是中国近现代历史上最伟大的、最杰出的人物之一。

20世纪初以来，中国近代历史的第一次飞跃是由我国民主革命的先行者孙中山完成的。他举起资产阶级革命的旗帜，推翻了我国历史上最后一个封建王朝，辛亥革命开启了中国历史进步的新纪元。他的功绩是值得后人纪念的。

中国近代历史的第二次飞跃，是由毛泽东领导下的中国共产党人完成的。毛泽东不仅领导中国人民胜利地走完了新民主主义革命的全部路程，而且引领中国走上了社会主义的大道，为中国人民探索中国特色社会主义奠定了雄厚的基础。这一次的历史飞跃，比较第一次历史飞跃，历史意义更大，历史影响更大，是要永远彪炳史册的。

---

[*] 张海鹏主编"历史学者眼中的毛泽东"小丛书（共九种），中国社会科学出版社，2015。

从 1849 年到 1949 年这一百年，是中国历史上最为惊天动地、惊世骇俗，变动最为剧烈的一百年。从 1949 年到 2049 年，是中华民族从衰弱走向复兴的一百年。这两个一百年，是要为今后的中国历史学家大书特书的两个一百年。毛泽东正活动在这两个一百年的中间：1949 年前的半个世纪，他在剧烈变动的时代中是一个叱咤风云的人，是一个引领时代前进的人，他推动了历史的前进；在 1949 年后的 27 年中华民族复兴的途程中，他还是一个呼风唤雨的人，是一个引领时代前进的人，是一个动员了中国全体人民的人，虽然在行进中有些跌跌撞撞，但他毕竟在探索中国前进的路。他是一个把毕生毫无保留地献给了中国人民的人！他是一个为国家走向富强工作到最后一息的人。我们的后人将会为中国的发展创下更为伟大的业绩，这是毫无疑问的，但是像毛泽东那样经历了那样多剧烈的世纪变化、那样多风雨兼程、那样多天地开创的人，应该是前无古人、后鲜来者的！

今天，全体中国人现在和今后在生活中所享受的物质条件都比他那个时代好，但是我们不要忘记，我们都在享受着他的劳绩带给我们的丰泽雨润。

1981 年 6 月，中共十一届六中全会通过了《关于建国以来党的若干历史问题的决议》，对毛泽东的历史地位和他对中国历史的独特贡献做出了科学的评价和总结。中国共产党的领导人邓小平、江泽民、胡锦涛、习近平等都对毛泽东的历史贡献做出了肯定的评价。这些肯定的评价反映了中国绝大多数人民的愿望，是尊重历史事实的，是得到人民拥护的。

毛泽东不是圣人，不是神仙，他的一生当然也犯过错误，尤其是他的晚年，所犯错误尤其严重。平心而论，这些错误，不只是毛泽东个人的错误，而是中国共产党领导层的错误，是那一代人的共同错误，是时代的局限造成的。当然，毛泽东应该承担更多的责任。早日建成社会主义，早日过渡到共产主义，那一代中国人哪一个不是欢欣鼓舞呢？我是那个时代的过来人，是有切身体会的。虽然物质生活匮乏，但精神生活是昂扬的，对早日到达共产主义是有追求，是有向往的。但是这种追求距离社会现实太远，是不能实现的。这种急性病，带有列宁所批评的共产主义运动中"左派"幼稚病的某些迹象。社会的发展，社会主义的发展，有自己的规律，不能想当然去超越。通过后来的历史发展，我认识到了，体会到了。在一定意义上说，犯这种错误是难免的。这不是为毛泽东的错误开脱。中国共产党人摸索新民主主义革命的规律，从建党到中华人民共和国成立，花了28年。这28年就是一个应该付出的代价。从中华人民共和国成立到1976年"文革"结束、毛泽东去世，到十一届三中全会，也是28年，这也是一个应该付出的代价，这以后才可能召开中共十一届三中全会，才可能形成建设中国特色社会主义的新认识。而且这个认识到现在又过了30多年，我们还处在继续探索和加深认识之中。

历史人物难以避免时代的局限，这是任何时代的人不能回避的。毛泽东的过人之处就在于，他自己认识到这一点。

毛泽东说过我们不是圣人，难免犯错误。他在1956年总结苏联的教训时说："共产主义运动，从马克思、恩格斯发表《共产党宣言》算起，至今只有一百年多一点的历史。无产阶级专政的历史，从俄国十月革命算起，还不到四十年。实现共产主义，是空前伟大而又空前艰巨的事业。不艰巨就不能说伟大，因为很艰巨才很伟大。在这艰巨斗争的过程中，不犯错误是不可能的，因为我们走的是前无古人的道路。我历来是'难免论'。斯大林犯错误，是题中应有之义。赫鲁晓夫同样也要犯错误。苏联要犯错误，我们也要犯错误。问题在于共产党能够通过批评和自我批评克服自己的错误。"1957年他在省、自治区、直辖市党委书记会议上讲话说："我们搞革命和建设，总难免要犯一些错误，这是历史经验证明了的。《再论无产阶级专政的历史经验》那篇文章，就是个大难免论。我们的同志谁愿意犯错误？错误都是后头才认识到的，开头都自以为是百分之百的马克思主义。当然，我们不要因为错误难免就觉得犯一点也不要紧。但是，还要承认工作中不犯错误确实是不可能的。问题是要犯得少一些，犯得小一些。"这里说的犯错误，既包括了历史时代的局限可能犯的错误，也包括因认识不足和经验缺乏所犯的错误，还包括因个人原因犯的错误。重要的是，共产党能够通过自己来克服错误。中国共产党已经总结了自己的历史，包括毛泽东领导国家时期的历史，克服了以往的错误，中国的事业又重新大踏步前进了。

毛泽东一生革命，一家人中出现了六位烈士。中华人民共和国成立以后，为了保家卫国，他像千千万万普通父母一样，把自己的儿子送到朝鲜战火的前线。他的儿子毛岸英未能幸免于美国军机的炸弹，未能全身返国。毛泽东一生清廉，勤勉从公，没有为子女和戚属留下财产和权力。五千年中国历史里，从古代的皇帝到民国时期的总统，哪一个能与他相比呢？哪一个能像他那样大公无私呢？毛泽东对国家的忠诚和贡献是无与伦比的。

毛泽东是中国近现代历史上最重要的伟大人物，是值得今天的中国人怀念的！无论他的成就或者失误，都将成为我们今后前进的借鉴和财富。

这套小丛书是有一定研究基础的较为普及的学术专著，是基于学术研究的普及性读物。作者们是反对"非毛化"的，是主张按照历史的本来面目认识和评价毛泽东的。小丛书的写作，立足于历史事实，有史实根据，不收道听途说之论。文字通俗，力求深入浅出。基本观点，贯穿中共的历史问题决议，遵守中共十八大精神。书中引语，都有根据，不妄加解释。

小丛书每本 8 万—10 万字。共列出九本。下面是各本书的书名及其作者。

毛泽东的学风、文风　周溯源　颜　兵等（中国社会科学院）
毛泽东的读书生活　周杏坤　刘　宇等（中国社会科学院）
毛泽东与青年　郝幸艳（中国社会科学院博士后流动站）
毛泽东与人民　龚　云（中国社会科学院）
毛泽东的民族精神　刘书林（清华大学）
毛泽东与为政清廉　王传利（清华大学）
毛泽东对社会主义道路的探索　仝华等（北京大学）
毛泽东对中国政治制度的设计　高中华（中央高级党校）
雄才伟略毛泽东　张海鹏　高中华（中国社会科学院、中央党校）

2013 年 10 月 1 日

《刘大年诗集》编者絮语[*]

2015年8月，是杰出的马克思主义史学家、中国科学院哲学社会科学部最早的学部委员之一、我国历史学领域长期的领导者和组织者刘大年先生100周岁诞辰。为了纪念大年先生100周岁冥诞，中国社会科学院近代史研究所组织了刘大年全集编辑委员会，请湖北人民出版社出版刘大年先生全集，共17卷，其中第16卷编入大年先生的诗集、年谱等内容。

刘大年诗集共收入60题114首旧体诗，其中19题55首诗是在报刊和书籍上公开发表过的，41题59首诗是首次公开发表。考虑到关心大年先生诗作的读者需要，特在全集之外，另行出版《刘大年诗集》单行本，以飨诸同好。

刘大年先生是我国著名的马克思主义史学家，也是一个马克思主义理论家。他学术上的专攻是中国近代史，在美国侵华史、中美关系史研究方面有开拓之功，在马克思主义史学理论方面有卓越的贡献，在人物评价、明清土地制度、亚洲历史评价诸方面，都曾发表引起理论界、史学界广泛关注的论文。晚年，他的专攻有两项：一是抗日战争史；一是近代经学的研究，其成果在学术史上各有其地位。以上这些，在我国史学界、理论界都是清楚的。

1999年12月，刘大年的最后一部著作、8万字的《评近代经学》发表。在这部著作公开发表以前，人们对他的经学根柢是所知不多的。实际上，刘大年先生不仅在近代中国历史研究上发表众多宏文谠论，而且国学底蕴深厚。他在22岁以前都在家乡（包括长沙国学专修学校）

---

[*] 《刘大年诗集》，与黄仁国合编，湖北人民出版社，2015年7月出版。

从老师宿儒研修儒学经典和《资治通鉴》等史学著作。父亲颇有旧学根柢，他幼承庭训。又在当时颇为高级的私塾爨学里，师从湖南颇为有名的理学家蔡瑞芝（又襄）学习经史。从学的老师宿儒中还有前清翰林，贺冕就是一个古体诗名家。他的诗作经受严师指点，也受到老师嘉奖，国学根柢就这样打下了。他在1938年参加革命以前还定了不能丢弃孔学的决心，只是在学习了《共产党宣言》等马克思主义著作以后，才逐步放弃了原先的想法。

1949年，发表《美国侵华简史》以后，刘大年的精力有一半放在中国近代历史研究上（另一半精力放在学术行政工作和对外学术交流以及全国人大常委会的工作），他的著述虽可以在一定程度上体现他的国学根柢，但在《评近代经学》发表以前，到底体现不多。真正体现他的国学根柢的是他的古体诗作。

大年先生8岁在私塾里就学会了作古体诗。1938年参加革命以前作的旧诗，大多找不到了。收在这本诗集里的第一篇作于1936年的《鸡鸣阁序》，是流传在家乡的一首散文体赋。1936年，他在家乡附近的雪窝山上建茅草书房，名为"鸡鸣阁"，意为鸡鸣即起，督促自己做一个能考证训诂名物的经学家，以"保存国粹"，《鸡鸣阁序》表达了作者这种雄心壮志。这是现在发现的作者最早的一篇文学作品。文学史家一般不把骈文归入诗词类，编者不愿割爱，仍置于诗集之首，读者谅之。第二篇是1937年《过陈友谅墓》，因为自己很欣赏，随时可以念一念，就记住了。其他的古体诗未留下记忆就找不到了。进入抗日军政大学学习一年后，他被分配到冀南行政公署工作，此后戎马倥偬，还受过重伤，其间偶有吟咏，大多也未能保存下来。

现在收集在这本诗集里的诗，一是来自作者1991年9月24日自编的《刘大年诗钞》，共收入60首诗，其中大多是公开发表的，少数未发表。作者声明，公开发表的诗，都加了注释；未发表的，未加注释。公开发表过的，在收入诗钞时，又做了个别文字润饰。这个诗钞，是油印本，少量印刷，送给亲朋好友，甚少流传。这60首诗，全部依据作者校订后收入本诗集，并在页下注里说明。二是1992年后公开发表或在公开出版物中有载的，这类约有十多首。三是未刊稿，这一类诗稿是保存在家里的，或是诗人生前发现的，或是诗人去世后发现的，还有两首：一是在日本报纸上发表的手迹；另一是从他人的诗集里作为附录收入的，虽算在未刊，实际上是已刊。也有从日记上抄下来的。从第一首1936年《鸡鸣阁序》到最后一首1999年7月《题小照》，前后绵延63年。

本诗集里的文字，凡是收在正文里的，都是作者本人的文字，个别地方经过编者整理，页下注里的文字，是编者加的说明。

刘大年的旧体诗，有律诗、绝句，也有古风，形式不拘。律诗讲究对仗，严守诗韵格律，首句也有出韵的，都有出韵的理由，与古人"孤雁入群"之说相合。观他与同时的著名诗人讨论旧体诗格律的信函，可知诗人对旧体诗诗韵规律掌握之深。绝句不那么讲究对仗，比较活泼，读起来朗朗上口。如题江油李白纪念馆："蜀道蚕丛今日扫，黄河咆哮旧时过。请抛白发三千丈，纵听汪伦十万歌！"这首绝句，把唐朝诗仙李白的豪情万丈、汪洋恣肆的诗风摹写得活灵活现，又把古今蜀道不同对比出来，神来之笔，一气呵成，毫无雕琢之感。

大年先生从前清遗老学诗，上承清人诗风，作诗喜用典，尤其在律诗中用典，是大年先生旧体诗的一大特色。熟练地运用历史典故，正是诗人国学根基的体现。诗句哼到嘴边，典故自然涌现，往往恰到好处。诗人生活在新的时代，把典故与新事、新词自然地糅合在一起，是又一特色。如《三十五年于邢台过灯节兼庆政治协商会闭幕》中间两联："平倭战胜方兴汉，反共兵销未帝秦。万户灯开民主焰，六街曲奏共和声"；《见说四首》之二："颜回陋巷无心问，宰我泥墙厌耳闻。痛哭湘军空泪涕，叩头袁氏等埃尘。"用典与时代特色水乳交融，说明诗人的感情是在新的时代里，不是守旧的人，是求新的人。

诗言志。诗是心之所发，志之所伸。大年先生生活在一个中国历史上变化极为频繁的时代，从面临民族危亡到参加八路军，起而抗争，迎来新中国的诞生；从探索社会主义到经历"文化大革命"、被打成"反革命修正主义分子"岁月；从看到中国社会主义发展欣欣向荣，到目睹苏联社会主义的垮台。社会巨大的激烈变化，给他的头脑打下深刻烙印，也使他的情感难免跌宕起伏。他参加中国科学院代表团访问苏联，是新中国成立后少数访问过苏联的学者之一。他访问过与中国邦交正常化以前的日本，也访问过统一以前的两个德国，作为中国史学家代表团团长访问过邻邦巴基斯坦。作为全国人大常委会代表团成员访问过南北美洲、澳大利亚、新西兰、巴布亚新几内亚等诸岛国以及欧洲诸国。他是一个史学家、理论家,也是一个思想家。他所经历者,他所思所想者,往往反映在他的学术思考中,反映在他的学术论著中。然而,学术思考、学术论著未必尽能反映所思。他同时也是一个诗人,具有诗人的品格,所思所想所经历之事,情动于中,感于心,发于文辞,流于笔端,便成为诗。清人金圣叹批阅唐诗 600 首,序曰:"夫诗之为言诎也,谓言之所之也;诗之为物志也,谓心之所之也。心之所之必于无邪,此孔子之法也。"言语文章不能反映心之所思所想者,便形于诗。情动于中可以为文,情动于中也可以为诗。其女刘潞眼见乃父作诗的经过,谓有"不写诗就过不去的感觉"。"不写诗就过不去",就是情动于极处。情动于极处,难以用言语文章表达者,诗是一个抒发情感的最佳去处。大年先生少年时便得作诗窍要,国学根基深厚,情感丰沛,感受会于心,形之于诗,便是很自然的了。

大年先生的诗作,表达了一个共产党人对祖国的爱,对人民的忠,对党和领袖的深情,也表达了对国际局势的关怀和感受,表达了作为马克思主义者的豪情和对共产主义必胜的信念。是诗,也是史。诗史融合在一起,体现了诗人同时也是史学家的气质和品格。1939 年作《东征口号》四首之一:"神州谁敢总横行?落日卢沟大起兵。南渡君臣棋乱局,北望烽火海扬尘。延安城系人心定,八路军来士气新。如火旌旗向前指,长征全捷又东征。"第四首:"长驱上党众怀烈,百里绵峰一日驰。画角昂昂朝食早,铁衣赳赳枕投迟。扬眉合唱大刀曲,沥胆行吟破斧诗。儿女英雄多不贱,燕山射猎共相期。"诗作充满感情,对抗战胜利的坚持,对八路军行军作战艰辛的写实,对国府抗战摇摆的批评,对人民英雄的歌颂,对光明前景的渴望。这样的感情,在他的许多首诗中都有体现。1940 年在河北曲周一带作《惊闻华容失守》:"书封七字寄乡旧,快卖黄牛买宝刀!"既写出了对日寇占领故乡华容的愤慨,也写出了冀望故乡父老"快卖黄牛买宝刀"走上抗日前线的期待。这里如实记录了一个亲历了抗战岁月的战士,一个从军的青年知识分子发出的对日寇侵略的怒吼。1942 年作《祝贺刘伯承同志 50 寿辰》、1945 年作《邯郸道上》、1948 年作《元旦试笔兼为土改学习自勉》、1949 年作《病中喜闻华容解放》、1971 年作《贺中共成立五十周年》、1972 年作《陈毅同志挽词》、1974 年作《贺国庆二十五周年》、1976 年作《周恩来总理挽辞》、1982 年作《观王森老苍松图》、1984 年作《紫禁城漫兴》、1997 年作《香港回归祝词》、1988 年作《李琦画展观后》《寄〈百年潮〉》等，都充满了对祖国、对人民、对党和党的领袖的热爱和歌颂。1983 年 9 月作《悼亡》诗，是对同时参加革命的亡妻的悼念，1996 年 4 月作《田家英同志小莽苍苍斋法书选集观后占二绝句》，是对西柏坡时期认识的革命老战友的怀念，同样都具有强烈的家国情怀。

大年先生有多次出国访问的机会，出访诗除了若干人情应酬，还有一些有很高意境的诗作。其中以访问巴基斯坦、访问日本留下的诗作最多。1963 年、1965 年两次访问巴基斯坦，留下了 14 首绝句。"法显玄奘记胜游，葱云西指水东流。蚕丝古径变通道，还要凿空博望楼。""名场百辈口悬河，抵掌清谈妙趣多。学问遥从中国取，圣言个个奉摩诃。"这几首纪实诗把黄河、印度河之间长久交往的历史，中巴之间的友谊，刻画得清楚明白。

诗集中有关访问日本或者与日本学者相关的诗最多，约有 19 首。1963 年第一次访日，是在中日邦交正常化 10 年前，中日关系基本上处在敌对状态，但中日民间交流的呼声甚高，不仅中日民间贸易呼声高，学术交流呼声也很高。日本学术界正在强烈反对美国的文化侵略，反对美国对日的赖肖尔政策，反对美国在日本建立军事基地。访日诗记录了这时的情形："横街伐鼓起雷声，满耳东京与北京。阿部求经思汗国，鉴真观法到蓬瀛。盖幛迎客千花舞，剑履谈心百鬼惊。七亿英雄同肺腑，太平洋里醢长鲸！"欢迎中国学术代表团的群众高唱《东京与北京》之歌，要求友好之声盈耳。中日两国人民团结起来，可以把美国侵略者埋葬在太平洋，其情其景跃然纸上。1975 年为吉川幸次郎率日本学术代表团访问中国赋赠一律，也反映了反对美国在太平洋称霸的时代气息。1979 年 12 月在东京大学讲学，12 月 13 日《朝日新闻》发表了大年先生表示中日友好诗的手迹，该诗最后一联说"举翼银鹏便万里，扶桑一路日璘璘"，写出了中日两国一衣带水，应该长期友好的心声。

日本京都大学人文研究所井上清教授，是日本著名的马克思主义史学家，铁骨铮铮，著作揭露日本帝国主义历史，严厉批判天皇制度，是日本少见的硬汉。1960 年访问近代史研究所，与刘大年成为好朋友。1984 年作《赠老友井上清先生》，称许井上"云雷论学许相知，一帜堂堂独树之"，"回头讲座推元老，屈指西京数大师"，"一部马恩笑神会，寸心寰宇共波澜！""一部马恩笑神会"，点出了中日两位马克思主义史学家的真正友谊。井上清是日本史学界的大师，刘大年是中国史学界的大师。因"马恩"而神会，颇有惺惺相惜之至意。读诗至此，直教人击节不置。

1989年在《人民日报》发表《见说》四首，引起许多读者关注与议论。不仅关注诗的格律，尤其关注诗的意境，关注诗人所思考的东西。

"新儒有道推君子，老店无缘拜圣人。我自沙滩楼下过，可怜德赛两先生！"举起德赛大旗的五四先人，曾经批判孔老夫子不能救中国。如今传来一种议论，似乎"四小龙"的崛起，正得力于儒学传统。当年高举科学、民主的先生们怎么面对这样的认识呢？这种思考，未必不是作者后来下功夫撰写《评近代经学》的主要动力之一。如何对待孔子，如何对待科学、民主，至今仍是思想界思考的问题，也是中国特色社会主义必须解决的问题。科学也好，民主也好，马克思主义也好，都需要与中国历史实际和社会实际相结合，产生马克思主义理论指导下的中国社会主义的新文化，中国特色社会主义才能有序推进。

1991年12月，诗人写出了一首感事诗。感事而未命题，实寓有深意焉。这个月，世界上出现一件重大事变，国际共产主义的挫折已成定局。克里姆林宫上的镰刀锤子旗降下来了，沙俄时代的三色旗升了起来。资本主义世界额手称庆，马克思主义者、共产主义者痛心疾首。国际共产主义运动的低潮到来了，这是一个明显的标志。诗人感事而发，写下了下面的诗句：

> 半天风雪恶连宵，
> 大国吹从地面消。
> 侯览仓皇除党会，
> 谯周匍匐拜星条。
> 飞扬未觉龙蛇远，
> 开辟犹闻海宇摇。
> 他日列城王气动，
> 镰刀锤子复旌旄！

侯览是东汉桓帝时期的高乡侯，制造了东汉时期的党锢之祸。谯周是三国时期蜀国光禄大夫，魏国攻蜀，兵临城下，谯周劝蜀主刘禅降魏，蜀国灭亡。诗人用这两个故事，暗喻苏联的垮台，"大国吹从地面消"，"匍匐拜星条"，真实地记录了当时的情景。诗人没有垂头丧气，明确表示对未来抱有信心："他日列城王气动，镰刀锤子复旌旄！"列城指列宁格勒，十月革命的故乡。他认为，在列城上空重新飘扬镰刀锤子旗的日子是一定要到来的！

1983年9月的《遣怀》，也值得注意："船山学术旧难跻，借尔高言觅径蹊。不拟孤山闲放鹤，鹁鸪恰恰向人啼！"王夫之是湖南衡阳人，生活在明末清初，拒不仕清，以船山名于世。船山在学术上主张实事求是，反对陆王心学，在哲学和史学上贡献良多。这首遣怀诗，是有所感而抒发的。船山学术破旧立新，志存高远，虽然总的学术体系落后了，但他寻找不同的学术路径是可取的。问题在于船山著述刊刻于身后，其学术贡献犹如孤山闲鹤，鹤声呦呦，于世无补。今天学术以马克思主义理论为指导，就不能像船山孤山闲鹤那样，自鸣自唱，而要像鹁鸪那样大声啼鸣。1983年正值中国史学会学术年会暨第三届史学界代表大会，大年先生作为中国史学会主席团执行主席在大会上做了《中国马克思主义历史学与中国社会主义》的学术报告，就中国历史学的指导思想与中国历史学的时代使命问题做了阐述。他在报告中针对有人说马克思主义"过时论"做了剖析，认为全世界阶级消灭以前，马克思主义将始终保持旺盛的生命力。我想，这就是这首遣怀诗的写作背景。还要指出，《遣怀》诗手稿一直压在作者书桌玻璃板下面，作者去世后才被发现。可见，作者是把这首诗当作自己的座右铭的。所谓遣怀者，乃是励志也，乃是叙述将要朝着自己的学术志向奋斗不息也。

大年先生的晚年精力放在抗日战争研究上。这与日本政府在战争性质认识上的倒退有关。1989年2月20日，刘大年先生在第七届全国人大常委会会议上，专门就日本在战争性质问题上的倒退做了尖锐发言，提出了义正词严的批评，震动了国内外。此后，他极力推动成立中国抗日战争史学会，推动出版《抗日战争研究》杂志，推动有关抗日战争的学术会议召开和学术著作的编写和出版。他关于日本社会发展的预言，如右翼否认侵华罪行、军国主义复活倾向等，都在今天得到了验证。1996年5月，他的著作《抗日战争时代》完稿，意兴盎然，写下诗句二首。其一是："大族栽来千岁果，论时抒罢九回肠。一枝短杖连扶出，楼外河边看绿杨。"其二是："列国春秋重见闻，膏肓难变假成真。太行风雪平原暑，我是山川路上人！"诗人用含蓄文字，歌颂中华文明源远流长，论到抗日战争一节，不禁令人唏嘘不已。诗中表达了诗人感叹自己年迈体弱，而该做的事已经做了。此刻，扶着一支短杖，喜看楼外繁华景象。想起日本政府当局否认侵略，心情难以平静。他似乎在告诉日本当局：你们要知道，"太行风雪平原暑，我是山川路上人！"抗日战争我是亲历者，怎么能同意你们把侵略说成"进出"呢？

1998年6月，大年先生写给抗战时期的老战友的信中说："我们在自然规律支配下，很快都要最后作结论了，这个结论中将有一句关键的话：我们走的是一条正确的大路，光明的大路。这是可以自慰的。"1999年，《评近代经学》已经搁笔。他回望自己的一生，觉得已经没有什么心事了，便用诗的语言做了一次人生总结。7月，他在一首《题小照》中写道：

早岁从戎荷短戟，
中年乙部伐雄王。
凡人亦许不知老，
敢笑多愁伦勃朗！

早岁从戎荷短戟，这是指1938年进入抗大，荷戟从戎，成为八路军的一名战士，经历了抗日战争的全部岁月。中年乙部伐雄王，这是指1947年写作，1949年在《人民日报》连载发表的《美国侵华简史》，1954年在人民出版社正式出版《美国侵华史》，这本书，有多种外文文本出版，在新中国成立之初，在反对美国帝国主义的斗争中，起到了重要的作用。这一年，他正好40岁。雄王，借指当时称霸世界的美国；乙部，按我国书籍传统四部分类法，乙部是史部，这里乙部就是代指《美国侵华史》。此后，在中国科学院，在哲学社会科学部，在近代史研究所，担负过学术领导和学术组织工作，写出了中国近代史，写出了日本侵华史，写出了近代儒学史，尤其在马克思主义史学理论方面做出了重要的理论贡献。他一直在走一条正确的路、光明的路。快到了按照自然规律要做最后结论的时候了，对着自己的照片，不禁莞尔笑道："凡人亦许不知老，敢笑多愁伦勃朗。"伦勃朗，你英雄一世，如今老了，愁容满面，有什么必要呢？

　　1999年10月26日刘大年先生应邀在中国社会科学院主办的"中国社会科学50周年学术报告会"上做了《马克思主义社会科学研究要回答当代社会重要问题》的报告。11月，因发烧住进协和医院。12月28日不治辞世，走完了85岁人生，一个马克思主义者，一个共产主义者，一个历史学家，一个诗人的一生，就这样华彩落幕了。就好像有预知一样，他在《题小照》中，已经预先替自己做出了人生总结。按照他的遗嘱，丧事从简，只在极小范围里举行了告别仪式，他躺在鲜花丛中，大厅里播放着高亢的《在太行山上》音乐，从太行始，到太行终，他的人生画上了完美句号。

　　值此《刘大年诗集》出版的机会，我写了上面的话，希望有助于读者读诗，了解诗人和他作诗的一些背景，理解诗人和他的旧体诗，以及诗作所反映的时代。我个人长期在刘大年先生的领导下工作，对先生的人生和学术多少有些了解。但是，不能说我的解说都是合适的，不妥之处，敬请读者不吝批评指正。至于大年先生的旧体诗，是否合乎格律，意旨如何，怎样评价它的文学水平，以及与明清诗的承继关系，等等，我不能解说，我也没有资格解说，因为，我完全没有大年先生那样的修养，对旧体诗更是难以入门，我岂敢在解诗上置喙。我只是解说背景，至于如何欣赏、评判先生的旧体诗，则要拜托诸位读者的法眼了。

2015年2月28日于北京东厂胡同一号

《刻骨铭心的抗日战争》序[*]

一 为什么永远不能忘记抗日战争历史

·抗日战争历史在中国近代史上的地位

1937年7月7日卢沟桥事变开始的全国全面的抗日战争，是中国历史上，尤其是中国近代历史上最重要的历史性转变之一。全民族奋起，同侵入国土的民族敌人作殊死的搏斗，民族解放的意识空前高涨，民族觉醒的步伐空前加快，全民族的凝聚力空前加强，终于在国际反法西斯势力的配合之下，打败了日本侵略者，避免了中国殖民地化的命运。自1840年鸦片战争以来，日本侵华是历次列强侵华行动中最残酷的一次，中国人民的反抗则是最坚决的一次；中国抗日战争的胜利是近代中国对外战争中唯一取得胜利的一次战争。

抗日战争的胜利，同时也决定了中国的前途和命运。民族觉醒和民族解放带来了中华民族对未来光明社会的热烈追求，抗日战争的胜利成为中华民族复兴的枢纽。在中国共产党的坚强领导下，中国人民赢得了新民主主义革命的胜利，在此基础上成立了中华人民共和国。中华人民共和国经过半个世纪的发展，已然矗立于世界上，并且成为举世瞩目的国家。今天中国的发展是历史上最好的，今天中国人民的富裕和安宁，

---

[*] 《以史为鉴面向未来》是《历史不能忘记》丛书第一本，张海鹏、邓红洲合著，中国民主法制出版社，1999年9月出版，2015年7月再版时标题改为《刻骨铭心的抗日战争》，序言做了改写。

也是中国历史上最好的。回顾抗日战争爆发以来的78年，这是中国历史上变动最大、最剧烈、变动的结果最好的78年。这一切，当然不是一朝一夕得来，而是近代中国历史发展的必然结果，尤其是与8年全面抗日战争的结果密切相关。

我们说，抗日战争永远不能忘记，是指：第一，永远不能忘记日本帝国主义对中国的侵略，永远不能忘记日本帝国主义的侵略，造成了中国人民3500万人的牺牲、1000亿美元的直接财产损失、千百万人的流离失所和无法估量的苦难；第二，永远不能忘记，中国人民面对强大的、残酷的民族敌人，如何在民族大义的激励下，本着"兄弟阋于墙外御其侮"的精神，全民奋起，用我们的血肉筑成新的长城，与民族敌人作殊死的斗争，终于激发起空前的爱国主义和空前的民族凝聚力，不仅赢来了对日作战的胜利，而且赢来了国家发展的最佳选择。

· 日本人怎样看待侵略中国的历史

对于造成近代中国最大民族苦难的这场战争，作为加害者的日本人怎样看呢？今天，这是一个十分复杂的话题。从1945年8月日本无条件投降算起，抗日战争已经过去了70年，战后出生的几代日本人，对日本侵略中国的这场战争已经没有多少了解，而广岛、长崎的原子弹爆炸，日本人家喻户晓，日本人自称是被害者。但是，日本为什么发生原子弹爆炸，以及在原子弹爆炸以前日本帝国主义长期加害于中国、朝鲜、东南亚各国的历史，日本青年人几乎都不甚了解，日本的教科书也不教给学生日本军国主义怎样侵略中国、朝鲜、东南亚各国的历史。东京大学教授家永三郎为了在中学教科书中写上日本侵略的字样，同主管教育的日本行政机关文部省打了近30年的官司。许多通过去国外参观等多种渠道了解了日本侵略真相的青年学生，迫切希望知道日本侵略中国、朝鲜和东南亚各国的真实历史，他们抱怨从日本的教科书里得不到这样的真切知识。

例如，日本法政大学二年级学生斋藤一晴在题为《年轻人追究日本的战争责任》的文章中指出："在长达50年的时间里，教科书中把那一段历史加以掩盖而造成了难以挽回的空白"，"迄今为止，研究日本过去的真相，即日本对亚洲各国的加害，还只是一部分研究人员和记者在进行着"。他强烈呼吁，把日本进行战争的真相告诉日本年轻人。

埼玉县的中学生们参观了 731 部队展览后写下了如下感想:"中国人都了解的事(指日本 731 部队的罪行),作为加害者日本的教科书里反而不记载怎么可以呢?我们不要回避,应该重视","严格来说,我并没有考虑来这里(参观展览)是好还是不好,不过我想,作为一个国民不知道自己国家做过的事情怎么能行呢?所以我就来参观了","日本做过那样的事?今天对我来说真是了解了重要的问题"。

日本《每日新闻》1996 年 8 月 14 日登载了大牟田市一位高中生的来信。这位高中生对战争和和平问题表达了明确的意愿,他说:"关于战争,教科书中不怎么写,也没有听大人们介绍的机会,政府也回避明确的表态,因此我们不了解客观的事实,也不知道本质的原因。……无论如何请告诉我们实情。对于我们来说,有把第二次世界大战的残酷性向下一代传下去的义务。如果把实际情况告诉我们的话,年轻人对和平问题是很关心的。"

日本西宫市的一位高中生利用暑假参观了新加坡的战争博物馆,看到日本的战争罪行受到震动,在 1996 年 8 月 8 日的《朝日新闻》发表感想说:"我对于以前根本不知道这些事情感到很生气,而且感到羞愧……对于日本的教育,我怀有深深的疑问:为什么这样重要的事情都不让我们知道?为了使日本不再重复这种非人道的行为,为了使日本成为值得信赖的国家,我们在一起商议:必须了解日本对许多国家做过的那些残酷的事,因此从今以后改变日本的形象,是不了解战争的年青一代的任务。所以必须要向后代介绍日本对被侵略的国家做过的事情。而且日本应尽快认真地向那些国家谢罪,建立友好的关系。"

为什么日本青年要求了解日本在第二次世界大战中的真实形象的愿望得不到满足?正如前引那位大学生所说:"有缺少战争体验的原因,有教科书本身的问题,有学校教学计划方面的问题,有国家对战争责任态度暧昧的影响等。国家和学校的责任最大,从现在的学校教育能够观察出国家对于战争责任的意图。50 年前,国家就利用天皇的所谓'教育敕语',从教育方面对国民进行洗脑,把国民引向战争的泥沼,而这样的国家体制,到今天也没有改变。在这种状态下,怎么能够从心底理解由于日本的加害而被杀害或失去家人的亚洲各国人民的悲痛呢?"这位大学生的认识是相当深刻的。正如一位长期在日本从事和平运动、目前担任日本毒气展览会实行委员会事务局长的梅靖三先生所指出的:

"日本战后是不重视近现代史教育的，没有教授准确无误的历史。直到不久以前，日本的文部省还通过对教科书的审定否认南京大屠杀和731部队、慰安妇等问题。在历史课上，一般只讲到第二次世界大战以前。这就是日本的历史教育的实际情况。"另一位日本友好人士西田胜也说过，日本的现代史教育几乎不讲授日本侵略中国的历史，致使一些青年至今还在认为，过去的战争失败者并非被称为富有的日本，而是中国。关于日本近现代史教育的情况，1998年3月，在作者于东京拜访日中友好会馆会长、前日本政府内阁副首相后藤田正晴时，后藤田会长也讲过同样的话。

日本政府对教科书的审定反映了日本国家竭力推脱战争责任的意图。我们看到，主持日本政府的自民党及国会中的右翼政治家，长期以来，尤其是1980年代以来，不愿意揭露日本军国主义在战争中的残暴行为，不愿意承认日本发动了侵略战争，认为承认这些，就是"自虐史观"。一些著名的日本政治家做出了否认日本侵略的言论和行动。1985年，当时的日本内阁总理大臣中曾根康弘率内阁阁僚参拜供奉着包括东条英机在内的14名甲级战犯的靖国神社，表达了日本国家对这些发动过侵略战争的战犯"业绩"的肯定。此后，内阁阁僚不断发表否定日本侵略的言论。1986年9月，文部大臣藤尾正行发表文章，为日本军国主义发动的侵略战争辩解，否认日本军国主义的战争罪行；1988年4月国土厅长官奥野诚亮发言，为日本侵略战争辩解；1990年10月，前内阁大臣、时任国会议员的石原慎太郎发表谈话，竟称"南京大屠杀是中国人捏造出来的谎言"，日本国民应肃清"战后意识"；1994年5月，法务大臣永野茂门告诉记者，把日本发动的"那场战争说成侵略，是错误的"，"当时日本真心是解放殖民地，建立大东亚共荣圈"；同年7月，众议员石原慎太郎再次著文，胡说"南京大屠杀是一场虚构"；同年8月，环境厅长官樱井新说，日本"并没有想发动侵略战争"，"不应当只认为日本坏"；同年10月，通产大臣桥本龙太郎在众议院答复质询时说"日本当年发动的战争是否叫作侵略战争尚存疑问"；1995年4月，国土厅长官奥野诚亮答记者问时说，"日本当时没有侵略的意图……并没有打算侵略亚洲"。

1995年是第二次世界大战结束和中国抗日战争胜利以及日本无条件投降50周年，各国都在为此举行相应的纪念活动，法国的诺曼底、美国的夏威夷、俄罗斯的莫斯科、中国的北京，都举行了盛大的纪念仪式。日本迫于国际上的举动，试图推动国会通过一项"战后 50 年决议"即所谓"不战决议"。但是，各右翼势力大肆活动，力图阻止。自民党的主流意见是，反对在决议中提"侵略""殖民统治""反省"字样。右翼势力发起的民间组织"终战 50 周年国民委员会"，征集了 450 万人的签名，反对通过"不战决议"。奥野诚亮发动自民党议员 208 人组成"终战 50 周年国会议员联盟"并自任会长，竭力抵制国会通过"不战决议"。永野茂门也发动自民党议员组织"正确传授历史国会议员联盟"抵制"不战决议"。自民党还有 105 名议员组成的"历史研究委员会"，大肆活动，邀请若干"讲师"举行演讲，以"皇国史观"即"大东亚战争史观"为指导，否定侵略战争，美化侵略历史，并在 1995 年 8 月出版《大东亚战争的总结》一书，全面否定侵略战争，否定远东军事法庭对日本的审判。在这种背景下，日本国会在 251 人出席、237 票通过（全席 511 人）的不正常情况下，通过了没有不战字样、不承认侵略战争的所谓"不战决议"。这个决议虽然遭到日本舆论的谴责和国际社会的耻笑，却反映了日本政治右倾化的实际，不能不令中国和亚洲国家严重警惕。1996 年又出现内阁总理大臣参拜靖国神社的事例。

1995 年 8 月 15 日，日本内阁首相村山富市就历史问题发表正式谈话，他说"在过去不太遥远的一个时期内，错误的国策使日本走上了战争道路，日本国民陷入了存亡的危机。由于进行殖民统治和侵略，给许多国家特别是亚洲各国人民造成了极大的损害和痛苦。为避免将来重犯这样的错误，我毫不怀疑地面对这一历史事实，并再次表示深刻反省和由衷的歉意"。作为首相，村山富市还说："今天是战后 50 周年，我们应该铭记在心的是，回顾过去，从中汲取历史的教训，展望未来，不要走错人类社会通往和平与繁荣的道路。"

村山富市首相代表日本政府发表的谈话，虽然并不彻底，但还是值得肯定。值得肯定的主要地方是，谈话指出了日本国策错误，使日本走上了战争道路，实施了殖民统治和侵略，给亚洲各国人民造成了极大的损害和痛苦。不彻底是指没有向被害国人民表达正式的道歉。

村山富市代表日本政府的谈话，管了不到十年就发生了变化。

2001 年 4 月，日本小泉纯一郎内阁成立，5 月，小泉在国会宣布要以内阁总理大臣名义参拜靖国神社，7 月日本政府就回绝了中韩两国政府有关修改历史教科书的要求。小泉上任以来已经有6次参拜靖国神社。就在他卸任首相职务的前夕，即2006年8月15日，小泉还进行了一次参拜。修改历史教科书，参拜靖国神社，这两件事都与日本侵略历史认识问题有关。

日本的右翼政治势力有着相当的群众基础。1947年由战死者家属组成的"日本遗族厚生联盟"，开始是致力于遗族的福利救济事业，1953年更名为"财团法人日本遗族会"（简称"遗族会"）后，背离初衷，强调要把"英灵显彰及慰灵事业"作为"最优先目标"，主要从事诸如否定侵略战争性质、呼吁官方正式参拜靖国神社等政治活动。在曾经担任过东条英机内阁中的大藏大臣、战后被判处甲级战犯的贺屋兴宣担任会长后，更是全力推动遗族会的政治活动。"遗族会"号称拥有104万个遗族家庭、500万会员，占日本战殁者总数的56%，是一个拥有相当经济实力、得到官方和自民党全力支持的势力庞大的政治团体，历届内阁大臣正式或非正式参拜靖国神社都得到"遗族会"的支持和推动。1993年8月，新任内阁首相细川护熙表示日本发动的那场战争"是侵略战争，是错误的战争"后，遭到"遗族会"等右翼团体的坚决反对，"遗族会"发表声明称："大东亚战争是为了保护国家和国民生命财产的自卫战争"，他们公开标榜，"日本不是侵略国！""在我国，只有昭和（昭和，是日本侵略中国期间日本天皇的年号）殉难者，不存在甲级战犯"。

战后出生的一代日本政治家，以为自己与侵略战争无关，不愿意承认日本发动侵略战争的责任，右翼思潮逐渐提升。2012年日本首相野田佳彦宣布钓鱼岛"国有化"，引起了中日关系紧张，2012年中日邦交正常化40周年纪念活动不得不中止。安倍担任首相后参拜靖国神社，不承认侵略历史，积极推动修改《和平宪法》，强调集体防卫，扩大海外派兵等一系列行为，想要改变二战胜利格局，破坏亚洲稳定。

日本社会里当然还存在许多积极从事中日友好的人士，存在许多从学术上正确揭示日本侵略战争本质的学者。日本人民一旦认识到日本曾经侵略过中国和亚洲各国的历史真相，像前引若干青年学生的话那样，他们就会积极起来保卫和平、反对战争、主持正义。但是，日本社会现实存在的那些否定侵略的主流意识，决不可以忽视！

出版《历史不能忘记》这套丛书，就是向我国青少年介绍我国军民坚持抗日战争的历史，介绍九一八事变以后，特别是七七卢沟桥事变以后，日本帝国主义侵略中国的历史。今天的青少年距离那个战争年月已经有大半个世纪，青少年有义务、有权利了解抗日战争时期他们的父母辈、祖父母辈遭受的苦难，他们的奋斗和牺牲，他们在抗击民族敌人的过程中所遇到的种种离合悲欢，他们的精神境界，他们给我们留下的经验教训。书写这段历史，就是进行爱国主义教育的好教材。

二 近代以来中日关系的历史教训

有历史记载的中日关系已超过了2000年，从2000多年的历史长河来看，中日关系的发展总起来是友好的。近代以前，由于封建时代的中华汉文化发展到相当高的程度，日本人在政治、经济、文化、宗教各方面，从汉文化中借鉴、吸收了多种养分。据日本史学家井上清教授的分期，日本古代史在新石器时代和弥生时代（金石并用时代），还处在人类历史上的野蛮时期，中国已经到了经济文化高度发达的秦汉时期。又过了六七百年，日本到了奈良时代和平安时代，中国正处于唐朝。4世纪以后，日本通过朝鲜，接触了中国文化。井上清指出："日本社会就是这样恰如婴儿追求母乳般地贪婪地吸收了朝鲜和中国的先进文明，于是从野蛮阶段，不久进入了文明阶段。"日本"倭奴"国王接受了东汉皇帝颁发的"汉委奴国王"金印。尤其在奈良时代，日本多次派出遣唐使率领大量留学生到长安、洛阳留学，吸收了中国文化中的许多东西，从文字、儒学、佛学、法律制度、行政体制、文学、庙宇建筑乃至京城设计各方面，形成了日本文化的基础。8世纪初日本最早的历史书《日本书纪》就是用汉字书写的。

那时候，中国社会发展的总水平高于日本，中国仍然以平等的态度对待日本。鉴真和尚等高僧冒着生命危险去日本传授汉文化，阿倍仲麻吕等遣唐使、留学生和学问僧冒着生命危险来中国学习汉文化，中日之间的文化交流体现出了一种高尚神圣的品格。虽然日本的史书上有元寇的记载，中国的史书上有倭寇的记载，但是，无论元寇、倭寇，在历史上存在的时间都不很长，而且事隔数百年，今天的中日两国人民都很难对它承担责任。进入近代，中日两国都曾遭遇西方列强的侵略，但是由于所承担的压力不同,中日两国的文化背景不同,由此引起的中日两国统治者反应不同,中日两国走上了不同的发展道路。日本迅速吸纳西方文化,在明治维新以后发展起来,不仅超过了中国,而且逐步赶上并达到了西方的水平。这时候,中日两国关系就变成了一个"沉重的题目",干戈刀兵,腥风血雨,侵略反侵略,绵延了70余年。

2015年是中日恢复邦交43周年,也是甲午战争结束120周年,八国联军侵华战争结束114周年,日俄战争结束110周年,"二十一条"提出100周年,九一八事变发生84周年,七七事变和南京大屠杀发生78周年,中国抗日战争胜利、日本无条件投降70周年。如果从1868年算起,近代以来的中日关系迄今已有147年,以上所列各大事都包容其中。拿这147年划分若干段落,可以分为:1868—1885年,是日本侵略中国的准备期;1885—1895年,是日本蓄意发动甲午战争的时期;1896—1901年,是日本伙同列强侵略中国的时期;1902—1928年,是日本进一步侵略中国的时期;1928—1937年,是日本准备全面侵略中国的时期;1937—1945年,是日本全面侵略中国并终于导致失败的时期;1946—1971年,是中日无国交时期;1972—2015年,是中日复交并在政治、经济、文化各方面全面交往的时期。

147年中,前80年,中日两国之间经常笼罩着不祥的战争阴云。例如,从1894年甲午战争起到1945年8月日本战败投降止,就有:1894年7月至1895年4月,第一次中日战争;1895年6月至10月,日本占领台湾;1900年6月至1901年4月,日本参加八国联军之役,《辛丑条约》签订后,日本取得了在中国的驻兵权;1904年2月至1905年9月,日俄两国在中国土地上进行战争;1914年9月至11月,日本出兵占领山东并在其后提出灭亡中国的"二十一条",日军占领青岛直到1922年;1928年4月至1929年5月,日军再次出兵山东占领济南、青岛;1931年9月18日,日军在沈阳挑起事变,旋即占领东北全境,继后日军越过长城,陈兵丰台,终于在1937年7月7日发动卢沟桥事变,开始了长达8年的全面侵华战争。从1894年到1945年的半个世纪中,日本对中国刀兵相见的日子多于和平安静的日子。从这里不难看出,近代日本和中国之间,存在侵略与被侵略的关系。明治维新以后,日本"脱亚入欧",逐渐发展成为与西方资本主义国家齐名的资本主义、军事帝国主义国家,中国却沦入半殖民地半封建国家。日本强大了,中国衰落了，日本却对中国进行了长期的侵略。这与近代以前中日之间的情况正好相反，这是值得人们深思的。

应该说，近代中日之间，不只是血与火的关系。日本在被西方侵略以后自图发展并终于崛起的经验，给了中国人民以启迪。甲午战败后，尤其是日俄战争以后，许多中国人到日本去留学，他们要看一看，日本人是怎样自强起来的，清政府甚至派政府要员去日本考察政治，从日本聘请专家来华厘定法律等，这与盛唐时期日本派出"遣唐使"到中国来学习文化、考察政治时的情况正好相反。中国留日学生中，出现了一大批革命分子，也出了一批技术专家和人文学者。一些日本友人还给孙中山和黄兴等人的革命活动提供过帮助。正是这批在日本接受教育和得到帮助的青年人，成了改变中国社会的重要力量。西方资本主义社会中产生的大量社会科学方面的著作，包括马克思主义的著作，社会主义、共产主义的理想和观念，大多是通过留日学生介绍到中国来。在中日无国交时期，许多日本友好人士竭力推动中日之间经贸、文化往来，发展了两国民间友好关系。由此可见，近代中日关系中，两国人民之间的确存在着友好情谊。这些，中国人民是不会忘记的。较之日本军国主义者长期发动对华侵略和战争给中国和中国人民造成的损失和灾难，我们尤其感受到中日两国人民间的这种友好情谊的可贵。

1945年日本无条件投降后，中日之间长期没有正式国交关系。在当时的特殊背景下，日本政府作为美国包围中国等社会主义国家国际战略的工具，坚持反华反共，虽有民间友好关系，国家关系却是冷冰冰的、敌对的，因此，两国关系不能正常展开。

可以说，近代中日两国关系史，只有1972年复交以来的42年，是在平等的基础上互利互惠交往的历史。1972年《中日两国关于恢复邦交正常化的联合声明》、1978年《中日和平友好条约》、1998年《中日关于建立致力于和平与发展的友好合作伙伴关系的联合宣言》、2008年年《中日关于推进战略互惠关系的联合声明》四个政治性文件签订，这是匡正并维持中日关系的基石。2002年日本小泉纯一郎首相参拜靖国神社以后，中日关系出现不和谐因素，但到2008年福田康夫上台，日本又与中国签订了战略互惠关系的联合声明。

42年来，两国领导人频繁互访，两国外交部门间、两国政府间建立了交换意见的正常渠道，中日民间友好人士交流活跃，中日友好21

世纪委员会的定期会议在北京、东京轮流召开。两国领导人频繁互访，大大改善了两国的政治关系，从而带来了经济、文化交流的发展。1972年两国贸易额为11亿美元，1981年是100亿美元，2002年超过1000亿美元，2011年已经发展到3449亿美元（日方统计）的创纪录高度。2012年中日贸易总额虽然下降了3.9%，还是保持了一个相当庞大的数字（3294.5亿美元）。2013年中日贸易额为3119.9亿美元。产业、科技、环境方面的交流蓬勃发展，文化艺术、体育界往来频繁，学术、教育界访问不断。与20世纪初的留学热潮相似，恢复邦交以后中国学生再次掀起留日热潮；日本学生到中国留学，最近一些年更有增加趋势。两国建交以后，在政治、经济、文化方面往来密切，对中国有好处，对日本也有好处，两国人民更加了解了，两国的经济文化发展获得了有力的推动。尽管这40多年中，两国由于政治制度的不同，经济发展水平的不同，历史文化背景的不同，以及国际因素的影响，两国关系中存在着摩擦、争吵，有几届日本内阁大臣就中日历史关系发出不和谐的声音，干扰了中日两国关系发展的大方向，但是总起来说，这几十年中日关系是在和平共处五项原则和《中日联合声明》、《中日和平友好条约》的基础上得到发展的，主流是好的，大方向是正确的。我们应该牢记这段历史，推动它向着更健康的方向发展。

　　国与国之间存在摩擦、争吵，是不难理解的。中日两国之间有些摩擦也是很自然的。中日两国之间如果解决了两国关系历史的认识问题，解决了日本对台湾的关系问题，其他的摩擦是不难解决的。

　　桥本龙太郎首相1997年9月访华时与中国国家主席江泽民会谈表示，只有正确对待历史，才能真正迎接未来。他在访问沈阳九一八历史博物馆，接受记者采访时特别表示："我们无论怎样健忘，也不能忘记历史。我们可以学习历史，但不能改变历史，我们必须承受起历史的重负，我本人就是怀着正视历史的愿望来到这里的。我们应该在这个基础上，加强日中关系，并面向未来。"桥本首相的这个讲话非常值得重视，这些话，可以说是解决历史认识问题的一把钥匙。解决了近百年中日关系历史的认识问题，中日关系发展的许多问题都好解决了。桥本和村山的话，都是承认历史的，也都是向前看的。

　　对于近代以来中日关系中日本侵略中国这个历史事实，所有的历史学者和各国人士包括日本所有正直的历史学者和人士都不认为是一个问题，为什么日本政界有那么多大臣不承认这个事实呢？为什么有那么多日本政界人士要在"八·一五"那一天去朝拜供奉在靖国神社里的日本战犯呢？为什么日本文部省要修改中学教科书中有关日本侵略的表述呢？为什么安倍首相要说"侵略"的定义在学术界乃至国际上都没有定论呢？这恐怕在相当程度上与某些日本政界和社会人士的日本观、中国观或者中日关系观有关。

早在 16 世纪末，日本就出现了侵略中国的言论。明朝万历年间，丰臣秀吉以武力统一了日本全国后，他的野心膨胀起来。作为日本的关白（相当于宰相），他想要征服琉球、台湾、菲律宾，还要征服朝鲜和中国，甚至提出要把北京作为日本的首都。他说过，他要把日本交给他的弟弟秀长管理，他自己辅佐天皇坐镇北京，把大唐作为天皇的直辖领土。这是日本政治家最早的扩张主义的主张和野心。

1597 年，丰臣秀吉再次侵朝，次年（万历二十六年）明朝军队应邀入朝，和朝鲜军队一起打败了入侵日军，丰臣秀吉死于朝鲜，其占领朝鲜的图谋未能成功。但丰臣的这种主张一直为德川幕府时期的政治家、思想家所继承。德川幕府时期的一些思想家都鼓吹占领中国，提出建立"大大日本帝国"。这是近代以来所谓"大日本帝国"最早的说法。

明治维新以后，日本确立了"脱亚入欧"、"开疆拓土，布国威于四方"和大陆政策的发展方向。甲午之战、八国联军之役、日俄之战，日本不仅全师而返，而且从中国取得了差不多 3 亿两白银的赔款和巨大权益，还从俄国手中夺取了它在华的部分巨大权益，使日本迅速发展成为一个资本－帝国主义国家。从此以后，日本改变了它在历史上曾经师从中国的态度，转而轻视、蔑视中国和中国人，以为可以从中国予取予求，完全不在乎中国人的反应。以至于卢沟桥事变一发动，日本军政方面便认为可以在三个月之内灭亡中国，其狂妄自大、不可一世，淋漓尽致地暴露出日本自 19 世纪 70 年代以来，因不断轻易从中国勒索巨大权益而极为小视中国的心态。这种心态，今天在某些有错误历史观的日本人中是否还存在呢？我们是可以提出这个疑问的。但这部分日本人士，应该对明治维新以来的日本历史，对"脱亚入欧"、"开疆拓土，布国威于四方"和大陆政策的实施后果，对长期侵略中国、侵略朝鲜以及太平洋战争中日本和盟国作战的历史，加以反省。很遗憾，一些日本政治家缺乏反省历史的勇气,他们只记住了原子弹加给日本的损害,却忘记了日本加给它的邻国那么多、那么大、那么长久的损害。

据日本新闻媒体报道,同中日邦交正常化相比,日本国民对中国的看法很冷淡,或者说,日本人的对华感情恶化。因为中国人抓住历史问题不放,老是迫使日本人实行"道歉外交"或"谢罪外交"。不知道日本新闻媒体做这种报道的根据如何,但我们也可以举出相反的证据,说明许多日本国民仍然保有对中国的高度热情,说中国人迫使日本实行"道歉外交"或"谢罪外交",是不符合事实的。日本政府的"道歉外交",其根源在于没有真正解决对侵略战争的历史认识问题。否认侵略,不仅伤害了中国人民的感情,伤害了东亚及东南亚各国人民的感情,也伤害了有正义感的日本人民的感情。中国人不仅关注历史,更关注现在和未来。我们真诚希望中日两国有一个和谐共处、努力推动彼此经济文化发展的现在和未来。

台湾以及台湾海峡目前存在的状况,纯粹是中国的内政。不久前还有日本人士明确地指出,日本不要染指台湾。我们常常读到这样的报道,日本人有一种所谓"台湾情结"。应该说,有"台湾情结"的也只是部分日本人,这当然是由一定的历史原因造成的。对甲午割台及日本统治台湾 50 年如何评价,学者们可以根据史料做出判断。不过,当甲午战争 100 周年的时候,有的日本人跑到台湾去,说什么日本不是从中国手里割取台湾,而是从清国手里割取台湾,为主张"台独"的人撑腰打气。还有日本人公开发表文章,指责中国维护国家主权、统一台湾是"得陇望蜀",说什么从日本来看,"中国必须分裂"。这种论调,不啻是日本军国主义的狂热症发作。这样的"台湾情结"就应该批判。日本还有日美安全合作范围包括台湾海峡的说法,不能不引起中国政府的关注。绝大多数中国人,包括生活在台湾岛的大多数中国人,认为中国只有一个,台湾是中国的一部分,中国应该统一。日本某些人鼓吹的"中国必须分裂""台湾独立",以及歌颂军国主义日本对台湾的殖民统治的论调,只能伤害中国人民的感情。

日本人经常感叹中国缺少"知日派",希望中国留日学生中多一些知日派,中国领导人中有知日派。有的日本对华友好人士批评日本社会不能热情接待中国留日学生,所以多数中国留学生希望去美国和欧洲。这使人回想起 20 世纪初中国学生大批留日时的情况。1918 年 3 月 20

日，国会议员高桥本吉在日本第四十届国会上发言说："假如有所谓为日本的利益而教育中国人，中国人是不会为此感谢的。我相信只有为中国人的利益而教育，才真正有利于东洋和平。"这种意见，在当时是真知灼见，也是空谷足音，可惜不为日本社会所接纳。1920年日本第四十三届国会中，清水留三郎等向政府提出质询谓："来日之中华民国留学生归国之后，多成为排日论者，而留学美国之归国者却多成为亲美论者，政府将采何种方针？"此后，日本议会和政府曾设想给中国留日学生提供多种经济上的援助，简化入学手续，增加招生名额，改变学校对中国学生的冷漠态度，改善一般日本人对中国学生的轻慢侮辱态度，国会甚至还通过了退还部分庚款以发展对华文化事业的决议，等等。这些如果都能实行，未尝不能产生某些好的效果，但即便如此，也只能是隔靴搔痒，难以从根本上改变中国留学生对日本的感情。日本长期轻侮中国、侵略中国，怎么能使中国留学生对日本产生好感呢。大批留学生不领日本政府的情，拒绝庚款资助。1931年九一八事变一发生，留学生纷纷回国参加抗日活动。有学者统计，1905年后，因日本侵略中国，引起在日中国留学生大规模回国抗议，这样的回国抗议现象多达十多次。这在世界留学史上是极为罕见的。如果日本国民不对中国留日学生的留学史和日本政府的对华政策加以反省，怎么能希望中国留日学生中大量产生真正的"知日派"呢！

必须指出，许多正直的日本历史学者本着历史认知，在正确对待中日关系历史方面做了许多值得赞许的工作。以家永三郎教授为例，30年来，为了忠实于历史事实，坚持在教科书中正确反映日本侵略中国和亚洲国家的历史，同要修改教科书的行为进行了长期的斗争。他不惜用30年的时间打官司，为尊重历史事实做了可贵的不懈努力，赢得了广泛的支持和同情。《朝日新闻》社论《家永诉讼的战后史意义》指出："作为一个学者，家永之所以常年坚持上诉，用他自己的话说，就是要表明自己在战争时期没有进行反战的'责任'。他说，战后著书的目的是为了用'为什么没有防止战争'这一深刻的思想意识来验证历史。"家永教授的自省意识及其为此所做的长期奋斗，令人肃然起敬。在正确认识近代日本历史、认识近代中日关系历史方面，还有许多正直的日本学者在尊重基本历史事实的基础上，撰写了大量的历史著作，在历史研究上取得了很大成效。但是，也常常看到有的日本青年反映，他们的教科书,他们的长辈,没有教给他们日中关系历史的真相。

在反省历史方面,中国人做得比某些日本人要好些。鸦片战争以后,中国人一直在进行自我反省。甲午战争以后,中国人更加强了自我反省。此后,才有康、梁的戊戌维新,才有义和团的"扶清灭洋",才有革命派和改良派的种种改造社会的主张,才有孙中山领导的辛亥革命和中华民国的成立,才有社会主义和共产主义运动的发生,才有毛泽东领导的新民主主义革命的胜利和中华人民共和国的诞生,才有1978年以后中国特色社会主义理论的提出。中国人正是反省了中日两国近百年关系史,才认识到只有抓住日本侵略中国这个中日关系历史的基本线索,才能展开今后的中日关系。在反省中日关系历史(包括反省中国和西方列强的关系)的过程中,中国人认识到,中国政府的腐败,经济发展的停滞,科技的落后,中国人对外部世界的无知或少知,是中国沦为半殖民地半封建社会、主权不完整、独立难保证、国家贫穷落后的内部原因。落后就要挨打,是一个形象的概括。帝国主义(包括日本帝国主义)侵略中国,就是利用了中国的落后。中国人终于认识到,只有争取到国家的独立,摆脱半殖民地半封建状态,中国才有可能发展经济。只有经济发展了,中国才有可能免除贫穷落后,只有国家强大了,中国才有可能同世界各大国发生平等国交。只有这时,在外国可能觊觎中国时,才能顶住列强的封锁、制裁,发展自己;在外国愿意与中国交往时,才能在和平共处五项原则的基础上,与之发展互利互惠的平等交往,而不至于丧失国家的立场和利益,才能使中华民族立于世界民族之林。本着这样的认识,中国正在中国特色社会主义理论的指导下,集中力量建设社会主义,并且已经取得了初步的成效,在实现我们的先辈提出的国富民强的理想中迈出了坚实的步伐。但此时,有所谓"中国威胁论"在美国、日本的报刊上广为宣传。这是以小人之心度君子之腹,是霸权主义理论的扭曲反映。中国虽然有了很大进步,国民经济总产值已经稳居世界第二,但人均产值还排在世界人均数之后,何来威胁之有?中国几千年的历史证明,中国人的经营、奋斗,都只是在中国这块土地上,中国人没有对外侵略的基因。百余年来,中国受各霸权大国欺凌的痛苦经验载在史册,我们不会忘记。早在20世纪60年代,在我们获得了制造原子弹的技术以后,中国领导人在坚持反霸权主义的同时,一再表示不称霸,并且以此教育我们的干部和人民。半个世纪以来,中国领导人一再在世界上公开声明,我们不首先使用核武器,不搞核讹诈。今天世界上的有核国家,包括美国在内,哪一个做出过这样的声明呢?将来中国真正强大起来了,中国也不会在世界上称霸,这是有历史和现实根据的。

反省近代以来的中日关系,不是要抓住历史不放,而是要从历史中总结经验教训,使后人变得聪明起来,从而更好地面向未来。学习历史是为了面向未来。1894年9月大东沟海战战场(今辽宁省东港市)附近的大孤山上立有一块刻着"安部仲麿之遗迹"(安部仲麿即阿倍仲麻吕)的石碑,此碑已甚斑驳,显然设置已很久远。这或者是安部游历之地,或者是他航行落难之地。回顾中日交往历史,人们多么希望,此后中日之间多一些安部遗迹,不再有战场遗迹啊!

"抵御外侮——中华英豪传奇"
丛书总序[*]

在中华民族的历史上，沿海倭寇的肆意袭扰，西方列强的坚船利炮，侵华日军的烽火狼烟，一次又一次将中华民族推向生死存亡的边缘，给中华民族带来了深重的灾难与难以磨灭的痛苦记忆。中国从一个封建国家沦为一个半殖民地半封建国家。国运危亡，威胁着每一个中国人。

天下兴亡，匹夫有责。抵御外侮，救亡图存，成为面临外敌入侵、民族危亡时中国人思考的第一课题。也正是在这样的危难时刻，中华民族出现一个又一个舍生取义、矢志报国的英雄豪杰，他们一回又一回地挽狂澜于既倒，扶大厦于将倾。他们的丰功伟绩，不只是单纯地拯救了某个王朝、某个皇帝，而是拯救了整个中华民族的血脉与希望；正像我们的国歌所唱的那样，"把我们的血肉，筑成我们新的长城"，他们的奋斗和牺牲，把中国的历史命运一次又一次推向一个进步的新阶段；他们的高风亮节，不只是中华儿女景仰、学习的榜样，也是人类不屈不挠、英勇抗暴精神的象征。抗敌御侮的英雄事迹，构成了中华优秀传统的新的篇章。

中华民族没有在外敌面前屈服、倒下，而是在一次又一次斗争后走向新生、走向进步。作为唯一延续至今未曾中断过的中华文明不断在成长，中华民族依旧傲然挺立于世界民族之林，中华民族的文化传统，不仅没有消逝在历史长河之中，反而发扬光大，成为造就中国特色社会主义的基本历史因素。

---

[*] 张海鹏主编"抵御外侮——中华英豪传奇"丛书，南京出版社，2016。

为了歌颂中华英豪的爱国精神，为了纪念中国人民抵御外侮的伟大事迹，为了弘扬优秀的传统文化，南京出版传媒集团·南京出版社推出"抵御外侮——中华英豪传奇"系列丛书。

　　这套丛书是面向青少年的普及性读物，聘请各有所长的学者撰写，力图用生动活泼的语言、引人入胜的故事，准确的历史事实，努力展现明清以来各个时期抵御外侮的英雄豪杰的事迹，描绘每一位英豪的成长历程和闪光人生，再现他们人生的不朽光辉。丛书通过这些在抵御外侮中发挥重大作用的英雄人物，向广大青少年表达了中华民族热爱和平、热爱祖国的家国情怀。

　　如今，我们正走在中华民族复兴的伟大征程之上，国家发展前程似锦，国际地位日益提高，全世界的目光都在聚焦中国，可以说，今天的中国距离中华民族复兴的伟大梦想，比以往任何时候都更为接近了。越是在这种时候，我们越是要记住为实现中华民族伟大梦想而奋斗、而牺牲的先烈；在我们昂首阔步走向未来新征程的路上，我们更应该居安思危、以史为鉴。历史已经证明：每一段抵御外侮的历史，都是一段维护正义的历史；每一场抵御外侮的斗争，都是一场维护和平的斗争；每一次抵御外侮的奋斗，都是一次为了实现人民美好生活的奋斗，正义终将胜利，和平终将胜利，人民终将胜利。

　　"抵御外侮——中华英豪传奇"丛书在传播正能量、弘扬爱国主义情怀的同时，提醒我们，在和平时期，抵御外侮的精神同样不可或缺，抵御外侮的英豪也同样不应遗忘，我们今时今日所有的成就与繁荣，离了这种精神、这些英豪，都是万万不可想象的。

　　"抵御外侮——中华英豪传奇"丛书，不只是为了缅怀先烈，更是为了激励后人；不只是为了铭记历史，更是为了展望未来。

　　为青少年编写历史小丛书，是一项崇高的事业。20世纪50—60年代，吴晗主编了"中国历史小丛书""世界历史小丛书"，对当时的青少年起到了历史教育的奠基作用，事实证明是成功的出版经验。我期待南京出版社继续努力，把这个崇高的事业承担起来，拓展开来。为这个崇高的事业投入人力、物力和财力，是会得到善报的，这个善报，不在多少金钱，而在一代一代具有丰富历史知识的青少年的成长，他们将成为国家的栋梁。

《台湾光复史料汇编》编辑说明[*]

一、值此中国人民抗日战争胜利暨台湾光复70周年之际，我们编辑了《台湾光复史料汇编》，收录与台湾光复有关的国民政府文件，以纪念台湾光复70周年，希望对学术界研究这一重大历史事件有所裨益。

二、1895年4月，清政府在对日作战中失败，被迫在《马关条约》上签字，将台湾全岛及其附属岛屿、澎湖列岛（本史料汇编概称为台湾）割让给日本。从此，祖国宝岛在日本统治下50有年。这是近代中国的耻辱。

三、日本军国主义者不以攫取台湾为满足，它还要实施其大陆政策，以实现占领全中国为目的。1931年发动九一八事变，占领我东北广袤地区，然后逐年蚕食我长城内外，直到1937年7月发动卢沟桥事变，妄图在三个月内灭亡全中国。日本军国主义者的狂妄，激起了中华民族的极大愤慨。中国人民在抗日民族统一战线的大宗旨下，中国国民党领导了正面战场抵抗日本的作战，中国共产党领导了敌后抗日根据地和八路军、新四军对敌占区的作战，历尽八年千难万苦，终于阻遏了日本军国主义者的企图，并且在国际反法西斯共同战线的配合与支持下，迫使日本军国主义接受无条件投降。根据1941年12月国民政府对日宣战声明，根据1943年12月《开罗宣言》和1945年7月《波茨坦公告》，中国政府代表中国人民从日本军国主义手里收回台湾全部主权，1945年10月25日正式宣布台湾光复。台湾光复是对甲午战争失败的雪耻，是中国人民抗日战争胜利的结果，是用3500万名抗日军民伤亡和无量财产损失换来的成果。

---

[*] 张海鹏主编《台湾光复史料汇编》，重庆出版社，2017。

四、台湾光复证明了：120年前的乙未之耻，已为70年前的乙未之胜所湔雪，台湾人民的"弃儿"之耻也为台湾光复的胜利所消融。这是中国近代历史上的一件大事，值得专题记录。

五、这本史料汇编所收内容为1941年12月（国民政府对日宣战）至1947年2月（二二八事件发生）期间，有关台湾光复的史料，分为六编。前三编为编者整理的已出版史料，第四、五、六编为未曾公开出版的史料。台湾光复史料甚多，本书收集的主要是政府文献，即使政府文献，也不是全部收录，限于篇幅，有所选择。为了保存史料，编者对所选史料原有用语，均未做改动。

六、第一至第三编收录了国民政府各部门发出及收到的关于接收、治理台湾的文件、信函、电文等，亦包括少数代表政府的发言人公开发表的重要言论。四联总处等虽不是常规政府机构，但在事实上承担了财政部等政府机构职权，该汇编亦包含了此类机构的部分文件。史料的整理尽量忠实于原出处，仅对明显错误处进行了纠正。而少数包含了多个文件的条目，依时间次序进行了调整。

七、第四编收录国民政府中央设计局台湾调查委员会（简称台调会）编写的有关日据时期日本统治台湾情况的文件，这些文件是供中央训练团台湾干部训练班使用的参考资料。台调会档案多藏于中国第二历史档案馆，台调会编写的这部分材料藏于南京图书馆，这部分文件目前只找到13件，应该还有一些，继续寻找，只好等待他日。第五、六编包括《台湾警备总司令军事接收总报告》《台湾司法接收报告书》《台湾省接收委员会日产处理委员会结束总报告》《台湾省日产处理法令汇编》《台湾省行政长官公署施政报告》《中华民国三十五年度台湾省行政长官公署工作报告》《台湾省行政长官公署三月来工作概要》《台湾省行政长官公署农林施政报告》等1946年前后关于接收和施政的报告、法令汇编等单印本。

八、书中所录档案之时间，以发文日期为准，无发文日期者以收文日期为准。不少档案原文未经点注，编辑时尽量加以断句。原文点注不当者，尽量予以修正。本书采简体中文版式，原繁体竖版表格样式均略加调整，内容不变。原繁体特有标点，如「」『』等以""或《》等符号代替。为节省空间等，部分表格内的数字录入时改为阿拉伯数字。书中所录数据因字迹模糊、破损以致无法辨认者，以"□"等符号标示或注以"字迹不清"字样。间有脱漏、舛误需加解释者,则加"编者按"说明。

九、因年代较久,一些史料字迹模糊难辨,鲁鱼亥豕之处,在所难免。加上当时报告、文件原文本身亦有一些错误,如"苗栗"曾在《台湾省行政长官公署施政报告》中有"苗票"之误,此类明显有误处,编者进行了改正,但不排除仍有部分错误或不确遗留了下来。史料整理的遗憾,尚祈细察指正。

十、本书所收档案得益于南京的二档馆、台北的"国史馆"、党史会等机构以及有关学者前已编辑的史料,我们也从美国胡佛研究所档案馆、中国社会科学院近代史研究所图书馆获取相关史料。本书编篡之际,谨对上述单位和学者表示由衷感谢!

十一、本书由中国社会科学院台湾史研究中心主任张海鹏主持,中国社会科学院近代史研究所副研究员冯琳收集整理了本书第一、二、三、五、六编史料,褚静涛提供了第四编台调会的有关史料,台调会史料13件由有关专业人士陈希亮提供复印件,谨此表示感谢!台调会的史料由赵一顺负责录入校对。

2015 年 3 月 12 日

《刘大年全集》出版说明[*]

一、2015年8月是马克思主义史学家刘大年先生100周年诞辰，学术界希望看到《刘大年全集》（以下简称《全集》）的出版。为了满足这一愿望，中国社会科学院近代史研究所组成《全集》编委会，纳入本所创新工程项目，组织专家从事《全集》编辑工作。

二、《全集》收录著者文章、著作、日记、书信、读书笔记、随笔、回忆录、访谈录与新闻报道、工作报告、诗集等类文字，编入了年谱、著述目录、图片文献等，共15卷，另附录一卷，大约500万字。

三、《全集》头三卷都是著者的文章，其中第一卷收录著者有关历史学理论的论文。第二卷收录著者有关中国近代史的论文。第三卷选收著者有关中国历史学思考的论文和一般文章。著者生前已认定的有错误的文章，未收入，仅存目。

四、《全集》第四卷至第七卷收入著者的著作。著者生前出版的著作有：

1.《美国侵华简史》（华北大学1949年8月版，北京新华书店1949年11月初版）；2.《美国侵华史》（修订增补版）（人民出版社1951年初版，1954年再版，莫斯科外文出版社1951年和1953年俄文版，捷克斯洛伐克1955年布拉迪斯拉发斯洛伐克文版，德意志民主共和国1956年柏林德文版）；3.《台湾历史概述》（与丁名楠、余绳武合著，北京生活·读书·新知三联书店1956年5月初版，1962年12月再版；香港生活·读书·新知三联书店1978年出版）；4.《中国史稿》第四册（人民出版社1962年10月版）；5.《中国近代史讲稿》（中共

---

[*] 张海鹏主编《刘大年全集》，湖北人民出版社，2016年。

中央高级党校，1964年印本）；6.《中国近代史诸问题》（人民出版社1965年10月初版，1978年5月再版，再版改题《中国近代史问题》）；7.《中国近代史稿》三册（人民出版社1978年8月第一册，1984年6月第二、第三册）；8.《赤门谈史录——论辛亥革命的性质》（人民出版社1987年7月版）；9.《刘大年史学论文选集》（人民出版社1987年12月版）；10.《刘大年史学论文选》（俄罗斯东方文献出版社1992年版）；11.《抗日战争时代》（中央文献出版社1996年8月版）；12.《中国复兴枢纽——抗日战争的八年》（北京出版社1997年6月版，日本樱井书店2002年11月出版日文版，书名改为《中国复兴之路——中国抗日战争史》）；13.《评近代经学》（《明清论丛》第一辑，紫禁城出版社1999年12月版，日本汲古书院2007年7月出版日译版，书名改为《近代中国儒学思想史》）；14.《我亲历的抗日战争与研究》（中央文献出版社2000年8月版）；15.《刘大年集》（中国社会科学出版社2000年12月版）。

著者主编的以下三本：1.《范文澜历史论文选集》（中国社会科学出版社1980年6月版）；2.《孙中山书信手迹选》（文物出版社1986年9月、10月线装2册）；3.《中日学者对谈录——卢沟桥事变50周年中日学术讨论会文集》（北京出版社1990年8月版）。

以上除主编三种未收入《全集》，其他15种都分别收入《全集》。其中《中国近代史诸问题》《刘大年史学论文选集》《刘大年史学论文选》《抗日战争时代》《我亲历的抗日战争与研究》《刘大年集》，分别是不同年代出版的论文集，所收论文已按性质分别编入《全集》第一至第三卷。

《中国史稿》第四册、《中国近代史稿》三册、《中国复兴枢纽》三种著作，是在著者主持下完成的，他在其中花费了极大心血，除了编写提纲外，三种书中的主要观点和若干主要表述都是著者提出或修改定稿的。《全集》编者把这三种书也收入《全集》。《台湾历史概述》是合著的，也收入《全集》。

考虑到各卷分量应大体相近，《全集》第四至第七卷未严格按照时间编排。第四卷编入《美国侵华简史》、《美国侵华史》、《台湾历史概述》、《中国近代史讲稿》（中共中央党校印本）；第五卷编入《中国近代史稿》三册；第六卷编入《中国复兴枢纽——抗日战争的八年》；第七卷编入《中国史稿》第四册、《赤门谈史录》、《评近代经学》。

五、《全集》第八卷收入1949—1989年工作日记，第九卷收入1953—1988年出访日记。

六、《全集》第十卷、第十一卷选编著者收藏的往来书信。

七、《全集》第十二卷选编了著者若干读书笔记和随笔、题词等。

八、《全集》第十三卷选编了著者撰写的和他人采访录音整理的自己人生经历的回忆、记者访谈录与新闻报道、工作报告、会议致辞等文字。

九、《全集》第十四卷编入著者在不同年代写作的古体诗、年谱，论著目录等。

十、《全集》第十五卷是图录，题为《大路——刘大年的学术人生》，是用图录文献的方式简述著者人生道路。

十一、《全集》第十六卷是附卷，收入著者生前和逝世后几次有关学术会议对于著者的纪念和对著者学术思想的研讨论文，题为时人评论与研究，提供读者参考。

十二、各卷卷首都附有编辑说明，对著作版本、文章出处等编辑事项分别做了说明。

十三、《全集》由张海鹏主持编辑，第一、第二卷编校工作由李长莉负责，部分资料收集和抄录得到了近代史研究所李俊领的帮助；第三卷编校工作由杜语负责；第四至第七卷编校工作由姜涛负责，孙连华做了部分协助；第八、第九卷编校工作由张海鹏、赵庆云负责，博士生朱文亮参与了部分日记的录入；第十、第十一卷编校工作由朱薇负责；第十二卷编校工作由赵庆云负责，其中《评近代经学》的参考资料是由孙连华录入、姜涛校定的；第十三卷编校工作由黄仁国负责；第十四卷编校工作由黄仁国负责，年谱和著述目录也由黄仁国编订；第十五卷编校工作由刘潞、刘衡山负责；第十六卷编校工作由黄仁国负责。

十四、张海鹏曾长期在著者领导下工作，曾担任近代史研究所副所长、所长多年。姜涛、李长莉、杜语是著者晚年指导下毕业的博士，姜涛曾担任近代史研究所政治史研究室主任，李长莉曾担任近代史研究所社会文化史研究室主任，杜语现任线装书局副编审。朱薇（中共中央文献研究室副处长）、黄仁国（曲阜师范大学历史文化学院教授）、赵庆云（近代史研究所副研究员）曾先后参与对著者的研究。刘潞、刘衡山是著者女儿、儿子。这个编辑班子在搜集资料、编辑《全集》工作中付出了努力。

刘潞以及夫婿崔永华教授、弟弟刘衡山在收集、保存、整理并提供《全集》有关资料方面功绩居首。没有他们的努力，《全集》编成现在这个样子是不可能的。近代史研究所研究员陈开科搜集俄文资料，发现 1953 年斯大林逝世期间著者发表在《火星报》的文章，唐仕春翻译、陈开科定稿。

张海鹏写了代前言。这个代前言是在《战士型的学者　学者型的战士——记刘大年的学术生涯》基础上改写的。这篇文章曾收入《中国社会科学院学术大师治学录》（中国社会科学出版社，1999 年 9 月版），文章写成后曾送刘大年先生审读，得到首肯，作为附录收入《刘大年集》。

十五、《全集》编辑工作得到了近代史研究所的鼎力支持。

十六、刘大年先生 1938 年参加革命之前，曾在武昌逗留，并在黄鹤楼得到卢沟桥事变的消息，这个消息激起了他的爱国热情，决心投身到抗日战争的最前线去。湖北人民出版社王建槐总编辑获悉编辑《全集》消息，立即表示愿意承担出版任务。湖北人民出版社正式向国家新闻出版总署提出了国家出版资助申请，得到了批准。

对以上积极支持《全集》编辑、出版工作的单位和人士，谨表示衷心感谢！

2015 年 4 月 25 日

《简明中国近代史读本》前言[*]

本书是应中国社会科学出版社邀约,为公众撰写的一本中国近代史简明读本。

大众需要了解中国近代史,社会需要了解中国近代史,一代一代成长起来的年轻人需要了解中国近代史。了解一点中国近代史,为正在为中华民族复兴而奋斗的人们,增加一种前进的动力,增加一种正能量,是我们乐于为之的。这是我们撰写这本简明中国近代史读本的出发点。

普及本的中国近代史书,以往已经出版很多本,特别是20世纪70—90年代,出版的同类读物数以百计。还有必要再增加一本吗?应该说还是有必要的。时间已经过去了1/3世纪,人们对中国近代史知识的渴望不仅未减少,反而增加了;中国近代史学界对中国近代史的认识远比过去清楚了,学术研究的进步也很大。过去的历史,是一个客观存在,由于主客观各方面的原因,人们对这个客观存在的认识,是不可能一步到位的,而是一个不断累积的过程。随着时代的前进,随着新史料的发现,人们回思历史,总是难免会有某种新鲜感。三四十年来,由于国家的对外开放,学者们利用历史资料,特别是利用国内外的档案史料的方便,与三四十年前相比,是不可同日而语的。随便举一个例子,三四十年前,中国大陆学者到海外各国查阅与中国相关的档案史料,是不大可能的;今天则完全不成问题。又如,三十年前,台湾海峡两岸的学者是不可能坐在一起探讨中国近代历史的,今天不仅已经具备这个条件,而且共享史料,共写史书,也有条件了。三四十年来,我们国内有关档案史料的公布,学术论文、研究专著的发表和出版,与以往相比也

---

[*] 张海鹏、翟金懿:《简明中国近代史读本》,中国社会科学出版社,2018。

是不可同日而语的了。再如，过去我们从一些书籍上看到的蒋介石日记是经过作伪的，今天我们可以从美国胡佛研究所看到真实的蒋介石日记手稿了。这就是说，今天我们的历史认识较之过去更客观、更深刻、更全面了。这就为本书引用海峡两岸学者对中国近代史研究的正确观点提供了方便。

再说，20世纪出版的中国近代史，下限都是到1919年，这是30年前对中国近代史的认识。此后，中国近代史学界的眼光发展了，他们认识到，1840—1919年的中国近代史，只是中国近代史的前半部分。如果把1919—1949年的历史加上去，中国近代史就完整了。1840—1949年的中国，是半殖民地半封建的社会，1949年10月中华人民共和国成立后，中国的社会性质不同了。我们是从社会性质的角度来定义中国近代史的。1949年10月以后的中国历史，就成为中国现代史了。今天关于中国近代史的完整概念，已经与30年前不一样了。

所以，今天再写一本中国近代史，与三四十年前相比，基本内容、基本形象是不大一样的。读者如果拿这本书与从前出版的同类书名的近代史书相比较，就会鲜明地发现这个特点。

以往人们常说，近代中国的历史是屈辱的历史。从鸦片战争中清政府失败时候起，中国社会便逐渐陷入了半殖民地半封建社会的深渊。这便是近代中国社会的"沉沦"。这是半个世纪前历史学家对中国近代史的一种解说。20世纪80年代，有学者发表论文，提出近代中国不仅有"沉沦"，还有"上升"。所谓半殖民地半封建社会，半殖民地是对独立国家而言的，半封建是对半资本主义而言的。半资本主义，对封建社会是一种历史的进步。半资本主义的存在，就是"上升"。所以，半殖民地半封建社会不仅有"沉沦"，而且有"上升"。这种"沉沦"和"上升"是同时并存的。这是历史学家对近代中国历史的又一种解说。

我们今天应该怎样认识这个历史问题呢？说近代中国历史在"沉沦"，有它合理的地方，因为它看到了帝国主义侵略、政府腐败给中国社会带来的严重后果，但是，仅止于此，却不能很好地解释为什么近代中国以后有积极的、向上的发展。说近代中国的"沉沦"中有"上升"，也有它合理的地方，因为它看到了在"沉沦"、屈辱的中国，仍然存在着"上升"的因素。但说在"沉沦"的过程中始终"包含着向上的因素"，"沉沦"与"上升"同时并存，也不能解释整个中国近代史。

我们应该这样思考：以往从近代中国80年的历史看，主要只看到了近代中国历史的"沉沦"，这是那时中国近代史的概念局限了自己的眼光。如果换一个角度，从近代中国110年的历史看，就豁然开朗了。帝国主义侵略确实使中国社会发生"沉沦"，使独立的中国社会变为半殖民地半封建社会，独立主权、领土完整受到严重损伤。但是，"沉沦"也不是近代中国社会的唯一标志，换句话说，近代中国社会也不是永远"沉沦"下去。这就是说，即使是"陷入半殖民地半封建社会的深渊"，这个"深渊"也应该有一个"底"。

这个深渊的"底"在哪里？底就在20世纪头20年，就在《辛丑条约》签订以后至北洋军阀统治时期。因为是"谷底"，所以是中国社会最困难的时候：《辛丑条约》给中国带来了最大的打击，帝国主义侵略中国更加重了，西有英国对西藏的大规模武装侵略，东有日俄在东北为瓜分中国势力范围进行的武装厮杀，北有俄国支持下外蒙古的独立运动，南有日本、英国、法国在台湾、九龙租借地和广州湾租借地的统治；到1915年以后，又有袁世凯接受日本提出的企图灭亡中国的"二十一条"、袁世凯称帝、张勋复辟、日本出兵青岛和山东以及军阀混战，民不聊生至于极点。看起来中国社会变得极为黑暗、极为混乱，毫无秩序、毫无前途。这正是"沉沦"到"谷底"的一些表征。但是，正像黑暗过了是光明一样，中国历史发展到"谷底"时期出现了向上的转机。中国资产阶级革命派力量壮大起来，并导演了辛亥革命推翻帝制的悲喜剧，这个革命失败后，中国人重新考虑出路。于是，新文化运动发生了，五四爱国运动发生了，马克思主义大规模传入并被人们接受也在这时候发生了。孙中山领导的中国国民党从这时改弦更张，重新奋斗。中国共产党在这时候成立并提出反帝反封建的明确主张。我们可以看出，从这时候起，中国社会内部发展明显呈现上升趋势，中国人民民族觉醒和阶级觉醒的步伐明显加快了。在这以前，中国社会也有不自觉的反帝反封建斗争，也有改革派的主张和呐喊，但相对于社会的主要发展趋势而言，不占优势；在这以后，帝国主义的侵略还有加重的趋势（如日本侵华），但人民的觉醒，革命力量的奋斗，已经可以扭转"沉沦"，中国社会的积极向上一面已经成为社会发展的主要趋势了。

近代中国社会的发展轨迹像一个元宝形，开始是下降，降到"谷底"，然后上升，升出一片光明。这就是说，鸦片战争以后，中国陷入半殖民地半封建社会的"深渊"，直到20世纪初期，北洋军阀时期，"深渊"到了"谷底"，对于中国社会的发展来说，这时候面临的主要是"沉沦"，虽然这时中国在经济、政治、思想、文化诸方面，实际上存在积极的、向上的因素，但这种因素的发展是渐进的、缓慢的，相对于社会"沉沦"的主流来说，它是弱小的；北洋军阀往后，直到40年代，半殖民地半封建社会的中国渐渐走出"谷底"，随着新的经济因素不断成长、壮大，随着新的社会阶级的出现，随着人民群众、社会精英民族意识和阶级意识的日渐觉醒，社会向上的、积极的因素逐渐发展成为社会的主流因素，影响着社会向好的方面发展，虽然，消极的、"沉沦"的因素仍然严重地存在，它对中国社会的压迫，甚至不比北洋军阀时期弱，但是由于有新的阶级、新的政党、新的经济力量、人民群众的普遍觉醒这样的上升因素在起作用，终于制止了帝国主义使中国滑向殖民地的企图。

也就是说，中国近代史不仅是屈辱的历史，也是中国人民为了民族独立、国家富强而不屈不挠奋斗的历史。所谓屈辱主要体现在历史的"沉沦"时期，所谓奋斗，主要体现在历史的"上升"时期。这不是说历史的"沉沦"时期没有奋斗，那个时期中国人民有过不少次的奋斗，但是，由于觉醒程度不够，物质力量不够，斗争经验不够，那时候中国人民的奋斗还不足以制止中国社会的"沉沦"；在历史的"上升"时期，不是没有屈辱，日本帝国主义对中国的侵略，甚至比以往历次帝国主义侵略给中国造成的损害还要严重，但由于中国人民空前的民族觉醒和空前的艰苦奋斗，中国社会不仅避免了继续"沉沦"，而且赢来了反侵略战争的彻底胜利，为中国的现代化造就了基础条件。

以上所说，就是本书所把握的两个方面。第一，所谓中国近代史，它起于1840年英国为侵略中国发动的鸦片战争，终于1949年中华人民共和国成立，新中国成立这个历史事件，结束了中国半殖民地半封建社会的历史，开创了中国历史的新纪元；第二，近代中国的历史发展过程，不仅经历了由于帝国主义侵略和封建腐败统治的双重作用，不断向半殖民地半封建社会的"深渊""沉沦"，并且"沉沦"到"谷底"，更经历了冲出"谷底"，向上发展，进而走出半殖民地半封建社会的魔影，走向社会主义现代化的新中国的历程。

近代中国这个"沉沦"到"谷底",然后"上升"的过程,就体现了中国近代史的发展规律。本书正是按照这个发展规律,来安排章节,来铺陈历史的。著者希望读者阅读后,能够掌握近代中国历史发展的这个规律。对于这个规律的认识,著者是在1998年得出的,并且以学术论文的形式公开发表。近20年来,这个规律性认识,在中国近代史学术界,似乎未见反驳。今天,著者对这个规律性认识更坚定了。

本书的基本史实,依据下列各书:

1. 张海鹏主编《中国近代史(1840—1949)》,群众出版社,1999年5月版;

2. 张海鹏主笔《20世纪的中国·政坛风云卷》,甘肃人民出版社,1999年12月版;

3. 张海鹏主编《中国近代通史》,10卷本,江苏人民出版社,2007年1月版,又凤凰出版传媒集团·凤凰文库本,2009年9月版;

4. 马克思主义理论研究和建设工程重点教材、《中国近代史》教材编写课题组(张海鹏为第一首席专家):《中国近代史》,高等教育出版社、人民出版社,2012年11月版。

本书主要参考读物,有:

1. 中国社会科学院近代史研究所编,丁名楠等主编《帝国主义侵华史》,第1卷(人民出版社,1973年12月版)、第2卷(人民出版社,1986年12月版);

2. 中国社会科学院近代史研究所编,余绳武等主编《沙俄侵华史》,第1—4卷,人民出版社,1978—1990年版;

3. 中国社会科学院近代史研究所编,刘大年主编《中国近代史稿》,3卷,1986年版;

4. 中国社会科学院近代史研究所编,张振鹍、沈予主编《日本侵华七十年史》,中国社会科学出版社,1992年10月版;

5. 刘大年、白介夫主编《中国复兴枢纽——抗日战争的八年》,北京出版社,1997年6月版;

6. 中共中央党史研究室:《中国共产党历史》第一卷(1921—1949),中共党史出版社,2011年1月第2版。

7. 中共中央党史研究室:《中国共产党的九十年》(新民主主义时期),中共党史出版社、党建读物出版社,2016年6月版。

本书编写过程中，著者还参考了时贤一些学术论著，吸收了一些最新研究成果，书中未尽一一列名，谨在此对有关学者的贡献表示谢意。

与一般大众读物不同，本书编写中，尽可能多增加了一些注释，一方面表示写作有据，另一方面力图提供有兴趣的读者深入阅读的方便。绝大部分注释逐一进行了核对，纠正了前引各书中的个别注释错误。著者也希望通过增加注释这种方式，提高这本简明读本的学术性，也就是说，这本简明读本是在学术研究的基础上写成的。

本书撰写，由中国社会科学出版社申请了中国社会科学院院长交办的课题。本人接受任务后虽然经常萦绕心际，始终未停止思考，但一直未能抽出时间撰写，以至于拖延了时间，这是需要向读者说明并致歉意的。回过头来看，也许拖延一点时间有好处，好处就是可以更多吸收最新学术观点，本书在这方面下了一些功夫。

本书写作中，本着求简、求新、求全的原则。求简，就是尽可能简明扼要，不要拖泥带水；求新，包括一个全新的学术、逻辑体系和一些学术界最新的研究成果；求全，是指大事不漏，一本简明的近代史，篇幅有限，不可能处处照顾周到，政治、经济、军事、文化都不漏掉，是不可能的，但近代历史上的大事不可遗漏，围绕着政治史的大事不可漏掉。与以往类似篇幅的中国近代史书相比，本书可以做到，基本史实力求准确，学术体系全新，又吸收了最新研究成果。本书稿不仅引证了中国近代史学界那些最著名的学者的观点，也引证做出扎实研究的年轻学者的学术观点，还引用了台湾一些学者的学术观点。引用的书籍包括了本书作者即将完稿时出版的中国近代史著作，最晚的是 2016 年 11 月出版的书。当然，智者千虑，必有一失，本书可能会有表述不够严谨，概括不够周到，或者运用史实难免错误与不妥的地方，敬请读者不吝指正！

本书由我和我的学生翟金懿博士合作撰写，我撰写了第 1—7 章、第 12—13 章；翟金懿提供的第 8—11 章初稿，由我修改定稿。

感谢中国社会科学院科研局、中国社会科学出版社社长兼总编辑赵剑英、副总编辑郭沂纹不断督促，本书方能及早问世。对于这种鞭策，本书作者深表谢忱！

2017 年 1 月 27 日去旧迎新之际

藏语系佛学院《中国近现代史》教材
（初级班、中级班）序言[*]

为了全面贯彻党的宗教工作基本方针，坚持我国宗教的中国化方向，积极引导宗教与社会主义社会相适应，国家除了开设藏语系高级佛学院，还在全国开设了八所佛学院，确立了拓然巴、智然巴、禅然巴三级学衔制度，同时，加强教材体系建设，与国内教育体系接轨，培养藏语系佛教高僧人才。这是习近平总书记治国理政诸多措施之一。

在藏语系佛学院教材建设中，除了专业课教学外，还决定开设"中国近现代史"课程，这是贯彻落实中央指示精神，培养"政治上靠得住、宗教上有造诣、品德上能服众、管理上有能力"的藏传佛教代表人士队伍的重要举措。承藏语系高级佛学院委托，我们很荣幸地接受了编写藏语系佛学院《中国近现代史》教材（初级班、中级班）的任务。

藏语系佛学院加强中国近现代史教学，依我们的理解是要对学僧进行中国近现代史基本知识教育。这就要求这本教材必须具备中国近现代史基本知识，从鸦片战争，到辛亥革命，到中华人民共和国成立，到党的十九大的历史线索都需要讲到，这个历史的基本线索、主要脉络，就是中国近现代史的基本知识。教材共十六章，照顾到了鸦片战争以来历史的基本线索、主要脉络。我们以为，这个基本知识，是中国公民都应该知道的，佛学院学僧也不例外。

考虑到藏语系佛学院中级班、初级班学僧的知识水平，考虑到教材的篇幅限制，教材主要是讲述鸦片战争以来的政治史，有关经济史、文化史、思想史的内容从略，战争史简略提到。所谓鸦片战争以来的政治

---

[*] 藏语系佛学院《中国近现代史》教材（初级班、中级班）。

史，主要体现为近现代中国历史上的重大事件。佛学院学僧了解了这些重大事件，就大体上掌握了中国近现代史的基本知识。

在这个基本线索中，大纲突出了帝国主义列强侵略中国的历史以及中国人民反对帝国主义侵略的历史。通过对这些历史知识的学习，学僧可以了解这个国家的苦难历史以及这个国家的奋斗精神，学僧学成后在藏传佛教中从事宗教工作，可具备最基本的中国近现代史知识基础。

在这个基本线索中，大纲又突出了1921年中国共产党成立以来的历史，特别是1949年中国共产党领导人民战胜内外敌人建立中华人民共和国的历史，以及新中国近70年的发展成就，希望佛学院学僧通过学习，热爱新中国以及领导人民创建新中国的中国共产党。

考虑到藏语系佛学院学僧的民族特点，相比较于一般的近现代史教材，本教材更加突出了西藏历史，特别是英国两次对西藏发动武装侵略的历史，以及西藏人民（僧俗）抵抗英国侵略、维护国家统一的历史；英国第二次侵略西藏，导致十三世达赖被迫离开拉萨流亡，经过长期颠沛流离，终于到北京朝拜光绪皇帝；中英谈判，导致非法的麦克马洪线的出现等。也记述了格达活佛热爱红军、支持红军长征的历史。西藏和平解放的历史，十四世达赖和十世班禅到京拜谒毛泽东主席的历史，说明达赖、班禅对中央政府的向心力。教材还包括了1959年西藏上层反动集团在外国支持下叛乱，以及中央政府平叛和西藏百万农奴得以进行民主改革的历史。这些对于藏语系学僧了解西藏近代以来的真实历史，增强向心力，热爱祖国有益。

我国是多民族统一国家，教材还讲述了国家的民族政策和宗教政策，在抗日战争一章中，突出了各民族包括藏族、回族等英勇抵抗日本侵略的历史，讲解这些，以便藏语系学僧全面了解我国多民族统一国家的特点，全面了解我国的民族宗教政策。

考虑到藏传佛教初级/中级学衔班僧汉语文基础相对较弱，对中国近现代史了解少，教材注意讲述最基本的故事，配以大量图片，做到图文并茂，增强学僧直观的感受，增强学习效果。

教材编写组由我和卞修跃、扎洛同志组成。卞修跃研究员是中国社会科学院近代史研究所学者，扎洛研究员原任近代史研究所所长助理，现已调任藏学研究中心社会经济研究所所长。编写组共同讨论形成了教材编写提纲，卞修跃执笔撰写，我和扎洛参与全书的修改讨论。最后，由我主持了修改定稿工作。

我们是第一次接触这个工作,对于藏语系佛学院《中国近现代史》教材如何体现中央精神,如何正确地讲述近现代中国历史基本线索,我们没有把握。请读者以及使用这本教材的老师和学僧不吝指教!

我们感谢藏语系高级佛学院的督促和指导,感谢藏语系高级佛学院组织的几次审稿工作,他们的意见对于教材的提高有很大帮助!

2018 年 6 月 11 日

《张西曼文集》跋*

中华人民共和国是在几十年新民主主义革命胜利的基础上建立起来的。中国的新民主主义革命，在中国共产党的领导下，是以反帝反封建为基本内容的。革命的战略和策略由此而生，军事斗争、政治斗争、经济斗争、文化斗争，无不以反帝反封建为出发点。毛泽东为领导这一革命而写作的大量指导性著作，极其鲜明地体现了这一特点。以毛泽东为代表的中国共产党人，可以当之无愧地说，他们在新民主主义革命中，是反帝反封建的先锋。

展读张西曼教授的文字，想其人格之高大，不禁令人肃然起敬。很显然，他是为在中国实现新民主主义革命的胜利而奋斗的。他不是共产党人，但他站在近代中国反帝反封建斗争的先锋行列中。

先生诞于百年前《马关条约》签订的那一年，那是烽火连天、国难当头的岁月。年仅13岁，便加入中国同盟会，成为孙中山旗帜下一个革命小兵，为推翻封建帝制而奋斗。及长，留学俄国，早在十月革命前，他就从所接触到的列宁著作和俄国革命党人身上学习和研究了俄国革命的经验。1919年的五四运动中，他在北京推动、组织了著名的社会主义研究会，陈独秀、李大钊、瞿秋白、毛泽东都是会中成员，终于导致了中国共产党的诞生。他又将苏俄革命中党与群众相结合的经验贡献于孙中山先生，屡次向孙先生建言"联苏联共"，又促成了国民党的改组。

先生是老资格的国民党员，直到1948年被开除党籍前，他始终是忠诚于孙中山"三大政策"的国民党员，但他同时宣传马列主义，是

---

* 张小曼编《张西曼文集》，文史资料出版社，1995。

中国最早宣传并始终宣传马列主义的人之一。许多共产党人从他那里学习过马列主义。瞿秋白早年曾师从先生，学习俄文，以研究俄国革命经验。1922年1月以广州人民出版社名义出版的先生译著《俄国共产党党纲》，于中国革命运动，贡献良多。1927年，他译出苏俄宪法，提供武汉国民政府参考。苏联1937年宪法，也是他首先在国内予以译介。

先生是教授，是学者，知识渊博，著述颇丰。但他始终投身于中国历史的前进事业，在革命运动中，在抗日战争中，在反内战反独裁中，他总是站在革命一边，站在进步力量一边，站在共产党一边。他是革命者的真正朋友，是共产党人的真正朋友。

1948年5月，先生在南京参加大中学生的"五四"座谈会，发表《五四与民主》的演说，痛斥"黑暗贪污无能的政府"，痛斥少数人借"革命"升官发财，弄得"反帝反封建还是当年革命的先决条件"，还要继续革命。他指出"革命与反革命永远是水火不相容的两个极端"，"中国只有民主与反民主，封建与反封建，帝国主义走狗与反帝国主义，没有第三条路"。他大声疾呼："为了实现民主，为了实现科学化，我们需要新的战斗！""大家来担负起中国未完成的革命事业！"要明了这次五四演说的意义，需要看看全国的政治形势。当时国民党发动全国内战已经两年，周恩来及中共代表团早已撤离南京，伪国民大会刚刚召开并选举蒋介石为"总统"，国民党已宣布解散民盟等民主党派组织，辽沈战役、淮海战役正在准备，因而国家民族前途正处于有利于人民力量的时候，西曼先生在国民党的眼皮底下发表如此有煽动性、进攻性、革命性的演说，把斗争矛头直指国民党、南京政府及蒋介石，需要有何等胆量，需要冒多大风险。这就难怪，他一定要被开除党籍，要被免去立法委员的职务了。

1949年7月10日，著名的民主教授西曼先生病逝于人民已掌握中的北平。他终于没有看到他为之奋斗的中华人民共和国的诞生，终于没有如人们所期待的他将可大有作为于新的中国，而突然倒下了。正像田汉先生在当时的悼亡诗中所说的：

  参加过
  二万五千里长征的说：
  某些同志

> 好容易
> 熬到了目的地
> 却万分地精疲力竭了，
> 含着笑，
> 倒在门外。
> 西曼——正像
> 这样的一个。

这是多么贴切、多么诚挚、多么正确的比喻，多么郑重、多么实在、多么难得的颂扬！

值此西曼先生诞生100周年的时候，西曼先生幼女小曼女史搜集乃父遗文、遗物及40多年来各界对西曼先生的悼念文字，编成《张西曼纪念文集》，即将付梓，索句于我。我乃后生，难以望西曼先生之项背，敬仰崇慕之情而不可抑，终于不敢辞，不能辞。想先生的人格及为人，想先生的信仰及追求，想先生的事功及影响，在在与近代中国历史行程的轨迹相关甚巨，我辈追思前贤，何其唏嘘。冀望执史笔者，展开对西曼教授的研究。并祈小曼女史继续努力，将西曼先生文集编辑出版，以确实的史料，证明先生的人格之伟，先生的事业之宏，先生的精神之不死！是为祝。

《刘大年存当代学人手札》跋[*]

学人通信，切磋学艺，为学术界所习见。收集学人通信，出版成册，则并不很多。《刘大年存当代学人手札》的出版，必将引起学术界的重视。

除个别例外，这本当代学人手札的收信人都是刘大年。抗战结束后，大年同志在解放区的北方大学任职，随后任合并后的华北大学研究部领导成员及历史研究室副主任。在解放区的困难条件下，他写成《美国侵华简史》于1949年出版。由于社会需要，又经修订，改名《美国侵华史》，由人民出版社在1951年、1954年一版再版。在那时美国出兵朝鲜半岛并陈兵台湾海峡、侵占我国台湾省的历史背景下，《美国侵华史》成为新中国成立之初中国史学界最重要的出版物之一，适应了社会的广泛需要。此书也奠定了刘大年在中国史学界的地位。新中国成立之初，他担任中共中国科学院党组成员，中国科学院学术秘书、编译局副局长，主编《科学通报》。1953年任近代史研究所副所长，与尹达共同创办《历史研究》。1955年中国科学院哲学社会科学部成立，他当选为学部委员，担任中共哲学社会科学部党组成员，哲学社会科学规划办公室主任。因此他曾参与中国科学院的建设，参与中国科学院哲学社会科学部的组建并实际主持我国第一个社科规划的制订，还参加了中国科学院几个历史研究所的筹建工作。以后长期主持近代史研究所（1977年前属中国科学院，此后属中国社会科学院）工作，为组织、推动中国近代史研究和学科建设，促进我国学术的繁荣起了很重要的作用。在这

---

[*] 刘潞、崔永华编《刘大年存当代学人手札》，中国社会科学院近代史研究所印行，1996。

个时期，他同我国的自然科学家和社会科学家建立了广泛的联系，也同国外一些研究中国近代史的学者建立了学术交流渠道。

本书收集的来函约 190 件，写于 1977 年后的约 20 件，绝大多数写于 1946—1966 年。大部分书信作者已经作古。翻开 80 余位作者名录，不论是社会科学家还是自然科学家，几乎都是各相关学科的领导人、学术带头人，名重当时，皆一代俊彦，于学术影响深广，于社会贡献良多。仅哲学社会科学部学部委员就有 29 位，约占全部哲学社会科学部委员的半数。还有一些是著名的国务活动家、社会活动家，他们信中所谈也多与学术文化、教育活动有关。

这本手札的作者因其名重当世，影响学林甚巨，手札的出版对于我国学术界，特别是历史学界，实具有重要的史料价值。在新中国成立前后，在五六十年代，我国的学术领导、学界前辈为新中国的学术机构与学科建设、学术思想、学术讨论与交流，做了哪些工作，有哪些思考，为后人奠定了什么样的基础，读这些通信，使我们了然于他们的创业艰难。欣赏其手迹，想象他们为我国的学术事业呕心沥血的情景，不禁使人油然产生亲切、崇仰、敬慕之感。我们要铭记前辈的创业之功，要在他们开创的基础上继续开拓创新，推动学术研究有新的发展。

今年是刘大年同志 80 华诞之年。学术界的朋友们已经为他说了许多祝福的话。我谨借这本手札出版的机会，对学术前辈们对我国学术事业的擘画之功表达我的崇敬，并祝大年同志健康、长寿。

1995 年 8 月 1 日敬跋于东厂胡同一号

《民国军阀书系》序言[*]

民国军阀，学术界通称为北洋军阀，指的是袁世凯夺取中华民国临时大总统大权后，在一个历史时期里出现的用武力控制时局的那一批人物。那个历史时期，就是北洋军阀统治时期。军阀统治下，有兵就有权，就有地盘。谁控制的武力多，谁的地盘就大。有的控制中央政权，有的控制地方政权。有的控制一省政权，有的控制几省政权。军阀专权、军阀割据、军阀混战，成为史家描写那个时期使用最多的名词。像走马灯一样，政治舞台上的过客来去匆匆。政治窳败，经济落后，列强觊觎，民不聊生。记述这段历史，由于史料缺乏等原因，至今仍为学者视为畏途。但是，它又是近代中国历史上一段不可忽视的时期。

人们常说，自1840年鸦片战争以后，中国社会陷入了半殖民地半封建社会的深渊。深渊何所底止？底就在这个以军阀统治著称的历史时期。既然是谷底，就是说中国历史发展的趋势要改变轨迹了，要上升了。新文化运动在这时候发生，五四爱国运动在这时候发生，马克思主义的大规模传入并被人们接受也在这时候发生。孙中山领导的中国国民党从这时开始奋斗，中国共产党的成立及奋斗也从这个时候开始。此后，中国人民民族觉醒和阶级觉醒的步伐明显加快了。从前往后看，或从后往前看，都会把历史的眼光聚焦到这个时期。这是一个值得重视的历史时期，是一个值得学者们探讨、研究的历史时期。

黑龙江人民出版社策划的《民国军阀书系》，所瞄准的正是这个历史时期。他挑选了大小军阀中十个有代表性的人物，加以描写和剖析，是有助于人们认识这个历史时期的特点的。只要本着历史唯物主义的方

---

[*] 《民国军阀书系》，黑龙江人民出版社，1997。

法，用实事求是的态度，认真研究史料，就会还原这些历史人物的真实面貌。不要因为反面人物而写成同一个脸谱，他们是有血有肉的、活动在近代中国历史舞台上并起过这样那样作用的人物。用史家的眼力，用文学家的笔触，写出有根有据的活生生的人物，就会为读者所接受，就会对读者有教育作用。反面人物，同样能使读者受到历史主义的感染，受到爱国主义的熏陶。所幸作者们都是训练有素的，相信他们的作品能得到读者的喜爱。

书系即将付梓，主事者邀我写序，似乎不便推脱。学养有限，望序兴叹，只得潦草写出以上的话，聊寄期望。写长了不易藏拙，就此搁笔，读者谅之。

1995年11月7日深夜于东厂胡同一号

《陆荣廷新论》序[*]

人们常说，鸦片战争以后，中国社会逐步陷入了半殖民地半封建社会的深渊。深渊何所底止？底就在以北洋军阀统治为代表的以军阀割据为主要形式的历史时期。人们常说，鸦片战争以后，中国社会逐步陷入了半殖民地半封建社会的深渊。军阀统治下，有兵就有权，就有地盘。谁控制的武力多，谁的地盘就大。有的控制中央政权，有的控制地方政权。有的控制一省政权，有的控制几省政权。以中央政府为例，从1912年3月到1928年6月，前后17年，就经历了46届内阁（包括临时内阁、代理内阁），长的不过二年，短的只有六七天。像走马灯一样，政治舞台上的过客来去匆匆。政治窳败，经济落后，列强觊觎，民不聊生。这是近代中国历史上一段很特殊的历史时期。

比起中华文明数千年的历史发展来说，近代中国109年的历史是很短的。但这段历史发展很不平坦。帝国主义的侵略，中国社会被西方的资本帝国主义势力打得昏头转向，历史发展的主要趋势是沉沦。但到了深渊之谷底时期，像黑暗过了是光明一样，历史发展出现了向上的转机。虽然这个时候日本向中国提出了"二十一条"，企图灭亡中国，袁世凯称帝、张勋复辟这样的怪事都出现了，军阀战争打起来了，看起来，国家的政治秩序完全打乱了。但是新的情况也出现了：新文化运动在这时候发生，五四爱国运动在这时候发生，马克思主义的大规模传入并被人们接受也在这时候发生。孙中山领导的国民党从这时改弦更张，开始奋斗。中国共产党的成立及提出反帝反封建的明确主张，也在这时候。从这时起，中国社会内部的发展开始呈现上升趋势，中国人民民族

---

[*] 《陆荣廷新论——陆荣廷学术讨论会论文集》，广西民族出版社，1996。

觉醒和阶级觉醒的步伐明显加快了。资产阶级及其政治代表的力量，无产阶级及其政治代表的力量迅速成长，并终于先后取代旧势力，成为主导社会发展的力量。

北洋军阀统治时期，是近代中国历史发展的一个十分重要的转折时期。黑暗与希望同在，落后与前进并存。应当说，军阀势力（无论是控制中央政权的军阀势力，还是控制地方政权的军阀势力）所代表的主要是黑暗和落后方面，而探索中国出路的新生力量（包括以孙中山为首的国民党和后期的共产党）代表了希望和前进的一面。我以为，这是我们观察这一段历史的基本出发点。

1995年10月，广西学者在广西武鸣县召开了陆荣廷学术研讨会，国内不少对陆荣廷研究感兴趣的学者，向会议提交了研究报告。广西学者研究西南军阀颇有成就，他们提交的论文也较多。据说，会上讨论热烈。从研究论文看，有对陆荣廷主政广西基本持否定态度的，也有对他基本持肯定态度的，也有对他的言行持部分肯定或部分否定态度的。这在学术研究中是很正常的。会后陆荣廷研究还要进行。广西学者任重道远。我想，应在努力占有更丰富史料的基础上继续讨论。尤其要把陆荣廷这个西南军阀的代表人物，放到北洋军阀统治时期那样一个大的历史背景底下来研究。

近年来讨论历史人物，出现了一种现象：有的文章对以往正面肯定的人物大加挞伐，对以往基本否定的人物，则捧上九天。前者如对洪秀全、孙中山，后者如对曾国藩、袁世凯。这实在令人难以理解。马克思主义的历史唯物主义理论告诉我们，研究历史人物，不可孤立地看他的一时一事，要把他放到客观的历史背景中去分析；任何历史人物，不是孤立的自然人，而是与社会集团、阶级阶层密切相关的社会人。马克思主义的阶级分析方法，应该是我们讨论阶级社会各种历史人物的基本方法或者对话的基本语言。不然，彼亦一是非，此亦一是非，难以用共同的语言来讨论，人们对历史事件、历史人物的认识，岂不是南其辕而北其辙吗？《陆荣廷新论》编委会要我写个序。写序我是不敢应承的，况且我并没有参加那一次的研讨会。看了若干篇论文，有会上的，有会外的，我生出一点感想，写出来与学术界朋友们交流。岂敢云序，读后感而已矣。

1996年4月14日晚于北京东厂胡同一号

《陈明侯将军》序[*]

陈隽先生、佟立容女士所编纂的《陈明侯将军》一书告成，推我写序。我与此书有些许关系，难以辞谢。

陈干，字明侯，山东昌邑人，中国同盟会会员。幼年家贫，16岁离家闯关东时，寻觅辽沈一带甲午战场遗迹，深感国家受辱，人民遭难，即投身于挽救国家危难的事业。此后，他往返于东北、山东各地，开办学堂，启迪民智，努力培养革命思想，组织推动，不遗余力，为辛亥革命的胜利做了许多奠基的工作。武昌起义以后，组织淮泗讨虏军北伐，著有成绩。此后，他奔走于北洋各派系之间（未任正式职务），又任广州大元帅府参议。尤有可说者，在山东权利的收回方面。1898年德国强租胶州湾，1914年9月日本借口对德宣战，占领青岛和胶州湾一带。1919年巴黎和会，列强无视中国的权利，判令日本继承德国在胶州湾的权利，造成中国外交失败，是引发五四运动的主要原因之一。"收回青岛""收回山东权利"的口号曾响彻北京和全国主要城市的上空。中国代表因得以拒绝在巴黎和会上签字，山东问题遂成悬案。1921—1922年华盛顿九国会议达成中日《解决山东悬案大纲》，规定中国收回山东利权。英国也表示在威海卫租期满后可退回中国。随后中日之间就中国收回胶州湾问题展开谈判。陈干参加了第一部的谈判。在谈判过程中，他坚持先收回主权再谈开放的立场，是可取的。他提出："对鲁案，应争主权不争浮利，争土地不争房子，争永远不争暂时，宁受其强权一时压迫，绝不由我辈认可半个字"；"革命外交者何，即提倡主性外交是也，主性外交者何，即国可亡，种可灭，而人不可奴"。

---

[*] 陈隽、佟立容编《陈明侯将军》，中国文史出版社，1997。

这些，对克服中方人员的软骨病，推动鲁案的恰当解决，起到了一定的作用。此后他还参与了解决威海卫收回问题的调查工作。工作完成后，他撰写了《鲁案》《威案》两书，为后人留下了若干重要史料。1926年他参加了北伐工作，惜赍志以殁。暇时，编纂《经国文抄》《诗选》《庭话》等，并撰著多种，以娱情寄志、教育子孙。陈干一生，可以用八个字来概括：热血男儿，爱国情种。可惜他的一生经历，早已湮没不彰了。

20世纪五六十年代，中国科学院近代史研究所为了抢救史料，曾就在世的中国同盟会会员展开书信调查，格于当时的社会环境，所得不多。1979年，中国社会科学院近代史研究所所长刘大年先生提出继续进行从前的调查。王学庄先生与我与闻其事。我们根据中国国民党党史会保存的《中国同盟会乙巳、丙午年会员名册》所录960名会员及据各种文献所载、确可证明为1911年以前加入同盟会的人员，开展调查。我们还通过新华通讯社发布了消息。两年间，从少量的线索入手，辗转介绍，滚雪球似的逐步扩大，大约先后有2000人次信件往来，其中，有的来信从台湾、香港寄来，有的从日本寄来，有的从美洲、欧洲寄来，当然，绝大部分来自祖国各地。来信者中，有少数几位是仍在世的同盟会会员（如武汉喻育之，上海田桓、薛民见、梁烈亚、葛敬恩，杭州张任天等），绝大多数是同盟会会员的后裔和知情人士。后裔和知情人士中，有一些是名教授、名科学家、名学者（如梁漱溟、钱学森、钱伟长、钱钟书、杨绛、阳翰笙、杨伯峻、谢立惠、徐澄宇、时昭瀚、卢沃、卢琇、姚雪垠、李赋宁、范日新、孙任以都、许锡瓒等），更多的是普通干部，还有一些是身处工厂乡间的普通劳动者。他们中，不少人曾因其先人的某些历史污点，连带受到过不公正的待遇。一些人文化水平很低，很难表达其先人的历史业绩。一些文化修养很深的人士，也往往表示，其父、祖早年离家，献身社会，接触不多，难以提供更多的材料。一些人表示，他们手头原有一些有关的文献资料，如照片、函电、报告、日记诸项，在历次运动中，尤其在"文革"动乱中，或被抄走，或由自己付丙。总之，这次历时数年的调查，几乎得不到原始材料。家庭内的口述资料虽也有一些，价值或者不甚高，或者核对亟难。以致我们不能对这次调查的结果，做出一个令人满意的总结，不能将这些材料整理出来，报告给学术界。从同盟会成立到我们调查的时期，是中国社会最为动荡的时期，时间毕竟相距遥远，且当事者大多已作古，我们终于不能按我们的预想，完成一次有价值的学术调查，这是令人遗憾的。

在调查过程中，有一些人向我们提出了各种问题，如要求帮助解决落实政策问题，要求解答疑难，要求提供历史资料，或者要求讨论历史问题。我们作为学者，在我们力所能及的范围内，给予了帮助。尤其对若干要求落实政策的，我们给各地党政部门写信，介绍历史情况，提出处理意见，供各地处理时参考。据我所知，起了一些作用。有的确实查清了事实，做出了正确的结论，不仅给其先人平反，也给其连带者落实了政策。最显著的例子，是给辛亥功臣夏之时的不幸遭遇平反。同盟会会员夏之时在武昌起义后，率新军于成都附近龙泉驿起义，会合重庆党人张培爵，夺取川东重镇重庆，成立蜀军政府，以张培爵为都督，夏之时为副都督。龙泉驿新军起义对推动全川独立起了重要作用。此后，夏之时参加了反袁、护法、护国诸役，先后参加国民党和中华革命党，积极追随孙中山，从事革命活动。1920年因不满军阀专制，决然退出军政界。晚年以玩摩书画文物自娱，信奉佛教，任合江县佛教协会会长。1949年合江解放后，曾担任乡人民政府招抚委员会副主任委员。其时，夏在四川袍哥中间有很大影响。刘伯承司令员与夏有旧，正想借重夏在袍哥中的威信，解决袍哥问题。令到时夏已被我地方政府以"匪患主谋"罪处决。经过我们介绍历史，又经过夏的家属努力，终于找到了有关证人，并获得了全国政协主席邓颖超、中共四川省委统战部支持。经过合江县人民法院数年调查取证，于1987年重新判决，宣布夏之时无罪，予以平反。夏的家属（包括全国政协委员、1937年与夏离婚的董竹君女士）及其海内外戚友均很高兴。我曾在1988年9月17日《团结报》著文，公布这一情况。还有一些人，在和我们接触过程中，落实了政策，被地方推选为政协委员。

至今仍和我们保持联系的人士中，佟立容女士是其中之一。佟女士是同盟会会员陈干的外孙女，原在北京地毯研究所工作。1980年代初与我们取得联系后，一直对外祖父的历史感兴趣。其时，她的母亲还健在，是青岛一家医院的医生。她请乃母回忆外祖情况，广泛走访知情人士，多次要求我们提供历史资料。陈干所著《威案》一书，就是从近代史研究所图书馆发现的。她曾请研究者为陈干立传，以材料难觅，不获允。她便不畏困难，往返于北京、济南、青岛、南京、上海等各地图书馆、档案馆、研究单位，抄写、复印、借阅历史资料，发现了有关陈干的许多不为人知的史料。此后，她又与她的表兄陈隽先生取得联系。陈先生是陈干的孙子，久居美国。二人合作，编辑有关陈干的历史资料，撰文介绍陈干的史实。他们担心自己的能力，曾想请有关文史部门出面担任编辑，又想请我做主编，我劝他们自己做主，并提出有关编辑工作的建议。终于编辑告成，又得中国文史出版社慨允出版，这是值得祝贺的。

借此机会，我说明此书的编辑经过，交代当初开展同盟会会员调查的情况，算是对以往那段工作的一个了结。虽然同盟会会员调查的报告难以发表，我们与闻其事者，仍对所有协助过我们的老同盟会员及其子女，对所有协助过我们工作的机关、团体，表示衷心的感谢！

1997 年 1 月 29 日凌晨

《佗城开基客安家》序[*]

　　客家是汉族组成部分之一，或者说，客家是汉族诸民系之一，这已是一般研究者的共识。研究客家的迁徙及其形成过程，可以从一个侧面观察历代兴衰变化，看出历史演变轨迹，洞察中华民族的形成过程。从这个意义上说，建立客家学，研究客家，无疑是一个重要的课题。

　　19世纪之初，福建、广东、广西一带客土之争、来土之争，变成一个政治问题，引起各方关注。自罗香林提出客家学并发表论著以来，客家学愈来愈受到学者重视，近年更愈演愈烈。召开讨论会，出版论著，俨然成为学界关注的重点，受到国内外学者的瞩目。这是学术研究视点多元化的表现，无疑是一个值得重视的现象，也是一个好现象。

　　客家何时形成？从目前的研究来看，大抵有三种主张。一说，从东晋永嘉之乱以至唐末五代，由于历代战乱引起中原人民南迁，形成客家。这可以概括为世代变乱形成客家说。这一派意见形成最早，流传最广，影响最大。近来有学者挑战此说，提出新说，认为秦末中原人民向岭南的移民，尤其是秦末向岭南大规模用兵开始了客家先民的形成过程。此说似可概括为开发征讨形成客家说。较之前说，它把客家的形成过程提前了好几百年。第三种主张则把客家的形成过程推后了上千年。说者根据历史文献和田野调查资料，认为明清之际闽粤赣地区民众的移民形成客家。这是今天客家地区客民形成的真正由来。秦以后的历代移民，早已反客为主，不再自称为客，而是以土人自居了。明清之际的新移民才自称为客。今天客家地区，同一先祖的不同分支，先到者已称为土，后到者方称为客，可证。此说可概括为明清之际形成客家说。究竟

---

[*] 丘权政主编《佗城开基客安家》，中国华侨出版社，1997。

何谓客家，从以上争论来看，也许还有一个广义的客家和狭义的客家的问题，尚未辩明。

一种学说初创，诸说纷陈，是正常现象，这正好形成学术讨论的大好契机。学者们可以借此切磋琢磨，攻彼之短，申己之长，引申新说，形成共识。重要的是要正确对待史料，切忌有益我说者取，不利我说者弃。要尽可能收集全面史料，排比对勘，客观解说，不囿于陈说，不无的放矢。如"客"字，历代史书多有记载。检视历代关于客民、客户的记载，参照各相关史料，加以分析，澄清历代关于"客"的不同含义，捡出与今天所称客家相近之义，反复申说，当能对于何谓客家以及客家之形成过程，有新的解说，或者更有说服力。除了充分利用文献史料（谱牒亦在内）外，如能深入客家地区做广泛的田野调查，结合史料，研究历代关于客土之争、来土之争的历史，调查客和土的各自不同含义，当会对于"客家"本身意义和引申意义获得新的启迪。

当然，开拓客家学的研究领域，提高客家学的研究水平，不仅仅是弄清何谓客家而已。这只是第一步，只是确定一个定义。深入的研究还在后头。结合历史学、人类学、民族学、人口学、社会学、宗教学的研究方法，正确利用马克思主义、唯物史观做指导，我们当能大大推进客家学的研究。这不仅对于发展学术、提高学术水平有利，尤其对于我们加深认识中国历史、认识中国国情、认识客家民系在现实社会中的作用，都是有积极意义的。

当此客家先民首批南迁与赵佗建龙川 2210 周年纪念论文集出版之际，承丘权政同志之邀，写了以上的话。我对于客家研究毫无贡献，所说不免遗人外行之讥，自知卑之无甚高论，如果给各位方家带来嚼蜡之感，谨先预致歉意！

1997 年 9 月 6 日于北京东厂胡同一号

《甲午战前钓鱼列屿归属考》
（日文版）序[*]

  吴天颖教授著《甲午战前钓鱼列屿归属考——兼质日本奥原敏雄诸教授》一书，自1994年出版以来，颇受学术界欢迎。1997年1月被授予北京市第四届哲学社会科学优秀成果一等奖，是其证明。现在又承日本爱知学院大学水野明教授译为日文，介绍给日本读者，进一步证明它是受学术界广为欢迎的学术著作。

  钓鱼列屿的归属，本是一个不成问题的问题。20世纪60—70年代间，该地区海域发现石油，日本政府指使琉球地方政府发表声明，声称对钓鱼列屿（日本称尖阁列岛）享有主权，于是，一个本不成问题的问题，反倒成了问题，成了干扰中日两国政治关系的问题，成了挫伤中日两国人民感情的问题。那时候，海外的中国人掀起了一场声势浩大的保钓运动。在当时的国际冷战形势下，中国政府经过艰苦努力，争取了中美和解，实现了中日建交，把钓鱼列屿归属的争执"搁置"起来。显然，"搁置"并不是问题的解决。一遇到某种气候，日本的某些极右分子又会跳出来，把那个已经"搁置"的问题搅得天翻地覆。1996年秋天，日本极右分子在钓鱼列屿掀起风浪，造成中日关系的空前紧张。那个本不是问题且已"搁置"起来的问题，再一次成为影响很大的问题。

  1972年年中，我和我的同事们从河南干校回京不久，就知道了日本京都大学著名教授井上清发表了《钓鱼列屿的历史和归属问题》《钓

---

  [*] 吴天颖：《甲午战前钓鱼列屿归属考》（日文版），外文出版社，1998。

鱼列屿的历史和领有权》等论文,所中有精通日文者且将上述论文译成了中文。我们看到了井上清教授作为一个真正的爱国主义者、国际主义者,一个名学者的严谨的学风,深为感佩。我多么希望中国学者也能出来,对钓鱼列屿的问题从学术上做一番澄清。

从《甲午战前钓鱼列屿归属考》一书知道,吴天颖教授正是从那时候立下澄清之志,23年以来,孜孜矻矻,紧紧追求,在钓鱼列屿的归属问题上,从学术上做了一番追本溯源的澄清工作。吴教授的书,是一部严谨的历史著作,虽然本题时间限制在甲午战前,实际上,从14世纪到20世纪,把钓鱼列屿归属问题的来龙去脉都考察清楚了。他吸收了前人的研究成果,包括日本学者和国内学术界的研究成果,在一些重要的地方,又发前人所未发。例如,论证"三十六姓"开发琉球;论证"镇山"之真实含意;从语音学上揭开作为"中外之界"的"郊"与"沟"的谜团,证明"好鱼须、欢未须、车未须"就是钓鱼屿、黄尾屿、赤尾屿;论证自16世纪中叶起,明代就把钓鱼列屿列入海防区域;等等,不仅学术上比前人更严谨了,而且,有力地论证了所谓"无主地"的荒谬。尤为可贵之处在于,他把一个往往被人们看成有力的证据否定了。这就是所谓慈禧太后将钓鱼列屿赏赐给盛宣怀的谕旨。这是要有勇气的。他的考证是有道理的。事实是最有说服力的。历史学家如果没有勇气否定那些经不起推敲的证据,他的论证一定是没有说服力的。借伪证以自雄,是虚弱的表现。奥原敏雄们为利欲心所驱使,丧失学者良心,实在不足为戒。

吴教授的这本著作,反映了中国人的爱国心和民族心理。海外总有人对中国人的所谓民族主义情绪高涨表示疑虑、恐惧甚至敌视,我们经常在报章上读到这样的文字。这使我们想到半个世纪以前,或者100年前,那时,外国人常说中国人是"东亚病夫",不知民族、国家为何物,中国则饱受帝国主义欺凌屈辱之苦。为什么今天中国争得了国家的独立地位,中国人敢于挺身出来维护自己应有的权利时,又要遭到种种不应有的非难呢。须知,中国是中国人民的中国,中国的权利应当由中国人民来维护,帝国主义列强以不平等条约置诸中国人民颈项的时代已经结束了。当然,我拜读吴教授的大作,赞成他的论证,他的历史考察,他著作中体现出来的爱国心,首先是因为他的著作,讲出了历史真实,讲出了真理。我希望这个历史真实、这个真理,能够为日本人民所了解，不要在某些军国主义分子所掀起的假爱国主义狂热中被冲昏了头脑。

是为序。

1997 年 3 月 4 日于北京东厂胡同一号

《张国淦文集》序[*]

张国淦先生的文集即将编成。张国淦先生居留海外的女公子张传玲女士和在北京供职的孙女张嘉佩女士，一再促我为文集作序。我以晚辈后学，不敢率尔应承。但是，张女士以如下两点理由说服我，实在无可辞谢。这两点理由是：四十年前，张国淦先生曾应近代史研究所范文澜所长之邀，担任近代史研究所特约研究员，专任撰述，留下了许多文字。四十年后，我忝任近代史研究所所长。张先生仙逝时，我虽未进入近代史研究所，毕竟曾先后供职于此，又以职任在身，不能不说是一缘分。此其一。其二，张先生是湖北人，名望重于乡梓，我虽不名，亦籍隶湖北，有忝列同乡之谊。由此两点理由，却之不恭，只得勉为应命。又，西安史念海教授青年时曾在北京协助张国淦先生从事《中国方志考》的资料收集、整理工作，我在十余年前因参加国家历史大地图集工作，有机会多次与谭其骧（惜已作古）、史念海诸前辈商讨编辑历史地图事宜。史念海先生健在，尚能清醒回忆当初协助张国淦先生情形，并愿为文集作序。《中国方志考》中有关早期方志的考证，早年曾为顾颉刚先生看重，摘要发表于《禹贡》杂志，历史地理学界早已闻名。史念海先生因有机会协助张国淦先生，而投身历史地理事业，今已是海内硕果仅存的大家。我以编绘《中国近代史稿地图集》并参加国家历史大地图集近代战争史地图的编绘，也勉强算滥竽其中。这也算是一种机缘吧。

我少时在乡，曾听闻国淦先生大名，但不详其生平。后入近代史所，耳濡目染，稍知国淦先生业绩。国淦先生在政治上的作为，主要在

---

[*] 杜春和编《张国淦文集》，北京燕山出版社，2000。

北洋政府时期。这是我国近代历史上一段很特殊的时期。说起来惭愧，我对这一段历史缺少研究，只有一点浮皮潦草的了解。看了杜春和先生编的这本文集，以及他撰写的张国淦先生的传略，始留下深刻的印象。

张国淦先生生于晚清，历经清政府、北洋政府、国民党政府、新中国政府。清末，在中央政府和黑龙江地方政府任职；武昌起义后，奔走南北和谈；北洋时期，与袁世凯、黎元洪颇多接近，时有献替，并曾绾国务院秘书长、总统府秘书长及内阁诸大臣符印，折冲樽俎，活跃于政坛。国淦先生以文士转徙于诸军阀之间，常存书生报国之志，指点政坛迷津，但行为狷介自守，不为时所容，终不得用。1926 年后，国淦先生彻底告别政坛，专事著述。虽穷愁潦倒，时以卖文维生，数十年孜孜矻矻，心无旁骛，所著《历代石经考》《中国方志考》，为学者称道。最可赞佩者，日本侵华期间，日寇、汉奸屡以地位、金钱诱其上钩，均凛然不动。抗战胜利后，国淦先生支持上海青年学生反饥饿、反内战的进步活动，并挺身出任上海《文汇报》董事长，使得《文汇报》的立场日益鲜明，终于被国民党当局查封。1953 年欣然应聘近代史所特约研究员，专事撰述民国史料工作，兼整理《中国方志考》旧作，终日伏案，弥留之际，仍以著述为念。观国淦先生一生行事，可谓大节不亏，值得后人敬仰。

这本文集，编入了张国淦先生所著录的北洋时期所亲见亲历史料，这是在近代史所工作期间的撰述；又编入国淦先生同乡好友石荣璋先生辑存的国淦先生文字，包括经学、策论、序例、函札、诗文等，那是 1949 年前的手稿。已刊学术著作不录。这是些弥足珍贵的史料，从中亦可窥见张国淦先生的品格。兹当发刊之际，谨略述其编辑厓略，兼慰张传玲女士。是为序。

1999 年 7 月 24 日于东厂胡同一号，时气温达摄氏 40 度，京华奇观也。

《中国社会科学院近代史研究所研究人员著述目录（1950—2000）》前言[*]

2000年5月，是中国社会科学院近代史研究所的50岁生日。为了纪念这个日子，近代史研究所科研组织处收集50年来本所研究人员的著述目录，编为一册，赠送学术界感兴趣的朋友，算是我们纪念本所生日的一种形式。希望这本目录能够给关心本所发展和中国历史学发展的朋友们一点喜悦。

近代史研究所成立于1950年5月1日，其前身为华北大学历史研究室。据我所知，这是新中国成立以后纳入中国科学院体制的第一个研究所。1953年9月，由中共中央决定组织的中国历史问题研究委员会召开第一次会议，通过了中央宣传部关于在中国科学院设立三个历史研究所的提议，近代史研究所按照序列编为历史研究所第三所。1959年底，历史研究所第一、第二所合并为历史研究所，1960年初，第三所恢复本名。1977年5月，党中央决定成立中国社会科学院，原中国科学院哲学社会科学部所属各研究所来属，从此，近代史研究所更名为中国社会科学院近代史研究所。

近代史研究所的创始人为著名马克思主义历史学家范文澜。1948年华北人民政府成立，以华北人民政府委员范文澜担任华北大学副校长兼历史研究室主任。1949年4月，在北平和平解放三个月之后，范文澜率华北大学历史研究室部分人员进驻北平东厂胡同一号，开展比较正规的历史研究工作。东厂胡同一号原是北京大学文科研究所和北大校长

---

[*] 《中国社会科学院近代史研究所研究人员著述目录（1950—2000）》，是为庆祝中国社会科学院近代史研究所建所50周年编印的，2000年5月编印。

胡适的驻地。华大历史研究室进驻，算是接管了这块地方。中国科学院近代史研究所成立，范文澜为首任所长。原华北大学历史研究室副主任，后来担任中国科学院党组成员、编译局副局长的刘大年于1954年兼任近代史研究所副所长，随后实际主持所务。1978年，刘大年担任所长。1982年余绳武接任所长，六年后，王庆成接任所长。1994年1月，张海鹏接任所长至今。

建所之初，全所工作人员不到30人。1966年，全所工作人员已发展到165人。1980年代，工作人员继续增加，最多时达到250人。90年代以来，大批研究人员离休退休，至1999年底，全所工作人员已降至140人。现在全所有研究员30人、副研究员41人，研究人员中，现有博士16人，硕士28人，博士后出站留所工作的5人，40岁以下的研究人员32人。

近代史研究所是研究1840—1949年中国历史的专业研究机构，现设有近代政治史研究室、近代经济史研究室、近代文化史研究室、近代思想史研究室、近代中外关系史研究室、革命史研究室、中华民国史研究室、史学理论研究室、近代史资料编译室，主办有《近代史研究》《抗日战争研究》《近代史资料》等定期和不定期的学术刊物。本所建所之初，根据所长范文澜的研究方向，所内长期设有中国近代史和中国通史两个研究方向，相应设置了有关研究机构。1978年，研究所根据新时期发展的需要，调整所内研究机构设置，增设了一些研究内容，并将从前的研究组一律改称为研究室。中国通史室在通史组基础上继续发展，终于完成了范老的遗愿，出版了《中国通史》十卷本。近年来，鉴于《中国通史》编写任务已经完成，根据本所新的发展形势和未来发展规划，决定今后除适当保持明史、清史研究人员外，不再保留明代以前的研究任务，集中主要精力做好1840—1949年的历史研究工作，并考虑在条件成熟时，把研究时限向1949年后适当转移。这样本所通史研究室在完成了任务后，于近年撤销。

1949年8月，华北大学出版了刘大年著的《美国侵华简史》，该书随后在《人民日报》连载，1951年由人民出版社出版《美国侵华史》，标志着近代史研究所研究工作的开始。50—60年代，本所的工作，主要是聚集人才、丰富图书馆藏、整理编辑近代史料、提出研究中国近代史的指导思想、建构中国近代史的体系。那时本所的研究工作，主要围绕中国通史、中国近代史、帝国主义侵华史等项目进行。"文化大革命"十年，本所研究工作基本上停滞下来，很少取得进展。1978年，随着中国共产党第十一届三中全会召开，整个国家的社会生活转入以经济建设为中心的新时期，本所的研究工作才在原有基础上全面地、有计划地展开。这时候，本所调整内部设置，增设研究室，提出各项新的研究课题，在中国通史、中国近代史、中华民国史、帝国主义侵华史、新民主主义革命史以及中国近代经济史、中国近代文化史等方面，都有明显收获，出版了深受国内外学术界关注的学术著作；同时恢复了停刊的《近代史资料》，创办了研究性的刊物《近代史研究》和《国外中国近代史研究》。研究所显出生气勃勃的景象。

最近十年，本所进一步调整了机构设置，增设了近代思想史研究室、史学理论研究室，停办了学术动态研究室（原翻译室）、中国通史研究室，考虑到国外知识产权的复杂因素和本所经费困难，停办了《国外中国近代史研究》，但为促进抗日战争史研究，创办了《抗日战争研究》杂志（以中国抗日战争史学会名义主办）。这个十年在研究工作上的特点，是在大的课题坚持集体研究的同时，有意识地开展了立足于学者个人的专题研究，并且取得了可观成绩。这个十年的另一特点，是有意识地挑选了一批有相当研究基础的硕士、博士进入本所。现在本所有40岁以下的年轻研究者约40人，几乎都是这个时期进所的。这些人中许多已是研究员和副研究员，他们现在是本所最活跃的研究力量。前些年人们担心的研究力量中青黄不接的现象，已不存在。据粗略估计，最近五年以来，所内研究者出版的著作，每年大约10部，发表论文约160篇。40岁左右的研究者是本所研究工作的中坚力量。

值此建所50周年之际，我们编印出版全所研究人员的著述目录，意在全面展示50年来的研究状况。可以看出，这部目录中绝大部分论著是1978年以后完成的，这说明国家的政治稳定和经济发展如何促进了学术研究的进步。

关于这部目录，有几点说明如下。

一、入选原则：目前在所的全部研究人员，在本所离休、退休的研究人员，在本所去世的研究人员；以上人员的著述包括来所以前的著述，都在收录之列。已经调离的研究者包括他们在所工作期间的著述，未能收录。例如黎澍、李新等同志，他们在本所的发展历史上起过重要作用，限于目前体例，他们的著述也未收录。

二、编辑原则：在职和离退休研究人员的著述目录，都由本人提供，我们尊重本人提供的资料，只是根据统一体例和分类进行编辑，在这个体例和分类原则下，对个人提供的材料遇有不合处，略加调整。在职人员，原则上按照所属研究室，按照本人职称和姓氏笔画先后排列；离退休和已故人员，按照姓氏笔画（不分职称）排列。其中，已经故去的首任所长范文澜（中国科学院学部常务委员）、第二任所长刘大年（中国科学院学部委员）以及资深历史学家罗尔纲（一级研究员）置于目录之首，以示尊重。

三、例外说明：已故学者著述目录资料收集不易，遗漏甚多，一时难以补齐，编辑时也未能按照统一体例；个别人不愿提供著述目录资料，或者未能按时提供资料，只好暂付阙如。个人提供的资料中有不准确的，编辑时未能一一核查。

组织编印研究人员著述目录，事细且繁，时间紧迫，容有不周之处。科研处徐辉琪、刘红、寇伟、陈于武等同志为此颇费心力，并邀请所内十位研究员、副研究员集中时间，根据统一体例，在电脑上从事编辑工作。粗疏之处仍所难免，以后有条件正式出版时再做进一步修订。

还需要特别说明的是，本目录的编印得到尹俊春同志的慷慨资助，谨表示衷心谢意。

2000 年 5 月 7 日深夜

《中国社会科学院近代史研究所青年学术论坛（1999年卷）》序言[*]

《中国社会科学院近代史研究所青年学术论坛（1999年卷）》，在我所建所50周年时问世，我感到由衷喜悦。这是我所响应李铁映院长号召，建设现代科研院所努力中取得的一点进步。所谓现代科研院所，当然有多种含义和衡量指标。照我的了解，首先是要有优秀的研究人才，要有高水平的研究成果。我们通常所说出人才、出成果，当是指此而言。离开了优秀的人才和高水平的研究成果，所谓优秀的研究所云云，不过是无有之乡。因此，建设现代科研院所，我以为第一位的是要有人才。

50年来，近代史研究所为我国历史学界培养和造就了几代杰出的学者，他们在发展、繁荣我国历史学园地、提高我国历史研究水平方面做出了重要贡献，我们在中国通史研究、中国近代史研究方面，奉献了许多令我国学术界关注的著作和论文，编出了不少重要的学术资料。不用讳言，这些论著和学术资料对于中国历史学研究，特别是中国近代史研究起到了良好的引导和推动作用。这是我们今天迎接建所50周年纪念时，值得骄傲和自豪的！

同样不用讳言的是，我所在成长和发展过程中，也存在种种困难和缺陷。多年来，老一辈学者常常慨叹，在近代史研究所，青年人才的成长呈现一种自生自灭的状况。这是说，研究所对青年人才的成长，缺乏有力的办法，显得有些束手无策、无所作为。一代一代青年就在这种无

---

[*] 中国社会科学院近代史研究所编《中国社会科学院近代史研究所青年学术论坛（1999年卷）》，社会科学文献出版社，2000。

奈中或者脱颖而出，或者饮恨出局。研究所当然不是专业教育机构，不直接负责对人的教育；但是，这并不表示，研究所在教育人、培养人方面不应该承担责任，我们只能袖手看到这种自生自灭的现象继续存在下去。最近十年来，我们一直在研究和探索在研究所内培养和造就青年研究人才的办法。我们认识到，在研究所培养和造就人才不同于学校，不能按部就班进行，不能修学分，拿学位（除了攻读学位，而攻读学位，基本上是接受学校教育，不是研究所的研究工作）。每个研究人员都有研究任务，或者是集体课题，或者是个人项目，都在埋头工作。这是基本所情。因此，我们只能在工作中，只能在研究实践中，考察人、观察人、培养人、造就人。离开这一点所采取的培养措施，都可能是无本之木、无源之水，难以长久，难收实效。通过研究任务，通过课题管理，通过会议切磋，造成激励机制，形成学术氛围，调动和刺激青年研究者的工作热情，推动他们在研究任务中沉下心来，深入下去，开拓各人的科研园地。为此，所里采取过一些办法，如规定新人进所，要求研究室指定老专家帮带，这是老师带徒弟的传统办法；所里制定过青年研究人员考绩办法，对成绩优秀的给予奖励，这是以正面表彰的办法，激励青年人上进；积极在所里实行课题制，推动青年人承担课题，所里给予资助；推荐和介绍青年学者出国做较长时间进修、访问，以扩大其视野，提高外语水平；开办青年学者演讲会，每月定期请青年学者做学术报告；积极推动青年学者参加国内外各种学术讨论会，要求他们撰写合格的学术论文，同时，本所也积极筹措资金召开国际学术讨论会，推动青年学者与会。有时也举办所内的学术讨论会，严格按照国际会议的办法，训练所内青年学者，等等。应该说，这些都是行之有效的办法，而且，大体说来反映较好。自1999年开始，所里又推出一种新的办法，第一次召开了所内青年学者的学术讨论会。40岁以下的青年学者积极响应，大多数人撰写了论文。会议严格按照国际会议办法，只是会议主持人、论文评论人都由青年学者担任。会后，请所学术委员会的老专家给予评议，写得好的论文，评出等次，分别给予奖励。这种做法，在所内反映良好。有的超过了年龄的朋友对于自己不能参加会议表示惋惜。这次出版的青年学术论坛，就是本所第一届青年学术讨论会的论文集，为了免俗，我们名之为青年学术论坛。这就是本书的由来。

近代史研究所现有40岁以下的青年学者将近40人，其中博士16

人，硕士要超出这个数字，有一部分已经晋升为研究员，大多为副研究员。今后若干年，大约会保持这个数字，只是具有博士学位的人数还要增加一些。十年前我们担心的青黄不接的情况，现在可以说基本上不存在了。但是，为了使逐年增加的年轻朋友继承近代史研究所的学风，还有很多工作要做。我们初步打算，把这种青年学术讨论会的形式固定下来，争取每年，或者隔年举办一次，争取每次都出版论文集。青年是我们的未来。研究所的未来在于青年，我国学术界的未来也在于青年。面对21世纪国内外学术界的发展，我们要努力推动我们的青年学者尽快地成长，使他们尽早为学术界所认识、所接受，争取使其中一些人成为21世纪中国学术界的名人、大师。为此，我们还要做出更多努力。比如还要在培养他们在学习马克思主义理论方面下功夫，使那些即将成为知名学者的年轻人记住并且发挥近代史研究所范文澜、刘大年等老所长遗留下来的传统，即不仅要坐冷板凳，扎扎实实做学问，还要保持正确的研究方向，对国家、对社会抱有严肃的责任感。这是我的希望，也是我所老一代学者的共同希望。

本书收集论文20篇，绝大多数是第一次发表。20篇论文涉及近代政治史、中外关系史、教育史、社会史、学术思想文化史以及学术评论方面的内容。作者中有一位研究员、六位副研究员，其他是助理研究员；他们的研究是认真的、努力的，他们在论文中的表现如何，研究能力与研究方法如何，他们的论点是否站得住，这就要请各位读者，请各位关心青年成长的前辈不吝给予指正！

本书各篇论文，在青年讨论会后，又经各位作者修订。本书的编辑工作是本所黄春生、徐秀丽、刘红、曾学白、谢维、杜继东、王立新等做的，我对他们的劳动表示衷心感谢！社会科学文献出版社积极承担出版任务，在很短的时间里出书，我感谢他们的支持！

2000年4月26日于东厂胡同一号

《张学良世纪风采》序言[*]

张友坤同志继 1996 年出版《张学良年谱》后，又有《张学良世纪风采》的编辑出版。两书图文互证，再现张学良将军一生爱国生涯。值此老人百岁华诞即将到来之际，作为生日礼物，这显然是非常合适的。

《张学良世纪风采》编辑杀青之际，张友坤同志索序于刘大年同志，大年同志慨然应允，他告诉友坤，等一个月后来取。大年同志正在为完成他的《评近代经学》文稿（约 7 万字）做最后的润饰，一旦工作告蒇，即可着手作序。事有未可料者，1999 年 11 月 13 日，刘大年同志因发烧住进协和医院，从此一病未起。病榻上，大年同志还记着为友坤写序的事，并曾口述大意。根据刘潞的记录，现将大年同志的口述整理如下。

当代世界名人张汉卿明年 100 岁。我们祝贺他，如南山之寿，如松柏之茂。

评价张汉卿有三条原则：

第一，在抗日战争研究中，我们是把中华民族的利益放在第一位，还是把国民党、共产党的利益放在第一位？

第二，推动蒋介石参加抗日战争，是提高了他的历史地位，还是降低了他的历史地位？

第三，"西安兵谏"当时，是只有张、杨能起这种作用，或者还有别人能起这种作用？

陆游晚年有诗云：斜阳古柳赵家庄，负鼓盲翁正作场。死后是非谁管得，满村听说蔡中郎。根据这三条去衡量，我们讲历史的人，只要不

---

[*] 张友坤编著《张学良世纪风采》，华文出版社，2000。

是负鼓盲翁，就很容易对张学良的是非功过做出判断。学术讨论可以各说各的，但像张学良这样的人物，千秋青史自有定评。人无完人，金无足赤，要从民族大义去考虑问题，一切以民族大义为重。

看了刘大年同志的口述序言，我觉得他的思想已经非常完整而清晰。在评价汉卿先生的三条原则之外，再增加什么，都是多余的。这三条原则，是大年同志观察、研究中国抗日战争的基本指导思想的再现。按照我的看法，大年同志对于抗日战争历史，有如下观点。

（一）中国抗日战争是在中国共产党倡导的抗日民族统一战线的旗帜下，以国共合作为基础，各阶级、各族人民团结起来进行的中华民族解放战争。当时国家权力掌握在蒋介石、国民党手中。抗日战争有蒋介石、国民党参加，才有了全民族的抗战。抗战期间，蒋介石虽然没有放弃反共，但也没有放弃抗战。从全民族战争的角度看，蒋介石、国民党在抗战中的重要地位和作用，应当得到客观的、全面的理解。同样，中国共产党领导的人民力量的存在和发展，是这场民族解放战争胜利的基本条件之一，而且，这个基本条件所发生的作用，贯穿在抗战的全过程里。如果没有这个基本条件，全民族抗战是否能实现，或者一时实现了，能否坚持下去而不中途夭折，以及中国是否能取得抗战的最后胜利，就要打一个大问号。所以，人民力量的存在和发展这个基本条件的极大重要性，更加应该得到客观的、全面的理解。因此，抗日战争这场民族解放战争的胜利，是国民党、共产党和全国人民共同奋斗争取得来的。

（二）两个战场的存在是决定抗日战争面貌和结局的关键。抗日战争的特异之处是蒋介石政权控制的正面战场与共产党领导的敌后解放区战场并存。它们在战略上互相依托、互相配合，与强大的敌人角胜。两个战场是互存互补的关系，缺一不可。缺了一个，抗日战争的胜利都是难以想象的。有正面战场的坚持，又有敌后战场的强大存在，才有战争胜利的结局。两个战场的存在来自国共合作，来自抗日民族统一战线。在战争中日军由胜利推进转向失败，国民党和共产党的力量朝相反的方向运动这种复杂的过程，是从两个战场上开始和完成的。两个战场在战争中的不同表现，直接影响着全国的政治局势。因此，两个战场的地位和作用，客观地表现了国民党和共产党在抗战中的地位和作用。既不要看轻国民党的作用，更不要看轻共产党的作用。

（三）在抗日战争中，国民党、共产党两个领导中心并存。国民党与共产党在抗日战争中的领导权，是由抗战前两个敌对政治实体的关系嬗变而来的。说国民党、蒋政权发挥了领导作用，是因为它掌握着民族战争所必需的、国际国内承认的统一政权，它指挥200万军队，担负着正面战场的作战任务。它虽然积极反共，在抗日问题上严重动摇，但到底把抗日坚持下来了。说共产党发挥了领导作用，是因为它坚持了抗日统一战线，使民族战争所必需的国内团结能够维持下来，指挥八路军、新四军，担负着敌后战场的作战任务。它们所处的地位不同，能够起作用的方面不一样，也不表现为某种平衡，而又都是不可缺少的。在抗日战争这个整体大局中，国民党、共产党都起着领导作用。这个作用，都是全局性的，不是局部的、暂时的。双方这种都是全局性的领导作用，不是由于它们存在某种形式的共同领导或与之相反的分开领导而实现的，它们的领导作用是在又统一、又矛盾斗争中来实现的。在抗日统一战线内部又统一、又斗争的过程中，国共力量的消长发生着变化，总的趋势，是人民的力量、共产党的力量逐渐增强，并且历史性地改变了国内政治力量的对比。这是对抗日战争中国民党、共产党的领导地位和作用的最终的说明。

（四）抗日战争是中国近代历史发展的一个根本转变，是近代以来中国第一次取得的对外战争的全局胜利。这个胜利，改变了中国历史发展的航向。抗日战争中，军事上和国内政治关系上同时并存着两个过程、两种演变：一个是日本的力量由强变弱，由军事胜利到最后的彻底失败；另一个是国内两大政治势力的力量对比发生了重大变化。前一个演变关系到中国亡不亡国、民族能否独立的问题，后一个演变关系今后是新中国还是旧中国、中国能否打开通向近代化前途的问题。

这些看法，是大年同志对于抗日战争历史研究的一次思想总结，是一个八路军老战士、一个马克思主义的历史学家在他晚年的学术生涯中所达到的一个新的境界。

结合对张学良的评价，可以对那三条原则稍微解释如下。

抗日战争历史时期，是日寇侵入大片国土，妄图灭亡中国的时期。日寇妄图灭亡中国这个基本事实，决定了中华民族与日本侵略者的矛盾是基本的矛盾，是决定和影响中国国内其他矛盾首先是阶级矛盾的主要因素。因此，对待日本侵略者的态度，基本上可以决定一个人是爱国的、不爱国的或者卖国的。如果一个人在对待日本侵略者侵略中国的态度上正确了，我们就可以肯定他是一个爱国者，这就叫作大节不亏。这就是说，在民族危亡的时刻，中华民族的利益是第一位的，阶级的利益、政党的利益，都要服从民族利益。国民党也好，共产党也好，如果都强调本党的利益，而不顾民族的利益，就要被人民淘汰，被历史淘汰。在日寇大举入侵的情况下，共产党呼吁联合起来抗日，是认识到民族利益第一这种政治现实；国民党罔顾人民的呼声，迫使张学良、杨虎城将军"剿共"，显然是以国民党一党的利益为重的表现。张、杨二将军看到这种形势，在万般无奈的情况下，用"兵谏"的非常手段逼迫蒋介石答应联合共产党和红军一致抗日，表现了他们的民族大义，应该受到历史的肯定！"兵谏"的结果，张将军虽然落得终身监禁，杨将军后来也身陷囹圄并终遭杀身之祸，但是推动了蒋介石、国民党走向抗日，推动了国民党、共产党抗日统一战线的建立，推动了全国、全面抗战局面的到来，他们的历史功绩是不朽的！这个功绩，单靠国民党是不可能取得的，单靠共产党也是难以取得的；从天时、地利、人和的角度说，除张、杨以外，任何其他人也是做不到的。历史玉成了张、杨二将军。因此他们的功绩是没有人可以取代的。还需要指出，推动蒋介石参加抗战，是提高了蒋的历史地位呢，还是贬低了蒋的历史地位呢？很明显，蒋介石成为抗战领袖，把蒋介石、国民党在中国历史上的地位提到了从未有过的高度。这也是由中华民族的利益决定的。但是抗战胜利后，在美国的扶持下，蒋介石、国民党一意孤行，肆意反共反人民，才从原有的历史地位上跌落了下来。这是怪不得共产党，更是怪不得张学良的。所以，刘大年同志说，只要不是负鼓盲翁，就很容易对张学良的是非功过做出判断。从民族大义去考虑问题，一切以民族大义为重，对抗战历史的认识，对张学良功过的认识，就一切了然了。

大年同志关于评价张学良的三条原则，实际上是我们评价抗战时期历史人物的不易之论，是一条法则。遵循这条法则去研究、思考问题，有什么疑团不能解决呢！

我受友坤同志的委托，在这里公布了大年同志在病床上口述的评价张学良的原则，并试图遵循大年同志的思路加以解释，不敢稍有走移，借以纪念大年同志，并为友坤同志的著作出版贺。

2000年1月7日作于东厂胡同一号

《七七事变前的日本对华政策》序言[*]

臧运祜博士的著作《七七事变前的日本对华政策》获中国史学会东方基金会资助，就要出版。作者恳切地邀我作序。这是因为1998年6月在中国社会科学院近代史研究所组织的臧运祜博士学位论文答辩会议上，这篇论文获得了答辩委员会的好评。现在经过作者进一步修订，避免了原文中若干缺陷，使原作更臻完善。我认为，这确实是一部值得推荐的学术著作。

在那次答辩活动中，我撰写过学位论文评阅书，并且担任答辩委员会主席。我认为，这是一篇相当全面、系统、深入地研究九一八至七七事变时期日本对华政策的论文。应该说，这个时期的日本对华政策，是中国学术界比较缺少研究的方面。作者在论文中回顾了中日两国学者对这个问题的研究状况，在已有的学术基础上，对这个时期的日本侵华政策按照其形成过程，分阶段进行了整理，揭示了日本军国主义的对华政策在其大陆政策的基本框架指导下，从设计、提出、讨论、冲突、协调到最后决策的过程；揭示了这一政策由军部为主动，外务省从策略的角度加以配合，最后由政府名义提出的制定特色；揭示了日本军政方面为分阶段提出不同的侵华政策，在其内部发生的种种矛盾、冲突和斗争所引起的政坛震荡，说明了日本政府结束政党政治，迅速法西斯主义化和军国主义化的过程；也揭示了国际绥靖政策，特别是中国国内的不团结和分裂、国民党内的派系斗争、地方反蒋派的反蒋和抗日活动的矛盾交织、国民党中央政府对日本侵略的妥协退让及其"攘外必先安内"的错误政策，给了日本分阶段制定其不同时期的侵华政策以外部的可能机

---

[*] 臧运祜：《七七事变前的日本对华政策》，社会科学文献出版社，2000。

遇。在这样的研究基础上，论文很好地重建、复原了日本侵华政策的本来面貌。作者的这种研究，对人们深入认识这个时期日本对华政策做出了贡献。作者在研究中系统地参考了文献档案，尤其是日本的文献档案，注意了并且有分析地引用了日本学者的研究成果，从而把自己的研究建立在可靠的文献资料基础上，其研究结论是有资料根据的，是经得起推敲的，也是可信的。

作者写作态度严谨，对历史过程的描述不避繁细，着力于重建历史过程，这是优点，而且是很必要的。重建历史过程，是历史学者的基本功。离开了这个基本功，夸夸其谈，历史书将成为无源之水、无本之木，其不能存之久远，是可以预卜的。当然，如果在重建历史过程的基础上，对纷繁复杂的历史事件做出必要的分析和解说，从这种分析和解说中看出事物发展的关联性，或者说规律性，这必然给读者带来某种启发、启示，我想人们说读史使人明智，兴许就是指此而言。如何做到这一点，或许言人人殊，但是朝这个方向努力，确是每个企图在自己的著作中重建历史过程的人必须全力以赴的。我愿以此与臧运祜博士共勉。

这本著作的问世，我相信会受到我国抗战史学者的关注。

1999 年 12 月 17 日

《幸运的人》（中文版）序[*]

　　日本东京代代木总医院名誉院长佐藤猛夫先生的自传体著作《幸运的人》即将出版中文版。主事者要我写几句话，作为序言。最合适写序的是刘大年先生，可是他已在1999年12月28日作古。我是晚辈，不敢云序，但我愿意把日本友人佐藤猛夫先生的著作推荐给中国读者，顺便说一点我的感想。

　　1937年，佐藤先生作为高才生，毕业于日本东京帝国大学医学系。次年，佐藤先生结婚只有一周，便被征召入伍，开赴中国前线，当了中尉军医。1939年在山东梁山第一次与八路军作战，就被俘虏。随后进入晋察冀，担任八路军一二九师卫生部野战医院内科主任、副院长，医术高明。1943年加入中国共产党。1945年列席中国共产党第七次全国代表大会。抗战胜利后随野阪参三回到日本，转为日本共产党党员，先后担任日共代代木医院院长、名誉院长。我们看看这个简历，就会明白这个人绝非凡响。作为日军俘虏加入中共，并且出席中共七大的，真是绝无仅有！不谈这一层，出席过中共七大的中共党员而今在世的，能数出几人？真是屈指可数！

　　本书所述至少有两方面值得重视。一是作者随日军在山东作战被俘和逃跑、在八路军从医以及如何学习马克思主义、接受考验直至加入中国共产党、成为共产主义者的经过，都是很生动、很珍贵的历史资料，值得中国近代史的研究者参考。二是1946年作者随野阪参三回国，白手起家筹建为劳动者服务的日共代代木医院，他在医院工作中把在八路军野战医院培养起来的工作态度（医生应永远出现在患者需要的时候）

---

[*] 佐藤猛夫：《幸运的人》，王德讯、杨林、周颖昕译，社会科学文献出版社，2001。

和八路军接受领导命令即克服困难开展活动是第一要义的思想贯彻下来，开展工作并取得成绩；他从一个对政治不感兴趣的"木头人"转变为共产主义者，并且参加了东京都涉谷区区议会的竞选，最终高票当选成为涉谷区议会唯一的共产党议员；他从医、从政双肩挑，积极从事政治活动，完成了由民间发起的罢免渎职区长的运动，是日本第一起民间罢免区长事件，为那时日本高涨的民主主义运动做出了贡献；作者还叙述了他们克服各种困难和阻力，创办为劳动者服务的红色医院，热情严谨行医，受到国民信任的经过。他在追求开展一个劳动者真正获得解放、开放清明的、无论何时何地都能受到良好医疗保护的社会活动。他指出，热情行医，当然不是以追求报酬为目的，也不仅是看到对方高兴而自己感到快乐，热情行医，是发自正确的人道的科学观而产生的行为。他强调，之所以有这种行为，"是我在太行山中的野战医院当八路军军医时的经历激励着我"。可以说，佐藤医生曲折的人生经历，是在特殊情况下铸就的，体现着佐藤人生的中日交往史。

我知道佐藤其人，是在两年前。认识佐藤先生，则只有一年半时间。1998 年 11 月，中国社会科学院中日历史研究中心代表团访问日本，我作为团员前往。代表团团长是中国社会科学院中日历史研究中心专家委员会召集人、中国社会科学院近代史研究所名誉所长刘大年先生。行前，刘大年先生告诉我，除了代表团的使命外，他还有两项个人的活动要做：一是要寻访 1943 年在根据地救过他命的日本医生，另一个是想与一个未曾谋面的日本朋友互通音问。这位日本朋友就是昭和天皇的胞弟三笠宫崇仁亲王（时年 83 岁）。《抗日战争研究》1995 年第 2 期发表了原载日本《This is 读卖》杂志三笠宫的文章，那是 1943—1944 年，三笠宫化名若杉参谋，广泛考察中国战场以后，对中国派遣军总司令部干部的一个讲话：《作为日本人对中国事变的内心反省》。他在这个讲话中列举日本自甲午战争以后侵略中国的事实，揭露日本军人的残暴行为，说日本对中国是"无所不取，掠夺殆尽"，特别指出共产党的军队"对民众的军纪也特别严明，决非日本军队所能企及"，在这种情况下，中共若不"猖獗"，那将成为世界七大奇迹中的第一大奇迹了吧。他还说："在我看来，这样的日本军队，是无法与中共对阵的。"这份讲话，当时作为"危险文书"被没收，近年被日本学者从档案中查找出来，经三笠宫肯定后予以发表。显然，无论是 1944 年，还是1994年，三笠宫都是讲了真话的，他是谴责日本对中国的侵略的。他是昭和天皇的胞弟，是皇族，能有这样的态度值得中国人民钦佩和尊敬。刘大年先生通过日本政治家后藤田正晴把一封亲笔信转送给三笠宫崇仁，正是表达了这种看法。刘大年先生会见半个多世纪前在八路军总部白求恩医院工作的日本医生山田一郎的情景是很生动的。1943年，刘大年从冀南去太行山抗日根据地，在山头与日军遭遇，跳悬崖脱险，但肺部受伤破裂，生命垂危。山田出主意，用中国的传统药物治疗，终于转危为安。山田一郎是八路军的日本俘虏，在白求恩医院担任内科主任，易名为白云。这个白云，就是现在的佐藤猛夫，已经88岁。据陪同会见的日本友人在日中友好会馆的会见会上当众介绍，刘大年先生与"日本的白求恩"的会见场面是极为感动人的。刘大年对于这次能够见到战场上的日本朋友之一，在整个访问期间，都非常兴奋和愉悦。

　　1999年5月，为了感谢佐藤猛夫先生，中国社会科学院中日历史研究中心邀请佐藤先生夫妇及其子女访问北京。佐藤先生会见了刘大年先生和当年八路军一二九师卫生部部长钱信忠先生。三位八路军时代的老人见面，其愉悦之情难以言表。我作为中国社会科学院中日历史研究中心副主任、中国社会科学院近代史研究所所长参加会面，目睹了老人们见面时的兴奋情景。1999年10月我在东京做学术访问，得到日中友好会馆日中历史研究中心研究员尾形洋一先生的帮助，专程拜访了住在东京目黑区三田的佐藤猛夫先生。寒暄以后，很自然地谈到佐藤先生在八路军中的经历。谈话间，佐藤夫人从保险柜里拿出秘藏的一本日记本，打开几层包袱，只见日记本封面右上方竖写一行字：全世界劳苦大众觉醒起来！（日文）左下方写着"生活片断录，山田一郎，一九四二年七月二十九日"字样。纸张黄旧，原来用的是日本陆军对军医进行政治训练的讲义，翻过来当日记用。所记时间从1942年到1944年。日记不长，大约二三十页，其中有两篇是直接用不很通顺的中文写的。日记反映了佐藤从日军军医经过八路军的思想教育、整风运动，转变成为中国共产党党员的历程。其中一些篇幅已经在佐藤著作《幸运的人》中摘引。我向佐藤指出，这部日记很重要，是否可以复印在中国发表？佐藤夫妇表示可以帮助。佐藤家里还保存着一本1963年日本共产党中央出版部出版的《反战士兵物语》的书，记载了八路军中日本反战士兵的活动，据说已经绝版。我希望得到复印本，尾形说他来帮忙。说到这里，佐藤拿出一本书，原来是青木书店出版的、日本学者藤原章、姬田光义著的《日中战争时期日本人在中国的反战活动》的新书。佐藤说，他在日本共产党总部附近的书店里发现了这本书，站着看了两个小时，觉得很好，就买下了。我说，姬田光义教授早就想拜访佐藤先生，佐藤先生是否可以接受他的采访呢？佐藤答复说可以考虑。尾形顺便把带来的姬田光义的著作送给佐藤。

近代以来，中日两国之间的关系往往刀兵相见，日本的侵略造成了中国国家和人民长久的损伤，给中国人民留下了挥之不去的历史记忆，"历史认识问题"至今还是横亘在中日两大民族之间的喉刺，不拔掉它，这两个民族在新世纪的交往将会受到阻碍。注视和研究中日关系的人们，很容易看到这一点。佐藤先生的故事，使我们看到了中日关系的另一面，看到了中日两国人民友好交往的一面。这一面也需要研究、发掘，并加以发扬光大。这一面如果成为中日交往的主流，中日两国关系就会融洽起来，东亚和平就会有保障了。

这是我读佐藤先生书的感想，也是我对未来中日关系的期望。

2000 年 12 月 2 日于北京东厂胡同一号

《中国社会科学院近代史研究所青年学术论坛（2000年卷）》序言[*]

《中国社会科学院近代史研究所青年学术论坛（1999年卷）》，在我所建所50周年时问世。2000年卷即将在2001年8月出版。今后，我们争取每年开一次青年学术讨论会，出一本论文集。这是我所响应李铁映院长号召，建设现代科研院所努力中取得的一点进步。所谓现代科研院所，当然有多种含义和衡量指标。照我的理解，首先是要有优秀的研究人才，要有高水平的研究成果。我们通常所说出人才、出成果，当是指此而言。离开了优秀的人才和高水平的研究成果，所谓优秀的研究所云云，不过是无有之乡。因此，建设现代科研院所，我以为第一位的是要有人才。

50年来，近代史研究所为我国历史学界培养和造就了几代杰出的学者，他们在发展、繁荣我国历史学园地、提高我国历史研究水平方面做出了重要贡献，我们在中国通史研究、中国近代史研究方面，奉献了许多令我国学术界关注的著作和论文，编出了不少重要的学术资料。不用讳言，这些论著和学术资料对于中国历史学研究，特别是中国近代史研究起到了良好的引导和推动作用。这是我们回顾近代史研究所走过的50周年时，值得骄傲和自豪的！

当然，我所在成长和发展过程中，也存在着种种困难和缺陷。多年来，老一辈学者常常慨叹，在近代史研究所，青年人才的成长呈现一种自生自灭的状况。这是说，研究所对青年人才的成长，缺乏有力的办

---

[*] 中国社会科学院近代史研究所编《中国社会科学院近代史研究所青年学术论坛（2000年卷）》，社会科学文献出版社，2001。

法，显得有些束手无策、无所作为。一代一代青年就在这种无奈中或者脱颖而出，或者饮恨出局。研究所当然不是专业教育机构，不直接负责对人的教育；但是，这并不表示，研究所在教育人、培养人方面不应该承担责任，我们只能袖手看到这种自生自灭的现象继续存在下去。最近十年来，我们一直在研究和探索在研究所内培养和造就青年研究人才的办法。我们认识到，在研究所培养和造就人才不同于学校，不能按部就班进行，不能修学分，拿学位（除了攻读学位，而攻读学位，基本上是接受学校教育，不是研究所的研究工作）。每个研究人员都有研究任务，或者是集体课题，或者是个人项目，都在埋头工作。这是基本所情。因此，我们只能在工作中，只能在研究实践中，考察人、观察人、培养人、造就人。离开这一点所采取的培养措施，都可能是无本之木、无源之水，难以长久，难收实效。通过研究任务，通过课题管理，通过会议切磋，造成激励机制，形成学术氛围，调动和刺激青年研究者的工作热情，推动他们在研究任务中沉下心来，深入下去，开拓各人的科研园地。为此，所里采取过一些办法，如规定新人进所，要求研究室指定老专家帮带，这是老师带徒弟的传统办法；所里制定过青年研究人员考绩办法，成绩优秀的给予奖励，这是以正面表彰的办法，激励青年人上进；积极在所里实行课题制，推动青年人承担课题，所里给予资助；推荐和介绍青年学者出国做较长时间进修、访问，以扩大其视野，提高外语水平；开办青年学者演讲会，每月定期请青年学者做学术报告；积极推动青年学者参加国内外各种学术讨论会，要求他们撰写合格的学术论文，同时，本所也积极筹措资金召开国际学术讨论会，推动青年学者与会。有时也举办所内的学术讨论会，严格按照国际会议的办法，训练所内青年学者，等等。应该说，这些都是行之有效的办法，而且，大体说来反映较好。自1999年开始，所里又推出一种新的办法，第一次召开了所内青年学者的学术讨论会。40岁以下的青年学者积极响应，大多数人撰写了论文。会议严格按照国际会议办法，只是会议主持人、论文评论人都由青年学者担任。会后，请所学术委员会的老专家给予评议，写得好的论文，评出等次，分别给予奖励。这种做法，在所内反映良好。有的超过了年龄的朋友对于自己不能参加会议表示惋惜。这次出版的青年学术论坛，就是本所第一届青年学术讨论会的论文集，为了免俗，我们名之为青年学术论坛。这就是本书的由来。

近代史研究所现有 40 岁以下的青年学者将近 40 人，其中博士 14 人，博士后 5 人，硕士更多一些，有一部分已经晋升为研究员，大多为副研究员。今后若干年，大约会保持这个数字，只是具有博士学位的人数还要增加一些。十年前我们担心的青黄不接的情况，现在可以说基本上不存在了。但是，为了使逐年增加的年轻朋友继承近代史研究所的学风，还有很多工作要做。青年是我们的未来。研究所的未来在于青年，我国学术界的未来也在于青年。面对 21 世纪国内外学术界的发展，我们要努力推动我们的青年学者尽快地成长，使他们尽早为学术界所认识、所接受，争取使其中一些人成为 21 世纪中国学术界的名人、大师。为此，我们还要做出更多努力。比如还要在培养他们在学习马克思主义理论方面下功夫，使那些即将成为知名学者的年轻人记住并且发挥近代史研究所范文澜、刘大年等老所长遗留下来的传统，即不仅要坐冷板凳，扎扎实实做学问，还要保持正确的研究方向，对国家、对社会抱有严肃的责任感。这是我的希望，也是我所老一代学者的共同希望。

本卷收集论文 29 篇，绝大多数是第一次发表。作者们的研究是认真的、努力的，但是这不表明每篇论文都达到了很高的水平，有的篇章成熟一些，也有的稚嫩一些，请各位读者，请各位关心青年成长的前辈不吝指正！

本卷的编辑工作是本所黄春生、王奇生、左玉河、刘红、陈于武等做的，我对他们的劳动表示衷心感谢！社会科学文献出版社积极承担出版任务，我感谢他们的支持！

2001 年 7 月 13 日
于东厂胡同一号

《毒品问题与近代中国》序[*]

鸦片烟毒对于近代中国危害极大，不仅使中华民族蒙受了100多年"东亚病夫"的羞辱，而且使中国社会经济遭受了巨大破坏。英国殖民强盗为了向中国输入毒品，相继发动了两次可耻的鸦片战争；鸦片战争的结果，中国不仅不能拒绝鸦片，而且被迫打开了鸦片输入的大门，中国主权由此受到巨大损失，中国社会由此逐渐变成半殖民地半封建社会。日本帝国主义企图永久侵占和奴役中国，又在占领区强制推行毒化政策，"日旗所到，毒品随之"。鸦片和大炮，始终是帝国主义侵略中国的最有效的工具。想到鸦片对中国社会的毒害，我们自然会联想到帝国主义对中国的侵略。

回顾历史，可以看到，没有一种舶来品对于中国的破坏作用和对中国人、中国社会的强烈震撼超过鸦片的。近代中国鸦片烟毒泛滥成灾，最严重时期有2000万毒瘾患者，中华民族的身心健康遭受严重毒害。鸦片烟毒严重损害了中国的经济发展和社会进步。近代中国人民曾多次掀起禁烟拒毒运动，强烈反对帝国主义的侵略、掠夺、奴役和麻醉，而历次中国禁毒运动总是遭受帝国主义国家的干扰和破坏，总是受到腐败官僚和毒品贩子等黑社会势力的顽固阻挠，最终无不归于失败。直到新中国诞生，中国人民在中国共产党领导下，用了不到三年的时间，便彻底扫荡了鸦片烟毒，创造了世界禁毒史上的伟大奇迹。中国历次禁烟拒毒的经验教训应当认真研究总结。

近年以来，毒品贩子千方百计地向我国走私毒品，使新中国本已消灭的毒品危害又死灰复燃，成为国际国内关注的热点问题。2000年，

---

[*] 王宏斌主编《毒品问题与近代中国》，当代中国出版社，2001。

我国登记在册的吸毒人员累计为 86 万人。由吸毒引发的各种社会问题十分严重，截至 2000 年底，全国共报告艾滋病毒感染者 22157 例，吸毒、贩毒问题诱发了大量杀人、盗窃、抢劫、诈骗、伤害等刑事案件。这些案件的频频发生，影响了我国社会的治安和稳定，不利于我国社会主义现代化伟大事业的实现。我国政府对于毒品问题十分重视，先后制定了一系列法律条令，采取了许多措施，加大了对毒品犯罪的打击力度，但是，毒品形势仍然相当严峻。

毒品传播，人称现代瘟疫，在当今世界依然十分流行。毒品非法交易额十分巨大，是仅次于军火贸易的世界第二大买卖，全世界每年的毒品交易额高达 8000 亿—10000 亿美元，相当于世界贸易总额的 9%。据联合国统计，目前世界吸毒成瘾者超过 5000 万人。当今世界有三大毒品产地，其中"金三角"和"金新月"靠近中国边境。1999 年，"金三角"的海洛因占世界总产量的 28%，泰国、缅甸边境地区有 50 多个冰毒加工厂，每年可以制造 6 亿粒冰毒片剂。2000 年，"金三角"的罂粟种植面积达到 169.5 万亩，比前一年增加 30 万亩，海洛因产量居高不下，冰毒产量也日益增多。"金新月"的鸦片产量 1999 年达到 4600 吨，一跃成为世界最大的鸦片产地。2000 年，阿富汗尽管出现旱灾，但鸦片仍占世界总产量的 70% 左右。

禁毒是一项顺乎人心、合乎民意、造福当代、功在千秋的正义事业。禁毒不仅仅是政府系统禁毒部门的重要工作，事实上它也是一项综合性的社会工程，需要全社会的参与和支持。禁毒斗争形势复杂多变，新情况新问题不断出现，尽管如此，现实的毒品斗争与历史上的毒品问题是有联系的。研究近代中国的毒品问题，可以为当代的毒品斗争提供重要的历史借鉴，这是史学工作者义不容辞的责任。近年来，我国历史学界对近代鸦片毒害的研究已有很大进步，陆续出版的著作已有多种。这种研究对我们认识中国近代历史的全貌，对于我们从政治史、外交史、经济史、社会史、思想史的角度深入认识中国近代史会有很大好处，值得鼓励！

2001 年 6 月 26 日，中国社会科学院近代史研究所与河北师范大学联合举办的"毒品问题与近代中国学术讨论会"在石家庄市举行，全国各地 30 余位史学工作者聚集在一起，共同探讨近代中国的毒品问题，这是新中国成立以来第一次以近代毒品问题为专题的全国性学术讨论会，我认为意义十分重大。学者们研究的是近代中国的毒品问题，眼睛盯着的是现实社会的毒品问题。这次会议的召开表明，我国近代史学者从鸦片烟毒的角度观察近代中国的历史，已经有了相当的深度；史学工作者非常关心社会现实问题，也值得大力提倡。这次会议提交的论文主要集中在清末新政时期的禁毒措施和日本在中国推行的毒化政策两个方面，在学术上取得了重要进展。此外，在其他问题上也有一些新的成绩。我认为近代中国的毒品问题值得研究的问题还有很多，例如毒品与帝国主义侵略、毒品与社会腐败、毒品与国家和社会的对策、毒品与我国社会的特殊人群、毒品与经济社会发展的关系，等等，希望热心研究毒品的史学工作者勇于探索，积极进取，以扎实的研究成果奉献给社会。这对于我国近代史学的发展是有意义的，对于我们今天的禁毒斗争是有参考作用的。

这次学术讨论会，河北师范大学历史系和历史系教授王宏斌同志，积极推动，成绩卓著。

呈现在读者面前的这本论文集，是这次会议的讨论成果。出版这本论文集，目的在于抛砖引玉，我们期待，近代毒品问题的研究，将会引起学术界的更大重视，将会引起我国禁毒战线的实际工作者的关注。

2001 年 11 月 10 日

《中国近代工人阶级和工人运动》序言[*]

反映中国近代历史一个重要方面内容的大型史料书《中国近代工人阶级和工人运动》，即将出版。刘明逵同志要我写一篇序言。他的理由很简单，我长期在中国社会科学院近代史研究所工作，目前又担任研究所所长。明逵同志还出示刘大年同志十多年前写给他的一封信，从中看出大年同志对明逵同志的工作有很高的评价。刘大年同志是近代史研究所的老领导、名誉所长，他是最合适的作序者，可惜已经辞世。我在这里把他的信引用如下：

明逵同志：

  来信和《中国工人阶级历史状况》均收讫。从信上得知，《状况》各册正陆续出版，一部《史稿》也即将脱手。成绩显著，可喜可祝。研究工作是老老实实的工作，谁肯下功夫，谁就必将终有所获。你长期埋头苦干，锲而不舍，他非所求，终于有成，又证明了这一点。中国工人阶级是极需要研究而又缺少基础的一个题目。原始资料阙如，难度很大，使一些研究者望而却步。《状况》我粗略翻了一下，资料充实，编得仔细认真。以往有些资料书，不分精粗，挨一点边，连篇累牍，罗列在一起，不免浪费篇幅，览者茫然。《状况》条目清楚，详加选择，可以说是编资料书的一种好的样子。当然研究工作是没有止境的。资料书贵在准确，"多闻缺疑"，不足信的宁可不收，反而足示作者的严谨。孙中山的言论、

---

[*] 刘明逵、唐玉良主编《中国近代工人阶级和工人运动》14册，中共中央党校出版社，2002。

活动中有不少涉及工人阶级的，不知利用得如何，我没有查对，可加以注意。希望看见你的全部计划超额实现。

敬礼

刘大年　一九八六年六月二十日

刘大年信中所说《中国工人阶级历史状况》，指的是现在这本史料书的前身，1986年出版了第一册，1992年又出版了第二册。但是那以后，中国工人阶级历史研究课题组集中精力进行《中国工人运动史》（即刘大年信中所说的《史稿》）一书的写作。又积数年之功，终于在1999年由广东人民出版社出版了《中国工人运动史》六卷本。这本著作出版后，我曾写过一个推荐意见。我在这个意见内说了三条。这三条是：

第一，《中国工人运动史》是半个世纪以来，我国专业研究者撰写的第一部全面、系统、深入的大型的中国工人运动史。新民主主义革命结束、新中国成立已经半个世纪，我们才有了这样一部反映近代中国百余年间中国工人运动发展历史的学术著作，本身就反映了诞生这部著作的曲折性、困难性和重要性。国外以及台湾早就有了歪曲性地描述中国工人运动史的著作。我国工人阶级作为中国共产党产生的阶级基础，中国共产党作为执政党已经执政50年，我们虽然有了不少部党史著作，却没有一部深刻总结我国工人运动历史的学术著作，显然是不正常的。现在这部多卷本的大型的《中国工人运动史》摆在世人面前，可以填补一个学术空白，也可以了却一个心愿。

第二，本书以马克思主义唯物史观为指导，在充分掌握、占有并研究我国工人运动历史资料的基础上，全面铺陈我国工人运动从旧民主主义革命时期到新民主主义革命时期的历史演变，不仅总结工人运动本身的历史经验，还总结中国共产党在不同的历史时期领导工人运动的历史经验，全书结构合理，逻辑严密，内容丰富，观点鲜明。本书不仅是建设我国工人运动史学科的奠基之作，是对中国近代史学科的重要补充，也是对中共党史学科的重要补充，而且，对我们全面认识我国工人运动的历史，全面认识我国工人阶级的伟大历史作用，在建设有中国特色的社会主义的新的历史时期，正确认识和发扬我国工人阶级的伟大历史作用，有着重要的现实意义。

第三，本书的几位作者，尤其是刘明逵、齐武、唐玉良三位，是我国少有的几位长期从事工人运动史研究的学者。可以说，他们集毕生精力，克服各种困难，把青春和晚年都献给了我国的工人运动史研究事业。其他几位也都是研究有素的学者。中国社会科学院近代史研究所尽自己的力量支持他们的研究工作，国家社会科学基金也为他们提供研究资助。中国社会科学院近代史研究所和中华全国总工会的工人运动史研究机构已经不存在了，但是这些同志仍然积年累月，孜孜以求，终于在他们离休多年之后，完成了这样一部巨著，是值得大大加以表彰的事。

六卷本的《中国工人运动史》，是作者们在他们所收集的大量史料基础上，经过数十年研究写出的。《中国工人运动史》出版后，作者们又聚集起来，重新整理、编辑中国工人运动史料。史料收集、积累、整理、编辑并且加以出版，是中国历史学的良好传统。新中国成立以后，中国近代史料的整理、编辑、出版，更是中国近代史学发展的基础。中国社会科学院近代史研究所的学者一向注意整理、编辑史料，近十年又出版了《北洋军阀》《胡适遗稿及秘藏书信》《抗日战争》《中葡关系史资料集》等大型、多卷本基础性史料，现在又有刘明逵同志邀集多位学者共同编辑出版的《中国近代工人阶级和工人运动》这样有十四卷之多的史料集。这是对中国近代史学的贡献。这是我们引以为自豪的。

鸦片战争以后110年的中国近代史要回答人们什么？它要回答：中国是如何在外国资本主义、帝国主义侵略下走上半殖民地半封建道路的，半殖民地半封建的中国较之封建中国有什么不同，外国侵略给中国社会怎样的打击，又给中国社会带来什么新的东西，中国社会在这样的冲击下怎样形成了区别于封建中国的新的社会阶级力量，这样新的社会阶级力量又如何提出了解决中国社会出路的思想主张，如何决定了近代中国社会的发展方向，还要研究，这些新的社会阶级力量是怎样同帝国主义、同封建主义做斗争，去争取中国的民族独立，去准备中国现代化的起步条件的。从半殖民地半封建中国110年长程历史来考察，近代中国历史到了本世纪初（1901—1915年），可以说是半殖民地半封建社会沉沦到谷底的时期。从此以后，中国社会内部的发展开始呈现上升趋势。此后，资产阶级及其政治代表的力量，无产阶级及其政治代表的力量迅速成长并终于先后取代旧势力，成为主导社会发展的力量。在这样的社会背景下，中国的政治、经济、军事、对外关系、思想文化、民族关系、边疆状况以及社会问题都有了自己独特的面貌。这里所说的新的社会阶级，既包括近代中国产生的资产阶级，也包括工人阶级，还有为资产阶级和工人阶级的政治利益服务的新式知识分子，以及在这些阶级基础上产生的中国国民党、中国共产党和其他民主党派。正是这些新的社会阶级力量、新的社会政治势力，推动了半殖民地半封建中国社会一步一步摆脱社会的"沉沦"，走向社会的"上升"；走出旧中国，走向新中国。近代史学界对中国国民党的历史、中国共产党的历史以及国共关系历史，都做了一定研究，对中国的资产阶级也做了一定研究，相对而言，我们对中国共产党产生的阶级基础，对中国近代的工人阶级的学术研究显得不够。近代史研究所自20世纪50—60年代就开始聚集人才，收集资料，从事近代中国工人运动史研究。世事沧桑，几起几伏，历经数十年之久，在刘明逵同志的努力下，锲而不舍，乃底于成。

这部多卷本的史料集，字数超过1000万，范围涉及近代中国新式企业和交通运输业的兴起和发展，涉及近代中国工人阶级的产生、形成和发展，涉及工人阶级的来源、构成、劳动状况和生活状况，涉及不同时期国家和政党所形成的有关工人阶级的政策、法令和法律，涉及不同政党对工人运动的理论、策略和指导方针，涉及中国工人阶级的经济斗争、政治斗争，尤其是涉及新民主主义革命时期在中国共产党领导下的革命斗争，也涉及中国工人阶级自身的组织如工会等团体状况，诸多方面都用档案文献、报刊资料加以组织、编排，对史料的选择、归纳和整理都很严谨。一部《中国工人运动史》，一部《中国近代工人阶级和工人运动》史料集，对充实我们对中国近代史的认识，是有积极作用的。我希望，并且相信，这两部书，对中国近代工人阶级和工人运动的研究，对中国近代史的学科建设，将起到推动作用。因此，我也希望，并且相信，这两部书将会受到中国近代史学界的欢迎与重视！

2001年11月27日于中国社会科学院近代史研究所

《中国社会科学院近代史研究所青年学术论坛（2001年卷）》序言[*]

今年7月16日江泽民总书记在中国社科院发表的重要讲话中强调指出："建设有中国特色社会主义这项前无古人的伟大事业，要求我们必须建设一支强大的哲学社会科学队伍，中央也需要掌握一支从事哲学社会科学研究的专门队伍。中国社会科学院是中央直接领导的国家哲学社会科学机构，在哲学社会科学研究方面肩负着重要职责。"他同时指出，当今世界的人才竞争是全方位的，要求我们"共同努力，进一步形成哲学社会科学人才培养、激励、选拔和任用的良好机制，促进哲学社会科学优秀人才茁壮成长"。总书记的讲话，给我们提出了办好中国社会科学院，建立哲学社会科学优秀人才茁壮成长的良好机制的任务。

在这样的背景下，《中国社会科学院近代史研究所青年学术论坛（2001年卷）》，计划在今年9月出版，正好与我所第四届青年学术讨论会的召开相衔接。一年前的8月，所里在延庆召开了第三届青年学术讨论会。向这次讨论会提供论文的青年学者有27人（金以林在新加坡大学学习，崔志海、葛富平在哈佛大学访问，三位均提交了论文，未能出席会议）。出席这次讨论会的，除了40岁以下的本所青年学者，还有本所各研究室主任、所学术委员会委员，近60人。我们还邀请了中国人民大学前校长、清史研究所教授李文海出席指导。适逢神户大学教授安井三吉应邀在本所访问，也有机会观摩了本所的青年学术讨论会。因此本次会议，可以说是一次准国际会议。

---

[*] 中国社会科学院近代史研究所编《中国社会科学院近代史研究所青年学术论坛（2001年卷）》，社会科学文献出版社，2002。

以上提及的 27 篇论文，分别从政治史、中外关系史、社会史、思想文化史的角度探讨了近代中国历史各方面的现象，有些研究是很深入的。讨论会进行热烈，质疑和答辩都非常认真。与会学者对这次会议表示满意。

按照党中央的要求，在建设有中国特色的社会主义的过程中，必须建设一支强大的哲学社会科学队伍。我认为，抓紧培养青年哲学社会科学工作者是题中应有之意。近代史研究所培养青年史学工作者的做法，是符合这个要求的。

我很高兴地向读者介绍，我所致力于培养青年学者的做法，已经引起了国际学者的注意。

出席我所召开的"第二届近代中国与世界"国际学术讨论会（2000 年 9 月）的外国学者对此做出了反应。美国加州大学伯克利校区东亚研究所所长 Wakeman 教授，是很知名的研究中国近代史的大专家，坐着轮椅赴会，对近代史所在国际学术会议上推出青年学者，深表称赞。俄罗斯科学院院士、俄罗斯科学院主席团顾问、俄罗斯历史学会主席、俄中友协理事会名誉主席齐赫文斯基院士回国后，在俄罗斯科学院的刊物 2001 年第 3 期《近现代史》上发表了两篇文章：一篇是对会议所做的学术评论；另一篇很短，是对近代史研究所中青年人才成长的介绍和评论。这篇短文题为《中国培养青年学者的经验》。全文不长，引述如下：

> 去年年底（按：应为 9 月）我有幸参加了第二届"近代中国与世界"国际学术讨论会。中国、日本、意大利、俄罗斯、美国、法国、澳大利亚等国的 144 名学者出席了本次会议。
>
> 中国史学会主席金冲及向大会致辞时特别提请与会者注意中国社会科学院近代史研究所在培养青年历史学者方面的经验，对于 1966 年至 1976 年"文化革命"中受害的一代人来说，他们就是接班人了。这一成绩在讨论会上看得很清楚，向会议提交的论文中有一半多（引者按：此处不准）是该所的青年研究人员写的。再过 10 年，到 2010 年，这些青年学者将成为这个研究所的核心力量。
>
> 以张海鹏为所长的中国社会科学院近代史研究所领导为青年研究人员的成长尽其可能创造了有利条件：介绍他们承担特别资助的

研究课题，要求他们去查看档案资料，对完成的工作给予奖励；派遣他们到国外进行长期的学术访问，出版青年学者的《青年学术论坛》。新近出版的1999卷篇幅达540页之多。

同时，该研究所还特别关注中俄关系史专门人才的培养。

我写此文的目的，是希望借《近现代史》杂志对中国经验的介绍，促使俄国各社会科学研究所的所长们更加注意对青年学者的培养，包括中国学研究人员的培养；提请他们注意学术带头人老化的现象。中国"文化革命"的后果也是显而易见的。当时我国对中国学研究人员的培养也大为缩减。

应当立即改变这种状况，立即组织高校和俄罗斯科学院各研究所对中国学研究青年专家，特别是俄中、苏中关系史研究专家的培养。

（译自俄罗斯《近现代史》杂志2001年第3期，第212页）

齐赫文斯基院士向俄罗斯科学院的所长们介绍的情况，基本上是事实。

在国外学术刊物上发表的这样的文章，是对我们工作的鼓励。我们还要在这条路上继续走下去。

近代史研究所现有40岁及以下的青年学者40人，其中博士15人，博士后5人，硕士20人，有两人晋升为研究员，一人晋升为编审，17人为副研究员。41—50岁的研究人员26人，51岁及以上的研究人员也有二十六七人。十年前我们担心的青黄不接的情况，现在可以说基本上不存在了。但是，为了使逐年增加的年轻朋友继承近代史研究所的学风，还有很多工作要做。青年是我们的未来。研究所的未来在于青年，我国学术界的未来也在于青年。面对21世纪国内外学术界的发展，我们要努力推动我们的青年学者尽快地成长，使他们尽早为学术界所认识、所接受。为此，我们还要做出更多努力。比如还要培养他们在学习马克思主义理论方面下功夫，使那些即将成为知名学者的年轻人记住并且发挥近代史研究所范文澜、刘大年等老所长遗留下来的传统，即不仅要坐冷板凳，扎扎实实做学问，还要保持正确的研究方向，对国家、对社会抱有严肃的责任感。这是我的希望，也是我所老一代学者的共同希望。

江泽民总书记在中国社会科学院的讲话中,高屋建瓴地指出了哲学社会科学具有不可替代的重要作用,哲学社会科学工作者是一支不可替代的重要力量,这对中国社会科学院培养高素质的人才提出了很高的要求。总书记还勉励我们的学者要坚持优良的学风,老老实实地做人,踏踏实实地做事,扎扎实实地做学问,做一名对祖国、对人民有贡献的学问家。真是语重心长,期望殷切!作为学者,我们要朝这个方向努力再努力!作为肩负着重要职责的哲学社会科学研究机构,我们要根据党和国家提出的任务,搞好人才成长的激励机制,要多注重人才机制的制度设计。用这种有效的制度设计来保证我们的人才成长的环境,保证我们有纯正的学风。

本卷收集论文27篇,绝大多数是第一次发表。请各位读者,请各位关心青年成长的前辈不吝指正!

本卷的编辑工作是由本书编辑组承担的。他们是:黄春生、王奇生、左玉河、刘红、陈于武。我对他们的劳动表示衷心感谢!同时,我也感谢社会科学文献出版社积极承担出版任务!

2002年7月23日于东厂胡同一号

《中俄关系中文文献目录 (17—20 世纪)》前言[*]

《中俄关系中文文献目录（17—20 世纪）》编辑完成，即将付梓。我因缘其中，谨说明有关编辑缘起如下。

中国社会科学院近代史研究所从事中俄关系研究，历有年所。20 世纪 60 年代初，近代史研究所从全国调集研究人员，从事中俄关系史特别是沙俄侵华史研究，从搜集原始资料入手。至 1990 年，完成余绳武同志主编的《沙俄侵华史》四卷。在此基础上，相关研究人员接续开展中苏关系史研究。为了寻求研究工作的国际合作，所里派我（时任副所长）和徐辉琪同志（时任科研组织处处长）于 1991 年 10 月前往莫斯科访问了苏联科学院远东研究所（今俄罗斯科学院远东研究所）和苏联科学院列宁格勒图书馆。在莫斯科，与远东研究所副所长米亚斯尼科夫院士（Владимил Степанович Мясников）就加强远东研究所和近代史研究所的合作特别是在中苏国家关系研究课题上的合作，交换了意见，并签订了相关合作协议；在列宁格勒期间，与苏联科学院列宁格勒图书馆馆长 В. П. Леонов 先生和该馆亚非部主任 Телепина Галина 女士就进一步促进两国学者对中俄、中苏关系的研究，分工合作编辑中俄关系文献目录事交换了意见，并且签订协议，苏联科学院列宁格勒图书馆负责编辑俄文和其他西文文献，近代史研究所负责编辑中文和日文文献。协议还规定，文献目录编辑完成后，在苏联和中国同时出版，双方相互交换出版物。

---

[*] 薛衔天、周新民主编《中俄关系中文文献目录（17—20 世纪）》，四川人民出版社，2002。

1991年11月，我们结束访问回国，苏联旋即宣布解体，苏联科学院不久即改称俄罗斯科学院。此后，我们与俄罗斯科学院彼得格勒图书馆失去联系，预定的文献编辑工作并未启动。1996年，我所中外关系史研究二室主任、中苏国家关系课题研究组负责人薛衔天同志访问俄罗斯科学院远东研究所，借此机会与俄罗斯科学院彼得格勒图书馆取得联系，双方希望启动中俄关系文献目录的编辑工作。这年底，我所决定，将中俄关系文献目录编辑工作列为本所资料建设的重点项目，成立编辑委员会，由我挂名主任，借以推动；委员由中俄关系史研究专家和图书文献专家组成，请我所前任所长、著名中俄关系史研究专家余绳武同志出面指导。直接参加文献目录编辑工作的有我所研究人员和图书资料工作人员十余人，还有黑龙江省和新疆维吾尔自治区图书馆参与协作。有关人员认真工作，反复修订，几易其稿，历经七载，终于告竣。其间，编委会还约集专家对初稿进行了审议，确定文献目录以主题分类。全书共收入书目4000余条，文章目录4000余条，报刊附录600余条，大约80万字，涵盖了17世纪中叶中俄两国正式发生关系起，至2000年底，将近400年间两国政治、经济、军事、文化关系等各方面相关书籍和论文。中俄关系中文文献目录的编成，是一项基础性的工作。我们希望它对于学术界能够起到一些作用。

日文的中俄关系文献目录，由于准备不够，短期内难于编成，暂付阙如。原定协议要求中俄双方所编的文献目录，在各该国同时出版。情况已经变化，我们先推出自己的成果。希望我们的朋友和合作伙伴，俄罗斯科学院彼得格勒图书馆的学者们也能尽快做完自己的工作，以期两全，俾便读者。

本书出版，得到大连天博天成责任有限公司慨予资助，谨致感谢！

2002年8月30日于北京东厂胡同一号

《从"笔谈外交"到"以史为鉴"
——中日近代关系史探析》序[*]

华裔日本籍教授伊原泽周先生的大著《从"笔谈外交"到"以史为鉴"——中日近代关系史探析》，要在北京中华书局出版，我首先表示衷心祝贺！伊原教授本安徽彭氏，半个世纪前毕业于武汉大学历史学系，旋赴台湾任教，未久游学日本京都大学，并生息于兹，长期在大阪外国语大学、追手门学院大学教授中日关系史，著作等身，在日本、中国学界声名卓著。我是后学，承蒙不弃，获邀作序，深感荣幸。

中日近代关系史极其复杂、曲折。两国地理环境相近，一衣带水，唇齿相依，两国关系本应成为善邻邦交，但是近代两国关系史发展的过程，远非如此，诚如本书作者所说，"有时完全处于针锋相对的局面"。明治维新以后，中日两国关系逐渐变成了一个"沉重的题目"，干戈刀兵，腥风血雨，侵略反侵略，绵延七十余年。1945 年日本发动侵略战争失败以后很长时间，中日两国除了民间交往，是无国交时期；1972 年中日两国在当时的国际情势下，恢复邦交，此后，两国在政治、经济、文化各方面进行了全面交往。本书所讨论的，是 19 世纪 70 年代至 20 世纪 40 年代的中日关系史，分为四编，题为近代外交成立的时期、甲午·戊戌时期、辛亥革命时期、抗日战争时期，包括了中日关系中"有时完全处于针锋相对的局面"的所有时期。书中的 23 篇论文，都是在 1990 年以后写作的，大都曾经在北京和台北的学术刊物上发表过。此次结集出版，可以看出作者最近十年来在近代中日关系史方面的思

---

[*] 伊原则周：《从"笔谈外交"到"以史为鉴"——中日近代关系史探析》，中华书局，2003。

考。作者站在非常客观的立场，尽量搜讨与论题相关的日本和中国的史料，平实叙述，揭出历史的本来面目，不仅在学术上很有意义，而且在我们今天不得不回顾、观察那一段历史的时候，能够提供给我们很好的思想资料和思考的前提、背景。

伊原教授出版本书的主旨是"以史为鉴"。他在本书序论的末尾写道："今日的日本，非战前的日本。用战前的观点来看今日的日本是不正确的。一衣带水的中日两国，今后怎样去'善邻友好'，怎样去'和平共处'，只有寄托于二十一世纪的两国青年以理性去认识两国过去战争的悲剧，共同携手创造和平友好的未来。"他在最后还强调说："让历史朝人类应走的方向前进，绝不许过去不幸的历史重演。这就是本书的最后结语。"

我以为，在21世纪开头的时候，伊原泽周教授出版本书的主旨以及他研究这一段历史的结语，对于中日两国人民和年青一代是很好的忠告。

21世纪的中日两国青年怎样以理性去认识两国过去战争的悲剧，共同携手创造和平友好的未来呢？我以为需要认真总结以往的历史道路，认真总结历史的经验教训。

在反省历史、总结历史的经验教训方面，从历史发展的角度看，中国人做得比日本人似乎要好些。鸦片战争以后，中国人一直在进行自我反省。甲午战争以后，中国人更加强了自我反省。此后，才有康、梁的戊戌维新，才有义和团的"扶清灭洋"，才有革命派和改良派的种种改造社会的主张，才有孙中山领导的辛亥革命和中华民国的成立，才有社会主义和共产主义运动的发生，才有毛泽东领导的新民主主义革命的胜利和中华人民共和国的诞生，才有1978年以后邓小平的有中国特色的社会主义理论的提出。中国人正是反省了中日两国近百年关系史，才认识到只有抓住日本侵略中国这个中日关系历史的基本线索，才能展开今后的中日关系。在反省中日关系历史（包括反省中国和西方列强的关系）的过程中，中国人认识到，中国政府的腐败，经济发展的停滞，科技的落后，中国人对外部世界的无知或少知，是中国沦为半殖民地半封建社会、主权不完整、独立难保证、国家贫穷落后的内部原因。落后就要挨打，是一个形象的概括。帝国主义（包括日本帝国主义）侵略中国，就是利用了中国的落后。中国人终于认识到，只有争取到国家的独立，摆脱半殖民地半封建状态，中国才有可能发展经济。只有经济发展了，中国才有可能免除贫穷落后。只有国家强大了，中国才有可能同世界各大国发生平等国交。只有这时，在外国可能觊觎中国时，才能顶住列强的封锁、制裁，发展自己；在外国愿意与中国交往时，才能在五项原则的基础上，与之发生互利互惠的平等交往，而不至于丧失国家的立场和利益，才能使中华民族立于世界民族之林。本着这样的认识，中国正在邓小平理论的指导下，集中力量建设有中国特色的社会主义，并且已经取得了初步的成效，在实现我们的先辈提出的国富民强的理想上迈出了扎实的步伐。中国虽然有了进步，但国民经济总产值较诸大国还差很多，人均产值还排在世界人均数之后。百余年来，中国受各霸权大国欺凌的痛苦经验载在史册，我们不会忘记。早在 20 世纪 60 年代，中国领导人在坚持反霸权主义的同时，一再表示不称霸，并且以此教育我们的干部和人民。我相信，就是将来中国真正强大起来了，中国也不会在世界上称霸。当然，我们不再是世界的一个被动因素，而是世界的一个积极因素，我们是国际社会中平等的一员，我们将为世界的发展和人类的进步做出中国自己的贡献。中国的发展将提供给世界一些新鲜的经验，同时也将给国际关系体系贡献中国的特点。我们在反对霸权主义、反对单极世界、争取多极世界秩序的过程中，将使世界更加民主、更加平等，国家不分大小，在世界上都有平等的发言权、生存权和不受大国欺负的权利。这个国际关系体系的形成，将改变 19 世纪以来资本主义世界关系中以大欺小、以强凌弱、以富压贫那样一种不平等、不民主的帝国主义、霸权主义的处世原则。

反观日本，明治维新以后，日本确立了"脱亚入欧"、"开疆拓土，布国威于四方"和大陆政策的发展方向。甲午之战，八国联军之役，日俄之战，日本不仅全师而返，而且从中国取得了 2.3 亿两白银的赔款和巨大权益，还从俄国手中夺取了它在华的部分巨大权益。日本迅速发展成为一个资本－帝国主义国家。从此以后，日本改变了它在历史上曾经师从中国的态度，转而轻视、蔑视中国和中国人，以为可以从中国予取予求，完全不在乎中国人的反应。以至于卢沟桥事变一发动，日本军政方面便认为可以在两三个月之内灭亡中国，其狂妄自大、不可一世，活灵活现地刻画出日本自 19 世纪 70 年代以来不断轻易从中国勒索巨大权益而极大地小视中国那样一种心态。这种心态，今天，在某些有错误历史观的日本人中是否还存在呢？这是一个疑问。我想，这部分日本人士，应该对明治维新以来的日本历史，对"脱亚入欧"、"开疆拓土，布国威于四方"和大陆政策的实施后果，对长期侵略中国、侵略朝鲜以及太平洋战争中日本和盟国作战的历史，加以反省。某些日本人记住了原子弹加给日本的损害，却忘记了日本加给它的邻国那么多、那么大、那么长久的损害。反省不够可能有客观原因。1945年以前的日本近代历史，发展那么顺畅，那么咄咄逼人，没有给日本人反省自己的机会。1945年日本投降以后，虽然失败不能不说是创深痛巨，但由于国际形势的巨大变化，某些日本人仍然没有抓住反省自己的机会。据日本新闻媒体前两年报道，同25年前中日建交相比，日本国民对中国的看法很冷淡，或者说，日本人的对华感情恶化。因为中国人抓住历史问题不放，老是迫使日本人实行"道歉外交"或"谢罪外交"。我不知道日本新闻媒体做这种报道的根据如何，我想也可以举出相反的证据，说明许多日本国民仍然保有对中国的高度热情。但是，说中国人迫使日本实行"道歉外交"或"谢罪外交"，是不符合事实的。日本政府的"道歉外交"，其根源在于没有真正解决对侵略战争的历史认识问题。否认侵略，不仅伤害了中国人民的感情，伤害了东亚及东南亚各国人民的感情，也伤害了有正义感的日本人民的感情。中国人不仅关注历史，更关注现在和未来。我们真诚希望中日两国有一个和谐共处、努力推动彼此经济文化发展的现在和未来。

日本人经常感叹中国缺少"知日派"，希望中国留日学生中多一些知日派，中国领导人中有知日派。有的日本对华友好人士批评日本社会不能热情接待中国留日学生，所以多数中国留学生希望去美国和欧洲。这使我回想起20世纪初中国学生大批留日时的情况。日本长期轻侮中国、侵略中国，怎么能使中国留学生对日本产生好感情呢。1931年九一八事变发生后，留学生纷纷回国参加抗日活动。如果日本国民不对中国留日学生的留学史和日本政府的对华政策加以反省，怎么能希望中国留日学生中大量产生真正的"知日派"呢！因此埋怨中国缺乏"知日派"，在一定意义上也是对自己反省不够的反映。

当然，许多正直的日本历史学者本着历史良知，在正确对待中日关系历史方面做了许多值得赞许的工作。以家永三郎教授为例。十多年来，为了忠实于历史事实，坚持在教科书中正确反映日本侵略中国和亚洲国家的历史，同要修改教科书的行为进行了长期的斗争。他不惜用十多年的时间打官司，为尊重历史事实做了可贵的不懈努力，赢得了广泛的支持和同情。1997年8月31日《朝日新闻》社论《家永诉讼的战后史意义》指出："作为一个学者，家永之所以常年坚持上诉，用他自己的话说，就是要表明自己在战争时期没有进行反战的'责任'。他说，战后著书的目的是为了用'为什么没有防止战争'这一深刻的思想意识来验证历史。"家永教授的自省意识及其为此所做的长期奋斗，令人肃然敬佩。在正确认识近代日本历史、认识近代中日关系历史方面，还有许多正直的日本学者在尊重基本历史事实的基础上，撰写了大量的历史著作，在历史研究上取得了很大成效。但是，我也常常看到有的日本青年反映，他们的教科书，他们的长辈，没有教给他们日中关系历史的真相。如果不能把真实的日中关系历史真相教给青年，怎么可以培养出能正确处理历史问题，也能正确处理现实问题的下一代国民呢。

伊原泽周教授在本书的"序论"中，表达了对近代中日关系史的一些有价值的见解。例如"甲午战争的败北，与其说是北洋舰队败于日本舰队，不如说是洋务运动败于明治维新"；曾经帮助孙中山组织同盟会的日本右翼巨头内田良平"是想利用同盟会来实现他的以日本为'盟主'的大亚细亚主义，把欧美列强，尤其是沙俄的势力从亚洲驱逐出去，置亚洲于日本的控制之下"；"孙中山的'王道文化'的大亚细亚主义，与日本的'霸道文化'的大亚细亚主义，在本质上有很大的差别，把它混为一谈是很不妥当的"；朝鲜被迫亡于日本后，"大亚细亚主义所标举的'联合论'却竟成为'侵略论'。以天皇为中心的皇道思想成为大亚细亚主义的绝对真理，致使日本走上法西斯道路"；"随着战争的进展，于是以大亚细亚主义、东亚新秩序建立、东亚联盟论等理念为基础而形成了'大东亚共荣圈'论。以此理论把侵略战争合法化"；等等，这些研究结论都是我很赞赏的。当然，在本书的各篇具体研究中，是否所有学术见解都为读者所赞同，那就要请读者自己判断了。

总之，中国读者会从本书的研究中收获教益的。

2001年7月11日于北京东厂胡同一号

《故纸堆》序[*]

随着有中国特色的社会主义建设事业的发展，文化建设事业也日益繁荣起来。《故纸堆》文库的出版，是这种事业繁荣的一个表征，也是我国经济建设成就日盛的一个反衬。这套文库是在民间收藏家大量收藏品的基础上编辑而成的，是我国出版事业中的一朵奇葩。

这里所谓"故纸"，不是一般意义上的旧书、文档。常人讲"钻故纸堆"，是揶揄有历史癖好的人，总是在古旧书中寻找营生。这里的"故纸"，是指社会日常生活中所形成的、与普通人息息相关的各种文字资料，这些文字资料，大而言之，包括政治、经济、军事、文化教育方面；小而言之，包括民间社会生活中人与人之间发生日常行为留下的各种字据。这些文字资料或者字据，有些是社会生活中大量、多品种、频繁产生的，如进入近代社会后出现的各种商业广告、金融债券、发票凭证、门票、烟标火花、钱钞、执照、传票等；有的虽非大量、多品种，但是频繁产生的，如反映人与人之间的租佃、借贷关系的地契、借据、打会记录等。这些"故纸"的另一特点，除部分广告刊登在报纸期刊、书籍上外，因其大量、多品种、频繁出现，大多存放于个人手中而不易保存或不屑保存，或者即使保存了，遇到重大社会变动往往丢失。书籍、文档大多保存在图书馆、档案馆，这些"故纸"则不然。所以搜集、收藏这些人类生活的文字遗迹，变成了收藏家的专业。这是社会经济发达以及社会生活多样化后的产物。

这套十大册的《故纸堆》文库，所收集的"故纸"，虽然号称上起明代，下迄"文革"，但实际上，绝大多数是近代中国的产物，它反映

---

[*] 本书编委会编《故纸堆》，北京图书馆出版社，2003。

了晚清至民国时期社会生活的方方面面，不少"故纸"具有鲜明的时代特色，有些提供了宝贵的历史资料，足可供历史学家采择。兹举数例如下。

关于广告：

潍县同顺堂漂染工厂发行的广告上明确标举"提倡国货 挽回利权"字样；山东周村中兴肥皂厂发行的广告特别提醒"同胞注意 勿忘国耻"；上海中华制药公司生产的龙虎商标人丹则打出"完全国货"旗号。这些广告从一个方面表示了那个时代民族工业家对大量入侵的洋货的抗争。上海鸿兴公司发行用于刺绣的 D. M. C. 蝶美线，广告画面是航空救国字样及飞机图。这类广告体现了生产厂家的爱国主义精神。山东昌邑一家染坊的广告写道："本工厂开设在昌邑柳杭镇，专办欧美材料，聘请优等技师，用化学染法督造各色细布，颜色鲜明，永久不变，望祈赐顾诸君，认明本号照牌为记，庶不致误。"这虽然是山东地方一家小染布厂，照样打出"欧美"旗号，体现与上面各家不同的特色，同样反映了时代特点。这些情形，我们在历史读物上常常读到，这些广告给我们提供了实物的例证。

关于社会政治生活：

这里举出三例。有两件涉及晚清社会管理的实物非常值得重视，一件是安徽歙县的，称作"十牌"，另一件是安徽绩溪的，称作"十家牌"。这是对社会居民实行严密的保甲管理的实物。歙县的"十牌"是光绪十年由县令正式发布，其正文写道："歙县正堂吴 为给发总牌事：照得现办保甲，按十户立一牌长，十牌立一甲长，十甲立一经董，责成挨户编填，连环结保，互相稽查，以杜奸宄溷迹。为此，给发十家总门牌，注明丁口、籍贯、执业，轮流巡查。倘一家为匪不法及窝藏盗贼，九家公同出首，毋得容隐干咎。须至牌者。"（标点为笔者所加）这是"十牌"的序言，其后是该十家的姓名等项，这是"十牌"的核心内容。姓名后还列出各项注意事项。最后特别写明要求"裱糊木板于各家门首轮流张挂"。绩溪的"十家牌"用表列形式，与歙县相同，只是表中内容较为简化、简明。附原图于后。

我们知道，安徽是太平天国和捻军活动的根据地，湘军为了镇压太平军和捻军，在安徽各地曾与太平军和捻军有长期拉锯作战。太平天国和捻军被彻底镇压后，清政府对广大农村实行严密控制，采取十家连坐

办法防范农民造反。这些历史是历史学家所熟知的，但是，熟稔这段历史的学者们是否看到过这种"十家牌"呢？我想这两件实物证据，是可以充实我们的知识的。

以上是其中一例。

第二例也很有意思。这是 1948 年最高法院的特种刑事判决书，标明"三十七年度平特覆字第二七一号"，是对陶尚铭上诉的复决，该陶尚铭在日伪时期主持过河北省教育工作，犯有汉奸罪行，经审判判处七年有期徒刑。陶尚铭不服，提起上诉，最高法院审复决后维持原判汉奸罪。抗战胜利后，各地法院对日伪政权时期的一批汉奸进行了惩处。陶尚铭案是一个例子。

第三例是 1951 年 10 月四川巴县人民法庭第五分庭发布的镇压危害地方的恶霸的布告。该布告说："查恶霸曾海清，男，五十七岁，巴县五区长生乡人。曾任伪'江巴联团清乡处'大队长，及长生乡团务委员、乡民代表、专任大队付（应为副——笔者按）等职。曾于一九二七年参加'三三一'大屠杀案，率队镇守海棠溪渡口，屠杀广益中学学生余启贤、余启彬，并大肆逮捕进步人士张树云等人。长征时候，组织反动武装，欲截害我红军。团阀时代，不分善恶，杀人如麻，更仗势打死雇农老罗、蒋海廷，并以公枪济匪，杀害人民。解放前夕，强拉壮丁，成立'反共保民军'，解放后，复大肆造谣，污蔑政府，威胁人民。减租退押时潜逃涪陵，经其女儿检举并协助我治安机关逮捕归案。以上罪恶，该犯均供认不讳。血债累累，反动至极，实属罪大恶极。本庭根据《中华人民共和国惩治反革命条例》，并呈请重庆市人民政府批准，处以死刑。特此布告，以昭炯戒。"末署审判长杨道南，付（副）审判长蒲芳南、陈安。1951年在全国各地发动的惩治反革命运动，是打击反革命活动、发动受压迫的人民群众、巩固新生的人民政权的极为重要的政治行为，今天年青的一代只能在某些历史书上看到一星半点记载。这件布告，揭露了该恶霸的历史和现行反革命罪行，是一件非常典型的实物例证。

关于北洋军阀统治时期，有一件人民被迫交捐的收据，说明人民负担的加重。这件收据是民国八年（1919）桃江镇团防开出的。该收据称："案奉：督军通令，开办团防，需费甚巨，按户筹捐，恐难平允，业经全镇议决，禀请核准在案。除富户特别量捐外，概行伴粮抽收，每银圆抽收铜元十二枚。兹收到周梦明户钱壹佰陆拾文整。此据。"这件收据是印好的，文中行楷表示墨笔填写。督军是北洋军阀时期各省最高军政长官，团防是地方武装。军阀混战加剧了人民负担，这是一个具体的例证。

关于土地改革。土地改革是中国共产党发动和领导的一场伟大的农民翻身运动。这既是一场政治运动，又是一场经济运动。中华人民共和国政权的巩固，延续几千年的封建土地制度的废除，农民可以接受的互助合作运动，甚至社会主义制度的建立，都与这场土地改革运动的成败相关。下面是一张土地草契。原文如下：

土 地 草 契

根据中华人民共和国一九五零年六月二十八日中央人民政府委员会第八次会议通过之土地法第一章第一条之规定，本村业于一九五一年三月十九日完成土改。为确保地权，经人民政府批准，暂发草契，以作凭证。旧有地契一律作废，待换土地证。

歙县第十四区华川村农民代表大会主席　张妙南
　　　　　　　　　　　　　　　　　　副主席　胡家祥
　　　　　　　　　　　　　　　　　　业　主　胡文治

付（附）田地详细表一份

这件土地草契，是油印品，显然是统一格式，它是换发正式土地证前的一种过渡证书。以前人们只知道有土地证，还不知道有这种土地草契。这件文书，增加了我们对土地改革全部程序的认识。

关于教育，这里有三件文书可以介绍。一件是光绪三十二年（1906）天津一所中学的志愿书，这张志愿书要求在校学生遵守学堂中一切规章，为此要出具愿书，并且要列出学生曾祖父、祖父和父亲的名字和职业，要列出保证人的姓名、职业和住所。原文是印好的格式，其中行楷为墨笔填写：

普通中学堂学生愿书

学生姓石　名宝光　号紫镜　年十八岁系直隶省天津府天津县人现居东门南马路业经普通中学堂考验合格入堂受业已经五年在此学期内心愿遵守堂中一切规章为此出具愿书邀请保证人签押盖印呈
普通中学堂鉴叕
　　曾祖　峻　祖　富恒　父　全祥　职业　商
　　保证人　姓宁　名世福　号　职业　商　住址　于宫北福顺街
　　　　　　　　　　　　　光绪三十二年二月二十七日具

我们知道光绪三十一年（1905）清廷宣布废除科举，各地开始兴办小学堂和中学堂。这是研究教育史的专家的常识。学生要签署遵守规章的保证书，不知道专家们是否掌握这项史料？愿书上必须列出曾祖、祖父和父亲名字，这是要查三代；还要列出保证人姓名、职业和住址，其严格出于我们今天的想象。

第二件是解放区颁发的毕业证书。证书上方画有中华民国国旗和中国共产党党旗，旗帜中间是毛泽东头像。

毕业证书

　　　　　　　　　　　　　　　　　　左教字第七号
　　学生程溜苗　现年二十岁　山西省左权县人在本校肄业期满，经考试成绩及格　准予毕业
　　特发给此证

县　长　黄　明
副县长　巩敬庭

左权县第四国
民小学校校长　连子伦

中华民国三十六年一月十日

这件毕业证书是 1947 年 1 月发出的。这正是解放战争的艰苦岁月。这时候，解放区至少是左权县的教育活动还在正常进行，毕业证书很规范。

第三件是抗战期间安徽歙县王川镇第一中心小学校所使用的民教部课本。这里引述其中的第四课课文：

第四课　卫

背着枪，提着刀，
为了自卫上兵操。
拼死命，把国保，
谁是敌人——我们早知道！
你听——群众在怒号！
那是民族复兴的机会到了！

这篇课文所充满的时代气息再清楚不过了。研究教育史的人们，讲授抗战史的老师，研究抗战期间社会心理的学者，这篇课文正是最好的素材和史料。

我在这里只约略列举这几件史料，来证明这套《故纸堆》文库的史料价值。很显然，不仅一般读者可以从这套书中寻觅过往时代的种种不经意的文字资料，学者特别是历史学家也可以从中找到大量有益的史料。通过这些，读者似乎可以推测甚或看到这些资料所反映的时代与社会。

是为序。

2002 年 9 月 2 日

《北京的莫理循》中译本序[*]

《北京的莫理循》中译完竣，出版者和译者希望我写几句话。我似乎觉得有些关系，推辞不得，就接下了译稿。

1996年夏，我有机会出席东京的学术会议，因久仰东洋文库的盛名，顺便访问了东洋文库。在东洋文库的地下书库里，我发现了"莫理循文库"，其收藏品非常丰富，令我惊异、感叹。"莫理循文库"的收藏品是日本人从莫理循手中购买的。我心中暗想，从甲午战争后到五四运动这一段时间，莫理循先是作为英国《泰晤士报》记者，接着从1912年起作为袁世凯和中国政府的政治顾问，在中国生活了20年，对中国社会政治上层以及远东国际关系极为了解，他的藏书为什么不能留在中国呢？现在看了《北京的莫理循》中译本，方才知道莫理循在中国的日子里，利用《泰晤士报》的工资和中国政治顾问的丰厚酬金，在北京王府井大街他的居处，建立了个人的图书馆。年老离开中国前，他本希望把他的图书馆卖给中国政府或者个人，似乎无人应承。他觉得这批图书资料不应该离开亚洲，便以3.5万英镑卖给了日本的东洋文库。这是他身前的安排。如此区区小事，也是当时国力的反映。

还在20年前，当时的近代史所所长余绳武曾邀请澳大利亚华裔历史学家骆惠敏教授来所访问，我曾出席过骆惠敏教授的演讲会。骆惠敏教授介绍他搜集莫理循1895—1920年与他的上司、同事、亲信、友人的往来函件并编辑《莫理循书信集》的经过，增进了我对莫理循其人的了解。随后，近代史所翻译室陈霞飞女士组织北京若干资深翻译工作者把这厚厚两大本《莫理循书信集》译成了中文，1986年由上海知识

---

[*] 〔澳〕西里尔·珀尔：《北京的莫理循》，檀东鍟、窦坤译，福建教育出版社，2003。

出版社出版，书名为《清末民初政情内幕》，副题为《〈泰晤士报〉驻北京记者、袁世凯政治顾问乔·厄·莫理循书信集》。这是外国人眼中的中国政情，它提供人们了解那个时代帝国主义列强侵略中国的情况和围绕中国问题引起的列强之间的种种斗争。《莫理循书信集》的原编者澳大利亚的骆惠敏教授曾经指出，这本书信集的上半部分展现的是"一个帝国主义分子的历程"，下半部分则体现了作为中华民国总统的政治顾问的故事，莫理循成了当时中国事务中最有势力和影响的人物，尽管莫理循本人对这个职务的虚幻很厌倦，多次想辞职。中国社会科学院近代史研究所顾问黎澍对《莫理循书信集》中译本的史料价值给予了充分的肯定。

莫理循身后留下了大量书信、日记和备忘录，这些文件大多与他在中国的经历有关，是认识那个动乱时代的中国的重要史料。照骆惠敏教授的说法，已经编辑出版的莫理循书信缺乏莫理循日记所具有的优点——对情况的熟悉和自然的流露。莫理循日记经过整理，一直存放在澳大利亚米歇尔图书馆里，至今未能出版。幸好有一位澳大利亚著名记者、作家西里尔·珀尔在日记解禁后第一个读到了它，并以这些日记为基本资料，撰写了《北京的莫理循》的著作。这本书在1967年出版，此后多次再版。看来，莫理循在北京的经历，给了西方的读者很大的兴趣。虽然著者不是专业的历史学家，《北京的莫理循》一书更多的带有新闻记者的笔法，可读性强，也许这是它吸引读者的地方。但是它依据的主要资料是莫理循的日记，记载了莫理循在甲午战争以后在中国的活动，通过它的眼睛，我们可以看到莫理循在义和团运动期间以及八国联军侵华过程中，他在日俄战争期间的活动和见解，他对辛亥革命的态度，他对孙中山和袁世凯的不同态度，确有可以为近代史研究者参考者。翻译这本书是很有价值的。尤其与前此翻译的《莫理循书信集》对照起来读，对于研究清末民初历史，研究这个时期列强对华态度，乃至研究莫理循本人，都是很好的素材。

近代时期的中国，被动地融入了世界体系，与西方世界产生了千丝万缕的联系。许多来华的西洋和东洋人士，包括清末民初政府聘请的各种顾问（如政治顾问、军事顾问、法律顾问等）、工程师、学校教员、政府官员，乃至出访外国的代表团团长，不管带着什么目的，许多人都曾经留下了各种文字记录，包括各种历史图片。这些资料现在分藏在世界各地的图书馆、档案馆、博物馆，有一些还藏于私人之手，其中有一些已经出版，更多的还没有出版。我建议正在努力寻访这些文字记载的学者，多做一些移译的工作，也建议有眼光的出版者，多出版这样的译著，把它们介绍给中国学者，这对于学术界是莫大的恩惠。福建教育出版社这次毅然买得《北京的莫理循》的版权，组织翻译，邀请了英语语言方面的专家和历史学者共同从事，知识互补，译笔流畅，是值得称许的。

我因先睹为快，说上面的话，作为感想。

2003 年 4 月 3 日于北京东厂胡同一号

《张国淦文集续编》序[*]

张国淦先生是中国社会科学院近代史研究所特约研究员，已于1959年辞世。他从清末开始从政，民国初年在北洋政府时期，曾任国务院秘书长、总统府秘书长，并任农商、教育、内务、司法等各部总长。1926年退隐林下，专事著述。曾有《历代石经考》（燕京大学印本）、《汉石经碑图》（燕京大学印本，1931）和《辛亥革命史料》（上海龙门联合书局，1958）、《中国古方志考》（中华书局，1962）等著作行世。

张国淦先生辞世后，张夫人曾将张先生著述文稿赠藏近代史研究所图书馆。在张国淦先生寓居美国的女儿张传玲女士推动下，近代史研究所杜春和先生曾编辑《张国淦文集》，已在2000年出版。该文集告蒇之日，我曾陪同张传玲女士参观张国淦先生生前手稿。张传玲女士曾询及，可否将乃父供职于黑龙江时所作边境调查以及当时绘制的地图出版？我考虑，张国淦先生曾有《孔子研究》等多种手稿未刊，如果整理出版，对于今人研究孔子以及儒学不无参考价值；前已出版之《张国淦文集》除收录张先生在近代史研究所所写回忆，还收录了他在1949年前所写的若干文稿，间也涉及任职黑龙江时的报告；新编文集如果再收录边境调查报告等文，会显得零散，而不能体现张先生的主要学术成就。我以此意商及张传玲女士，她始有疑虑，继则高兴。我以为张先生的参政回忆，是他作为当事人留给后来的研究者的史料；张先生的孔子研究，是他退隐林下后所做的学术研究，他不但考证历代石经，考证古方志，还考证孔子遗书，考证儒家经典各种版本的异同，研究孔子思

---

[*] 杜春和编《张国淦文集续编》，北京燕山出版社，2003。

想，这显示了张先生学术贡献的另一面。以《孔子研究》为例，该书分别从论学、论政、论教、论人、论事五方面探讨孔子学术思想及其源流。公布这些研究成果，对学术界是有用处的，对学术界全面认识张国淦先生的学术成就是有帮助的。

我仍然建议张传玲女士委托杜春和先生担任张先生孔子研究学术成果的整理、编辑工作。杜春和先生虽有碍难之色，仍勇于任事，乃就本所所藏之张先生手稿，加以整理研究，编成《张国淦文集续编》。我作为中国社会科学院近代史研究所所长、研究员，看到我们的前辈学者的遗著得以整理出版，深以为慰，用赘数语，以记其始末云尔。

2002年4月9日于中国社会科学院近代史研究所

《百年中国社会图谱》序[*]

四川人民出版社组织出版，北京师范大学、首都师范大学、中国人民大学、中国革命博物馆、民主建国会等单位的作者编著的《百年中国社会图谱》，是一部反映近代以来中国历史的科普读物。读者手此一编，对百年以来中国社会的变化会得到形象的了解和直观的认识，对党的十六大决定的全面建设小康社会的社会主义现代化前景会有更为强烈的憧憬，对读者认识往后中国社会发展方向会有启发。

历史读物是人们鉴往知来的最重要的知识来源之一。中华文化五千年，各种载之典籍的历史读物汗牛充栋。这是中华文化历五千年而不衰的重要原因。19世纪初叶欧洲人发明摄影术以来，人们认识世界的工具飞速进步。从当初简单的摄影器械到今天人们可以简易操作的数码技术、光纤通信，记录历史的手段多样化了，而且无限扩大了。利用照片编写历史读物，已成为今天人们记录历史过程的重要手段。这本《百年中国社会图谱》分为十册，每册编入350张图片，辅以5万字的文字说明，从社会变化的角度，说明百年来中国社会生活演进的方方面面。我们可以看到百年来中国人的衣（服饰）、住（民居）、行（交通工具）方面的进步，看到社会生活中涉及民俗、娱乐、教育、科技、军器的变化。大概有关政治生活的变化不在本书反映之列外，社会生活的其余方面，大多从书中可以看出轮廓。作者们的工作，不仅在搜集老照片，而且将反映我国历史新时期变化的新照片也编入其中，借以窥探百年历史变化的轨迹，俾便读者做出比较，是一种很好的编辑思路。

我个人曾在1984年编辑过一本《简明中国近代史图集》，把反映

---

[*] 本书编委会编《百年中国社会图谱》，四川人民出版社，2003。

19世纪中期至20世纪初期的近代中国政治史的历史图片编辑起来，作为一本普及中国近代政治史的历史读物出版。那个时候，也曾想花些功夫，把反映近代中国社会生活的历史图片搜集、编辑起来，作为读者的参考。可惜，时过事杂，未能如愿。现在看到这本图谱的出版，可以了愿了。

本书图文并茂，以图为主，图文互证，相得益彰。从图片看社会，从图片看中国，从图片中比较中国百年社会的进步，从图片中比较百年中国的发展，我们可以看到昔日的贫穷与落后，看到今日的发展与进步，是一本值得推荐的大众读物，兹为之序。

2002年12月15日于北京东厂胡同一号

《南三岛志》序言[*]

我在中国社会科学院近代史研究所工作数十年，与学术界朋友建立了多方面联系。应朋友们要求，为他们的学术著作写序、作跋，已是常事。但是接受邀请为一部地方志作序，还是第一次。

2003年4月15日下午，我在主持所内会议后，准备外出参加另外的会议。忽被通知，有客人来找。来者是昔日武汉大学历史系同学、现在外国专家局工作的陈德骅同志。德骅告诉我，他是广东湛江市属南三镇人，南三镇编纂了一部《南三岛志》，已经蒇事，即将出版，希望我写一篇序言。我初不知南三岛何所位置，似有不允意。德骅随即告诉我，南三岛即是清末法国租借的广州湾租借地的一部分。这句话无疑提醒我，作为近代史研究所的研究员为这部志书写序，是责无旁贷的。我便答应下来了。

我必须承认，在此以前，我不知道南三岛所在何处。我虽然对我们祖国的历史和地理有一定了解，但国家地域如此广大，我自己的知识毕竟有限。但是说到广州湾租借地，我是了解的。我在20年前做过一本《中国近代史稿地图集》，其中有一幅比例尺为150万分之一的广州湾租借地图。那幅地图是参照旧时地图和1899年11月16日签订的《广州湾租界条约》绘制的。广州湾租借地的范围大体上包括遂溪县、吴川县所属部分陆地和海岛。我在注记上注明了东海岛、硇洲岛、广州湾以及沿海岛三海里分界线和陆地分界线，在遂溪县部分，注明了通明村、太平圩、志满、赤坎、西营等居民点，在吴川县部分注明了黄坡、坡头等居民点。大体上，这些地名在条约上都可以找到。但是，在旧地图上没

---

[*] 南三岛志编委会编《南三岛志》，中央文献出版社，2003年。

有找到南三岛这样的地名。

我检查了中国历史地图集编辑组编辑、中华地图学社出版的《中国历史地图集》第八册清时期地图（1975年出版），这是公认的最为权威的历史地图集；我也检查过1934年出版的申报馆组织丁文江、翁文灏、曾世英编绘的《中华民国新地图》，这是公认的当时编绘最好、所载地名最多的地图集；我还检查过1958年出版的《中华人民共和国地图集》，均不见南三岛地名。不过，在1980年出版、1983年重版的《中华人民共和国地图集》（1/8开本）上湛江市境内海岛旁有南三岛注记。但是不能判断这是1958年以后新改的地名呢，还是本来就有的地名。

这次翻阅《南三岛志》，有关南三岛的历史沿革说得很清楚。今天所谓南三岛，是指湛江市东面海上、广州湾航道北面的一个岛群。新中国成立以后，南三岛地区人民为了改变该地区贫穷落后面貌，从1952年开始到1958年完成了围海造田工程，将其中十个岛连在一起成为一个大岛，总面积约123平方公里，是全国第七大岛，广东第二大岛。南三岛从此得名。而南三之得名则较早。在明洪武九年（公元1376年），此地被命名为南三都，隶属高州府吴川县，有清一代继之。广州湾租借地时期，法国人治理，行政区划变易，不再称南三都。1943年日本侵略军占领广州湾租借地，1945年8月日本投降后，法国将广州湾租借地交还中国。当时的国民政府将原租借地地区改置湛江市。新中国成立后，南三岛地区划归湛江市滨海区或者郊区，此后时称南三乡或者南三人民公社，政区建制时有变化。1987年撤销南三区，建立南三镇，仍属湛江市辖。显然，《南三岛志》补充了我的知识。

南三岛地区人民具有光荣的革命传统。

甲午战争以后，中国面临帝国主义列强瓜分的严重危机。这时正是世界资本主义发展到帝国主义阶段的时候。日本战胜中国，大大刺激了西方帝国主义的胃口，瓜分中国已经成为他们的口头禅。帝国主义的舆论掩饰不住他们对中国、中华民族的敌视、轻视和侮辱。他们开始把中国称为"东亚病夫"，说这个国家"正躺在死亡之榻上"，一些帝国主义者公开提出"分配这个病夫的遗产问题"，要把"瓜分中华帝国"问题提上议事日程。

19世纪末，帝国主义除了大肆抢夺中国的铁路、矿山等利权以外，还纷纷抢占租借地，扩大在华直接进行殖民统治的范围，同时在中国划分势力范围,下一步就是直接瓜分中国了。抢夺租借地从德国开始。所谓租借地,名义上是租借,实际上是抢夺,租借地的主权完全被帝国主义夺走。1897年德国抓住两个德国传教士在山东被杀,要求取得胶州湾,借机扩大德国在山东的侵略势力。清政府被迫屈服,1898年3月与德国签订《胶澳租界条约》,将胶州湾租与德国,租期99年。德国有权在山东修建胶济铁路,开采铁路两旁30公里内的煤矿。随后,俄国将军舰开进旅顺口,要求租借旅大地区,李鸿章等接受俄国贿赂,于1898年3月与俄国签订《旅大租地条约》,旅顺口、大连湾及附近水面和以北一段陆地被俄国"租借",租期25年。法国要求保持"东方均势",于1898年4月要求清政府将广州湾(今广东湛江市区)租与法国,租期99年。英国也不落后,它看到法国要租借广州湾,便在1898年6月与清政府签订《展拓香港界址专条》,租借了九龙半岛及其附近水面(即香港新界),租期99年;看到俄国租借旅大,便在7月与清政府签订《定租威海卫专条》,租借威海卫及其附近水面、岛屿,租期与旅大相同。1898年11月16日,法国正式与清政府签约,将遂溪县、吴川县所属陆地和海岛(包括海岛外三海里海面)强行租借。因为南三岛和东海岛之间的海道称为广州湾,这块租借地就称为广州湾租借地。八个月内,列强从北到南攫夺了五块租借地。这些租借地在帝国主义侵华中具有极其重要的地位,它是帝国主义确立、保持和强化在华势力范围的军事基地,又是他们进行政治、经济、文化等全面侵略的新据点,实际上是帝国主义割据中国领土进行直接统治的殖民地。

与抢占租借地同时,列强还公开在中国划分各自的势力范围。划分势力范围由法国开始。1897年3月法国强迫清政府同意"永不将海南岛让与任何他国",这就意味着海南岛是法国的势力范围。这个办法很快为其他帝国主义仿效。1898年2月清政府与英国互换照会,不将长江沿岸各省"让与他国"。4月,清政府又与法国互换照会,不将越南邻近各省即云南、广东、广西"让与他国"。英国又要求不将云南、广东"让与他国"。日本看到德国据有山东,便要求清政府不将台湾对岸的福建"让与他国"。英、德和英、俄还分别签订协议,实际上承认山东是德国势力范围,长城以北是俄国势力范围,长江流域是英国势力范围。

这时候美国正在与西班牙争夺菲律宾,顾不上参加对华势力范围和租借地的争夺。但是它表示既不放弃菲律宾,也不放弃中国。1899年9月、11月,美国先后向英、德、俄三国,和法、日、意三国提出所谓在华"门户开放"的政策,表示美国承认各国在华的租借地和势力范围以及所取得的路矿权利,但要求各国对美国货物开放权利,不实行差别待遇。1900年3月,美国宣布它的主张为各国所接受。这表明各国在中国的争夺在"门户开放"的政策下联合起来了。"门户开放"政策实际上是帝国主义侵略、宰割中国的一种同盟。

正是在这样的历史大背景下,南三岛地区人民为了反对法军入侵广州湾,首举义旗,展开了抗法斗争,并且引发了吴川、遂溪两县人民持续一年多声势浩大的抗法斗争。这个斗争虽然是在广州湾这个局部地区开展的,却是中国人民反帝爱国斗争的组成部分之一。南三岛虽然地处边陲海隅,反对外国侵略丝毫不落人后。这种精神构成了南三岛地区人民的光荣传统。

如今,湛江市赤坎区西部的"寸金公园"仍然显示着这个地区的历史、文化内涵。公园内的"寸金桥",表示法租界的西部边界。所谓"寸金",即含有"一寸河山一寸金"之意。公园中心广场屹立着纪念抗法英雄的塑像,塑像下方镶嵌着郭沫若的诗句——"千家炮火千家血,一寸河山一寸金",形象地概括了广州湾地区人民抗法爱国斗争的伟大精神。

从1926年起,中国共产党人就在南三岛地区领导人民开展抗法抗税斗争。日本侵略军占领广州湾后,南三岛人民与日伪进行了顽强的斗争。三年解放战争时期,南三岛革命群众在中共党组织领导下成立滨海区人民政府,开展土地改革,虽然遭到国民党反动政府的残酷摧残,仍坚持革命斗争,使南三岛于1949年9月20日获得解放,是湛江市最先获得解放的地区之一。

南三岛人民在社会主义建设中还做出了突出的业绩。南三岛本是海上群岛,土地贫瘠,气候恶劣。为了改变"一穷二白"面貌,人民群众在党的领导下围海造田,修建连岛工程,把十个小岛连成一个大岛,根本改变了地形地貌;同时积极开展群众植树造林,防风治沙,早在20世纪60年代就建起了长达20公里、宽3—5公里的防护林带,改变了生存环境和生产条件。因为这些成就,1958年就被国务院授予全国农业社会主义建设先进单位的光荣称号,吸引了中央和地方许多领导和外宾的注意。1977年9月，联合国粮农组织林业考察团20人代表亚非地区19个国家参观考察了南三岛防护林带。改革开放之后，南三岛的面貌更是焕然一新。2001年，南三岛被评为湛江市八景之一，获得了"南三听涛"的美名。这预示了南三岛发展旅游业的美好前景。

《南三岛志》共分七编，举凡南三岛地理、经济、政治、文化、社会、人物和自然村以及村民委员会，都包括在其中。这是有史以来南三岛地区第一部志书，重点反映了新中国成立以来南三岛的历史，也尽可能反映新中国成立以前南三岛的历史状况。

我国修志工作已进入第二个高潮时期。《南三岛志》在这个高潮中修撰成功，值得庆贺。我作为中国地方志指导小组成员，看到我国修志工作的蓬勃发展和进步，特别是看到南三岛地区镇级单位主动修志的精神和业绩，感到欣慰！在结束这篇序言时，我由衷祝愿南三岛人民在21世纪开始的时候，抓住发展机遇，取得社会主义建设的新成就！

2003 年 4 月 17 日

《严复与中国近代文化》序[*]

开展严复研究，促进中国近代史学科的学术进步

福建师范大学严复研究所举办"严复与中国近代文化"学术研讨会，海峡两岸众多学者出席，共同研讨严复与近代中国文化的关系，这对于推进中国近代史学科的学术进步是很有意义的。学术研讨会论文集即将出版，谨赘数语，以示祝贺。

中国社会发展的落后，在西方国家的资产阶级革命和工业革命后，已很明显了。但是，中国人认识到这一点的很少。鸦片战争的失败，先觉者开始认识到"师夷"的必要。随着列强侵略的加强，中国的失败一步步加深，认识到这一点的人越来越多了。但是"师夷"从何处下手，站在不同的立场有不同的看法和做法。有人决定学习西方的制枪制炮，因为"船坚炮利"为中国所未有；有人以为"船坚炮利"不过是西艺之皮毛，制度建设更为重要，中国的专制不如西方的民主；有人深入观察到西方的社会政治学说是改造社会的利器，为中国的儒学传统所不及，于是向国内大量翻译介绍西方的社会政治学说。曾留学英国的福州人严复就是后一种人。

在中国共产党出世以前，向西方寻找救国真理的一派人中，严复是一个有代表性的重要人物。他的努力，在中国近代思想史上有着极其重

---

[*] 张广敏主编《严复与中国近代文化》，海风出版社，2003。

要的地位。为着救亡图存、争取民族独立和国家富强，严复系统地、有选择地向国内翻译、传播了包括《天演论》在内的一系列西方资产阶级的思想家的社会政治学说，在中国社会，尤其在中国的思想界、知识分子中产生了振聋发聩的启蒙作用，他的思想传播工作，对促进戊戌维新运动的展开做出了不可磨灭的贡献。严复是中国近代史上杰出的启蒙思想家、教育家和翻译家，是一位热诚的爱国主义者。

严复在中国近代史的地位如此重要，学术界的研究工作理应更进一步。近三十年来，研究严复的论著出版不少，但是严复研究仍有广泛的学术空间。研究严复译著的社会背景，研究严复的留学生生活以及他如何选择西方早期资产阶级经典的社会政治学说向国人介绍，研究严复译著在中国社会产生了如何的社会影响，还需要学术界朋友们多加努力。在晚清社会那样动荡、变革的时代，严复的政治思想、经济思想、教育思想、哲学思想、伦理道德思想，甚至他的翻译思想以及翻译技巧如何通过他的译著和他的社会活动反映出来，并且影响中国的社会进步和中国的文化发展，都需要认真研究。对这样一个近代中国重要的启蒙思想家的深刻而广泛的研究，将对中国近代史的学科发展大有裨益。

福建师范大学严复研究所努力开展严复的学术研究，推动学术交流，出版有关严复的学术论著，可喜可贺。严复虽然是福州人，但是他的活动和他的事业，都在全国。因此研究严复，不能仅仅局限于严复本人，需要有全国的眼光，需要有世界的眼光，需要把严复所处时代作为研究对象。严复是一个思想家，任何一个思想家的思想都不是凭空而来的，都是那个时代、那个社会的反映和折射。时代的任务就是思想家的任务。时代提出了救亡图存、自强保种的任务，是严复翻译传播工作的历史根据。如果一个思想家不理睬时代任务而我行我素，那样的思想家一定会被时代抛弃。因此严复研究如何结合时代任务来进行，是今天的研究者需要思考的。

当此《严复与中国近代文化》论文集出版之际，谨写这些话与严复研究所的朋友们共勉！

2003 年 7 月 20 日于北京东厂胡同一号

"中国社会科学院近代史研究所专刊"总序[*]

中国社会科学院近代史研究所自1950年5月建所，已阅53年。建所初期，曾出版《中国科学院近代史研究所集刊》，发表本所同人的研究论文，未几停刊。1954年中国科学院创刊历史学界的重要刊物《历史研究》，以历史研究所副所长尹达和近代史研究所副所长刘大年分任主编、副主编。研究所学者有了发表论文的固定园地。1960年，《历史研究》主编改由近代史研究所副所长黎澍担任，编辑部也迁到近代史研究所，直至"文革"被迫停刊。1976年，《历史研究》回到中国社会科学院，仍由黎澍主编，但编辑部独立，迁出近代史研究所。1979年，鉴于新的历史时期到来，历史研究工作全面展开，中国近代史研究前景可观，中国社会科学院近代史研究所创办了以发表中国近代史研究论文为主的学术期刊《近代史研究》杂志。这个刊物创办迄今也快满二十五年了，它在推进国内外有关中国近代史研究的学术交流方面起到了重要作用。

改革开放以来，政治稳定，经济繁荣，为学术发展提供了最重要的政治和物质环境。本所学者撰著的学术论文空前增多，专门著作的发表也空前增多。尤其是1989年以来，所里在适当关注集体著作的前提下，提倡研究者发挥个人长处，加强专题研究。经过十年努力，我们在专题研究上取得了可观成绩。十年来本所研究人员出版的各类专著超过了170部，大大超过了此前数十年发表专著的总和。这些专题研究，扩大

---

[*] "中国社会科学院近代史研究所专刊"是中国社会科学院近代史研究所学术专著丛刊，由上海书店出版社出版。

了研究领域，拓宽并且加深了人们对中国近代史的认识，推进了中国近代史领域的学科建设。这些专著，都是分别在各种不同的出版社出版的。我们一直在设想，如何选择若干比较优秀的专著，集中在一个出版社出版，期能全面反映本所学者的研究趣向，向学术界做一个比较全面的介绍。本所是一个纯粹的学术单位，无法全面支持学术专著的出版。所以，我们的条件比较苛刻，希望在不提供出版经费支持下实现集中出版学术专著。几经探索和征求，没有一家出版社愿意做这样的赔本生意，事情便耽搁下来。2001年，上海书店出版社获悉我们的想法，愿意承担出版任务，这使我们喜出望外。中国社会科学院近代史研究所和上海书店出版社随即签订了出版合同。这就是"中国社会科学院近代史研究所专刊"出版的缘起。

2002年，经过本所学术委员会讨论，选择了三本专著，决定纳入首批专刊目录，在2003年问世。这三本专著是：王奇生的《党员、党权与党争——中国国民党的组织形态》、郑匡民的《梁启超启蒙思想的东学背景》、李细珠的《张之洞与清末新政研究》。这三本正好是三位作者在中国社会科学院近代史研究所博士后流动站工作期间的研究报告。

出版"中国社会科学院近代史研究所专刊"，目的很单纯，就是向学术界推出本所学者的专门著作，交流问学，请求学术的批评，以期推动学术进步，繁荣中国近代史研究。不是每一本著作都可以列入专刊，大体需经本所学术委员会议论，方可入选。我们希望在上海书店出版社的大力支持下，细水长流，每年出版二三本，垒珠积寸、集腋成裘，以成大观。是为序。

2003年3月20日于北京东厂胡同一号

《张之洞与清末新政研究》序[*]

清末重臣张之洞的传记已经出版了多本，有关张之洞的研究文章也发表了不少。学者们对张之洞这个历史人物是重视的，这与张之洞在晚清历史上的地位和作用是相称的。但是这些著作，对张之洞在晚清新政中的作用往往言之不深、言之不切。晚清新政时期张之洞的言论与作为，恰是他一生中的闪光点。李细珠博士在中山大学所做的博士学位论文是关于倭仁的思想的，论文做得不错。他希望在学术上更有长进，便到中国社会科学院近代史研究所来做博士后研究。我给他的建议，是把倭仁放在一边，另辟蹊径，把学问的路子拓宽一些。本所图书馆藏有张之洞裔孙张遵骝先生赠送的家藏乃祖文书档案，尚未经学者认真清理、利用过。我请他把这批档案翻阅一遍，尤其着重张之洞在清末新政中的表现，从中寻找恰当的题目。李君无言，立即埋头查阅所藏张之洞文书档案，旋即告我，这批档案确有可以利用之处。

《张之洞与清末新政研究》就是李君在博士后研究期间的研究成果。

这项研究以本所所收藏的张之洞文书档案为基本依据，参考第一历史博物馆所藏新政档案和中外各类资料、著作，以清末新政时期制度变革为切入点，着重考察张之洞在新政时期各项制度变革过程中对清末中央决策的参与及其影响，动态地观察清末新政从决策到实施的全过程，包括学制、经济体制、军事体制、法制和政治体制方面，张之洞不仅在湖北身体力行，做出典范，而且对中央决策有着重要影响。尤其是"主稿江楚会奏变法三折"和"预备立宪和体制变革"两章，挖掘新的史

---

[*] 李细珠：《张之洞与清末新政研究》，上海书店出版社，2003。

料，分析各项对策产生的历史背景，剖析各项政治活动的内幕，所在多有发现。在研究张之洞与清末新政的过程时，作者着力揭示他作为封疆大吏的政治利益、他的"儒臣"品格、他在政治上的进退，研究他的主张的激进与保守方面，研究他的"中体西用"精神。从这个研究中看出，大凡涉及维护封建纲常礼教时，他的主张是保守的，而对许多具体的新政政策，他都主张参用西法，大胆革新。这正是张之洞的"中体西用"精神的反映。本书的研究，通过大量具体的史料，深刻揭示了张之洞在晚清政坛所起到的无人可以替代的作用。我相信，本书的出版，将对晚清新政和张之洞研究有所裨益。

不足还是有的。如书中有的地方不避琐细，似可简略。有些地方，还可以加强分析的力度，如对张之洞思想的矛盾方面与晚清时代背景，与晚清政治舞台上的三股势力——清政府、立宪派、革命派——的互动关系，尚可做出进一步思考和分析。

李君的论文作完，颇得到所内专家小组的赞可。他从博士后流动站出来，便正式进入中国社会科学院近代史研究所，担负新的研究工作。他的博士后论文经过修改，获得本所学术委员会同意，进入中国社会科学院近代史研究所专刊第一批目录。李君生也其时，得此殊遇，我颇以为快也。李君是坐冷板凳一类人物，埋头赶路，前途可量，他日捧得冷猪头肉，是所企耶。

2003 年 3 月 3 日与北京中关村湖北大厦

《中国社会科学院近代史研究所青年学术论坛（2002年卷）》序言[*]

《中国社会科学院近代史研究所青年学术论坛（2002年卷）》，在今年12月我所第五届青年学术讨论会前夕出版。2002年9月，所里在昌平召开了第四届青年学术讨论会。讨论会收到了青年学者的论文32篇。这些作者中，有5位是进所不久的新朋友。这就说明研究所又增加了新鲜血液。上述论文，分别从政治史、中外关系史、社会史、思想文化史的角度探讨了近代中国历史，有些研究是很深入的。有几篇论文通过本所学术委员会的评议，获得了嘉奖。所里在2002年新成立了台湾史研究室，这次讨论会便有几篇讨论台湾历史的论文，这是值得记一笔的。

按照党中央的要求，在建设有中国特色的社会主义的过程中，必须建设一支强大的哲学社会科学队伍。最近中共中央总书记胡锦涛同志在全国宣传思想工作会议上讲话，指出了"哲学社会科学研究要立足国情，立足当代，以深入研究重大现实问题为主攻方向，加强马克思主义理论研究和建设，努力担负起认识世界、传承文明、创新理论、咨政育人、服务社会的职责"。早进所和刚进入研究所的青年朋友，要注意领会胡锦涛同志的讲话精神。毋庸讳言，近些年来，学术研究领域非马克思主义的倾向在滋长。我们要按照中央的要求，着眼于巩固马克思主义在我国意识形态领域的指导地位，抓紧本所青年学者马克思主义的基本理论，结合自己的研究领域，学习和运用马克思主义的基本理论和方

---

[*] 《中国社会科学院近代史研究所青年学术论坛（2002年卷）》，社会科学文献出版社，2004。

法，推动中国近代史研究向前发展。

今年是新中国的缔造者毛泽东诞辰 110 周年，学术界、理论界纷纷召开学术讨论会，纪念这位历史伟人。今年也是近代史所的缔造者、新中国的中国近代史学科的推动者、本所第一任所长范文澜诞辰 110 周年。我们也要召开会议，来纪念这位马克思主义的历史学家。我想借这个机会，把我对我们的前辈所长范文澜先生的认识写在下面，介绍给各位进所不久的青年朋友。

范文澜的学术贡献是多方面的。他早年的学术成就主要是在经学和文学方面。1929 年出版的《文心雕龙注》，多次再版，直到 1958 年还由人民文学出版社出版了校订本。这本书至今仍被文学史家看作《文心雕龙》的权威注释本。1933 年出版的《群经概论》，是经过新文化运动洗礼后对传统经学所做的重要的学术研究。蔡美彪先生评论说，"范文澜不仅是新文化运动以前北大学习传统国学的最后一班学生，而且是当年北大国学的集其打成的继承人"（见《中国社会科学院学术大师治学录》，中国社会科学出版社，第 146 页），就是针对《群经概论》而言。1940 年夏季，范文澜在延安新哲学年会做了三次经学史演讲，毛泽东听了两次。毛泽东看了他的第三次演讲大纲后，特别给他写信，称赞他的经学史演讲"用马克思主义清算经学这是头一次"，指出当时反对大地主大资产阶级的复古反动是思想斗争领域的"第一任务"。这是刚刚到延安不久的范文澜，作为传统国学集大成的继承人，对传统经学所做的马克思主义的批判，是对思想文化战线上的无产阶级斗争的重大贡献。

范文澜是著名的马克思主义历史学家，是史学领域著名的五老之一。郭沫若、范文澜、吕振羽、翦伯赞、侯外庐这五老，在中国近代学术史上各自为发展马克思主义史学做出了自己的贡献。范老不是用马克思主义研究中国历史的第一人，却是用马克思主义观点指导撰写中国通史的最早的开拓者。1941—1942 年延安出版的《中国通史简编》，是代表在延安的中国共产党人第一次说出对中华五千年文明历史的系统看法，是对前此各种有关中国历史的观点的系统批判，使用马克思主义唯物史观建立中国通史撰写框架的初步尝试。毛泽东对这部著作给予很高评价，据荣孟源先生回忆，毛泽东曾经说过："我们党在延安又做了一件大事。我们共产党人对于自己国家几千年的历史有了发言权，也拿出了科学的著作了。"（见《延安中央研究院回忆录》，中国社会科学出版社，第181页）尽管此后的历史研究者对中国历史的研究可能又有了新的发现和前进，对中国通史的撰写框架可能又有了更好的表达，但是范文澜对中国马克思主义史学的总体擘画之功是载诸史册、不可磨灭的。建立中国通史撰写的科学框架，我认为是范文澜对中国马克思主义历史学的第一个贡献。

范文澜对中国马克思主义历史学的第二个贡献，是用马克思主义指导中国近代史研究。1947年在华北用本名以及随后在重庆、上海用笔名出版的《中国近代史》上编第一分册（1950年代经过多次修订再版，再版时改名为《中国近代史》上册），40—60年代所发表的若干有关中国近代史研究的学术论文，开辟了中国近代史研究的马克思主义学术体系。这个体系简单地说就是把1840—1949年的近代中国历史作为半殖民地半封建的历史，把这段历史划分为旧民主主义革命时期和新民主主义革命时期。这是建立在中国近代政治史基础上的划分，这个划分对于新中国的中国近代史学术体系起到了指导作用。尽管他自己对这个体系并不是很满意，尽管后来的研究者对他所建立的学术体系以及他的一些具体研究结论有不同见解，但是这个体系对确立中国近代史研究学科在中国历史学领域的学术地位，起到了指标的作用。

推动新中国的中国近代史学科的建立，范文澜起到了最重要的作用。可以举两个例子来说明这一点。一是近代史研究所的建立。近代史所的前身是华北大学历史研究室。范文澜作为华北大学副校长和历史研究室主任，在1949年4月带领历史研究室人员从河北正定迁到和平解放不久的北平，安顿在东厂胡同一号。1949年1月，政务院决定成立中国科学院，范文澜自己的中国古代史研究正在进行，他没有首先考虑在科学院建立历史研究所，而是率先将华北大学历史研究室归入科学院领导，改名为近代史研究所。这个举措对于新中国的学科布局，对于中国近代史学科的影响是深远的。很显然，在旧中国，近代史研究是很不受重视的。解放初，各大学纷纷开设中国近代史课程，纷纷设置中国近代史教研室，不少大学派出青年教师到近代史研究所进修，今天活跃在近代史研究工作中的老一辈研究者，有一些就是在近代史所进修过的。这个研究力量的培养和配置，对于形成后来的近代史研究领域的庞大队伍是功不可没的。刘大年先生在十年前纪念范老诞辰100周年的时候说过："新中国研究近代历史的队伍，在很大程度上是在他的培养和影响下成长起来的。"（见《近代史研究》1994 年第 1 期）再是中国近代史资料的系统编辑。早在新中国成立前夕，范老负责中国新史学研究会（中国史学会的前身）的成立，就开始筹备编辑"中国近代史资料丛刊"。这个丛刊的编辑委员会赫然列上了徐特立、范文澜、翦伯赞、陈垣、郑振铎、向达、胡绳、吕振羽、华岗、邵循正、白寿彝等人的名字。范老是实际的负责人和推动者。以无产阶级革命家徐特立为首，由以马克思主义史学家为主并有当时最著名的历史学者组成的这个总编辑委员会，是迄今为止最高规格的历史资料编辑指导机构，反映了党和国家对中国近代史研究的重视。这套资料到 1961 年基本出齐，如果加上 1979 年出版的《第二次鸦片战争》，总共出版了 11 种 66 册。这是新中国出版的最大的一部历史资料书，为推动中国近代史研究的开展起到了巨大的作用。此外，新中国史学领域几项大工程，如《资治通鉴》和二十四史的标点，中国历史地图的编绘，中国历史地震资料的编辑，都是和他的名字分不开的。

范老对中国历史学的第三个贡献，是在学术研究领域提倡、坚持、贯彻了百家争鸣的精神。最有名的例子当然是在历史分期问题上与郭老的争论。范老是"西周封建说"的最著名的代表人。历史分期问题的争鸣带动了 1950 年代学习和运用马克思主义理论指导历史研究的热潮。再一个是汉民族形成问题的争论，他的争论对象是当时国际共产主义运动最重要的领导人斯大林。斯大林在《马克思主义与语言学问题》中提出，部族变成民族，是资本主义出现以后的事情。那么中国没有资本主义，汉民族是何时形成的呢？这是一个需要回答的问题。范老通过他对中国历史的深刻理解，认为秦汉时期的汉族已经符合斯大林所说民族形成的四个特征，已经形成为民族，并且是秦汉以来中国成为统一国家的主要原因。斯大林的观点不符合中国历史实际。他提出并坚持这个观点，挑战当时大的理论权威，是有压力和风险的，事实上也受到一些学者的严厉指责。这个问题在理论界引起热烈的讨论，推动了历史学和民族学理论的发展。范老敢于在学术上坚持自己的观点，不仅是因为学者的勇敢，主要是对历史要有深入的研究。他说过："学有专长而争鸣是好的，长于教条而争鸣那就很不好。"

这就提出了学风问题。所以，我认为范老对中国历史学的第四个贡献，是提倡并且力行实事求是的学风。范老认为，不肯下苦功夫，随意发表意见，或者抱着教条主义态度企图一鸣惊人式的争鸣，那叫作"潦岁蛙鸣"，好像雨后池塘里的青蛙鸣叫，噪声贯耳，与百家争鸣完全是两回事。只有真正进行了研究，做了深入思考，才能数年而一鸣，或毕生而一鸣，真正做到鸣，并不是容易的事。范老主张学习马克思主义，要在具体的历史研究中学会运用马克思主义的理论和方法，要"神似"，不要"形似"，不要教条主义。范老的书和文章很少照抄马克思主义的词句，但是我们可以从他的论述中体会到马克思主义的精神力量。范老经常强调要发扬"二冷"精神，即提倡坐冷板凳，吃冷猪头肉。这就是说，做学问，要埋头苦干，要不慕虚荣。做学问要有"等富贵如浮云"的精神。范老所提倡的这些学风，实在是留给我们的精神财富，我们要细加体会，认真实行。

范老去世已经过去了34年，现在历史学界的情况已经发生了非常深刻的变化。国家的全面开放，与国际学术界的广泛交流，带来了史学研究的深入发展，也带来了学术思想的多元化趋向。史学领域的非马克思主义倾向也在增长。学术研究中提出了许多需要运用马克思主义理论加以分析和解释的问题，由于非马克思主义倾向的增长，也在史学研究中提出了新的需要运用马克思主义理论和方法加以解释的问题。用马克思主义理论指导历史研究，显然不是老一辈人做完了就万事大吉。在史学研究中，还需要运用马克思主义进行广泛的开拓。老一辈学者已经完成了他们的任务，下一代或者下几代还要在他们奋斗的基础上继续前进。用马克思主义指导社会现实的变革需要与时俱进，用马克思主义指导历史研究也同样需要与时俱进。纪念范文澜诞辰110周年，我们要学习范文澜先生运用马克思主义研究历史的方法，从"神似"中找出路，去发展我们的史学研究，去提高我们的史学研究，去繁荣我们的史学研究，为我们的社会主义服务，为我们的人民的文化需要服务。

为了纪念范文澜先生，写下我的一点感想，与各位共勉。

本书得以顺利出版，感谢本书编辑组的劳动，也感谢社会科学文献出版社积极承担出版任务！

2003年12月17日于东厂胡同一号

《第三种力量与抗战时期的
中国政治》序[*]

闻黎明同志从事抗日战争时期第三种力量的研究已经有十数年了。十多年前，在中国社会科学院近代史研究所举办的一次研讨会上，闻黎明报告他的有关中间势力的论文后，我曾私下对他表示，希望他开展第三种力量的研究。他对于来自我的支持感到高兴，认为我的思想很开放，愿意继续做这项研究。这以后，我又看到他发表这方面的一系列论文。随后，他得到国家社会科学基金的支持，以《抗日战争时期的第三种力量》为题，开展系统研究。1996年按计划完成任务，予以结项。我在1997年初有机会得以先睹其研究成果，十分高兴。

从政治史的角度，研究抗日战争时期的第三种力量，是一个很有意思的课题设计。我们都知道，抗日战争时期的两大政党，中国国民党和中国共产党，在抗日战争的大局面下，所从事的国内政治斗争及其力量的消长，决定着中国社会的前途。学术界关于这方面的研究很多，革命史研究中、民国史研究中的许多课题，都是围绕这个大题目进行的。人们往往不大注意，或者在研究中容易忽视，在中国社会中，客观上还存在着第三种力量。这个第三种力量，就是存在于国共两党之间（或之外）的社会力量，许多情况下被称为"中间势力"，有的时候又被称为"第三方面"，闻黎明的研究称他们为第三种力量，总之他们是活跃在中国社会政治生活中的一股重要政治势力。他们中有热心国是的企业界活跃人士，有坚持独立思考的自由主义知识分子，有在野的政治活动家。他们对国是有着不同于国共两党的政治主张，他们内部也有着不同

---

[*] 闻黎明：《第三种力量与抗战时期的中国政治》，上海书店出版社，2004。

的政治见解。他们并未组成统一的政治集团,而是分属于不同的在野党派。他们的政治见解、思想主张往往代表着中小资产阶级和广大社会中间人群的利益。他们的存在,对国共两大政治势力起着某种制约的作用:近国,则共产党就要注意调整自己的政策,看看自己的主张是否离开中间势力太远了;近共,则国民党就要采取措施,或者对共产党进一步打压,或者对第三种力量与共产党的关系进行离间,或者剿抚兼施。国共两党在各自的政治运作中,都要注意听取他们的意见,争取他们在政治活动中倾向于自己这一边。闻黎明同志在多年的研究中,注意到中国社会的这个重要现象,并且下功夫搜集不为人们重视、未曾发现的稀见史料,旁征博引,深入思考,认真探索。他认真研究了第三种力量在抗日战争中从分散到聚合的过程,其政治主张从温和到激烈的过程,其政治倾向从近国到近共的过程。这个过程,正是国共力量互为消长的过程,正是国民党丧失人心、共产党赢得人心的过程。从第三种力量的形成过程这个政治侧面,作者描绘了近代中国政治发展的历程。这个历程,使我们看到了第三种力量反对独裁的、不民主的势力,追求民主、追求真理的思想轨迹。事实上,这个特点并不是第三种力量所独具的,而是近代中国的进步势力所共有的。正是千千万万的人具有追求民主、追求真理的思想和行动,中国社会才能避免黑暗,迎接光明,才能告别旧中国,成立新中国。

  一条河流,有主流,也有支流。只见主流不见支流,或者只见支流不见主流,都不能正确反映一条河流的全貌。观察历史、认识历史也是一样,不可只见主流不见支流,当然也不可只见支流不见主流,或者夸大支流为主流。见木不见林,见林不见木,都是片面的。主干枝干,青枝绿叶,才能构成参天大树。我们过去研究历史,抓住主流,抓住本质,无疑是对的;但是只抓住主流,只抓住本质,而不顾其他,则失于片面。唯物史观正是要求我们全面地看待历史发展过程。研究抗日战争时期中国的政治历史,如果认为只研究国共两党就够了,不需要注意其他政党、其他社会势力,那就会像是只看到主干,看不到枝干,只看到主流看不到支流一样,是片面的。闻黎明着力研究抗日战争时期的第三种力量,正是看到了社会生活的复杂性。他的研究成果,使我们更加深认识了那个时期的社会历史丰富多样性。他的研究定位于国共之间的第三种力量,是在国共力量相消长的前提下,观察第三种力量的作用,这对于我们全面认识那个时代的中国政治状况，是极有意义的。这种从一个侧面切入，全面研究历史的研究方法，是可取的。

闻黎明的研究即将结束的时候，2001年出版的《胡绳论"从五四运动到人民共和国成立"》，记录了已经作古的前辈学者胡绳同志有关这段历史进程的理论思考。胡绳在1995年对课题组成员谈话，第一次谈话就涉及"中间势力"。他说："现在讲这段历史的书，主要讲国民党和共产党，讲它们间的矛盾斗争；论阶级，这是两极，一个是大地主大资产阶级，一个是无产阶级。其实，在这两极中间，还有一大片。所以我想，除了国、共两个角色外，还应有第三个角色，这就是中间势力。……革命能胜利，是因为我们党把中间势力拉过来了，如果中间势力都倒向国民党，共产党就不可能胜利。""中间势力是什么人？包括知识分子，工商界，搞工业的，搞教育的，等等。过去说，资产阶级是中间力量，工农、小资产阶级属于共产党一边的，是革命的依靠、基础。实际上工农、小资产阶级只是革命的可能的基础。就阶级说，它们是革命的，就具体的人说，它们当中大多数在政治上是处于中间状态，不可能一开始就自动跟共产党走。"胡绳还说："中间力量经历着一个不断分化的过程，它形成不了独立的政治力量，不是倒向这一边，就是倒向那一边，最后总的说是站到共产党一边。中间力量有不少代表性人物，他们影响一大片。国民党失掉了中间力量，不可能不失败。"（见"从五四运动到人民共和国成立"课题组《胡绳论"从五四运动到人民共和国成立"》，社会科学文献出版社，2001，第3、4、6页）胡绳关于"中间势力"的这次谈话，是对撰写近代中国历史政治进程的重要参考性意见。我以为，胡绳这里所说"中间势力"是一个泛化的概念，闻黎明所研究的大概相当于胡绳所说中间力量中的代表性人物，他所说的第三种力量，是活跃在社会政治生活舞台上的力量。从这里可以看出，闻黎明的研究和思考是很具有前瞻性的，是中国近代史研究的前沿问题。

闻黎明所承担的国家社科基金课题结项以后，并没有急于出版。他几次告诉我，他还要进一步思考，进一步补充史料。又经过七年之久，做了重要补充修改后的这本《第三种力量与抗战时期的中国政治》终于浮出了台面。经过近代史研究所学术委员会的评议，通过纳入"中国社会科学院近代史研究所专刊"，推荐出版。对于一项研究成果，不轻于出手，反复修改补充，反复思考润饰，是对学术事业负责的态度。在这里，浮躁之风是看不到的。

  我个人一直在关注闻黎明同志的这项研究。现在看到这项研究终于告蒇，心以为喜。爰赘数语，以塞黎明同志问序之责，并请教读者诸君。

1997 年 3 月 14 日初稿

2004 年 6 月 5 日修订于北京东厂胡同一号

《近代中国与世界——第二届近代中国与世界学术讨论会论文集》序言[*]

近代中国与世界，是一个长盛不衰的话题。中国是一个历史悠久的国家，中国与周边国家，与西方国家发生关系，经历了长久的年代。鸦片战争以前，以中国为中心形成了东方式的国际关系体系。中国并不关心西方世界的发展。欧洲资本主义的发展以及殖民主义扩张，通过鸦片战争把中国与世界紧密地联系在一起。西方式的国际关系体系以大炮为前锋，把贸易和殖民体系迅速推向东方，以道德和尊严相维系的东方式国际关系体系败下阵来。中国在屈辱、赔款、割让土地和主权被侵蚀的不良国际关系环境中，苦苦挣扎。中国在与世界的关系中不能不扮演一个被动的角色。到了20世纪初，无论从国际关系的角度说，还是从国内历史进程的角度说，中国国势的"沉沦"都到了"谷底"。在失败和屈辱中，中国的先进分子在思考并且开始觉醒起来。在东西方各国留学，学习了西方社会政治思想、政治制度和新的生产方式的新式知识分子群体出现了。中国人在1919年的巴黎和会上第一次对西方国际社会秩序说了"不"。一批熟悉西方文化传统的人，从孙中山起，开始在中国探索并试图建立不完全与西方相同的社会政治秩序。这种探索，在20世纪，特别是20世纪的下半叶，非常明显地进行着，并且开始取得成绩。这种探索，包括建立新型的中国与世界的关系。

回顾20世纪以来的历史，考察中国与世界的关系，我想突出地指出其中三个年份：1900年，1945年，2001年。

---

[*] 中国社会科学院近代史研究所编《近代中国与世界——第二届近代中国与世界学术讨论会论文集》，社会科学文献出版社，2005。

1900 年：当 20 世纪刚刚拉开帷幕，在中国的大地上便发生了一场规模巨大的义和团反帝运动，随之而来的便是八国联军的入侵。世界上最具实力的八大强国的军队进攻中国，占领中国首都，中国的朝廷流落西安。腐败无能的清政府被迫接受 11 国强加的《辛丑条约》，中国遭受自鸦片战争以来最为惨重的损失，被置于极其屈辱的地位，已经残缺的国家主权进一步沦丧。中国在屈辱中跨进了 20 世纪。《辛丑条约》明确地规定了中国在世界的地位，中国的半殖民地半封建社会地位从此确立起来。

1945 年：1900 年之后的数十年，痛定思痛的中国人民为摆脱不平等地位，为争取民族解放进行了长期的艰苦卓绝的斗争。巴黎和会上的抗争和五四运动的爆发，轰轰烈烈的国民革命运动，尤其是抵抗日本帝国主义入侵的伟大的抗日战争的胜利，不仅从根本上改变了中国的政治生态，而且这场战争的最终胜利，是近代中国反对外国侵略战争以来唯一的胜利。这是近代中国历史由衰转盛的转折点，是 20 世纪中国历史的分水岭。在这一年，中国参与筹建联合国，成为继美、苏、英、法之后的世界五大强国之一，中国的大国地位由此而奠定。1949 年以后，中国进一步可以对旧的世界秩序说"不"，开始坦然地面对世界，面对未来，并且信心百倍地努力为世界的和平与发展贡献自己的力量。与半个世纪以前相比，中国与世界的关系，已经大大改观了。

2001 年：中国共产党建立全国政权之后，开始大规模的现代化建设。由于经验不足，我们曾经在现代化的道路上进行过艰难的探索，曾经走过曲折的道路。中国共产党和中国人民在挫折之后并没有丧失信心。我国人民不断总结经验，并且不断探索，终于找到了一条具有中国特色的社会主义现代化道路。中国跨越了意识形态的障碍，勇敢地向世界开放，在与各国的友好的交往中，大胆地借鉴和汲取人类文明的一切优秀成果，包括资本主义制度创造的那些有益于人类社会进步的优秀成果。与此同时，我们坚持了社会主义制度，并且在不断完善这个制度。如果说，近代以来中国向世界的被动的开放，使中国人感受到前景的迷茫和压抑，那么，如今的主动开放则是现代中国人对自己前途充满自信的一种体现。经过与世界关贸总协定和世界贸易组织各成员的长期复杂的谈判，中国已经在 2001 年 12 月加入世界贸易组织，成为世界贸易组织的成员，这不仅表明中国的发展需要世界，而且表明世界的发展更需要中国。2001 年，对中国而言，实在具有极为重要的象征意义。这个意义在于，我们将不再是世界的一个被动因素，而是世界的一个积极因素，我们是国际社会中平等的一员，我们将为世界的发展和人类的进步做出我们自己的贡献。中国的发展将提供给世界一些新鲜的经验。

历史证明，这一百年来，中国与世界的关系的性质，根本上改变了。

2000 年正值中国社会科学院近代史研究所建所 50 周年。50 年来，在范文澜先生、刘大年先生、余绳武先生、王庆成先生等诸位所长领导下，经过几代人的努力，特别是数十位著名研究员对中国近代史研究事业的执着，近代史研究所对中国近代史学科的建设和发展做出了自己的贡献。据很不完全的统计，50 年来，本所学者出版各类著作 332 种、资料书 166 种、译著 67 种、工具书 20 种，发表学术论文及其他文章大约 1765 篇，其中在 1978 年以后出版的，占到 90% 左右。

最近 20 年来，特别是最近十年来，本所在开展对外学术交流方面做出了积极的努力。我们不仅每年邀请数位海外知名学者来所访问，派出数位学者去海外访问，还独自或者参与组织各种大型国际、国内学术讨论会，积极推动国内外学术交流。十年前，在本所建立 40 周年的时候，我们曾经召开过以"近代中国与世界"为名的国际学术讨论会，受到国内外学者的欢迎。那次国际学术讨论会的论文集以《走向近代世界的中国》为题由成都出版社出版（1992 年）。在本所建立 50 周年的时候，接续上次的会议，召开第二届近代中国与世界国际学术讨论会，希望借此机会检阅本所新一代研究者的成绩，同时促进与国内外学者的广泛交流。我们也希望借这次聚会，倾听各位朋友对本所研究工作的指导与批评。中国近代史学科的研究对象，是 1840—1949 年半殖民地半封建中国的历史。在这个历史时期里，中国与世界的关系，是它内在的基本内容之一。近代中国的历史进程，无论从哪个方面来说，我们都可以从中国与世界的关系中寻找到种种根据。有鉴于此，我们也希望，作为对本所建所的纪念，以十年为期，以近代中国与世界的关系为题，召开一系列的学术讨论会，借以推动学术的进步和学术交流的发展。

第二届近代中国与世界国际学术讨论会，2000 年 9 月 7—9 日在北京顺义区怡生园国际会议中心召开，由中国史学会和中国社会科学近代史研究所共同主办。出席这次会议的除了来自中国内地和台湾、香港的学者外，远道而来的还有日本、韩国、新加坡、美国、澳大利亚、俄国、波兰、法国、意大利等国家的学者，来自海外的学者约50人。会议收到学术论文百多篇。中国史学会会长、中共中央文献研究室副主任金冲及教授，东京大学名誉教授、日本亚细亚大学原校长、东洋英和女学院院长卫藤沈吉先生，中国社会科学院副院长李慎明研究员，华中师范大学原校长章开沅教授分别在大会开幕式上致辞，我本人作为中国史学会副会长和近代史研究所所长担任这次会议的组织委员会主任委员，在大会上致了开幕词。在闭幕式上致辞的有：中国社会科学院经济研究所吴承明研究员、俄罗斯科学院院士齐赫文斯基教授（Академик Сергей Леонидович Тихвинский）、日本早稻田大学名誉教授安藤彦太郎先生、华中师范大学原校长章开沅教授、美国加州大学伯克利分校东亚研究所所长魏斐德教授（Professor Frederic Wakeman）、中国人民大学校长兼中国史学会副会长李文海教授、南京大学历史系教授兼台湾研究所所长茅家琦先生、"中央研究院"院士张玉法研究员、中国史学会副会长兼北京师范大学历史系教授龚书铎先生、日本庆应义塾大学法学部学部长山田辰雄教授、波兰科学院非欧洲国家研究中心施乐文研究员（Prof. dr. hab Maria Roman Slawinski）和中国社会科学院近代史研究所丁守和研究员。

在这次会议期间，还宣布了中国社会科学院近代史研究所授予六名外国学者名誉研究员的决定，他们是：早稻田大学名誉教授、日中学院院长安藤彦太郎教授，东京大学名誉教授、东洋英和女学院院长卫藤沈吉教授，俄罗斯科学院院士齐赫文斯基教授，哈佛大学历史系孔菲力教授，法国国立科学研究院高级研究员巴斯蒂教授，香港大学前校长、新加坡东亚研究所所长王赓武教授。

1990年近代史所召开第一届近代中国与世界国际学术讨论会，我们获得了福特基金会北京代表处和日本国际交流基金的资助。第二届近代中国与世界国际学术讨论会筹备期间，我正在东京访问。承前辈学者、近代史研究所的老朋友卫藤沈吉教授允许，我代表近代史研究所授予卫藤沈吉先生为这次学术会议海外筹款委员会主任委员，并且得到中央大学李廷江教授、亚细亚大学容应萸教授的协助，我个人也曾到某基金会说明情况，经过努力，完成了筹款工作。财团法人平和中岛财团、财团法人大和银行亚洲大洋洲财团、财团法人国际通讯基金、财团法人笹川平和财团、日本国际交流基金给予了会议资助。一个成功的国际学术讨论会，是由多个条件共同促成的：最主要的是要有优秀的学者出席并提交学术论文，要有服务型的会议组织者提供优秀的会议组织工作，也要有适当的经费支持。实际上，这三者缺一不可。看来，第二届近代中国与世界国际学术讨论会已经满足了上述要求。这本论文集的出版，就是这些条件得到满足的证明。我作为这次学术讨论会的责任人，谨在此衷心感谢来自国内外各地的学者，感谢他们提交了高质量的学术论文并积极参与了讨论；感谢为会议提供服务的各位朋友，他们是近代史研究所组织学术会议的专家里手；感谢为这次学术会议的成功召开提供了经费支持的日本各基金会，尤其要感谢东京大学名誉教授卫藤沈吉先生，他为本次会议经费筹集做出了特别的贡献。

我个人有幸在担任近代史研究所负责人期间，推动并组织了第一、第二次近代中国与世界国际学术讨论会，尽到了我个人的一点责任。看到这本论文集即将问世，私心聊以自慰。我衷心希望，本所在今后能继续为促进国际学术交流做出自己的努力。我们是有这样做的基础的，我们是有这样的能力的。只要我们锲而不舍地做出努力，今后一定会做得更好。

这本论文集的编辑工作，是徐辉琪、刘红、王建朗、王奇生、汪朝光、黄春生诸位同志完成的，谨在此对他们的工作表示衷心的感谢！

2004 年 7 月 12 日于北京东厂胡同一号

《保定历代史事长编》序[*]

经济发展，社会承平，文化建设便要出现新的要求。历史书的编纂便是文化建设中的最要之义。国家开展清史编纂工程是这方面的一大举措。保定地方的史学工作者不辞艰辛，编纂了十八卷之多的《保定历代史事长编》，也是体现了保定地方人民对历史文化的需求。历史是民族的记忆，地方史的编纂正是这种记忆中的重要一环。《保定历代史事长编》的编纂者索序于我，使我有机会披览了全书的目录，了解了编者对编辑保定地方历史的旨趣与钟情。

保定是华北平原上的锁钥，北望蒙古草原，南抚黄河，东出渤海，西邻秦晋，历来为四战之地。明清以来，与京师和天津成掎角之势，历代生息繁衍，往往演成风云雷霆的故事。保定的历史，在中国国家的形成过程中，在中华民族的形成过程中，在近代以来的革命奋斗中，俨然成为重要的环节。凛易水之寒，想见燕赵、中山之地，敢死之士，遍于国中；金戈铁马，宋辽交兵，亦是英雄辈出之时。明清两代，此地是华北的政治中心，近畿要地；北洋军阀时期，此地是直系军阀的大本营，直皖、直奉战争，莫不围绕保定地区进行。日寇凌夷，保定人民以地道战、青纱帐、雁翎队、敌后武工队等与侵略者相拼搏，功勋载于青史。西柏坡是中国人民革命胜利前夕的最后一个设在农村的最高革命指挥部；华北人民政府是中华人民共和国政府的雏形。看到这些，就可以看到保定在历史和地理位置上的重要程度了。

中华大地上某个地区的历史，是整个中国历史不可分割的组成部

---

[*] 政协保定市委员会文史资料委员会编《保定历代史事长编》，新华出版社，2005。

分。在那块土地上进行的历代人文活动，其精华部分，往往构成整个中华民族民族精神的源泉之一。在历史发展的实际演进中，由于某地的地理环境、人文环境的特殊性，往往在该地区形成历史事件、历史人物的某种独特品格。这种独特品格，又会对历史运动的大趋势产生或大或小不同程度的影响。这类事例，在历史过程的演进中，绝非个别现象。如井冈山的地理环境和人文条件，有利于中国第一支工农红军的生存与发展。不深入研究井冈山的地理、人文环境，不深入研究这种地理人文环境与全国的关系，以及由此造成的那个地区在政治、经济条件上与全国的差异，就无法深入了解"工农武装割据"的历史必然性。同样，不深入研究华北、冀中平原，特别是保定一带的历史地理环境，不了解这个地区的历史文化传统，就无法深入认识冀中军民艰苦卓绝的抗日斗争。在中国历史舞台上，演出过一出出威武雄壮的大戏，全国是一个大舞台，各个地方是许多个分舞台。离开了各地的分舞台，大戏无法上演。这正是地方史在中国历史书中的魅力所在。有了这种种魅力，整个中华民族五千年的文明史，才有了扎实的根基，才显得生动无比，才有了多姿多彩的历史风貌，也才有了生生不息的力量源泉。

《保定历代史事长编》，涵盖了自上古至保定解放几千年来发生在保定地区的重大历史事件，反映了出生于这一地区的历史人物的活动，也反映了出生于其他地区但曾经活动于这一地区的历史人物。为此，广泛搜集散布于各种史书上的资料，包括近人撰写的反映这一地区历史活动的记述，配合照片和地图的运用，体例活泼，生动可读，力求避免枯燥乏味，编者们是用了心思的。

在中国共产党领导下，中国已不再是受人欺凌的积弱之国。改革开放以来，一心一意搞建设，综合国力日渐增强，中国的经济实力已经走在了世界的前列，已经彻底摘掉了一穷二白的帽子。我们正在以稳健的步伐，迈入全面小康社会。刚刚闭幕的中共十六届四中全会，提出了增强党的执政能力的一系列决策，将保证我国沿着有中国特色的社会主义道路稳健前进。我们今天回顾历史，不仅仅是为了怀旧，温故而知新，我们要从历史中吸取经验教训，增长才干和智慧，处理好我们已经面临和将要面临的各种社会矛盾，应对国际国内各种挑战，推动国家和社会向着更高的发展阶段前进。学习历史知识，能够帮助我们提升民族自豪感，增强爱国主义观念，保证我们朝着先进文化的前进方向前进不动摇。

在这里，我谨对这部书的出版，表示衷心的祝贺。未敢云序，略述感想而已矣。

2004 年 9 月 20 日

《中葡关系史（1513—1999）》序[*]

黄庆华先生著《中葡关系史（1513—1999）》是一部全面叙述 500 年中葡关系历史的著作。全书 120 万字。这是第一部全面描述 500 年中葡关系史的著作。它是作者将近十年努力的结果。

本书的特点是：

第一，全面叙述 1513—1999 年的中葡关系史，主要是中葡之间的政治外交历史。国内外有关中葡关系史著作多种，没有一本这样全面反映中葡关系历史的学术著作。这是一种开创性的努力。

第二，国内外的中葡关系历史著作，或者是单纯利用中国史料，或者是单纯利用葡国史料，很少有学者能够直接利用中葡双方历史资料进行写作的，近年虽有学者利用过一些葡国史料撰写早期中葡关系历史著作，但像黄庆华这样除了全面利用中文史料，还全面利用葡文史料写作中葡关系史，恕我孤陋，可能是绝无仅有的。作者在研究中还直接参考了法文、西班牙文、英文史料。这使作者能够从世界史的角度相当全面地观察中国和葡萄牙之间 500 年的历史，这种观察使得作者的研究结论更为客观、更为平实，也更为接近历史实际，更为科学。500 年来没有一位葡萄牙学者能够直接利用中文史料，也没有一位中国历史学者直接利用葡萄牙文史料，现在从黄庆华起，中国历史学者不能利用葡萄牙文史料的时候结束了。

第三，目前中国学者的研究，往往从澳门历史着手。黄庆华的研究跳出了这个定式，从中葡关系历史着手，把通过澳门史的中葡关系放大了。这个研究思路的设计是值得肯定的。

---

[*] 黄庆华：《中葡关系史（1513—1999）》三册，黄山书社，2005。

第四，中葡关系史的关键是1862年草约问题和1887年中葡友好通商条约问题，作者集中精力，用了全书大约1/3的篇幅，参考中、葡、法、英等文种史料，详细研究并不厌其烦地描述了这两个条约的谈判、起草和交换的经过，通过当时中方、葡方、法方、英方、俄方、德方当事人的记录，论证了澳门主权归属与中国的事实。这是整个中葡关系史的核心问题。以往中国人往往说葡萄牙侵占澳门，葡萄牙人往往说澳门是葡萄牙的殖民地，其实这些说法都是经不起历史检验的。我认为，这本著作把这个历史疑案通过详细的史料论证解决了。

本书作者是我的朋友，也是研究所的同事。他精于法文，1991年曾在中国社会科学出版社出版译著《法国在华传教政策》（法国卫青心原著）。1995年前主持过中国社会科学院近代史研究所翻译室（后改称国外史学动态研究室），主编过《国外中国近代史研究》，这个刊物很受国内外读者欢迎。但是，在1994—1995年，黄庆华在法国访问的时候，有两个因素使得这个研究室和这个刊物发生了重要变故。一个是中国社会科学院决定调整全院各研究所的学科体系，需要各研究所根据学科发展的实际和可能，做一些调整。这就意味着可能需要撤并一些研究室。近代史研究所学术委员会经过反复讨论，征求各方面意见，也采取了一些措施，其中包括撤销国外史学动态研究室，该室原有人员并入近代史资料编辑室。另外一个因素是，中国社会科学院研究知识产权的法学专家多次向院方提出，由于在1993年中国与美国签订了有关知识产权的协议，又由于中国社会科学院各研究所几乎都主办一个反映各相关学科国外信息的刊物，译载外国学者的有关文章，在无法获得外国学者授权的情况下，如果被外国有关机构提起诉讼，败诉是肯定的。因此建议应当停办这类刊物。于是近代史研究所决定停办这个刊物。在这个刊物的第27期，黄庆华以编辑部名义在《国外中国近代史研究》的最后一页写下了《停刊启事》。这两件事情的直接后果都落到黄庆华身上，这对他的打击是挺大的。黄庆华服从了组织决定，但是思想并不很通，情绪低落，而且暂时也没有选定今后的工作方向。

我借此机会，讲一点黄庆华怎么进入中葡关系史这个很少人问津的学术领域的故事。1995年初，我被澳门大学邀请，在澳门大学校长主持的一个学术会议上做报告，题目是国内关于澳门历史研究的现状。我临时抱佛脚，赶紧看了国内出版的澳门史著作和刊物上发表的文章，完成了这个报告。这次学术活动在澳门大学有了比较好的反响，主要观点在葡文刊物上做了报道，演讲稿在澳门政府文化局办的《文化杂志》上用中、葡文刊登。这些消息引起了葡国里斯本科技大学社会与政治学院国际关系研究中心主任 Antonio V. de Saldanha 教授的注意。不久我接到了这位教授邀请访问里斯本的函件。这时候我是近代史研究所所长，我认为应该接受这个邀请。根据中葡两国政府的安排，澳门将在1999年12月20日正式回归祖国怀抱。在澳门回归以前五年有机会访问葡萄牙，如果能够借此机会为所里培养懂点葡萄牙文字的学者，开展中葡关系的研究，在学术上和现实上是有意义的。我在澳门大学的演讲会上说过：葡萄牙经营澳门500年，没有培养出一位精通中文的历史学家，中国与葡萄牙发生关系500年，也没有出现一位精通葡萄牙文的历史学家，是极大的遗憾。现在似乎有了机会。我只粗通英文和俄文，几乎不能应用，更不懂葡文。由于黄庆华精通法文，我的葡国主人 Antonio V. de Saldanha 教授懂法文，所以我邀请黄庆华与我同行，共同完成这次访问任务。

1995年10月下旬，我和黄庆华前往葡国首都里斯本，在那里访问了里斯本几家档案馆和图书馆，探访了中葡交往的史迹，收获甚丰，对中葡关系历史产生了比较直观的印象。

在接触中，Antonio V. de Saldanha 教授表达了一个愿望，希望有一个中国人的名字。我根据因音取义的原则，给他取名为萨安东。他在了解这个名字的含义后非常高兴。萨教授告诉我们，他的家族在葡国对外开发史上颇具声名。里斯本有一以萨氏命名的公园，就是纪念萨氏家族的。葡国海外历史档案馆（Arquivo Histórico Ultramarino）馆址就曾是萨家的家产。据说，那座院落原先极大，一直延伸到海边，现在只是市内一处有着花园和草坪的档案馆了。在海外历史档案馆参观，该馆负责人送我一件档案复印件，是1666年葡国国王阿丰索六世（Afonso Ⅵ）的一封信，曾由老萨氏（Manuel de Saldanha，中国史书记作"玛纳撒尔达聂"）带到中国，致送中国皇帝。该使节于1670年6月到了北京，送了葡王的信，南返途中，于1670年10月病死于淮安府，遗体葬于澳门。据说，在18世纪中，他家还有一个先祖曾奉命出使中国，担任过澳门总兵头。他的家族中，还出了一位果阿总督，一位巴西总督，还有五位出任大学校长。由于家族的历史渊源，萨教授对研究葡中关系历史抱有浓厚兴趣，对葡京各档案馆所藏有关葡中关系的葡文档案，了如指掌，用葡文撰写的葡中关系史的论文已有几种，有的已刊，有的待刊。

我记得，《明史·佛郎机传》对佛郎机人的描绘是："其人长身、高鼻，猫眼鹰嘴，拳发赤须。"史家已经证明，明史所记佛郎机就是葡萄牙。这里描绘的葡萄牙人的形象，与我在里斯本所见颇不相同，葡萄牙人高个子不多，矮个子不少，"猫眼鹰鼻"也不多。我以此请教萨教授。他说，纯正的葡萄牙人有阿拉伯人血统，面色深沉，黑眼珠、黑发、自然卷曲，络腮胡。就黑眼珠、黑发而言，与东方人有类似处。萨教授就是一个典型的葡萄牙人。看来，《明史》作者的观察是不准确的。当初海交初开，荷兰人、西班牙人、葡萄牙人16世纪东来，中国人很难以把握他们的准确形象。正像把葡萄牙人称作佛郎机、大西洋人一样，都是很不准确的。

中葡关系，自葡商阿瓦莱斯（Jorge Alvares）于1513年由马六甲来广东屯门谋求通商贸易，迄1995年已有近500年的历史。自1553年广东地方当局允许葡人在澳门居留以来，也有442年历史。总起来看，葡人居澳以来，中葡两国间未有战争行为，中葡两国间的关系是好的，中国对澳门的主权行使是充分的。

我们在国立东宝档案馆（Instituto dos Arquivos Nacionais / Torro do Tombo）参观，承馆长马塞多（Jorge Borges de Macedo）教授亲自接待，看到乾隆二十三年（1758）正月二十六日钦命管粤海关税务内务府佐领李发给葡国船商若望蒙打惹的粤海关澳门洋船牌，证明该商已按规定完纳丈抽税饷，该商前往吕宋（菲律宾）贸易，请所有行经关津要隘汛防处所验牌即放行，不得重征税饷，留难阻滞，并规定船内不许多带并夹带违禁货物等情；乾隆五十七年（1792）五月十九日，香山县正堂许发给澳门夷目唛嚟哆的牌照，鉴于大井洋面有夷船二只，逗留洋面，不进埔输税，要求该夷目遵照旧例，"遇有夷船来广贸易，立即禀报，一面押令进埔湾泊，报验输税，毋许逗遛洋面，致滋偷漏"。这两件政府文书原件，显系葡商带回国内保存的。它证明了18世纪下半叶中国政府在澳门的主权行使的实际情况。

近年国内学者研究中葡关系史，主要通过澳门历史来看中葡关系，最新的看法，鸦片战争以前300年的澳门历史，基本上不是葡萄牙侵略澳门的历史，而是以中葡双方友好合作为主旋律的历史；1849年以后情况不同，那时葡萄牙人逐步强占了澳门。1849 年以后，中国处在被动挨打的地位，尽管这样，如果没有英国的支持，单凭葡萄牙本身力量，是难以实现"永居管理澳门"的。葡萄牙外交部历史—外交档案馆（Arquivo Históric – Diplomático do Monistério dos Negócios Estrangeiros）所藏赫德、金登干通信及赫、金与葡澳和葡国外交部交涉档案，从一定意义上反映了英国的意向。

我们在里斯本看到了中葡两国友好交往的证据。在葡国阿儒达王家图书馆（Bibliotéca da Ajuda）参观，馆长 Francisco G. Cunha Leao 先生亲手为我们展开一长 385 厘米、高 86 厘米的卷轴，周边为金黄色的彩饰龙云图纹，极为华贵，它是乾隆十八年（1753）四月二十五日乾隆皇帝给葡萄牙国王唐·若泽一世的复函。兹录原函如下（格式仍旧，原件无标点）：

奉
天承运
　　皇帝敕谕：博尔都噶里雅国王：览王奏，并进方物，具见悃忱。
　　　　洪惟我
圣祖仁皇帝、
世宗宪皇帝恩覃九有，光被万方。因该国王慕义抒诚，夙昭恭顺，
　　　　是以叠沛
温纶，并加宠赐。今王载遴使命，远涉重瀛，感
列祖之垂慈，蹚阙庭而致祝，敬恭式著，礼数弥虔。披阅奏章，朕心嘉悦。既召见使臣，遂其瞻仰之愿，复亲御帐殿，优以宴赏之荣。西洋国人官京师者晋加显秩，慰王远念！兹以使臣归国，特颁斯敕。其锡赍珍绮具如常仪，加赐彩缎罗绮珍玩器具等物，王其祗受，悉朕眷怀。故兹敕谕。

以下附赏赐及加赐珍绮等礼单，计开礼品 112 种，1411 件，均极珍贵。

这件乾隆敕谕，回顾了康熙皇帝以来约 100 年（跨 17—18 世纪）的中葡友好交往历史，对葡王的来函和礼物，深表欣慰，并召见、宴赏来使，对在京师做官的葡人连连晋级，加赐珍玩，以慰葡王远念，并示

乾隆帝怀柔远人之意。中葡间友好情谊跃然纸上。

这件国书规格之大，恐世无出其右。我在北京中国第一历史档案馆和台北"故宫博物院"所见晚清皇帝国书，比在这里所见，要小得多多了。尤为称奇的是，国书用三种文字书成，右手为葡萄牙文，正中为汉字，左手为满文。在三种文字的年号上，都盖有乾隆御宝。国书用三种文字写成，也是在别处所未见的。此件确是稀世珍品。《明史·佛郎机传》记载嘉靖四十四年（1565）葡人伪称满剌加入贡，改称蒲都丽家，为守臣所拒。上引文书，既称"博尔都噶里雅"，又称"大西洋国人"，显已接受葡萄牙的本名。盖蒲都丽家、博尔都噶里雅、葡萄牙，都是 Portugal 的不同汉译。但有清一代，佛郎机这一名称已放弃，官方文书称葡国为西洋国，尊称国名前加大字。光绪二十八年（1903）中葡所签《分关章程条款》，官文书中始见葡国之称呼。光绪三十年（1904）所签《办理新约第三款合订章程》和《广澳铁路合同》，则西洋国和葡国混称。清宣统元年，廷命云南交涉使高而谦为办理澳门勘界事宜大臣，皇帝敕谕中第一次称西洋国为葡国。1917 年中葡签《邮资条件》合同，第一次放弃了西洋国称呼，而直称葡萄牙国。此国名沿用至今。近世葡国与中国交通最早，而中国人对葡国国名的称呼，四百年而数变。中西认识之难，于兹可见。

友好交往的另一证据是在国立东宝档案馆发现的。光绪十六年（1890）三月十九日，光绪帝悉西洋国使臣告该国新王登极，即致函葡新国王卡洛斯（Carlos），极表祝贺之意。这一件国书长 194 厘米，高 68 厘米，也是稀见之珍品。马塞多馆长垂询该国书是否郑重，我极道其郑重珍贵，主客皆抚掌称奇。

有关鸦片战争以后的葡中关系档案，主要藏于葡国外交部历史档案馆。此行有机会参观了这家档案馆。我们抵达里斯本的次日，适逢公休日，与中国相关档案的馆方负责人即将出访外国，故于公休日带我们参观。外交部历史档案馆设于外交部内，而外交部原是葡国王宫。

我们随主人之后，通过外交部门口的持枪警卫，进入故王宫。故王宫为典型的欧洲式建筑风格，高大轩昂，气宇不凡。上下楼梯，又转乘电梯，看到王宫高大的石柱，楼梯沿墙边镶贴有 1 米多高的蓝花瓷砖，主人告诉我们，这些蓝花瓷砖是 17 世纪仿中国明代的广东花瓷烧制的。我们在这里看到了葡国王宫建筑的中国影响。类似的蓝花瓷砖镶贴，我们以后还在海外历史档案馆原萨尔达尼亚家建筑物上看到过。在进入档案馆前，我们路过外交部的一些办公室，那里还有人在值班。主人告诉我们，我们到葡国访问的入境签证，就是从这里发出的。

在一间房间内，主人已为我们安排好了供参观的葡中关系的档案，都是未经整理、装订的档案原件。馆方负责人玛丽亚·费维雷罗女士（Maria I. Fevereiro）和萨安东教授为我们做了介绍，外交部档案大都为19世纪中叶以来葡驻外使节送呈政府的报告和葡与外国签订的条约、会谈纪要等文件。给我们看的有鸦片战争时期葡英、葡中交涉情况；有1862年中葡条约谈判情况和条约文本；1887年条约谈判情况及条约文本，中国海关总税务司赫德（R. Hart）和中国海关驻伦敦办事处主任金登干（J. D. Campell）关于里斯本议定书的交涉经过以及赫德、金登干通信原件等；1887年中葡条约签订后两广总督张之洞主持与葡澳划界谈判的经过，其中有中方致送葡方的历次谈判节略和葡方送中方的划界要求的中文译件，中方对葡方要求多所辩驳；1900年葡驻外使节关于各国对义和团事件的反映和湖广总督张之洞、两江总督刘坤一在上海策划东南互保的情况；1901年葡萄牙关于各国对华谈判的反映；1908年关于二辰丸事件引起的中葡交涉档案；1912年关于清帝退位、民国成立的反映，关于澳门划界交涉情况；1916年对袁世凯称帝的反映；1922年华盛顿会议情况，葡国态度；1928年民国政府与葡谈判新的通商条约的档案与条约文本；1949年葡政府迫于美国压力，放弃承认中华人民共和国而与台湾继续保持关系的交涉，有关英葡对港澳回归的交涉；20世纪50年代中葡交涉情况；1966年因澳门12·3事件引起的中葡交涉；1971年联合国决定恢复中国席位时葡国的态度；等等。

我们看到的全是档案原件。档案馆负责人告诉我，我是1862年、1887年两个中葡条约（1862年中葡条约未经正式批准）签字后第一个摸到葡方所藏条约文本的中国人。馆藏档案数量大，内容重要，不仅涉及中葡关系，且涉及中葡两国与西方各国的关系，文件写成时主要用葡文，也有英法文件，还有不少中文文件，是研究中葡关系历史的重要参考资料。

我们在离开里斯本以前，有机会第二次进入葡外交部历史档案馆，接受馆方送我的1862年条约中文本的复印件。

在里斯本访问过程中，我反复向黄庆华说明，现在距离澳门回归还有几年，开展中葡关系史研究很有意义，不仅对学术界有意义，对扩充本所中外关系史研究领域也有意义。尤其是通过这次访问，建立了与葡国的学术联系，了解了葡国历史档案的情况，证明中葡关系史研究是大有可为的。由于黄庆华精通法文，法文与西班牙文、葡萄牙文都属于拉丁语系，大量单词的词根相同，只要稍许花点时间学点葡语发音和语法，就可以掌握葡萄牙文字。有这些理由，我劝说黄庆华把研究方向转移到中葡关系研究上来。黄庆华表示需要考虑。

回国以后，黄庆华经过了几个月的学术准备，然后郑重地对我说，可以接受我的建议。此后我们又找到办法，让他到葡萄牙做了一次长期的访问，一方面学习葡语，一方面搜集档案资料。经过将近十年的奋斗，得到院所课题经费的资助，终于把一部120万字的《中葡关系史》放在我的面前。课题结项时，有关专家就这本著作稿的若干方面提出了修改意见，一致肯定这是一部有价值的学术著作。我的一颗悬着的心放下来了。这证明当初的选择是成功的。因此，我对这本《中葡关系史》的出版表示衷心的祝贺！我对中葡关系史研究没有做什么事情，黄庆华著《中葡关系史》出版，还了我的一个心愿：中国人直接利用葡文史料的历史开始了。这是我心以为慰的！

2004 年 7 月 13 日

《伟大的爱国者张学良》序[*]

我的老朋友张友坤同志的新著《伟大的爱国者张学良》又将杀青，嘱序于我。我与张友坤同志从青年时代相交至今，至为莫逆。1964年8月，我们同时走进当时的中国科学院近代史研究所，共同经历了张掖"四清"、黄县劳动锻炼和"文革"十年。过后，他有一段时间"跳槽"，并且幸而给吕正操老将军做了几年秘书，后来以上校军衔退伍，回到中国社会科学院近代史研究所担任行政副所长兼党委书记。这期间，他经常聆听老将军话张学良将军旧事，并得以阅读有关历史资料。到了研究所，便决心以研究张学良为乐事。此后工作任务虽屡有变动，而且大多担任研究单位的党政领导工作，但他长于任事，对党政工作驾轻就熟，便以余力研究张学良，先后有《张学良年谱》《张学良轶事》《张学良世纪风采》等著作的出版，此次又有《伟大的爱国者张学良》告蒇，宛然已成为张学良研究的一大家了，可喜可贺。

先是在张友坤编纂《张学良世纪风采》完稿时，我们共同的老领导刘大年同志在医院病榻上，弥留之际，仍为《张学良世纪风采》口述序言，阐明了评价张学良一生功过的三条原则。我承邀为《张学良世纪风采》作序，阐述了刘大年同志提出的三条原则。张友坤同志告诉我，读者对这两篇序言颇多赞美之词。

我在那篇序言中，曾经转述了刘大年先生有关抗日战争中存在着国民党、共产党两个领导中心的见解。我认为这个见解是实事求是的，反映了客观历史。但是，照我的观察，这样的认识尚未被普遍接受。我想借这个机会，继续阐述刘大年先生生前提出的这个见解。

---

[*] 张友坤：《伟大的爱国者张学良》，东北大学出版社，2006。

今年（2005年）是中国人民抗日战争暨世界反法西斯战争胜利60周年纪念的一年。中国党和政府举行了隆重的纪念活动。9月3日，在人民大会堂，我聆听了胡锦涛主席在纪念中国人民抗日战争暨世界反法西斯战争胜利60周年大会上的讲话，会后又读了报纸发表的文稿。胡锦涛主席在报告中说："在波澜壮阔的全民族抗战中，全体中华儿女万众一心、众志成城，各党派、各民族、各阶级、各阶层、各团体同仇敌忾，共赴国难。长城内外，大江南北，到处燃起抗日烽火。中国国民党和中国共产党领导的抗日军队，分别担负着正面战场和敌后战场的作战任务，形成了共同抗击日本侵略者的战略态势。"这段话，是许多年来党和国家领导人第一次正面阐明了抗日战争中国共两党在战场上分别承担着正面战场和敌后战场的战略任务。这是客观的历史评价，不仅政治影响极好，也具有学术上的指导意义。我最近从祖国宝岛台湾归来，与台湾学术界的朋友们交流，也拜访过中国国民党党史馆，发现那里的朋友们对胡锦涛的上述评价是满意的。我以为，在这个评价基础上再进一步，明确指出抗日战争中存在着国民党、共产党两个领导中心，就十分完美了。

抗日战争中的领导权问题，是一个长期有争议的老问题。我们过去习惯上强调共产党的领导作用，台湾学术界只承认国民党的领导作用。对抗战历史中的这个认识问题，至今还影响着海峡两岸的人们。在抗战胜利过了60周年的今天，我们应该冷静地、客观地看待这个问题。

日本帝国主义侵略中国，是要企图灭亡中国。中华民族面临存亡绝续的问题。抗日战争是在中国共产党倡导的抗日民族统一战线的旗帜下，以国共合作为基础，各阶级、各民族人民团结起来进行的中华民族解放战争。这是对抗日战争的基本定性。从民族战争的全局来看，中华民族内部各党派、各政治团体和政治势力，只有团结一致，共同抵御日本帝国主义侵略，中华民族才有出路。说共产党发挥了领导作用，是因为它倡导、推动并始终坚持了抗日民族统一战线，使民族战争所必需的国内团结能够维持下来，而且，共产党还指挥八路军、新四军，动员敌后地区的广大人民群众，担负着敌后战场的作战任务。从这一点来说，共产党是中国抗日战争的领导中心，是可以理解的。

但是，我们必须看到，在抗日战争中，还存在着国民党这个领导中心。当时国家权力掌握在蒋介石、国民党政府手中。这个政府是民族战争所必需的、国际国内承认的统一政权,它指挥 200 万军队,担负着正面战场的作战任务。抗日战争只有发动蒋介石、国民党参加,才可能利用国家政权的力量推动全国抗战的开展,才可能有全民族的抗战。没有蒋介石、国民党的参加,单凭共产党的力量,尽管她的抗日主张无疑是正确的,是符合中华民族的民族利益的,在当时的历史条件下,也是难以独立支撑全国抗战大局的。抗战期间,蒋介石虽然没有放弃反共,但也没有放弃抗战。八年全面抗战,尽管蒋介石、国民党政府采取消极、片面的抗战路线,对日妥协退让,但毕竟没有对日投降,总算把抗日的旗帜扛下来了。这与汪精卫之流有本质的区别。需要指出,共产党推动蒋介石、国民党参加抗战,是提高了蒋介石、国民党的历史地位呢,还是贬低了蒋介石、国民党的历史地位呢?很明显,蒋介石成为抗战领袖,把蒋介石、国民党在中国历史上的地位提到了从未有过的高度。这也是由中华民族的整体利益决定的。但是抗战胜利后,在美国的扶持下,蒋介石、国民党一意孤行,肆意反共反人民,才从原有的历史地位上跌落了下来。这是怪不得共产党的。蒋介石一生几乎与近代中国同步,他给历史留下的东西,无非是在国民革命中追随孙中山,在抗战中坚持了抗战,退踞台湾后坚持了"一个中国"的立场,其他例如制造四一二政变,以及事变后一贯坚持反共、"剿共",九一八事变后坚持不抵抗,坚持攘外必先安内,在抗战中也不忘记反共,在抗战胜利后违背全国人民追求和平的意愿,彻底反共反人民,等等,都是不足道的,都是拉历史车轮倒退的。从历史唯物主义的观点看,从实事求是的观点看,从中华民族的民族利益看,蒋介石在抗战中尽管没有放弃反共,但还是把八年全面抗战坚持到底了。这一点是值得肯定的。同样,中国共产党领导的人民力量的存在和发展,是这场民族解放战争胜利的基本条件,如果没有这个基本条件,全民族抗战是否能实现,或者一时实现了,能否坚持下去而不中途夭折,以及中国是否能取得抗战的最后胜利,就要打一个大问号。从这个角度说,中国共产党及其领导的人民力量,是保证抗战胜利的中流砥柱。所以,人民力量的存在和发展这个基本条件的极大重要性,更加应该得到客观的、全面的理解。因此,抗日战争这场民族解放战争的胜利,是国民党、共产党和全国人民共同奋斗争取得来的。毛泽东在 1938 年也说过国共"共同领导"抗战的话。

国民党、共产党两个领导中心,它们所处的地位不同,所起的作用不一样，也不表现为某种平衡，不是一个从属一个，而又都是不可缺少的。这两个领导中心，不是一时一刻起作用的，都是全面的、全局的。不承认一个中心，或者取消一个中心，行不行呢？显然是不行的。取消国民党政权这个中心，失去国家政权的力量，全国抗战难以推动，难以调动几百万军队在正面战场与敌作战，难以争取国际援助；取消共产党这个中心也不行，取消这个中心，抗日民族统一战线就形成不了，还是继续"攘外必先安内"，内战不止，如何形成全国抗战的局面？取消这个中心，敌后战场谁来领导，广大敌后地区的人民群众谁来组织和发动？取消这个中心，谁来制止国民党政权对日妥协退让的趋势？

如果不承认国民党这个领导中心，只承认共产党这个中心，抗战时期中国打的许多败仗，尤其是1944年豫湘桂大溃败谁来负责？共产党能够负责吗？全国政治的不民主、官吏的腐败堕落，共产党能负责吗？抗战后期，蒋介石、国民党政权与国际的联系作用也不可忽视，他们代表中国与苏联、美国、英国等发生国际关系，谈判废除《辛丑条约》和治外法权，蒋介石作为中国首脑出席开罗会议，做出了从日本手中收回台湾等地的决定，以及参与建立联合国，这些成绩离开了蒋介石和国民党政权也是不行的。这些基本的历史事实，我们也要尊重。

客观地说，在抗日战争这个整体大局中，国民党、共产党都起着领导作用。这个作用，都是全局性的，不是局部的、暂时的。不承认其中任何一个中心所发挥的领导作用，都不是实事求是的态度，都不是历史主义的态度。承认国民党的领导中心，并没有削弱、更没有否定共产党的领导中心的全局性作用。双方这种都是全局性的领导作用，是各自通过自己的领导能力来实现的，是在又统一、又矛盾的斗争中来实现的。在抗日统一战线内部又统一、又斗争的过程中，国共力量的消长发生着变化，总的历史趋势，是国民党政权的力量由盛转衰，中国共产党领导的人民力量由弱转强，并且历史性地改变了国内政治力量的对比。换一句话说，国民党这个领导中心的作用由大变小，共产党这个领导中心的作用由小变大，这是对抗日战争中国民党、共产党的领导地位和作用的最终的说明，也是抗战胜利后不久，国民党就垮得那么快，人民共和国能够迅速成立，近代中国历史开辟了新的通道的原因。

抗战胜利后一段时间，国共两党的政治家和理论家互相指责或者不承认彼此在抗战过程中的领导地位和作用，基于当时强烈的政治、军事对抗，是可以理解的。抗战胜利 60 周年后的今天，这种政治、军事对抗已经完全消失了。国民党已经没有资格在中国大地上与中国共产党相抗衡了。国民党在台湾尚且自身难保，在一定的意义上，没有中国共产党的支持，国民党难以在岛内战胜"台独"势力。今天已经出现这样的形势，在击垮"台独"势力，促进祖国统一的过程中，国共可以结成新的统一战线——民族团结和祖国统一民族战线。我们客观地、历史地评价国民党在抗战中起到两个领导中心之一的作用，可以安抚像王升、郝柏村、马鹤龄（马英九的父亲）这样的国民党人和一大批以往接受过国民党观点的人，使他们心服中国共产党的博大胸襟，极有利于反对和遏制"台独"势力，极有利于中华民族的复兴事业。

因此，我认为，应该肯定抗日战争中两个领导中心的存在。

张学良、杨虎城发动西安兵谏，是被蒋介石反共、不抗日的行为逼出来的，客观上反映全国人民反对内战，要求各党各派共同抵抗日本帝国主义侵略的心声和救亡要求。西安事变的结果，迫使蒋介石接受了在国内建立抗日民族统一战线的主张，这就为抗日战争中两个领导中心的实现奠定了最重要的基础。因此，张、杨两将军是在中国近代历史转变时期做出了重要贡献的历史人物。研究张学良和杨虎城，对我们认识中国近代的这一段历史转变有着重要的意义。张友坤同志已经在张学良研究方面取得了可喜的成绩，谨此新著出版之际，说了上面这些话，意在为张友坤的新著补充一点言外之意，请读者批评、指正。

2005 年 12 月 1 日于北京东厂胡同一号

《金石铭刻的澳门史——明清澳门庙宇碑刻钟铭集录研究》序言[*]

我有幸在山东大学结识澳门学者谭世宝教授。他在山东大学历史文化学院执教，并兼任历史语言研究所所长、宗教·科学与社会问题研究所教授。我亦接受聘请，在山东大学宗教·科学与社会问题研究所兼职特聘教授。在山大，我们偶尔相遇，交换有关澳门史研究状况，似颇相得。

我与澳门学界的联系，多与澳门史有关。但我之与澳门历史，不过浅尝辄止，略知一二而已，绝不如世宝兄之精深可比。世宝兄曾获历史学和哲学博士学位，不仅精通澳门史，而且专攻汉唐佛学，于历史学、语言学多所涉猎。他注意澳门庙宇碑刻有年，近来集录明清澳门庙宇碑刻钟铭，潜心研究，撰著《金石铭刻的澳门史——明清澳门庙宇碑铭集录研究》书稿，邀我作序，其情殷殷，不可推却。我乃自不量力，勉为应承。

我之所以勉为应承，主要是因为先睹为快，可以学习、补充澳门历史中的未知的知识。我知道，澳门不大，但庙宇众多。我也曾看过几处，走马观花，不得要领而已。郑炜明先生编的《葡占氹仔路环碑铭楹匾汇编》，虽约略翻过，也未曾留意。

谭世宝教授在前人研究的基础上，十多年来，着力于澳门官公庙产有关金石铭刻的勘查、发现、搜集、比对、整理、研究，其研究结果都为一编。这些金石铭刻包括分属26间庙宇的碑刻共100多块，分属9

---

[*] 谭世宝：《金石铭刻的澳门史——明清澳门庙宇碑刻钟铭集录研究》，广东人民出版社，2006。

间庙宇的钟铭 17 个；碑刻钟铭的录文超过 10 万字，并附碑刻钟铭图片 100 多幅。

这项研究工作是辛苦的。它是文献搜索与田野勘查相结合的产物。

谭著的贡献，主要不在澳门官公庙产金石铭刻的发现整理；其实单就这一项成绩，也是可以骄傲于人的。谭著的贡献，主要在于从澳门官公庙产金石铭刻的发现整理中，得出了迄未引人注意的澳门历史。

谭著在研究了有关庙宇的金石铭刻后，指出了如下事实。

第一，明清时期澳门庙宇，大多数是伴随着中国的行政、军事、海关等机构建立的，由官方主导，阖澳乃至全国各地商民赞助创建和维修的官庙，是为阖澳官民的政治、宗教和社会活动服务的。澳门有关妈祖、观音、关帝等中国传统的多神宗教文化，其维系、保存、发展与传播，全靠官方祀典活动的倡导与民间信众的支持与配合。

第二，马角天妃庙（后改名为妈祖阁）、莲蓬山天妃新庙（后改名为莲峰庙）、三街会馆阖澳公所（后改名为营地街市鲜鱼福利会）、沙梨头的社稷坛（后改名为永福古社）等明清官方主建，并由阖澳乃至广东和全国各地商人民众出钱出力参建的庙宇社坛，本来都属于中国官府拥有和掌控的国家物产。这些官庙是中国政府在澳门拥有主权、行使管治权和维系国家传统教化的一系列重要的政治宗教文化行为的确凿证据。

第三，以上与中国官府密切结合的官庙所在地，一直是明清时期中国居民的居住区。它们与结合于澳葡政府的各天主教堂所在的葡人区，在澳门形成了明确的划分。由于中国官府建筑早已被侵澳葡人捣毁而荡然无存，故上述官庙在澳门的遗存分布，是确定明清澳门中国居民区分布的主要而明确的实物地标。可以说：有关官庙的存亡兴替，是与明清官府在澳门的兴亡命运密切相关的。中国庙宇的明显特点是：有关庙宇创建、扩展、维修的时间、金钱、庙产、人员、目的、意义等都是用碑刻、钟铭做公开而永久的记载。这就可以为澳门从历史的兴亡走向回归祖国之历程，提供具体的历史证明和解说。

第四，1849 年居澳葡人驱逐了中国驻澳门城区及望厦地区的官员和衙署，侵占了整个澳门半岛之后，又先后陆续侵占了青洲、氹仔、九澳等三岛。澳葡政府出于在澳门地区实行殖民主义的需要，把原本属于明清中国官方的土地房产统统变为澳葡政府所有，而原属中国官方所有的庙宇及其附属的房地产的产权和管理权，也就在澳葡政府的操控下，随之统统转变为被迫归顺澳葡政府的全澳民间华商公选代表管理的人民公产，再逐步转化为由少数华商或其他华民组成的某一民间会社团体所掌控垄断的私家财产。

以上四点，对于澳门历史的研究显然是重要的结论。

在提出研究结论后，作者还对今天澳门庙宇的产权与文物保护提出了建议，认为：鉴于澳门的明清中国官方庙宇社坛之历史文物价值和现实的宗教价值之重要，需要恢复其官产或公产的地位和掌管模式，才有可能重集全澳官民之力，使之恢复甚至超过往日的辉煌，以利于澳门作为世界历史文化名城之地位的确立。

作者还认为：澳门庙宇史的一系列历史问题悬案，澳门庙宇碑刻钟铭的全面深入研究，必将从莲峰庙系列碑刻钟铭的深入研究中得到正确的答案。及早设法使莲峰庙的碑刻等历史文物恢复官产或公产的地位，使之都得到科学的保护和公开的展示，必将成为回归祖国后的澳门之盛世功德以及其作为历史文化名城之一大标志。

谭世宝教授透过澳门庙宇金石铭刻的研究所看到的澳门历史，以及其研究结论和建议，我认为值得引起学术界和澳门政府注意。

2006 年 9 月 2 日于北京东厂胡同

《中国工人运动图史》序言[*]

继广东人民出版社在1999年出版刘明逵主持的《中国工人运动史》六卷本后，该社又组织同一作者主持《中国工人运动图史》，即将出版。《中国工人运动史》出版后，我曾写过一篇肤浅的书评。那篇书评说了下面三点看法。

第一，《中国工人运动史》是半个世纪以来，我国专业研究者撰写的第一部全面、系统、深入的大型的中国工人运动史。新民主主义革命结束、新中国成立已经半个世纪，我们才有了这样一部反映近代中国百余年间中国工人运动发展历史的学术著作，本身就反映了诞生这部著作的曲折性、困难性和重要性。国外以及台湾早就有了歪曲性地描述中国工人运动史的著作。我国工人阶级作为中国共产党产生的阶级基础，中国共产党作为执政党已经执政50年，我们虽然有了不少部党史著作，却没有一部深刻总结我国工人运动历史的学术著作，显然是不正常的。现在这部多卷本的大型的《中国工人运动史》摆在世人面前，可以填补一个学术空白，也可以了却一个心愿。

第二，本书以马克思主义唯物史观为指导，在充分掌握、占有并研究我国工人运动历史资料的基础上，全面铺陈我国工人运动从旧民主主义革命时期到新民主主义革命时期的历史演变，不仅总结工人运动本身的历史经验，还总结中国共产党在不同的历史时期领导工人运动的历史经验，全书结构合理，逻辑严密，内容丰富，观点鲜明。本书不仅是建设我国工人运动史学科的奠基之作，是对中国近代史学科的重要补充，也是对中共党史学科的重要补充，而且，对我们全面认识我国工人运动

---

[*] 刘明逵主编《中国工人运动图史》，广东人民出版社，2006。

的历史,全面认识我国工人阶级的伟大历史作用,在建设有中国特色的社会主义的新的历史时期,正确认识和发扬我国工人阶级的伟大历史作用,有着重要的现实意义。

第三,本书的几位作者,尤其是刘明逵、齐武、唐玉良三位,是我国少有的几位长期从事工人运动史研究的学者。可以说,他们集毕生精力,克服各种困难,把青春和晚年都献给了我国的工人运动史研究事业。其他几位也都是研究有素的学者。中国社会科学院近代史研究所尽自己的力量支持他们的研究工作,国家社会科学基金也对他们提供研究资助。中国社会科学院近代史研究所和中华全国总工会的工人运动史研究机构已经不存在了,但是这些同志仍然积年累月,孜孜以求,终于在他们离休多年之后,完成了这样一部巨著,是值得大大加以表彰的事。

六卷本的《中国工人运动史》,是作者们在他们所收集的大量史料基础上,经过数十年研究写出的。《中国工人运动史》出版后,作者们又聚集起来,下大力整理、编辑中国工人运动史料。刘明逵同志邀集多位学者共同编辑的《中国近代工人阶级和工人运动》(十四卷)史料集,在2002年由中共中央党校出版社出版。史料集出版了,刘明逵还是没有休息,他又与中国国家博物馆周正本、章祖荣、席新等几位同志合作,按照《中国工人运动史》的章节安排,搜集大量珍贵的历史图片、照片、资料、新闻报道、图表等内容,编辑成功《中国工人运动图史》。《中国工人运动图史》是《中国工人运动史》的姊妹篇,它以历史图片资料形象、生动地记录中国工人阶级的成长和奋斗史。《中国工人运动史》基于文献史料,记录和叙述中国工人阶级的历史,阐释中国工人运动的历史经验;《中国工人运动图史》用图片来佐证上述记录和阐释,鲜活而生动;《中国近代工人阶级和工人运动》汇编有价值的历史资料,提供进一步分析研究中国工人运动史的基本文献。三部书,卷帙浩大,以不同的形式,反映同一个主题,具有十分鲜明的著述特色。而且三部书,都由刘明逵同志主持其事,难能可贵。这样锲而不舍地从事是对近代中国工人运动历史的记录,对我国工人阶级历史业绩的弘扬,不仅是对中国历史学的贡献,也是对中国工人阶级历史事业的宝贵奉献。

鸦片战争以后110年的中国近代史要回答人们什么?它要回答:中国是如何在外国资本主义、帝国主义侵略下走上半殖民地半封建道路的，半殖民地半封建的中国较之封建中国有什么不同，外国侵略给中国社会怎样的打击，又给中国社会带来什么新的东西，中国社会在这样的冲击下怎样形成了区别于封建中国的新的社会阶级力量，这种新的社会阶级力量又如何提出了解决中国社会出路的思想主张，如何决定了近代中国社会的发展方向。还要研究，这些新的社会阶级力量是怎样同帝国主义、同封建主义做斗争，去争取中国的民族独立，去准备中国现代化的起步条件的。从半殖民地半封建中国110年长程历史来考察，近代中国历史到了本世纪初（1901—1915年），可以说是半殖民地半封建社会沉沦到谷底的时期。从此以后，中国社会内部的发展开始呈现上升趋势。此后，资产阶级及其政治代表的力量，无产阶级及其政治代表的力量迅速成长并终于先后取代旧势力，成为主导社会发展的力量。在这样的社会背景下，中国的政治、经济、军事、对外关系、思想文化、民族关系、边疆状况以及社会问题都有了自己独特的面貌。这里所说的新的社会阶级，既包括近代中国产生的资产阶级，也包括工人阶级，还有为资产阶级和工人阶级的政治利益服务的新式知识分子，以及在这些阶级基础上产生的中国国民党、中国共产党和其他民主党派。正是这些新的社会阶级力量、新的社会政治势力，推动了半殖民地半封建中国社会一步一步摆脱社会的"沉沦"，走向社会的"上升"；走出旧中国，走向新中国。近代史学界对中国国民党的历史、中国共产党的历史以及国共关系历史，都做了一定研究，对中国的资产阶级也做了一定研究，相对而言，我们对中国共产党产生的阶级基础，对中国近代的工人阶级的学术研究显得不够。这三部书的相继出版，在一定程度上弥补了上述不足。

当我写这些话的时候，刘明逵同志已经去世一个月。借这个机会，我说几句怀念的话。

大约五个月前，明逵同志躺在病床上给我打电话，希望我为他的正在编辑中的《中国工人运动图史》作序。殷殷之情，使我无法对他的期望说一个不字，尽管我对他终生为我国工人运动的历史研究事业而奋斗的精神钦佩不已，但我毕竟不是一个合适的作序者。1998年，他主编的《中国工人运动史》六卷本在广东人民出版社出版，他曾经邀约刘大年、汪敬虞两位前辈为他主编的专著写推荐意见，我时任近代史研究所所长，也得附骥尾之荣。

2001年末，明逵同志主编的《中国近代工人阶级和工人运动》史料集即将在中共中央党校出版社出版。全书分成十四册，超过了1000万字，是他和其他几位学者奋斗几十年的成果。明逵同志一定要我作序。我奉命惟谨。这是因为近代史研究所在20世纪50年代成立工运史组，聘请专家从事近代工运史资料的搜集和工运史研究。明逵同志本是近代史所最早的工作人员之一，1950年报名参加志愿军，在志愿军总部工作有年。复员后回到近代史研究所，加入工运史研究队伍。我们知道，近代中国的无产阶级是随着鸦片战争以后中国被迫开放，以及西方资本主义生产方式的输入，随着大机器工业的产生、发展而成长起来的，是近代中国历史上的新生的阶级力量。中国国民党、中国共产党都曾经领导过工人运动。中国共产党的章程明确以工人阶级作为自己的阶级基础。中共领导的工人运动曾经在20世纪初期反对北洋军阀的斗争中发挥过巨大的作用。研究工人阶级的产生和成长，研究工人阶级与近代机器工业的关系，研究近代工人阶级与农民阶级的关系，研究工人阶级与近代政党的关系，特别是与中国共产党的关系，研究工人阶级推动历史前进的作用，的确是中国近代史研究中的重大课题。遗憾的是，经过20世纪60—70年代的社会变动，专门从事近代工人运动史研究的学者越来越少了。这或许与这项研究工作的难度太大有关。原来专门从事工运研究的机构，如近代史所的工运史组和全国总工会的工运史组，也都不再存在了。难能可贵的是，近代史所的刘明逵同志、曲济武（齐武）同志，全国总工会的唐玉良同志，这几位我国少有的长期从事工人运动史研究的学者，他们集毕生精力，克服各种困难，把青春和晚年都献给了我国的工人运动史研究事业。他们以坚忍不拔的努力，踏踏实实地工作，不计较眼前利益，数十年如一日，不仅出版了《中国工人运动史》六卷，而且继续努力，又出版《中国近代工人阶级和工人运动》史料集十四卷。我对他们油然而生敬佩之情。明逵同志要我作序，我正是以这种心情，欣然命笔。在那篇序言里，我介绍了明逵同志一生从事工运史研究的情况，介绍了刘大年老所长对他的研究工作的支持，评价了工运史研究的价值。我觉得，我作为近代史所的负责人，虽然是在介绍刘明逵同志的著作，实际上，是在介绍范文澜所长所提倡和培育的一种精神，即坐冷板凳的精神。

史料集出版后，明逵同志已是耄耋老人，身体并不很好。尽管离休多年，但人们经常可以在研究所看到他的身影。原来他还在继续为工运史研究的下一个工程竭尽余力。随后听到他住进医院的消息。今年6月，他在病中给我电话，说《中国工人运动图史》即将编完，准备交付广东人民出版社出版。他希望我答应为这部图史作序。我知道我即将卸任，因为我在近代史研究所担任领导工作前后16年，按照任职规定我已超期服役两年。现在卸任的准备工作已就绪，剩下的只是宣布的时机了。但我没有告诉他这一点，我不忍心拒绝他最后对我提出的要求。10月中旬，获悉明逵同志不治的消息，我内心咯噔一下，我答应过他的序言还没有动笔。在明逵同志去世前后，广东人民出版社卢权同志先后来信索序。我没有理由推托，必须兑现先前的诺言。

一部《中国工人运动史》，一部《中国近代工人阶级和工人运动》史料集，再加上一部《中国工人运动图史》，刘明逵同志及其合作者的付出是值得肯定的，他在中国工人运动史研究事业上的贡献是永载史册的。明逵同志可以瞑目了！学术界有关中国工人运动的具体研究，今后还会有新的进步，但是像刘明逵同志那样，一生之中，孜孜以求，别无旁骛，在工人运动史研究上拿出三部大部头，在今后数十年内，我想可能没有人再做了。

我是1964年8月进入近代史研究所的。那时候，刘明逵同志已是研究所的老同志了。1964年10月，我随全所人员一起去甘肃张掖县乌江公社参加"社会主义教育运动"（俗称"四清"），共八个月。然后，部分人员转移到山东半岛的黄县大吕家公社，与社员群众同吃同住同劳动，接受农民的教育，也有七个月。这部分人员，主要是1964年进所的青年，也有一些年长的同志。刘明逵同志是领队。他是领导，但绝无官气，与年轻同志打得火热。下地干活，他不内行，但很认真。队里有谁病了，他问寒问暖，忙着安排送病人就医，丝毫不马虎。他无论在家里，还是当领队，或者在所里做研究，都认真负责，有骆驼精神。我一直怀念40年前的那些时日。可是明逵同志已然仙逝，他不能看到我在这里的唠叨了。

刘明逵同志在研究所里，不是那种思维敏捷、研究成果众多的快手。他的特点是勤敏实干，不好高骛远，不先声夺人，不强人以难，不与人争名夺利。由于各种运动的耽误，他离休时，只有副研究员的身份。他从不介意，依然我行我素，始终不动摇地从事工人运动史研究，终于大器晚成，贡献独多。难道我们不可以说，他是我国研究中国工人运动史的大专家吗！是的，我们应该这样评价。我们应该对他的骆驼精神表示充分的尊重和钦佩！

《中国工人运动图史》即将出版。刘明逵同志及其合作者周正本、章祖蓉、席新等同志的贡献，学术界是会记得的！

2004年11月14日于北京东厂胡同一号

《日据时期台湾警察制度研究》序言[*]

中国是一个历史悠久、广土众民的国家。各个省作为它的组成单位，在自己的历史发展进程中各具特点。中原各地是如此，边疆各省区也是如此。台湾，作为中国东南海疆的门户，1865年正式建省的一个省份，在自己的历史发展过程中，更是具有与别省不同的独特之处。显著的特点之一，台湾与大陆有海峡相隔，又在明末清初被荷兰人占据38年，在晚清和民国年间被日本占据50年，1949年以后，又因国家内战的原因，与大陆长期分离，未能完全统一。这个特点，是中国其他各省不能同时具备的。台湾历史是中国历史的一部分，台湾历史中含有中国历史的共同的东西；但是台湾历史确有自己独特的东西。因此，认为只要研究中国历史就行了，不要研究台湾历史的观点，是站不住的。认识台湾历史，研究台湾历史，不仅是中国历史学学术上的需要，也是中国现实生活的需要。当然，研究台湾历史，如果不从中国历史的大背景中来求得理解，不把台湾历史放到中国历史的大背景中来厘清来龙去脉，那可能要走偏方向。多年来，台湾史研究成为一个高度政治敏感的话题。在台湾某些政治人物的嘴里，如果说台湾史是中国历史的一部分，就会发生所谓"国家认同"问题。这在具有正常思维、有一些基本历史知识的人们看来，是难以理解的。所谓"国家认同"，到底要认同哪一个国家呢？显然那不是要认同中国，而是要把台湾作为一个国家来认同。如果从这个角度来研究台湾历史，那么，台湾历史就不是中国的台湾历史，而是那些主张"台独"的人心目中的台湾史了。这样的台湾史，是不客观的，是失去历史真实性的，因而不是真实的台湾史，

---

[*] 李理：《日据时期台湾警察制度研究》，海峡学术出版社，2007；凤凰出版社，2013。

不是科学的台湾史。

最近三十年来，对台湾这个中国特殊省份的历史研究，才开始提上学术日程。但是，在中国大陆，关注的人、投入的研究力量还是不够多。中国社会科学院成立台湾史研究中心，中国社会科学院近代史研究所成立台湾史研究室，意在增强这个研究力量，为台湾史研究添砖加瓦、累积能量，求得对台湾这个特殊省份真实历史的深入了解与理解。

摆在读者面前的这本《日据时期台湾警察制度研究》就是这个努力的一个初步成果。本书是李理博士在博士学位论文基础上增补、修订完成的。李理是我指导的第一个研究台湾史的博士生。我是从中国历史，特别是从中国近代史的角度观察台湾历史的。如果从严格的学术立场言，我对于台湾历史，还是站在门外。从学术史的角度看，日据时期的台湾历史研究，显得很不够。从我个人的经验而言，我对日据时期台湾历史的知识掌握也很不够。我希望我指导的台湾史博士生研究日据时期的台湾史。愚意在于，这样一个研究过程，其实就是我学习和理解日据时期台湾史的过程。恰巧，李理是学日语出身，对现代日语和候体日语都有基础，她的博士研究方向就这样确定下来。李理选择了日据时期台湾警察制度作为下手的方向。

日本在统治台湾期间所实施的警察制度，是日据时期台湾历史的最大特点之一。日据时期台湾的政治史，在一定程度上可以说是在台湾总督府制定的警察制度下的警察政治史。台湾总督府的政治，就是警察政治。日据时期台湾社会的政治、经济、文化生活都渗透着警察的活动，警察统治无孔不入，警察制度的设置，对台湾历史的发展形成严重的影响。研究台湾历史，特别是研究日据时期台湾历史，不能回避日本统治者在台湾设置的警察制度。早有日本学者认为："台湾的警察制度，不论体或用，都与日本的警察制度不同，这实为台湾警察之一特色。如果不了解这种警察制度的特色，就不能理解台湾殖民政策的性质。台湾的警察，实为台湾殖民政策的重心所在。台湾的警察，除其本身固有的事务以外，而几乎辅助执行其他所有的行政；过去有所谓'警察国家'的理想，这一理想在台湾已经成为事实。台湾殖民政策的成功，一部分不得不归功于这一警察制度。"（持地六三朗：《台湾殖民政策》，台湾南天书局有限公司，1912年8月东京二版发行，1998年5月台北一刷发行，第67—68页）当然这个估计还是显得乐观了些，终日本统治50

年，依靠警察政治，还是没有把台湾人民都改造成为日本"皇民"。国内外台湾史研究者对台湾警察制度问题缺少专门研究。因此，对日据时期警察制度展开全面深入的研究，是有学术价值的。认识了台湾的警察制度，对于认识日据时期的政治史，认识日据时期的经济社会乃至文化教育状况，都是有帮助的。

本书除绪论外，共分九章，分别对日据时期警察制度的起源、"儿玉、后藤"时代的警察政治、警察制度与原有保甲制度的结合、高等警察与经济警察的设置、警察实际职务与日本警察的对比、警察对抗日运动和民族运动的镇压、警察对原住民的绥抚和镇压、警察制度对日本殖民台湾的作用以及台湾警察与中国东北和朝鲜警察制度的比较，逐一进行了研究，条理是清楚的，史实梳理与运用也较恰当，对台湾警察制度和警察政治的作用的认识，也是建立在史实和分析基础上的，有较强的说服力。

应该说，本书的研究主要是在复原台湾警察制度方面下的功夫多些，对这种警察制度下台湾警察政治的实际作为还有很大的研究空间，还值得继续去挖掘史料，继续对台湾在日据时期的社会生活做出新的开拓，这样做在学术上还是有意义的。这是对作者今后研究的建议，我想这个建议会对进一步加深日据时期台湾历史的研究有帮助。百尺竿头，更进一步，李理博士其有意乎？

2007 年 10 月 8 日于北京东厂胡同一号

《中国近代史学科体系形成的评析》序言[*]

龚云博士的新著《中国近代史学科体系形成的评析》即将付梓，索序于我。我为他的著作出版欣喜，欣然命笔以为贺。

《中国近代史学科体系形成的评析》是龚云的博士学位论文，原题为《20世纪30—60年代初中国近代史研究的政治取向》。他在求学期间，问学于我。我得以有机会与他共同讨论中国近代史学科体系形成问题，讨论马克思主义理论、唯物史观在指导中国近代史学科体系形成过程中的作用。他能够接受我在这个问题上的看法，或者在讨论中互有发明。因此，我在指导他的学位论文期间，有一种教学相长的感觉，彼此均有获益。这使我感觉愉快。我们还合作完成了福建人民出版社组织的"二十世纪中国人文学科学术研究史丛书·史学专辑"中的一种——《中国近代史研究》，对20世纪的中国近代史研究作了学术史梳理。该书在2005年出版。

大体说来，中国近代史是在20世纪初开始形成发展为一门学问的。在中国悠久的历史传统中，它是一门较新的学科。处在不同政治环境下的学者们研究中国的近代史，处理近代中国历史史料，都会有不同的视角。他们的著作，在形成中国近代史学科体系中起到了各自的作用。其中，马克思主义学者在形成中国近代史学科体系中起到了独特的作用。我以为，研究中国近代史研究的学术史，研究中国近代史学科体系的形成，在中国近代史学科建设上是很有意义的。观察在怎样的历史条件下，产生怎样的历史著作和学派，观察前辈马克思主义历史学家在怎样

---

[*] 龚云：《中国近代史学科体系形成的评析》，北京出版社，2008。

的历史条件下独树一帜，对判断中国近代史这门学科今后的走向会有积极的意义。从这个意义上来说，我是肯定他的选题和他的研究的。我以为，本书对中国近代史从初步兴起、发展到繁荣及其学术体系的定型，做了一番很好的梳理。作者对李鼎声、陈恭禄、蒋廷黻、范文澜、胡绳、刘大年等人的中国近代史研究所做的分析大体上是中肯的，对中国近代史研究从兴起到发展到学术体系初步定型的论述及对其间各种学派的划分，大体上是站得住的，对学术与政治的关系的把握大体上也是言之成理的。当然，这项研究还是初步的，可以讨论的地方必定很多。在今天的历史条件下，读者会提出各自的见解和批评。我也希望，龚云博士在此基础上，努力精进，做出新的贡献。是为祝。

2007 年 3 月 24 日

《滇缅抗战纪实》序言[*]

为了纪念抗日战争胜利六十周年，北京市政协文史资料委员会、云南省德宏州政协文史资料委员会联合编辑了《滇缅抗战纪实》一书，来缅怀滇缅抗战往事。

滇缅抗战是中国抗战史上的光辉一页。当正面战场在豫湘桂全线失败的时候，中国军队在滇西、缅北战场与美军、英军合作大败日本侵略军，取得了辉煌的胜利。

1941年12月珍珠港事变以后，中国抗战形势、世界反法西斯战争形势发生了重大变化。此后，世界反法西斯统一战线形成，中国在经历了四年半的艰苦抗战以后，终于与世界反法西斯统一战线的亚洲战场融为一体，中国不再是孤军作战了。从世界反法西斯战争的全局出发，美、英、中三国决定成立中国战区（包括泰国和越南），以中国人蒋介石为统帅，以美国人史迪威为参谋长。中国为此组成了远征军赴缅作战。

缅甸保卫战失败后，保卫中印交通线和驼峰航线，成为保证美国战略物资及时运抵中国的关键一环。此举成功，对于支援中国抗战关系甚大。为此，中国远征军一部分进入印度，另一部分主力进入滇西。中国驻印军与英军一起从印度进攻缅甸日军，中国远征军主力从滇西出发，牵制日军，实现打通中印交通线的目的。1943年10月下旬，中国驻印军为主力，联合英美军队，开始了缅北滇西作战。11月28日攻克缅北于邦，1944年5月17日攻占缅北重镇密支那，6月25日攻占战略枢纽孟拱。这就保证了驼峰航线成为一条安全的航线。12月15日，攻占八

---

[*] 北京市政协文史资料委员会、云南省德宏州政协文史资料委员会编《滇缅抗战纪实》，中国文史出版社，2008。

莫城。1945年1月开始向滇西挺进。

滇西方面的中国远征军于1944年5月发起反攻滇西日军的作战。历经四个多月，在9月8日取得了松山战役的胜利，接着攻克腾冲。12月下旬，在畹町地区，远征军与日军展开决战。1945年1月20日，远征军攻占畹町。1945年1月27日，中国驻印军和远征军在芒友胜利会师，宣告打通中印交通线，完成了反攻缅北滇西作战的任务。

《滇缅抗战纪实》的编者汇编了许多当事人的回忆，加入了几篇当时的记者报道，组织了部分后来的记者采访，对缅北滇西抗战的历史做了纪实性的描绘，许多当事人的回忆，记录了真实的历史。其中学子从军一组文章，都是当年昆明西南联大学生撰写的，这些文章用生动的笔触，从不同的角度描写了4000多联大学生从军当翻译的过程，他们的酸甜苦辣，他们的奋斗与牺牲，他们后来的成长与委屈，娓娓道来，历历在目，读后令人感动。这是一组很好的史料，可供历史学者采录。

从这本实录中，我们可以看到在抗战的艰苦岁月里，滇西人民和全国人民一样，为抗战的胜利流血流汗，忍受了无数的痛苦。正是这种争取抗战胜利的伟大的民族精神，成为中华民族的精神脊梁。抗日战争，是近代中国历史上唯一一次战胜了外国入侵者的神圣的战争。这是近代中国从"沉沦"走向"上升"的基本标志。

当然，我们也不要忘记，这个胜利，这个"上升"，是有一定的国际条件的。这个条件，就是国际反法西斯统一战线，就是中美两国人民为反对日本帝国主义结成的战斗友谊。本书的最后部分"友谊长存"记录了这种友谊。2004年9月14日，腾冲人民在国殇园重建了当年为腾冲光复牺牲了生命的19名美国军人墓碑。9月28日，美国前总统乔治·布什致函保山市市长，"代表所有的美国人民，荣幸地感谢云南人民给予这些很久以前就牺牲的士兵荣誉"。

中国人民的抗战支援了国际反法西斯统一战线，国际反法西斯统一战线也支援了中国人民的神圣抗战事业。青史永在，所有谋求世界和平事业的人们，应该记住这段抗战的历史。

《滇缅抗战纪实》，这是一部值得一读的抗战历史纪录，值得向读者推荐。

2007年11月25日

《清代台湾军事与社会》序言[*]

台湾青年学者许毓良的新著《清代台湾军事与社会》，送交大陆的九州出版社付梓，即将问世。许君索序殷切，难以辞谢。

台湾历史的研究，在台湾已从"险学"演变成"显学"。学人争相研究。大陆的台湾历史研究，也有逐渐加强的迹象。现实政治的需要是第一动力，学术的发展往往总是受到现实政治的推动，学者的研究兴趣往往是在现实政治的推动下产生的。

许毓良君的新著着意讨论有清一代对台湾的统治。他从军事与社会的角度切入这一领域。这是有眼光的。所谓军事，其实质内容是军队组成及其运动方向。而军队是国家机器控制社会的核心力量。研究台湾社会军事（含军队，或者武装力量）与社会的关系，就是探讨了有清一代台湾政治史的基本内容。我个人对这样的研究取向是赞赏的。

本书作者有很好的学术素养。他把政治史、军事史、社会史的研究内容和研究方法熔冶于一炉，有纵的历史走向，又有横的历史剖面，经纬分明。他从台湾的人口发展问题入手，通过大量历史典籍，钩稽了从康熙、雍正到乾隆、光绪时期台湾的人口发展。如何估算各个时期的人口，不是容易做到的。作者采用档案与方志记载的丁口数目、档案与方志记载的正供数目、档案与方志记载的开垦面积、档案与官书记载的食盐数目、档案与方志记载的仓储数目，交相推论，酌情估算，务求真实。这种研究方法是可取的。

作者正确地指出：人口是一切施政的重点，更是军事部署的指标。透过对清代台湾总人口与区域人口的描述，已经点出了一个基本问题。

---

[*] 许毓良：《清代台湾军事与社会》，九州出版社，2008。

那就是面对数量众多的被统治者，清廷要如何稳定社会秩序。这其实是台湾政治史、社会史的重大问题。清朝统治者既需要基本的武装力量，才能达到稳定台湾社会秩序的目的，又需要从对台湾统治的经验中，学会如何利用存在台湾民间的武装力量，寻找可靠的合作对象，才能有效地来治理台湾的社会。

台湾由于闽粤移民社会的特点，早期垦殖不易，生存的争斗剧烈，往往形成社会动乱的渊薮。竖旗、抢劫、械斗，"三年一小反，五年一大反"，充斥着台湾的历史。作者研究了竖旗、抢劫、械斗的蔓延区域，研究了每件个案都呈现不同的发展特点，指出不管任何动乱，它代表的意义是各方武力本质的展现；也因为武力的本质有差异，所以乱事的结果也各不相同。作者尝试把清代台湾社会的武力分为四大类，并依照战力高低排列为职业式、原住民、契约式、拜盟式，进而解释以它们为主体的军事史发展。然后探讨与武力相关的统治手段，说明武力以外的统治策略；以及讨论战争发生时，各方兵力的人数分析。作者最后指出了武力是维持台湾区域稳定与土地开拓的重要因素。

许毓良君在研究过程中，相当全面地利用了大陆和台湾地区档案馆、图书馆所藏文献，相当全面地利用了海峡两岸学术界的相关研究成果。这是许君研究中的一大特点。像这样全面参考、利用海峡两岸学者的研究成果而形成自己的独特研究，我所见是不多的。许君在获得台湾师范大学博士学位后，曾有机会到中国社会科学院近代史研究所从事博士后研究，我有幸认识他，并有机会与他共同切磋。许君的研究成果，是海峡两岸学术交流的成果与结晶。他的研究公之于世，我谨表衷心祝贺。

2008 年 1 月 1 日于北京东厂胡同一号

《圆明园西洋楼景区的园林建筑与精致文化》序[*]

台湾学者孙若怡教授的著作《圆明园西洋楼景区的园林建筑与精致文化》，是一部从圆明园西洋楼景区园林建筑着手，研究18世纪中西文化交流的著作，立意新颖，值得向读者推荐。

1995年，孙若怡女士以此为题作博士学位论文，前来北京问学，并承"中央研究院"近代史研究所所长陈三井教授的介绍，与我有过接触，我曾给予她力所能及的帮助。

中国大陆和台湾学者对圆明园西洋楼景区以及西洋楼景区园林建筑与西方文化的关系，无论是史实复原还是建筑美学，都曾做过不少研究。本书作者在此基础上，从更宽阔的视域，研究圆明园西洋楼景区的形成历史以及中西文化的交流与融合，颇多心得。本书第一至第三章在既有史料的基础上，重建了"西洋楼景区"的建筑原貌及其历史变迁，并在个案研究的视角下，借由比较研究、文化形态学、建筑及景观设计学等方面的理论方法，对"西洋楼景区"的风格加以阐明并定位，进而，对它在中西文化交流上所代表的融合意义，给予了恰当的评价。一方面，作者指出西洋楼景区以大水法为代表的水体形态设计，与传统中国园林理水原则不同，论证景区的主体建筑以西式园林风格为主，又以意大利式巴洛克风格为主；另一方面则指出，庭园中园门、园路、园亭及绿化等设施，均显示中西融合的痕迹，以及乾隆题刻的诸多匾额，都不影响在西式主体风格中中式风味的表达与创意。作者得出这样的结论：不论自中西文化交流史还是造型艺术的创意性与融合性而言，西洋

---

[*] 孙若怡：《圆明园西洋楼景区的园林建筑与精致文化》，商务印书馆，2009。

楼景区中的建筑园林,都具有承先启后的历史意义和示范作用。我认为,这样的认识,是恰中肯綮的。

本书第四章,作者从"西洋楼景区"的个案研究成果出发,对乾隆时代中国的物质建设水准,乾隆的文化修养及其时代特点,从历史事实的角度,建构了体现西洋楼景区建筑园林风格特点的"精致文化"概念,同时,对西洋楼景区的主要设计者郎世宁的宗教文化背景及其时代性做了论证,对18世纪的中西文化作了概括式的比较,从文化反省的角度讨论了大众文化问题,提出了个人的见解。

作者在讨论"精致文化"与"大众文化",讨论形而上的思与形而下的物,讨论现代化、工业化与当代文化危机,讨论中西文化的交流与影响的时候,都不乏思辨能力和想象力,读来颇多兴味。

孙教授在台中的中兴大学讲授西洋近古史与西洋近代史凡20余年,对西洋近代史事知之甚详。早期致力于中外关系史研究,近年又开设"文化史及其比较研究"课程,对文化艺术理论、建筑美学多有理解。本书即在这种知识背景下建构而成,它将西方园林建筑风格,自文艺复兴式、巴洛克式及洛可可式,做出完整清晰的说明,更进一步借比较文化的方式,厘清长期以来对西洋楼建筑的异说。本书研究范围涵跨中西历史和建筑园林,除了遵循史学研究方法"根据史料说话"外,更以比较文化形态学方式,论证建筑风格的变迁与发展,态度严谨。

我在这里说一点与本题略有关系的题外话。本书第一章第二节说到为什么要再建大水法时,引用了乾隆六十年(1795)乾隆皇帝《题泽兰堂》诗的附注:"泽兰堂北为西洋水法处。盖缘乾隆十八年,西洋博尔都噶里雅国来京朝贡,闻彼处以水法为奇观。因念中国地大物博,水法不过工巧之一端,遂命住京之西洋人郎世宁,造为此法,俾来使至此瞻仰。"博尔都噶里雅国使臣来京,我在这里举一个旁证。

我在1995年10月曾应邀访问葡萄牙首都里斯本,在那里参观考察了葡萄牙的一些学术和档案单位。在葡国阿儒达王家图书馆(Bibliotéca da Ajuda)参观时,发现了一件乾隆十八年(1753)乾隆皇帝致葡萄牙国王的国书,显然是一件中葡两国友好交往的证据。馆长Francisco G. Cunha Leao先生亲手为客人展开一长385厘米、高86厘米的卷轴,周边为金黄色的彩饰云龙图纹,极为华贵,它是乾隆十八年四月二十五日乾隆皇帝给葡萄牙国王唐·若泽一世的复函。兹录原函如下(格式仍旧，原件无标点）：

  奉
天承运
皇帝敕谕：博尔都噶里雅国王：览王奏，并进方物，具见恫忱。
洪惟我
圣祖仁皇帝、
世宗宪皇帝恩覃九有，光被万方。因该国王慕义抒诚，夙昭恭顺，是以叠沛
温纶，并加宠赐。今王载遴使命，远涉重瀛，感
列祖之垂慈，踵阙庭而致祝，敬恭式著，礼数弥虔。披阅奏章，朕心嘉悦。既召见
使臣，遂其瞻仰之愿，复亲御帐殿，优以宴赏之荣。西洋国人官京师者晋加显秩，慰王远念！兹以使臣归国，特颁斯敕。其锡赍珍绮具如常仪，加赐彩缎、罗绮、珍玩、器具等物，王其祗受，悉朕眷怀。故兹敕谕。

  以下附赏赐及加赐珍绮等礼单，计开礼品 112 种，1411 件，均极珍贵。
  这件乾隆敕谕，回顾了康熙皇帝以来约 100 年（跨 17—18 世纪）的中葡友好交往历史，对葡王的来函和礼物，深表欣慰，并召见、宴赏来使，对在京师做官的葡人连连晋级，加赐珍玩，以慰葡王远念，并示乾隆帝怀柔远人之意。中葡间友好情谊跃然纸上。
  这件国书规格之大，恐世无出其右。我在北京中国第一历史档案馆和台北"故宫博物院"所见晚清皇帝国书，比在这里所见，要小得多多了。尤为称奇的是，国书用三种文字书成，右手为葡萄牙文，正中为汉字，左手为满文。在三种文字的年号上，都盖有乾隆御宝。国书用三种文字写成，也是在别处所未见的。此件确是稀世珍品。《明史·佛郎机传》记载嘉靖四十四年（1565）葡人伪称满剌加入贡，改称蒲都丽家，为守臣所拒。上引文书，既称"博尔都噶里雅"，又称"大西洋国人"，显已接受葡萄牙的本名。盖蒲都丽家、博尔都噶里雅、葡萄牙，都是 Portugal 的不同汉译。但有清一代，佛郎机这一名称已放弃，官方

文书称葡国为西洋国，尊称国名前加大字。光绪二十八年（1902）中葡所签《分关章程条款》，官文书中始见葡国之称呼。光绪三十年（1904）所签《办理新约第三款合订章程》和《广澳铁路合同》，则西洋国和葡国混称。清宣统元年，廷命云南交涉使高而谦为办理澳门勘界事宜大臣，皇帝敕谕中第一次称西洋国为葡国。1917年中葡签《邮资条件》合同，第一次放弃了西洋国称呼，而直称葡萄牙国。此国名沿用至今。近世葡国与中国交通最早，而中国人对葡国国名的称呼，四百年而数变。中西认识之难，于兹可见。

这件乾隆皇帝的敕谕，当然没有说到"彼处以水法为奇观"的故事，但是乾隆皇帝在乾隆六十年写的诗以及所做的附注，还记得乾隆十八年葡萄牙使臣来朝的事，这件国书是一个旁证。

还是这一节，作者对于景区中的远瀛观是否在乾隆三十二年挂过法王路易十六所赠的挂毯及织锦画，有所辨正。我这里也提供一个旁证，但对于作者的辨正无所助益。

2000年10月，我曾应邀参观访问了法国外交部档案馆和法国国家档案馆。在法国国家档案馆，该馆文化处处长、巴黎第三大学历史系教授向我介绍了10世纪以来法国皇家档案的保管情况，介绍了18世纪以前涉及中法关系的历史档案和法国大革命时期的历史档案，增加了我们对法国历史的了解。那位文化处处长特别介绍我看一件10世纪时法国国王的上谕，文件上带有丝带纽，丝带纽上加上火漆印记。处长说，10世纪时，法国和中国尚无往来，但是王室从何处得到来自中国的丝，还得不到解释。这座法国国家档案馆正是当年法国国王路易十六的弟弟的府第，是一座亲王府。法国大革命，1793年把路易十六送上了断头台，这座亲王的府第也被没收了。此后，亲王府被当作了法国国家档案馆。处长特别带我去参观了当年亲王的住处。亲王的卧房和客厅，十分高敞、宽大，大墙上挂满了类似毛毯的织锦画。巨大的画幅上，表现的是中国的社会生活，包括中国的爱情和垂钓。画中人物有的戴着斗笠，穿着宽大的花衣，还有男女接吻的景象。据说，这位法国亲王十分崇拜中国的文化，这些织锦画充分表明了这一点。但是，据说画家没有到过中国，画中中国人的形象都是想象的。我看了人物形象和表情后，不禁哑然失笑。

这个故事不说明什么问题，对于本书无所帮助。但是与书中提到的法王路易十六送织锦画,可以相互映照。也可算是中法文化交流的点滴吧。

本书第二章第三节说到台湾"寒舍"从纽约苏富比拍卖场竞拍购得圆明园海晏堂坡道旁十二生肖中的猴头、虎头、牛头和马头铜像。作者在注释里说:"十二生肖喷水时钟原先均为身首相连的完整动物造型,但目前出现于拍卖会场者,却都只剩下头部而已。有一种说法是,乾隆晚年命人将喷水时钟的铜铸十二生肖,拆开并收藏在圆明园库房中。因此,当英法联军劫掠圆明园时,十二生肖就已身首分隔,故而时至今日皆以铜头造型出现。自乾隆四十五年(1780)起,大水法及海晏堂各地,在蒋友仁去逝后,即不再喷水,故上述说法颇言之有理。"我想在这里做一点讨论。我们知道,北京保利公司在 2000 年 4 月在香港佳士得拍卖场以重金购得虎头、牛头和猴头铜像。我个人作为中国近代史学者曾应北京市文物局邀请,与多位著名文物专家前往保利大厦参与这批文物的鉴定。我们发现,这几个铜像,有不同程度的损伤,尤其是颈部与身体连接的部位,有一圈不规则锯齿形。我判断,这显然是强力破坏所致。因为有目睹的经历,我对上文所说在英法联军劫掠前,铜像就已身首分隔的说法,表示存疑。

本书第二章第一节说到西洋楼景区的毁损。从 1860 年英法联军的劫掠焚毁到 1900 年八国联军的再次劫掠焚毁,造成了这座"万园之园"的悲惨结局。这一结局,确实是中国人的痛心之处。本人自 1964 年居京,始终未到圆明园一次,是不忍心也。30 多年后,我曾因缘独自进入圆明园,回家后曾作小诗一首。小诗题名游圆明园:

景自楼成号西洋,水法奇趣海晏堂。
最是落泪伤心处,残柱断垣蒲苇凉!

我为这首小诗写了一篇短序,序文如下:1999 年 5 月 8 日,在达园宾馆参加中华世纪坛组委会组织的五千年文明史大事记稿审稿会,偷闲往圆明园一游。盖圆明园与达园宾馆仅一墙之隔也。又因游京三十余年,尚未至此一观之故。此日,正余花甲之寿,初未觉此,回家后,接女儿自美京华盛顿电话,表示生日祝贺之意,忽自觉人生短促,真如驹过隙也。方打开电视,见中华人民共和国政府发表声明,对以美国为首的北约用三枚导弹轰炸了我国驻南斯拉夫联盟共和国大使馆，致使三名记者死亡，二十余名人员受伤，馆舍严重毁坏一事提出最强烈抗议。盖北约行为，直百年前八国联军之故技也。

这是中国人的心结，动不动就提到伤疤。但是回想圆明园，回想西洋楼景区的建造，的确是那个时代中外文化交融的杰作。可惜，西洋楼景区的毁损，却也是中外文化碰撞的杰作。今天读孙若怡教授的大著，还是令人难掩复杂的心情。现在距离圆明园建造的那个年代，差不多有三个世纪了。现在的中国，现在的世界，现在中外各国的人们，与三个世纪前相较，已有太多的不同。人们是不是都已经学得聪明一些呢？近日报载，北京天安门广场西侧新落成了类似巨蛋的国家大剧院。大剧院种种伟奇之处，传媒已作描绘。这座现代化的具有高科技内容的大剧院，正好是一位法国设计师的杰作。中国大地上已经有许多由外国设计师设计的巨型建筑物，今后还会出现更多。我衷心希望，这种中外的文化交流继续下去，希望这种交流不要出现圆明园似的结局。

孙若怡教授大作最后说道：科学因标榜客观理性，而轻忽人对自身生命整体意义与道德价值的认识；工业社会进一步加深了人的冷漠疏离感，益之以大众文化的庸俗口味，林林总总使人类社会面临了前所未有的文化危机。

呜呼！诚哉斯言！

《日据时期台湾总督府经济政策研究（1895—1945）》序言[*]

王键君新著《日据时期台湾总督府经济政策研究（1895—1945）》即将杀青付梓，他一定要我在他的大著前赘上几句话。他的理由很简单，他这部著作的题目是我出的。这当然是事实。但是，王键的著作是大部头，出版甚急，而我冗务缠身，一时无法拜读全书。不得已而为之，我是很遗憾的。

提起这部著作的命题，话要从头说起。2002年中国社会科学院成立台湾史研究中心，同时在近代史研究所内建立台湾史研究室。台湾史研究中心的任务是推动、协调国内台湾史研究。台湾史研究室是一个研究台湾历史的实体，意在中国社会科学院建立台湾史研究的学术基地和人才基地。成立这个研究室，研究人才是一个问题。我们采取了三个办法：首先是从近代史所内有关研究室抽调愿意做台湾史研究的年轻学者，再是从中国社会科学院内各研究所物色相关人才，三是自己培养研究生。王键是中国社会科学院研究生院世界史系毕业的博士，毕业后留在世界历史研究所从事科研工作。他的学术研究方向是日本经济史，通日语。有人把他推荐给我。我正要吸收几位懂日语的青年才俊，以便开展日据时期台湾史研究。在我看来，日据时期台湾史是台湾史研究中较为薄弱的环节。于是我动员王键到近代史研究所来，改做台湾史研究。我告诉他：做日据时期台湾经济史，其学术方向与做日本经济史没有很大的不同。他经过考虑后，同意了。那时候，我还在兼任中国社会科学

---

[*] 王键：《日据时期台湾总督府经济政策研究（1895—1945）》，台北：海峡学术出版社，2009；社会科学文献出版社，2009。

院中日历史研究中心专家委员会召集人,我告诉他,如果同意做日据时期台湾经济史,不妨先从中日中心申请一个课题,我给他出了题目,这就是日据时期台湾总督府经济政策研究。我当时考虑,做日据时期台湾经济史,先要搜集散处各方的经济史料,工作量很大。做台湾总督府经济政策研究,重点搜集总督府文献,工作量相对小一些,这未必不是研究台湾经济史的下手之着。他接受了,申报了,也通过了。课题最后完成了。虽然课题的完成超过了申报时约定的时间,但是这不是事情的关键。事情的关键是课题研究完成了,书稿达到了出版水平。

《日据时期台湾总督府经济政策研究(1895—1945)》,全书共十七章(含序章和终章),几乎包括了这一历史时期的若干重要方面,重点是总督府的经济政策研究。作者对台湾总督府经济政策的基本脉络做了较为系统的梳理,阐述了台湾殖民地经济体系的建构过程,逐一研究了台湾总督府的土地调查与财政租税政策、"理藩"政策、扶植日本资本压抑土著资本的殖民经济政策、糖业政策、农业经济政策、水利电力产业政策、单一出口型殖民地贸易政策、以官营农业移民为核心的移民政策、以"军需化"为特征的工业及统制政策、配合南进扩张政策的南进经济政策、对中国大陆经济进行扩张的对岸政策,等等,对这些经济政策的制定过程、背景及实施效果作了实证研究。不仅如此,作者还注意到实证研究中可能出现的理论性问题,特别注意经济政策、经济制度和经济体制的区别和联系,注意区别经济思想、经济计划和经济政策之间的关系。这些都是很有见地的,也是研究中必须解决的。

作者在研究台湾总督府殖民地经济政策时,指出通过建构台湾殖民经济体系,把台湾建成了日本资本主义的投资场所、原料来源地和商品销售市场,台湾所有的经济建设和规划,均以日本的利益为依归。日本的这个利益又服从于其在亚洲和世界的战略利益。这就是早期"工业日本,农业台湾"和后期"工业台湾,农业南洋"殖民地经济政策制定的总的背景。所谓"农业台湾",就是把台湾的经济控制在所谓米糖经济上。米糖经济为日本节省和赚取了大量外汇,支持了日本资本主义经济的发展,同时也支持了日本军备扩张型经济的发展。所谓"工业台湾",就是对台湾的工业进行了军需化改造,使之服从于日本军国主义的南进政策,服从于它的军事战略。简言之,无论是"农业台湾",还是"工业台湾",都不是出于台湾自身的需要,不是出于发展台湾经济的需要，不是基于发展台湾经济的经济规律的需要。这是研究日据时期台湾总督府经济政策应该得出的基本结论。得出这个结论是正确的。这个结论的学术意义和现实意义，不言自明。一些论者在讨论日本的台湾经营的时候，往往把日本殖民台湾看作台湾现代化的起始阶段，似乎日本给台湾带来了现代化的美丽光圈。读过王键的著作，我们了解，这完全不是日本殖民台湾的本意。我们当然不能否认，日本在二战中投降后，被迫撤出台湾，不能不给台湾留下一些东西。但这是日本经营台湾时未曾料到的。日本经营台湾，完全是为着日本自身的利益。

作者广泛阅读了中国大陆、台湾和日本有关这个题目的学术研究成果，搜集了藏于日本和台湾的总督府文献史料，这就给本书的研究提供了最为基础性的东西。这是可贵的。但是基础性史料的搜集，还有余地，特别是涉及这个课题的原始性史料，作者在研究中，限于条件，还是搜集得不够。因此这项研究还有进一步努力的空间。学术专著的内容构成，要体现学术专著的特点和逻辑要求，学术专著不是通史性著作，应避免枝蔓，在学术性描述方面，在学术论争的结论的阐述上，要注意简洁明了，不可有过多的重复。这是翻阅过书稿后的一点印象。提出来，与作者商榷。

我感到高兴。台湾史中心和台湾史研究室成立以来，我们的年轻学者勤奋耕耘，已经不断有新的学术成果问世，为台湾史学术园地增添了美丽的春色。这使我对台湾史研究的前景增强了信心。王键著作的出版，是应该祝贺的！

2009年2月20日于北京东厂胡同一号

《刘大年传》跋*

1999年12月28日，革命家和历史学家刘大年先生走完了他作为战士和学者的光辉一生，与世长辞。次年，归葬他的故乡湖南华容。2009年，他故乡的年轻学者周秋光、黄仁国撰写的《刘大年传》完稿，即将付梓。大年先生女公子刘潞责我作序。我从青年时期起就在大年先生领导的中国科学院近代史研究所工作，虽然后来担任过这个研究所的副所长、所长，我自认为始终是在刘大年先生的领导和影响下工作，前后长达35年。作序之责，似不能辞。但是，大年先生是长辈，是史学大师，我是晚辈、后学，哪里可以为先生的传记写序呢！好在金冲及先生、李文海先生已经有序，足况先生学问人生之精义，置诸先生传记之前，可资荣彩。再加其他，不免添足之嫌。

面对这本传记，思虑再三，我不能不写几句话。我想请刘潞女士和作者同意，让这点文字殿诸传后，勉作为跋吧。

大年先生生前和身后，我曾撰写过几篇介绍和论述先生学术生平与贡献的研究文章。在这篇文字里，不想重复过去讲过的话。读者如果有兴趣，可以参考。

1999年，中国社会科学院要为本院著名学者出版学者文集，先生即在首选。先生非常重视，认真准备文集的编选工作，并且确定了编辑方针。这年11月某日，我去协和医院看望躺在病床上的大年先生，我们谈起这本文集的编辑工作。先生希望我来完成文集的编辑，并且示意把我写的先生的传记文章作为附录收在书末。原来，此前中国社会科学出版社组织编辑《中国社会科学院学术大师治学录》，选出了在中国社

---

* 周秋光、黄仁国：《刘大年传》，岳麓书社，2009。

会科学院工作过的在世和过世的院长、学部委员、一级研究员32人，请人撰写相关传记。近代史研究所入选的是首任所长、学部常委范文澜，继任所长、学部委员刘大年，以及一级研究员罗尔纲。我承乏撰写大年先生的传记。我写成《战士型的学者　学者型的战士——记刘大年的学术生涯》一文，送呈大年先生阅正。先生略改数字，表示认可。此文后来收入《中国社会科学院学术大师治学录》，略做修改，题目按照该书编辑原则，改为《刘大年》。遵嘱收入《刘大年集》时仍用原题。先生过世一年，《近代史研究》编辑部为了纪念，约请学者撰写怀念文章。我写了一篇《编辑〈刘大年文选〉的回忆与思考》，发表在该刊2000年第6期。在这篇文章里，我写了一小段话："我从1964年8月进入近代史研究所，迄今已经36年，大部分时间都是在他的领导下工作。1994年我当了所长，刘大年同志是名誉所长，他从不干预我的工作。为了开展本所学术活动，我有时要向他请教，常常要借助他的丰富经验和在国内外学术界的不可替代的名望。最近10年，本所主办或参与主办的一些国际学术讨论会，都请他担任组织委员会主席，请他做主题报告，他都积极从事，给了我们很大的帮助。在'文化大革命'10年中，我与他之间有着复杂的关系和感情纠葛，我现在还没有精力和心情来回顾这一节，要留待以后有机会再叙述。"

我想借这个机会，讲一些陈年旧事，把我在近代史研究所的经历与大年先生有关的地方，做些勾勒，也包括上面所讲我与他在"文革"中的复杂关系和感情纠葛，借作谈资。

1964年8月我离开武汉大学到中国科学院近代史研究所报到。那年从全国各高校调集到近代史研究所的文科毕业生大约40人。负责人才培养和调集工作的是黎澍副所长。他曾在所里大会议室接见所有新进所的年轻同志，逐一认识并谈话。刚进所的时候，所里派我和郭永才到西颐宾馆（今友谊宾馆）去为"1964年北京科学讨论会"哲学社会科学组做服务工作，郭永才被分配到历史组，那里有郭沫若、范文澜、刘大年等中国历史学家；我被分配到政法组办公室做刘思慕先生（"文革"后担任过世界历史研究所所长）的秘书，那里有张友渔、刘思慕、刘桂五、廖盖隆等前辈。会后才知道，这中间只有刘桂五先生是近代史所的学术秘书。政法组活动期间，我认识了日本早稻田大学的安藤彦太郎教授和日本代表团的中文翻译岸阳子小姐。事后得知，正是在会议期间，历史组的中国历史学家刘大年、侯外庐等做了安藤和岸小姐的月老，两位此后成为夫妻。两位也成为我数十年来的朋友。但是在会议期间，我无缘与大年先生直接见面。

1964年10月我参加了甘肃张掖乌江公社的农村社会主义教育运动，刘大年先生是公社工作队的副队长（队长由甘肃一位县委书记担任），我只是其中一个大队工作队（副队长是蔡美彪）的见习队员，也无缘与大年先生直接对话。在张掖8个月后，又分配到山东黄县（今龙口市）大吕家公社于家口大队劳动锻炼7个月。1965年11月回京的时候，姚文元的《评〈海瑞罢官〉》已经发表，全国已经面临"文革"前夕的形势。那时候，所里又组织了去江西的"四清"（即农村社会主义教育运动的略称）。黎澍先生把我留在"西郊组"（对外称中国近代史讨论会），那是一个专门研究中俄边界历史的机构，为外交部中苏谈判代表团的谈判工作提供学术上的服务。黎澍先生找我谈话，出题目要我写一篇评论《海瑞罢官》的文章。我写出来了，送给黎澍先生看过，黎澍先生告诉我，知识还不够，还要多读书。原来这时候风声很紧，对吴晗的学术批判正在被政治批判取代。

我想，直到这时，大年先生是否知道近代史所有我这个人，也许还是不确定的。

在报纸上开展批判"三家村"和《燕山夜话》的时候，中国科学院哲学社会科学部领导也安排了批判学部副主任兼政治部主任杨述的《青春漫语》，向各所印发了相关材料。《青春漫语》也是在北京晚报上开辟的专栏，由一系列散文组成。学部要求各所开批判会。近代史所也开了批判会，我是发言人之一。这大约是在1966年4—5月。

巨大的变化是从1966年6月1日开始的。这一天《人民日报》第一版用大字标题发表了社论《横扫一切牛鬼蛇神》，配以北大哲学系的报道，标志着"无产阶级文化大革命"的开始。6月3日，《人民日报》出人意料地发表了《夺回资产阶级霸占的史学阵地》的社论，报纸还配发了史绍宾撰写的长篇文章，矛头都是直接针对近代史研究所。社论中所谓东霸天、西霸天，一般人认为指的是刘大年和黎澍。这天早晨我在西颐宾馆中馆听中央人民广播电台新闻联播，听到了社论的内容，异常震惊，心情难以平静。谁都知道近代史研究所的前身来自延安马列研究院，来自根据地和解放区的北方大学、华北大学。著名的马克思主义历史学家范文澜是这个研究所的所长，刘大年、黎澍都被认为是我国历史学界，特别是中国近现代史学界的领导人，他们都是高举毛泽东思想伟大红旗的，他们领导的研究所怎么是资产阶级霸占的史学阵地呢？那时我是离开大学校门、走进研究所不久的青年学子，27 岁，风华正茂，对新中国，对中国共产党及其领袖毛泽东充满了无限热爱之情。这篇社论给了我很大的冲击。近代史所及其领导者，我当然是崇拜的，但是我更崇拜党中央和他的机关报《人民日报》。我以为这篇社论传达了党中央的声音。

如果没有 6 月 4 日学部召开的批判杨述《青春漫语》的大会，也许就没有后面的故事。恰恰在 6 月 4 日学部已经安排了在王府大街首都剧场召开学部大会，批判《青春漫语》。近代史所推荐我和另一位年轻同志作为大会发言人，我已经接到在大会发言的通知。我想到我作为近代史所的代表在 6 月 4 日大会发言，要不要提及 6·3 社论？如果只是批判《青春漫语》而不提及 6·3 社论，会不会受到大会质疑？我带着这个问题请示、征询中国近代史讨论会负责人余绳武同志的意见。他略一沉吟，说可以结合社论表示一点态度。可是晚上又传来消息，近代史讨论会内部有不同意见，是否联系社论，由我作为发言人自己决定。

第二天，学部大会如期召开。各所人员全部出席。大年先生作为学部分党组成员与各位学部负责人在主席台就座。发言按事先安排依次进行。我大约是第四个发言。我在发言结尾处，结合 6·3 社论，质问近代史所为何成为资产阶级霸占的史学阵地，刘大年同志应该负什么责任？话说到这里，台下就起哄了。主要是来自哲学所和学部资料室的一些参会人员起立起哄，甚至冲上主席台，要求刘大年下台，对刘大年先生颇多不敬之词，使得坐在主席台上的大年先生极为难堪。会后，学部各所，主要是哲学所、历史所、学部资料室人员到近代史所张贴大字报，"揭发"刘大年、黎澍先生。5 月底有大字报说，1964 年 3 月以《光明日报》评论员名义发表的《让青春放出光辉》的评论员文章，是一篇修正主义的大毒草，文章的作者是黎澍先生。我早已读过这篇文章，但不知道它是修正主义。现在看到有人指它为修正主义，我便起草了一张二三百字的大字报，质问黎澍为何写出修正主义的评论，要把青年引向何处。大字报贴出后，又有六七位在大字报上签字。就这样，我成了近代史所的造反派。

6月14日，近代史所临时党支部通知，在第二天召开全所大会，部署开展"文化大革命"。会议如期在6月15日举行。支部书记按照学部统一口径部署开展"文化大革命"工作。四平八稳的工作部署，引起了与会人员的反感。许多年轻人发言认为，工作部署应该围绕6·3社论精神进行。发言越来越激烈，要求通过民主方式，重新选举大会领导班子。这个建议为与会者鼓掌通过。党支部已经失去了掌控局面的能力。经过与会者逐一提名，通过了七人组成大会主席团。我是七人之一。七人被拥上主席台，临时推举我为会议主席。会议结果，要求按照党中央的要求，发动群众，揭盖子，开展本所的"文化大革命"。刘大年先生出席了这次大会。出席大会的还有派驻近代史所工作组组长王瑞琪（中组部办公厅主任），副组长时代（中联部处长——相当于今局长）、李惟一（中组部干部）。工作组肯定了这次会议。这次会议，后来被认为是近代史所"夺权"会议。此后近代史所"文革"工作，就在大会主席团领导下进行。中共中央关于开展"文化大革命"的"五一六通知"发表后，近代史所按通知要求成立了本所"文化大革命领导小组"。我不是党员，当了副组长；另一位是党员，当了组长。在小组以下，还成立了办公室、材料组等机构。材料组组长组织材料组人员，搜集刘大年、黎澍公开和未公开的文字，搜集了所内外大字报上的揭发材料，编写了他们所谓"反革命修正主义分子的罪行"材料，作为大批判的资料。

此后，"文革小组"领导了近代史所的"文化大革命"。组长当时以较多精力，投入学部"文革"活动，我的主要精力放在所内。所里批判"走资派"、批判"反革命修正主义分子"的会议大多是我组织并主持的。刘大年先生、黎澍先生往往在会议上处在被批斗的地位。这样的批斗会，在1966年8月底以前举行过数次。尽管大多数批斗会是我主持的，但是在会下，我没有同刘大年、黎澍两位先生发生过个人联系，也没有同他们单独谈过话。

1967年1月8日，《人民日报》发表署名"晋群新"的《周扬、刘大年之流是叛徒的辩护士》一文，对周扬和刘大年两位先生做点名批判。《人民日报》还开辟了通栏大字标题。这个"晋群新"是近代史所"文革小组"组织的写作班子的笔名。要写这样的文章当然是《人民日报》提出并且派人来联系的。写作班子是哪些人组成，我已经失记了。

我自己没有参加写作组是肯定的。当然，那篇文章的基本观点同样也反映了我当时的认识。

1967年初，学部红卫兵联队开始发生分裂。我参加了反对林聿时、吴传启、王恩宇一派的斗争，另外拉出了组织。这年夏，因为王力、关锋的垮台，这一派跟着垮了。我这一派坚持到1968年2月，因为戚本禹的被隔离，也垮了。1968年12月，工军宣队进驻学部，进驻近代史所。1969年初，军宣队对我还礼貌有加。10月，我就被隔离审查（美其名曰进毛泽东思想学习班），有八个月时间被关起来，完全失去了自由。1970年5月底，我被工宣队押解到河南息县东岳公社学部五七干校。1972年7月，学部五七干校按照周总理指示，全部撤回北京。1974年12月，军工宣队在高音喇叭里宣布了对我的审查结论："文革"中犯了一般性路线错误，不记档案，不给处分（大意）。从此我就算自由了。从1969年10月到1974年12月，我被作为"五一六反革命集团"的骨干分子，经受了差不多六年的审查，六年中我基本上失去了人身自由。六年中，尤其在那八个月，专案组的车轮战、逼供信、批斗和谩骂，甚至拳脚，一样也不能少。这是我此生最痛苦的时期，最无奈的时期，最无助的时期；今天看来，也是最值得我反复回味的时期。

在这个时期里，唯一安慰我的，是我感受到的刘大年先生对我的爱护。这是一种并未直接言明的爱护，又是一种可以体会的爱护。先是，在1969年年中，军工宣队正在所内组织清查五一六专案组，我正处在被公开宣布审查的前夕。我已经明确地感受到了压力。有一天王明湘同志（后来调到重庆，曾任红岩纪念馆馆长）偷偷告诉我，他到大年同志家里谈话，在他家里吃过饭，听大年同志讲起1966年6月15日的"夺权"。刘大年同志自责自己是官僚主义，说近代史所有那么好的青年，我怎么没有发现。他说，所里临时党支部做了那么多的准备，被一帮青年一下打垮了。他在王明湘面前指名夸奖了我。在我受难的时候，王明湘的话使我很感动。因为照常理，刘大年有最多的理由参与对我的批判，这也是当时最常见的现象。王明湘的话，我虽然无法证实，但我受到的感动是真实的。后来在息县学部五七干校，王明湘担任连（由近代史所和考古所编成）指导员，他又一次偷偷对我透露了上述谈话。这使我感到温暖和安慰。在连里，我被编在二排八班。这个班是特殊的人员组成：除了专案组人员担任班长外，包括了尚未解放（但已相对较为自由）的老干部数人和正在接受审查的"五一六反革命分子"，其中就有刘大年、黎澍、我和蒋大椿。当时人们在私底下说，这是由新老"反革命分子"组成的一个班。我们连在东岳公社的塘坡。白天要参加沉重的体力劳动（打砖坯、烧窑、盖房和种地等），晚上或者休息日要接受批判。在八班的小组批判会上，我和蒋大椿总是受到指名批判，一般是被指责为反周总理，反毛泽东思想，反革命。在这样的批判会上，我低头不语，心情沉重。我印象深刻的有几次，听到刘大年发言，他说：我们是职业革命家，我们过去在革命道路上也犯过许多错误，我们应该把我们犯错误的经验教训告诉今天的年轻人。他的发言，连"五一六"三个字提都不提。在有人天天骂你是反革命的时候，听到这样的话，你内心不感到温暖吗？这也似乎给我传出一个信息：对待所谓"五一六反革命集团"，至少刘大年是有不同看法的。1971年春（现在查明是4月），我记得有一天在明港军营里（干校已经从东岳公社迁移到明港镇，住在军营里，集中精力清查"五一六反革命集团"的罪行），碰巧只有我和刘大年先生两人在。大年先生忽然对我说："我后颈脖长了一个瘤，可能是癌，我明天就要回北京治病。"我不知道如何回答，只是"啊"了一声。我内心震动的是，就这一句话，几乎是我自1964年进所以来，大年先生对我一个人说过的唯一的一句话。我联系到王明湘说过的话，联系到在八班听到他的发言，我把他对我说的这句话当作对我的明白无误的示好，极为感动。刘大年离开后，就听说军工宣队要掀起清查高潮，本来确定请刘大年担任清查领导小组负责人，他却借故走了。后来知道，大年先生离开，除了治病外，还有其他原因。这就是郭沫若院长为了迎接京都大学著名马克思主义历史学家井上清教授来访，组织了接待机构，参与接待人员获得周恩来总理批准。刘大年在这个名单中。那时候的惯例，只要接待外宾的名单在报上发表，这个人就算解放了。当时我心里明白，大年先生此走极为高明，他可以不承担这个清查领导小组的任何责任了。果然，大年走后，清查领导小组换了别人，我又成为再次清查的重点对象，吃的苦头就不用提了。

1974年年底，我被解除了审查，基本上变成了一个自由人，尽管心情仍然沉重，因为我随时会感受到来自专案组人员的异样的眼神。1975年夏，所里政治史组何重仁、龙盛运两位同志多次找我谈话，要我到政治史组工作。我几曾犹豫。两位后来向我透漏，要我去政治史组,是大年的意思。我一听到这里,便毫不犹豫表示我愿意去政治史组。

1975年9月,我正式进入政治史组。这时的大背景,是毛主席发表理论问题谈话后,新闻媒体正在报道毛主席关于《水浒传》的谈话。政治史组集体学习讨论,联系太平天国历史,认为应该写一篇评论李秀成的文章。组长指定我来写这篇文章。

我进近代史所差不多12个年头,未能参加任何研究工作。这是我离开大学以后第一次执笔写学术论文。近代史组的负责人何重仁先生给了我两个月的时间。我花了两个月阅读报刊上发表的有关太平天国的文章,并检索当时能找到的太平天国史料,用一个月写出了文章初稿。文章中有的观点是针对梁效和罗思鼎的文章的。但在当时的政治气氛下,免不了从整体上带有"文革"时期的时代氛围。我先把这篇文章送给组里主要负责人看过,他们通过了。我又送请刘大年先生审阅。刘大年先生那时已在工宣队、军宣队安排下担任了中共近代史所党总支书记。他认可了我的文章,只在文章段落结构上提了调整意见。我遵照他的意见做了修改,然后把文稿当面交给了重新主持《历史研究》编辑工作的黎澍先生。黎澍先生当时已接受了从国务院科教组接办《历史研究》杂志的任务。1975年底和1976年初,他召开了几次接办刊物的学术座谈会,都是我做的会议记录,会后整理会议纪要。这篇文章随后发表在黎澍先生重新主持的《历史研究》1976年第1期上。

也许由于这篇文章,刘大年先生觉得我还能做点事,吸纳我参加《中国近代史稿》编写组,协助他整理文稿、核对史实,偶尔也写几条带考证性的注释。也许还是这个原因,黎澍先生也找我,希望我到《历史研究》编辑部去,不过我已下决心跟着刘大年先生工作,便借故没有去《历史研究》编辑部。

1962年人民出版社出版了郭沫若主编的四卷本《中国史稿》。据说这是毛主席交的任务,是要为县级以上干部编写一本中国历史的简要读本。《中国史稿》前三册由历史所副所长尹达主持,第四册由近代史所副所长刘大年主持。1971年4月刘大年由河南回京后,郭沫若院长提出了重写《中国史稿》的任务。近代部分还是交给刘大年负责。这时提出的重写方案,是由4册变成10册,前7册是古代史,后3册是近代史。大约在1975年,刘大年先生征求郭沫若意见,希望把近代史部分独立出来,郭同意了。所以《中国史稿》后3册就改名为《中国近代史稿》,独立出版。

《中国近代史稿》第一册在1978年出版,第二、第三册在1984年出版。与人民出版社的工作联系由我负责。在此以前,我为了它的出版做了大量的编务工作,除了整理文稿(刘大年先生对所有初稿都进行了彻底改写)、核对史实、编写考证性注释外,还编写了书末所附的大事记、中外人名对照表,选用了历史图片。除了这些工作以外,还分配我绘制历史地图。先前,《中国史稿》的历史地图编绘工作,都交历史研究所历史地理室做,《中国近代史稿》独立以后,他们就谢绝了为《中国近代史稿》编绘历史地图的任务。那时候,我是新进《中国近代史稿》编写组的成员,年龄又最轻,编绘历史地图的任务自然就由我来承担。我从来没有摸过历史地图的编绘工作,从1978年末开始进入学习状态。

当1984年《中国近代史稿》第二、第三册出版时,我自己也出版了《简明中国近代史图集》(长城出版社)和《中国近代史稿地图集》(中国地图出版社),组织编辑出版了《武昌起义档案资料选编》三册,我的名义是统编。前两本书其实就是在《中国近代史稿》编写组工作期间的副产品。

这里补充一点。当我进入《中国近代史稿》编写组以后,我就有机会与大年先生频繁地接触,也有机会到他家里去谈话。我心里一直藏着一个愿望,总想对他谈谈我在"文革"初期的作为,算是对他的道歉。我记得,1976年,1977年,每次见到他,我都想对他说点什么,每次鼓足了勇气,每次都没有开口。每次离开后,我又很懊悔、自责,为什么就张不开口呢?但是我对他的道歉终于没有说出口,直到他的辞世。非常有趣的是,从1975年一直到1999年,我同大年先生的所有谈话,大年先生从来不同我说一句有关"文革"的话,从来不问我一声为什么"文革"初期我那样对待他,从来不涉及6·4大会,从来不对我提及6·15"夺权"大会的事,从来不涉及《人民日报》批判他的文章和大字标题。我觉得他是有意回避这个话题,不愿意触及不愉快的那段岁月。我有时候感觉,他不如直接说我两句,哪怕说我那时幼稚,不懂事,鲁莽,等等,我可能心里都好受些。只有一次,他偶然对我说到被抄家,文稿丢失。可能意识到我在场,立即打住了话题。我很愿意他说下去，他却停止了。我没有对他表白，他家里被抄，已经不是我"当政"的时候，我只是愿意听听他的诉苦，他却把话吞下去了。今天想起来，我还是不知道如何形容我与他之间的那种感情纠葛。

1975年，在军工宣队安排下，刘大年担任了近代史所党总支书记，郭永才是常务副书记，黎澍、李新是副书记。此后，我不仅协助他做些《中国近代史稿》的工作，还协助刘桂五先生做了一些属于学术秘书范围的事情。也许当时的党总支对我寄予某种期望，可是没有人告诉过我。1975年党总支决定"开门办所"，要我做一点具体工作。我负责联系到北京郊区南韩继收割麦子（"学农"），到北京内燃机总厂联系参加劳动（"学工"）。那年我还陪同郭永才几次到大连造船厂，向那里的工人理论队伍取经。1976年，我推动与北京20多家印刷厂职工联合办"七二一大学"，给学员讲授中国近代史，并且编写、印发了教材。陪同刘桂五先生到北大历史系、天津历史所调查了解他们开门办学、开门办所的经验。党总支研究某个问题的会议，有时候也通知我去参加，听取我的意见，尽管我还不是党员。1976年"四人帮"被粉碎后，《光明日报》举办座谈会，揭露和批判"四人帮"在史学界的罪行，所里党总支也推荐我去出席，我在座谈会上的发言刊登在报纸上。所有这些，给1977年中国社会科学院的"清理帮派体系"运动埋下了伏笔。"清理四人帮的帮派体系"是当时中央的精神。如何清理，如何正确处理"文革"结束后各种复杂的关系，端看各单位负责人的做法与因应。中国社会科学院指定李新先生为近代史所"清理帮派体系"领导小组组长。一时间，刘大年、郭永才、张友坤、张海鹏成为"四人帮的帮派体系"，刘大年、郭永才、张友坤靠边站。全所大会批判"四人帮的帮派体系"，给我戴的帽子是三顶："五一六"一风吹、突击入党、突击提干。我找李新先生论理：我不是"五一六"，而且"五一六"不是我吹的，是军工宣队吹的，怎么是我的罪名呢？我没有入党，也没有提干，我怎么是突击入党、突击提干呢？"清理帮派体系"把我和大年先生连在一起，在全所掀起风潮。但是，我那时的了解，大多数人不支持这样的做法，许多人对我表示了支持，我一点也不感到孤立。无道之事行不远。近代史所的这种乌烟瘴气，到年底就烟消云散了。1978年，中国社会科学院院长胡乔木、副院长邓力群到近代史所召开座谈会，听取意见。事后我听出席过座谈会的丁铭楠先生说，邓力群在会上说，对人还是要宽厚一些。1978 年，中国社会科学院进行了改革，各所组建了研究室，组建了科研处（大体上等同过去的学术秘书），在近代史所也成立了科研处，任命了处长、副处长，我就不与闻其事了。自 1978 年开始，我进入了真正的学者生活，努力抢救失去的时间，一心一意展开自己的学术研究。在这样的条件下，度过了我的十年黄金时间。

1979 年，中国近代史学界组织了在南京召开的太平天国历史国际学术讨论会。大年先生是大会的主席，我约略做了一点会务工作，在会议期间担任简报组副组长。会前，大年先生找我，要我写一篇文章，谈谈阶级斗争问题，准备做他在南京大会上的讲话。我起草了一份稿子，大年没有采用，他没有批评我，也没有表扬我。他在大会上的讲话稿是他自己起草的。我这时候想到，"文革"期间有人揭露刘大年的文章是别人替他写的，我这时候表示了明确的怀疑。我知道，大年先生作为一个有精深古文修养的史学家，是很难接受别人起草的稿子的。《中国近代史稿》是由各位作者提供的初稿，大年几乎对每篇初稿都做了全面的改写，这是我在整理书稿时每天可以看见的。

1979 年，刘大年先生接受东京大学校长的邀请，要去东京大学讲学。他在准备辛亥革命历史讲稿的时候，要我替他整理过个别资料。他还把 1956 年近代史所调查同盟会员的资料交给我，要我重新展开调查。我约了老朋友王学庄一起来做。这件事情我们做了两三年时间，向国内外发出、收到几千封信函。终于未能成功，是一个遗憾。我还替大年先生查阅过《民国十六年前的蒋介石先生》，抄录过若干资料供他参考。

1984 年，我写了一篇文章——《中国近代史的"两个过程"及有关问题》，送请大年先生阅改。大年先生在文稿上改了几个字，也订正了我的标题。那时政治史研究室各位都赞同这篇文章的基本观点。所里特别安排我在全所大会上做了一次学术报告。这篇文章最后在黎澍主编的《历史研究》发表了。但是这篇文章的观点与黎澍先生有异，也与《历史研究》编辑部各位编辑的看法不同。一时引起一些议论，有人批评我不该写这篇文章。有人说文章是经过刘大年修改过的，反映了刘大年的观点。再进一步，就会牵扯到刘大年与黎澍的关系了。这时候，在人们的谈资里，就往往把我和大年先生联系起来了。

1985 年，刘大年先生因前列腺发炎住进了协和医院，他找我到病房，对我说了一些很悲观的话，大意说，夏鼐、华罗庚是他的两位好朋友，已经先后故去，他现在卧病在床，恐怕也会不久于世了。他希望我把《中国近代史稿》第四、第五册的工作抓起来。我表示，我会努力去做，但我感到要像刘大年先生那样去修改所有初稿，非我的学力所能。原来《中国近代史稿》的工作方式，是收到作者初稿以后，先由大年先生的助手钱宏先生作文稿处理，再交大年先生改定。《中国近代史稿》原定编写三册，后扩充为五册。后两册涉及辛亥革命和北洋时期历史。钱宏先生年龄大了，不愿意再接手后两册。大年先生的意思，如果他的身体不好，后两册就由我处理了。此后，我为这件工作投入了两年多的精力和时间。1988年9月我担任了副所长，事务冗杂，我就没有时间去做《中国近代史稿》第四、第五册的工作了。1990年，我向大年先生提到，辛亥革命历史，已经有章开沅、金冲及的本子，我们的书很难在总体上超过他们，况且有的作者还未交稿；北洋部分，利用档案还是不够，研究成果也不够，勉强出版，可能会出不良效果。他同意了。这时大年先生年事已高，精力不济，这部书的后两册终于未能出版。这是一大遗憾。在谈及类似话题的时候，他给我说过，他一生在组织写作班子上有不成功的经验，他举例说任继愈在这方面有成功的经验：一拨人不行，就要赶快换一拨。

1990年，近代史所政治史研究室党支部一致通过了我的入党申请。大年先生是介绍人之一。他在入党有关文件上写下了对我很高的评价，常常使我感到愧意。我在20世纪60年代初在武汉大学学习时，多次提出了加入中国共产党的要求。那时候中组部在大学生中发展党员掌握了很严的标准。我所在的学生党支部认为我有骄傲情绪，直到毕业也未发展我入党。但是把我在大学期间的表现材料转入近代史所。据了解情况的同志告诉我，大约经过"四清"和劳动锻炼，就可以解决我的入党问题了。1966年形势迅速转变为"文革"，事情就耽搁下来了。1975年我进入政治史组，再次向政治史组党支部送交入党申请。支部书记刘桂五找我谈过话。据说，李新先生不同意批准我入党，事情又搁下了。

1990年《求是》杂志第3期发表了我写的《如何看待中国近代史发展的基本线索？——学习毛泽东有关论述笔记》。这篇文章几年前发给了《求是》杂志。编辑以形势变化暂不宜发表相告。到1989年下半年又告可以发表。我重新作了修订后，送请大年先生审阅。某日上午，大年先生从人民大会堂匆匆来所，站在大门外，说他正在出席人大常委会议，时间很紧。随即把文稿交给我，说很好，可以发表，指出，文末最好强调一下近代中国反帝反封建问题。因为，中央高层有人说反帝反封建谈得多了，这是不对的，需要加以强调。说完，他就离去了。他没有在我的文稿上留下任何笔迹。我不知道他说话所指为何人，我接受了他的意见，在文末加写了一段强调反帝反封建的话。这个意见，在大年先生去世多年以后，我还强调了一次，这就是 2006 年 3 月 1 日我在中国青年报发表的《反帝反封建是近代中国的历史主题》那篇文章。

1990 年是近代史所建所 40 周年，所里决定召开以"近代中国与世界"为题的国际学术讨论会为之纪念，会务筹备工作由我负责进行。大年先生多次给我指点，如何邀请人，邀请那些人，出了许多主意。那次会议非常成功。从此以后，近代史所几乎每年举办各种学术活动，凡是请大年先生出席的，他都支持，需要讲话，讲话稿全部由自己起草，不劳他人。限于篇幅，这方面的内容从略。

1995 年，是大年先生 80 华诞。我是研究所所长，决定联合中国史学会会长戴逸先生举办纪念活动。我将这想法报告大年先生时，他坚决反对。我说，我们举办活动，不只是为了你，不是为了给你贴金，你不需要贴金，我们是为了后来者，为了年青一代了解你的奋斗一生，为了宣扬你坚持的那些学术观点和学术立场。他无以为辞，说我不管，反正你们的活动我不参加就是了。7 月，近代史研究所与中国史学会合作，召开祝贺刘大年同志 80 华诞的学术座谈会，学术界的许多前辈学者前来祝贺，发表祝贺感想，我在会议上做了发言，进一步较为系统地介绍了刘大年的学术经历。中国社会科学院副院长汝信、中国史学会会长戴逸和知名学者龚书铎、余绳武、金冲及、张椿年、王汝丰以及大年的学生姜涛相继发言，胡绳院长请人代致贺词，白寿彝、李侃、蔡美彪作了书面发言，首都社会科学界领导和专家郁文、于光远、逄先知、白介夫、丁伟志、何理、郑惠、林甘泉、李学勤、廖学盛、任式楠、齐世荣、汪敬虞、吴承明、孙思白、丁守和等以及史学工作者 120 人出席。这次会议，作为寿翁的大年先生避席他去，表现了他的美德。除了座谈会，我还请人编了《刘大年论著目录》，请刘潞夫妇编了《刘大年存当代学人手札》一书（近代史所印制），在会议上散发。

最近 20 年间，我和大年先生之间的工作关系甚多，这里难以尽述。如协助他筹办中国抗日战争史学会，关于中国社会科学院中日历史研究中心专家委员会的工作,等等,需要专门叙述,此不赘。

1988年9月我担任副所长。那时候,所里房间紧张,我还是在原来的办公室,与别人同屋,工作有所不便。他主动把自己的办公室让给我,要我搬过来。我觉得很惭愧,他执意这样办,我只好遵嘱办理。此后,他就不容易经常到所里来。我有事,就到他木樨地的家里,与他商谈。有时,他会问我,你怎么来的?我答骑我的三轮车,他听了哈哈一笑,如此而已。我在担任研究所所长期间,使我感动的,是他经常提醒我,不管如何忙,都要挤时间写文章,不写文章,你在学术上就没有发言权,你就没有资格在学术上发挥领导作用。他说,20世纪50—60年代,政治运动很多,很难坐下来,他仍硬着头皮写文章。那个时候批判他是右倾机会主义,说他在党内是专家,在专家面前是党员。学部副主任刘导生(负责联系历史学各所)批评他不听招呼,说要在战时,就可以枪毙你。他回答刘导生说:谁让你把我安排在这个位置上呢?在这个位置上不写文章,就不如撤职。刘导生同志无言以对。大年先生讲的这些故事,20年来不断地在激励我。我在处理大量行政工作和参与社会活动的时候,总是记住他的这句话。这些年来,我的学术成果不是很丰厚,但是我还是尽力了。

1998年12月,社会科学文献出版社出版了胡绳先生题写书名、刘大年先生作序的我的一本论文集。这本文集题名《追求集——近代中国历史进程的探索》。年初,我给中国社会科学院副院长汝信写信,表明希望出版个人论文集的愿望。汝信极为支持,指示社会科学文献出版社办理。我与大年先生商量,大年非常赞成,《追求集》的书名就是他提出的。他说,戴逸的集子叫《繁露集》,我们的就叫《追求集》吧。所谓"追求"就是"追求真理""追求历史真实"的意思。如何追求,就是运用马克思主义的唯物论的思想方法论去追求。这个意思,在他撰写的序言中说得很清楚。序言在解释唯物论的时候还指出:"唯物论是从人类社会共同生活里最基本的事实出发来认识历史的,和是从基因上带着永久开放性来认识社会历史的。事实的基本性,先天的开放性,浑然一体,无彼此之分。为什么唯物论面世之后,无日无时不受到反对、攻击,而迄今仍被追求认识人类社会历史规律的思想理论界奉为圭臬,就因为它的道理是推翻不了的。"

说到序言,是我主动请求的。我一向知道,大年先生并不轻易给别人的书写序,也不做挂名主编。我还是开口请求了。他立即应允,告诉我某日来取。序言评价论文集的是下列文字:"集中文字,论事观点鲜明,强调理论指导的意义,命题多有针对性,在具体问题的研究上不乏新意。它们的主要内容,既是解说上述中国近代历史两个基本问题的,同时也是密切联系现实社会生活实际的。社会科学要联系实际,决非如有人指责的是什么'功利主义'之类。真正忠于历史科学的人,都会反对按照现实这样那样的需要去'改造历史',也不会认为对历史的简单类比推论有助于说明现实问题。但是我们的近代史研究,如果不反映时代发展中人们需要知道的与现实相关的过去,那很像有人说过的,他们是在回答谁也没有问过他们问题的聋子。就算这过于文学夸张也罢。"其他的内容,是阐述他对中国近代史基本问题的主张,对唯物论的解释。他说:"在历史研究、社会科学研究中,应当怎样去探索呢?我想说,那就是要照唯物论的本来面目坚持唯物论。"这是他一向坚持的基本结论。

说到写序,还有一件事可以补叙。1984年,我主持编绘的《中国近代史稿地图集》在地图出版社出版。编这本地图集,实际上是他交给我的任务。出版前请他赐序,我想是应该的。我向他提出了请求。他答应了,还要我给他提供一个基础资料。我都做了。但是他最终没有写序。我猜想,可能有两个原因:一是他轻易不替人写序,给我写序有违初衷;二是地图集毕竟是一本工具书,有较多的技术性,他没有更多可说的话。他的文章,他的著作,他编的书,一向强调思想性,强调理论思维,在一本地图集上不好发挥吧。隔了几年,某著名的基金会为社会科学著作评奖。我有些心动,请大年先生推荐,他很爽快地答应,写了推荐意见。此外还有丁铭楠先生、李侃先生也写了推荐信。这三封推荐信,给这本地图集相当高的评价。但是,最终名落孙山。此后我就下了决心,永远不再申请任何著作评奖。

1999年11月,大年先生因发烧住进协和医院。我到医院看他,他正色说:"你来做什么,还不回去抓工作!"后来听说他不愿意配合医生,不愿做进一步检查,我到医院去说服他,他听从了,配合医生了。但是医生仍然没有能够挽回他的生命。

1999年12月31日,近代史研究所主办的"1949年的中国"国际学术讨论会在北京开幕,我在致开幕词前,首先宣布中国社会科学院近代史研究所名誉所长刘大年先生三天前辞世,全体与会者起立默哀。会后,大年先生的朋友,日本著名学者山口一郎教授与与会的日本学者多人,在我陪同下,到大年先生府上吊唁,并致上唁函。大年先生与日本各界,与日本学术界有着深厚的联系,山口一郎先生等亲临吊唁,反映了这种联系。

俄罗斯科学院授予大年先生外籍院士,事在1999年6月,大年先生曾致函表示感谢。但是他没有等到颁发聘书的那一天。2002年2月16日,专程来京的两名俄罗斯科学院主席团成员在俄罗斯驻华大使馆举行简单而隆重的仪式,代表俄罗斯科学院院长奥西波夫向刘大年先生颁发了印有俄罗斯科学院徽章的褐色证书。斯人已去,我代表他从俄罗斯科学院主席团成员手中接受了证书。这算是我替他做了最后一件事。

大年先生辞世已近十年。回忆往事,难免激动。这篇跋文,谨作心香一瓣,祭奠于先生之灵前。

呜呼!哀哉,尚飨!

2009年9月10日于东厂胡同一号

《曾国藩传》序言[*]

最近十年以来，曾国藩研究热了起来。与之相适应，有关曾国藩的小说、写实作品，以及曾国藩本人的全集、书札等大量出版流行，一时蔚为风尚。这是社会在转型过程中出现的现象。前数年，我曾关注过这种现象，并且做过学术上的评论。广西人民出版社1995年11月出版湖南作者易孟醇先生著《曾国藩传》，至1999年1月连续四次印刷，广受读者欢迎。囿于眼光，我一直未能读到。及至本年六月，收到易孟醇先生大著、大函，方知此书已被香港出版商选中，拟在香港出版。易先生索序，难以推辞。拜读之下，有相见恨晚之慨。但是我个人在研究所的位置上，事务冗杂，会议繁多，穷于应付。今年是中国社会科学院近代史研究所建所50周年纪念，5月，我们在北京召开了纪念会，9月上旬，在北京顺义召开了大型国际学术讨论会，国内外学者云集，讨论近代中国与世界的关系。我的时间和精力都专注于此；散会后，又有英国、法国和波兰的学术之旅，作序之事，竟未能提起。在研究所的职务上，个人的学术活动常常难以如愿，实在使人抱憾。

易孟醇先生大著《曾国藩传》，都52万字，篇幅相当可观，我是在冗务之余，陆续阅读一过的。说实话，我很重视湖南作者的这一部著作。我认为这是写得很好的一部关于曾国藩的著作。

本所创所所长范文澜先生是用马克思主义指导研究中国近代史的创始者，是新中国历史学界的大师。1943年，他在延安《群众》杂志发表《汉奸刽子手曾国藩的一生》的论文，1944年延安新华书店出版单行本，此后各地多有翻印。1955年，人民出版社再版范文澜著《中国

---

[*] 易孟醇：《曾国藩传》，湖南大学出版社，2009。

近代史》上册，此文作为附录收入。范著《中国近代史》上册 1962 年版，还保留着这个附录。据我所知，范老此后在所内讲过，此书如果再版，就要删除这个附录。根据范老意愿，"文化大革命"中，近代史研究所组织部分研究者帮助重新修订范著《中国近代史》，修订本由人民出版社印刷征求意见本 3000 本，这个本子就不再收录上述附录。在 20 世纪 40 年代国内复杂的政治斗争环境下，蒋介石把曾国藩推崇成"圣人"，作为麻痹青年、欺骗群众的偶像。经过乔装打扮，曾国藩在社会上有很大的影响。范老说："为了澄清当时一些人的混乱思想，所以有揭穿曾国藩这个汉奸刽子手本来面目的必要。"（范文澜在 1954 年 8 月为《中国近代史》上册第九版写的前言）可见该文是适应 1940 年代国内复杂政治斗争形势而写作的，其写作本旨多少带有影射史学的味道，在那个时代发挥了宣传群众、教育群众的作用。60 年代中，范老希望再版《中国近代史》上册不再收入那个附录，因为国内外整个形势变化了，不需要发挥那样的作用了。可以认为，范老这个时候实际上主张对曾国藩在近代中国的作用，需要在学术上重新做出分析和评价了。

最近十多年来，国内关于曾国藩的传记出版有五六本之多。在其他著作中涉及对曾国藩的评价，以及有关曾国藩的研究论文，就更多了。这反映了新的历史时期研究者对曾国藩这个历史人物的新的思考。比较而言，易孟醇先生大著关于曾国藩的思考要更稳妥一些，更周密一些。进一步说，易先生大著对曾国藩的思想和行事更多一些分析，更少一点简单化，不那么偏颇，比较好地吸取了学术界的研究成果。

粗略读过全书后，我认为本书有如下特点。

第一，从时代特点和曾国藩成长经历，说明了曾国藩是以封建礼教为根本，怀抱"治国平天下"志愿，在特殊历史条件下为延续、"中兴"清朝封建统治而奋斗终生的历史人物。

第二，以具体的历史事实，刻画了曾国藩一生"对外屈辱，对内镇压"的基本政治路线。对于封建统治阶级的"中兴名臣"来说，曾国藩一辈子做了两件大事：一件是成功地镇压了太平天国农民革命运动；一件是奉旨查办天津教案，以"内疚神明，外惭清议"告终。这两件事正好代表了他"对外屈辱，对内镇压"的政治性格。曾国藩亲自处理的这两件大事，都对近代中国的历史进程产生了深远的影响。

第三，论述了曾国藩是"洋务运动"的先行者和开拓者，是地主阶级大自救活动中的坚韧的探索者和旗手，是东方文明受到西方文明撞击时的一种积极反映，而不是与外国侵略者勾结的产物。指出他从进行地主阶级自救出发，不自觉地成为"洋务运动"的先行，成为中国近代化的先驱，客观上刺激了资本主义在中国的产生与发展。指出在这里，曾国藩的主观愿望和客观效果是不一样的。

第四，分析了曾国藩的思想渊源和他的性命并重的天人观、格物穷理的心物观，指出他虽然在理学发展上没有任何建树，是一个没有理学著作的理学家，他虽然对各种思想资料广取博采，但儒家经学思想始终在他的思想中占有主导地位。

第五，在涉及曾国藩一生行谊的关键点上做出了深入细致的分析，使读者获得启发和愉悦。如第四章第五节对洪秀全、曾国藩"两个书生、两篇檄文"的分析，说明他们两人性格和人生道路的形成，都是半封建半殖民地社会的复杂的阶级关系的产物；又如对1860年"北援"问题的分析，说明他在考虑北援问题时，只是"专言君臣之大义"，而不是抗击英法侵略者。在民族矛盾与阶级矛盾并存的时候，曾国藩始终坚持把矛头指向太平军，始终不忘记夺取安庆这个战略目标，始终"专重金陵"，终于取得了最后战胜太平军的成功；再如，对处理天津教案的逆反心理的分析，从对天主教的逆反态度、对爱国的天津市民的逆反态度、对天津知府知县的逆反态度、对处理迷拐幼童案的逆反态度四方面，说明在天津教案处理的全过程中，曾国藩是一个被自己的逆反言行扭曲了的形象，他是历史悬案事实上的制造者；复如，对曾国藩"仁""刑"思想与手段的分析，说明他一生行事以刑杀为主，"德政"很少，等等，作者拿着阶级分析的解剖刀，行文走笔，有不少生动的例子，很值得一读。

作者在叙述和评论曾国藩的政治作为时，一般来说是采取严格的批判态度。但在叙述和评论曾国藩作为"洋务运动"的先行时，作者采取了高度赞扬的态度，如中国近代化的光辉先驱云云，给人反差太大的感觉。这两者如何在同一个人身上统一起来？需要进一步思索。作者在这方面下过功夫，试图寻求一种解释，设专节论述曾国藩是经世之学的优秀发扬者，论述他从"一宗宋儒"的理学家通过经世之学的影响，打开眼界向西方学习；"从关心经世致用之学进而学习、容纳西学，自觉不自觉地走向对固有的传统文化的否定"。这些说法，似乎过于简单一点。不管从表象，还是从实质来看，曾国藩作为理学家不可能通过经世之学"自觉不自觉地走向对固有的传统文化的否定"，事实上也根本没有这种对固有的传统文化的否定。作者在专门论述曾国藩经学思想的一章里已经明确指出过，曾国藩的思想，前后期有过变异，有过发展变化，但儒家经学思想始终在他的思想中占有主导地位。同时说他向西方学习、容纳西学，也有拔高之嫌。把向西方购买枪炮、船只，或者仿造西式枪炮船只，称作容纳西学，是否合适，还要向作者请教。购买或者仿造西方火炮，早在明朝末年就有过，如弗朗机炮。西学，不仅指自然科学方面的知识，也指社会科学方面的知识，尤其是西方关于社会政治方面的学说。对于后者，在曾国藩推动"洋务运动"的那个年代，基本上是空白，曾国藩本人对此基本上没有认识。

现在研究中国近代史，从近代化或者现代化的角度做研究，已经是口头禅了。应该说，从近代化或现代化的角度研究中国近代史，的确不失为一种思路，值得探索。民族独立问题、近代化问题，的确是历史向近代中国提出的两个大问题。有的研究者认为，"一百年来的中国近代史其实是一场现代化史"，主张用这种"新范式"取代用"革命史"研究中国近代史的"旧范式"。如果用"现代化史"的"新范式"来观察中国近代史，说"洋务运动"是中国近代化的光辉先驱，是没有问题的。但是我们要问：难道中国近代史只存在"现代化史"的"新范式"吗？恐怕很难做出肯定的回答。外国的侵略、政府的腐败无能、人民群众的反抗和革命斗争，与近代化（或现代化）的漫长过程共存于110年的近代中国，其间存在一种相互依存的关系，不能相互取代；国家独立、民族解放是现代化的前提，抹去了这个前提，不承认这个前提，能不能实现现代化、实现什么样的现代化，就不是我们今天坐而论道所能解决的了。

现在再回到前面的问题上。前面提到曾国藩的政治作为和他推动"洋务运动"的努力如何统一起来。易孟醇先生是用经世之学把二者联系起来。浅见以为，还是用儒家学说来联系较好。"修身、齐家、治国、平天下"的古训，正是联系的纽带。无论是镇压太平天国也好，处理天津教案也好，推动"洋务运动"也好，其目的，都是大清皇朝的中兴，也就是作者在大著中提到的自救。就是这种自救和中兴的抱负，造就了曾国藩的政治品格，造就了曾国藩的人生。把易孟醇先生在大著中使用的阶级分析方法贯彻下来，是否可以得出这样的看法呢？

以上是读过易孟醇先生大著《曾国藩传》以后的一点感想，请易孟醇先生和读者不吝指教！

2000 年 11 月 1 日于北京东厂胡同一号

《教育改造与改造教育》序言[*]

人的一生成长，其基本的世界观、人生观的养成，在相当程度上，实在得益于中学语文、历史课教育。历史课教育恰恰是塑造青少年世界观、人生观的不可或缺的重要手段。青少年接受以中国为主体编写的历史教科书知识，就会形成一个中国的世界观和人生观；相反，青少年接受以台湾为主体编写的历史教科书的知识，就会形成以台湾为主体的世界观和人生观。"台独"势力深明此理，他们知道在现实上很难实现台湾独立建国的"理想"，便在塑造台湾青少年的世界观上下功夫，以他们发明的"台湾同心圆"理论为指导，制定了2004年"高中历史课程纲要"，强行要求以此为准编写高中历史教科书。这个以"台湾同心圆理论"为核心的"课纲"，是一个以台湾为叙述主体的纲要，是一个彻头彻尾"去中国化"的纲要，引起了台湾教育界和台湾社会的强烈批评。但是"台独"势力我行我素，罔顾民意，强制推行。

台湾是中国的一部分，是中国的一个省，台湾史是中国历史的一部分，这是为全部中国历史和台湾历史所证明了的，这是中国人的常识，也是中国历史学的常识。在世界历史学的认知上，也很少有异议。中国大陆各省都在编撰各省的通史，台湾也应该编写自己的新的通史，这是自不待言的。但是十多年来，在李登辉、陈水扁的主导下，台湾史成为一个高度政治敏感的话题。如果说台湾史是中国历史的一部分，就会发生所谓"国家认同"问题。这在具有正常思维、有一些基本历史知识的人们看来，是难以理解的。所谓"国家认同"，到底要认同哪一个国

---

[*] 李理：《教育改造与改造教育——教育部审定高中台湾史课程纲要及教科书研究》，台北：海峡学术出版社，2010。

家呢？显然那不是要认同中国，而是要把台湾作为一个国家来认同。它反映的是陈水扁的"一边一国"的基本主张，这也就是"台独"的主张。

"台独"是一个政治口号，是一种分裂国家的政治主张，是台湾岛内诸如李登辉、陈水扁之流明知不可为而偏要为之的政治行为。陈水扁说过："台湾虽然是一个主权独立的国家，台湾的两千三百万人民却不能享受百分之百的完整国家主权。"把这句话翻过来说就是：台湾不能享受百分之百的完整主权，因为台湾不是一个主权独立的国家，只有中国才享有百分之百的完整独立主权。这也说明，陈水扁虽然想"急独"，但还是不敢越过底线，不敢宣布台湾"独立"。

为了谋求台湾的"独立"，"台独"论者硬是要从中国历史中寻找根据，极力歪曲中国历史和台湾历史。他们把台湾历史与中国历史对立起来，极力伪造一部脱离中国历史的台湾历史。

所谓台湾史就是本国史，明显是把台湾作为一个国家看待，这是"台独"人士提出的主张，台湾的教育行政当局已经把这种主张强行贯彻到高中历史教科书中。高中历史课程分为台湾史、中国史和世界史，台湾史从中国史中分割出来，中国史被肢解，世界史也被弄得混乱不堪。纵观整个中国史和世界史，台湾从来不是一个国家，从来都是中国的一部分。即使根据不平等条约《马关条约》，中国被迫割让台湾给日本，台湾成为日本的殖民地，也不曾成为一个国家；1945年10月回归祖国怀抱，台湾依然是中国的一个省。讲历史，最重要的是要讲出历史根据。根本就没有台湾是一个国家的历史根据，怎么能把台湾史讲成一个国家的历史呢！台湾人和大陆各省人一样，他们的本国史只能是中国史。站在这个立场上，讲台湾史，或者鉴于台湾历史的某种特殊性突出台湾历史的重要性，是可以理解的，也是应该的；但是跳出中国史的立场，或者站在与中国历史相对立的立场上讲台湾史，不仅违背了中国历史的真实，也违背了台湾历史的真实，那不是讲台湾史，而是乱台湾史，乱中国史。乱台湾史、乱中国史的结果，是酿出许多令人苦涩的笑话，所谓中国是"外国"，是"敌国"，"中华民国史是外国史"，"孙中山是外国人"，等等。听到这些无知妄语，我们不知道是要笑呢还是要哭？

为了把台湾史说成本国史，没有根据也要制造出根据来。所谓《开罗宣言》位阶不够，就是他们制造出来的一个根据。1943年11月下旬，国际反法西斯战线的三个盟国美、英、中等三国首脑在开罗聚会，商讨战争后期以及战后处置日本的方案。因为苏联没有对日宣战，没有参加开罗会议。开罗会议讨论了军事问题和政治问题。军事问题是最急迫的话题。政治问题主要是在美国总统与中国军事委员会委员长蒋介石之间展开。中国方面提出了处置日本投降和收回日本窃据的我国东北、台湾和澎湖列岛等多项问题。经过讨论，这项处置方案为三国首脑通过。11月26日开罗会议结束后，罗斯福和丘吉尔带着开罗宣言稿到德黑兰与斯大林会晤。斯大林看过《开罗宣言》后表示同意，于是在12月1日将《开罗宣言》公布于世。"台独"论者说《开罗宣言》未经三国首脑签字，不是法律文件。这是削足适履，削历史事实之足，以适应"台独"谬论之履。1943年的开罗会议和德黑兰会议，是国际反法西斯战线四大盟国首脑之间在战争紧张时刻召开的最高军事政治会议，所做出的最重要的军事政治决议经四大国首脑一致同意，正式公布，是战时最重要的政治文件，也是战时最重要的国际法文件，无论是从历史事实来说，还是从国际法学原理来说，它都是战时位阶最高的法律文件，怎么能说它法律位阶不够呢？须知《开罗宣言》是当时的三大国首脑一致通过的，发表后，没有任何一个当事人表示异议。而且在两年后的1945年7月26日，美、英、中三国首脑在另一个重要文件即《波茨坦公告》中正式引用，随后苏联首脑斯大林也在这个文件上签字。这个文件的第八条明确载明："开罗宣言之条件，必将实施；而日本之主权，必将限于本州岛、北海道、九州岛、四国及吾人所决定其他小岛之内。"由《开罗宣言》所决定、《波茨坦公告》所肯定的这些条件，又在1945年9月2日的《日本投降条款》中再次得到确认。这个"投降条款"是由同盟国各国代表和日本国代表共同签署的。1972年9月29日签署的《中日政府联合声明》中，日本政府再次声明"坚持遵循波茨坦公告第八条的立场"。这一系列重大的历史文件都以《开罗宣言》关于处分日本的决定为根据，怎么可以说《开罗宣言》法律位阶不够呢！

国际法与国内法的不同在于，国内法是由一国的立法机构提出并经讨论通过颁布后在一国范围内施行的，国际上并没有国际立法机构形成国际法条文。所谓国际法是由两国及多国通过双边和国际会议折冲樽俎所形成的文件，由此所形成的各种国际关系案例所抽象出的各种共同认识，公认的权威的国际法学者发表的有关国际法的著作，有时也为有关各国所遵循。因此国际法并不是由任何人说了算的。台湾前任"教育部长"所谓《开罗宣言》是新闻公报，不是会议公报的说法是站不住脚的。应该说《开罗宣言》是经四国首脑授权公开发布的新闻公报，也是会议公报，也是严肃的国际法文件。经国家间权威机构授权发布的新闻公报，一个世纪以来，往往为相关国家处理国际关系时所采用。中美之间有关建交和处理共同关心的课题所发布的"三个公报"，是处理中美关系的政治基础，其基本原则也是用"公报"来体现的；中日之间解决建交和进一步密切关系的《中日联合声明》、《中日和平友好条约》和《中日关于建立致力于和平与发展的友好合作伙伴关系的联合宣言》，其中两个是用宣言或声明的形式发布的，这些文件对中日两国是具有法律的拘束力的，它们是国际法文件，是不待言的。

"台独"势力在历史教材中降低《开罗宣言》的地位和作用，却肯定《旧金山和约》的地位和作用。这无非是利用了美国人当初在其中埋下的所谓"台湾地位未定论"的措辞，似乎日本只是放弃对台湾和澎湖列岛的权利，并未明言归还中国。其实，无论是就国际法、国际惯例和国际现实，所谓"台湾地位未定"都是没有根据的。今天的国际社会有谁还相信台湾地位未定呢？仅就《旧金山和约》文本而言，该约明文规定"日本放弃对台湾及澎湖列岛的一切权利、权利根据与要求"，"日本放弃对千岛群岛及由于1905年9月5日朴次茅斯条约所获得主权之库页岛一部分及其附近岛屿之一切权利，权利根据与要求"。这里可以说明三点。第一，日本对于台湾及澎湖列岛的一切权利、权利根据与要求，均来自《马关条约》，是从清代时期的中国取得的，现在要放弃这些，当然是要物归原主。清政府已被推翻，中华民国政府是他的合法继承人，中华人民共和国政府又是中华民国政府的合法继承人。因此，无论从中华民国的角度，还是从中华人民共和国的角度，都是一个中国，日本所放弃的权利当然应该归还中国。第二，日本所放弃的对于千岛群岛及库页岛一部分及其附近岛屿的权利、权利根据与要求，也没有指明归还苏联，因为苏联是俄罗斯帝国的合法继承人，没有人怀疑日本放弃的这些权利应该归苏联收回。同样的文字表述，为什么没有人说千岛群岛及库页岛一部分及其附近岛屿地位未定呢？仅仅挑出台湾来说地位未定，显然是不合条约自身的法理逻辑和文字逻辑的，是说不通的。第三，美国主持的对日和约谈判，排除了中国的参加，苏联拒绝在和约上签字，和约文本上做出了对中国和苏联应享受的权利的不公正描述，是冷战时期国际政治的反映。尽管如此，客观地说，和约文本上看不出台湾地位未定的含义。所谓台湾地位未定是美国人根据当时的国际政治版图演绎出来的，并不是真实的存在。

台湾从来是中国的一部分，从来不是一个独立的国家，无论从历史还是从现实来说，都是准确无误的客观事实。站在中国史和台湾史的立场，所谓"国家认同"自然是认同中国，不存在其他的所谓"国家认同"问题。编写台湾史，和编写中国史一样，在这个问题上没有也不可能有根本的利害冲突。从中国史的角度看台湾史，我们可以看出台湾史在中国历史中的独特性；从台湾史的角度看中国史，我们可以看出台湾史与中国史的同构型。台湾史与中国大陆各省的历史相比较，各有独特的史实，表现出各种不同的特色。贯穿其中的共同特点，是中国历史文化的传统，是共同的经济、政治发展的路向。尽管日据50年，日本的殖民文化曾经强行影响了台湾，但是，中国历史文化特点的共相在台湾社会有着强烈的存在，难以消灭。

站在这个立场，谈台湾历史中的主体性问题，是一个不难处理的问题。作为台湾史，它的主体，当然是台湾自身。台湾的人口构成，台湾的历史发展道路，都可以从主体性的角度来说明，但是所有这些，都与中国大陆的原生性紧密相关。如果把这个主体无限夸大，超出中国史的范围，那就是为不能成立的"台独"制造历史根据。近年在台湾出版的台湾史教材和著作中，出现了一些值得注意的所谓主体性倾向。比如一些著作，把清朝时期的台湾称作清领时期，又把日据时期的台湾称作日治时期，贬此扬彼，泾渭分明。所谓"清领"，是指台湾曾经为清朝占领或领有的意思。台湾自有文字记载以来，就是中国的领土，台湾作为福建省的一个府，就有200多年，虽然历史上曾经有短暂的时期为荷兰、日本占据，不久便为中国收回。所谓"荷领""清领""日治"，分明是把台湾的主体性无限扩大为"台湾国"，是为"台独"制造历史根据的用语，虽然一字之差，却体现了一种春秋笔法。2004年台湾"教育部"公布的《高中历史课程纲要草案》，把全部台湾史分成四个单元，其中把史前到19世纪称为早期台湾史，把20世纪前半称为日本统治时期，把20世纪后半称为战后的台湾（含两个单元）。在第一单元中，把清代在台湾的统治和经营一笔抹掉，1885年的台湾建省也不提了。这样来讲台湾史，台湾的主体性是有了，但台湾是中国的一部分这个更重要的历史事实就一笔抹杀了。用这种"台独"史观来教育青年学生，来影响台湾史教学与研究，其"去中国化"的用心不是昭然若揭了吗！

李理博士选择了台湾史作为专门研究方向，在出版了《日据时期台湾总督府警察政治研究》后，看到台湾依据2004年"课纲"编写的高中历史教科书，愤愤不平，认为这些教科书所传达的历史知识，距离客观的中国历史和台湾历史甚远，乃决心对"台湾高中历史课程纲要及教科书"进行专题研究，努力恢复台湾历史的真实。这样的课题选择，既有学术意义，也有现实意义，是非常值得肯定的！这一选题，在台湾已经有学者关注，在大陆，还未见学者做过研究。因此，这一研究，不仅可提供海峡两岸读者了解台湾近年历史教科书编纂情况，也可为台湾坚持正确方向的历史教科书编纂者们提供大陆学者的视角，似乎也还可以看作，对坚持编写体现一个中国立场的历史教科书的台湾历史学界和中学历史教师们，一种有力的学理支持！

书稿杀青在即，应作者要求，写了上面的话，向读者讨教，是为序。

2010年2月6日于北京东厂胡同一号

《一代宗师　布衣学者——罗尔纲先生传》序[*]

2009年11月20日下午，我刚刚离台抵港，在香港九龙弥敦道上游览。在川流不息的人群中，我接到了来自国内的第一个电话。电话是南京大学历史系茅家琦先生打来的。茅先生告诉我，给我寄来了一包稿件，邀我写一篇序言。所谓稿件，听起来大约是关于罗尔纲先生的。因为大街上嘈杂，难以听得清楚。我此次在台湾访问一个半月，过境香港，一周后返京。返京后，茅家琦先生又来电话，告诉我寄来了一份稿件，是罗尔纲传记，希望我写一篇序言。茅先生是前辈学者，而且是研究太平天国历史的大家，他主持的罗尔纲先生传记，我理当拜读，哪里敢接受写序言的任务？但茅先生坚持，作为晚辈，我又不能强辞，只好勉为从命。

我在清理所有来件中发现了茅先生寄来的邮件。那是一份打印稿。书名《一代宗师　布衣学者——罗尔纲先生传》。我花了两天时间，拜读了这部写得很有学术深度，又很通俗的罗尔纲传记，深受教益。书稿篇幅不长，作者都是在太平天国史研究、《水浒传》研究和罗尔纲研究上卓有成就的学者，由太平天国历史研究的大师茅家琦先生总其成。全书意在总结罗先生从学70年的学术道路，概括罗先生一生学术成就，认识罗先生的学术意境和做学问的方法，的确很有学术深度，值得研究学术史的学者参考，尤其值得已经走上，或者准备走上学术道路的年轻朋友们参考，完全可以置之座右，反复玩摩。

罗先生的学术道路，不仅继承了中国传统的学问路数，也深受马克

---

[*] 茅家琦主编《一代宗师　布衣学者——罗尔纲先生传》，凤凰出版社，2010。

思主义理论的启迪。我年轻时对这一点缺乏认识，有时把他当作资产阶级学者（虽然他在 1958 年已经加入中国共产党）。1969 年在工宣队领导下，还拿《师门辱教记》作为靶子，对他进行批判。这些都是无知的表现。事实上，罗先生少年时代在贵县家乡就耳濡太平天国起义英雄的业绩，在上海求学就接触革命青年，学习过马克思主义主要理论著作。晚年，还努力学习马克思主义。他一辈子研究太平天国，终生研究都在为太平天国的事业辩护，乃至面临巨大的政治压力也不后退；同时又以同样的兴趣和努力，探讨、研究一部表现了我国宋代底层劳动人民的小说《水浒传》，在在体现出他努力探讨我国底层劳动人民的生活和奋斗，探讨这种奋斗如何影响中国历史的走向。这种学术努力，难道不是受到马克思主义的影响么！我以为，指出罗先生的巨大研究成果，受到了马克思主义的影响，是符合事实的。他写文章，做研究，不是言必称马克思，但他的研究旨趣，贯穿他的研究的思想指导的，是马克思的。

罗先生一生追求学术事业，心存远大，脚踏实地，不务虚名，不慕官位，努力在学术研究上做出贡献。1950 年代初，罗先生在南京一手创办了南京太平天国博物馆，当正式任命罗尔纲为馆长时，罗先生坚辞不就，宁愿接受范文澜所长之聘，到近代史所来做一名普通的研究员。后来，他担任过两届全国人大代表，两届全国政协委员，虽不能辞，遇到活动，却很不能适应，以至不再参加政协的活动。但对于学术研究，却始终追求，终身不悔。正是这种精神，造就了一代大学问家。

罗先生常说做学问"要大处着眼，小处下手"，必须从打基础下功夫，由博入专，不可急功近效。罗先生直到辞世前，从事史学研究，终生乐此不疲。他做学问，宏博淹通，基础极为雄厚。罗先生在复一位研究中国文化史的青年的信中，强调"做学问'要大处着眼，小处下手'。能大处着眼，为学方不致流于烦琐，而有裨益于世。能小处下手，方不致流于空谈。所以千万不要求速效，要花三四十年读书，积累史料和增进知识的功夫，然后以三四十年做研究的功夫，断断乎必会有大成就的"。他据英国人李约瑟为例，李约瑟本是一个外交官，抓住中国科技史这个题目，下了几十年的研究功夫，终于成就了《中国科学技术史》这部名著。

罗先生告诉一个研究太平天国史的青年，"必须从打基础下功夫，刻苦学习，刻苦钻研。学问的高峰是可以攀登的，但断不是急功近效所能达到的"。他还在一封信中表示要"提倡一点我国治学朴质的作风，反对主观臆断、夸夸其谈的风气"。罗先生做学问，从来是言必有据，没有材料，或者根据不足，就不说话，或不说满话。在研究历史问题，广泛收罗史料的过程中，他始终坚持一种打破砂锅璺（问）到底的精神，不弄清问题，决不罢手。一旦发现新的材料，必定重新审视自己以往的研究。

罗先生是史学研究的大师，在学术研究中却非常谦虚谨慎，不但坚持自己认为正确的地方，而且在发现自己的错误时立即改正。一次一个青年朋友写文章指出罗先生文章中的错误，罗先生认真审视自己的文章，发现的确是自己弄错了，马上写文章更正。他把文章寄给《安徽史学》编辑部，并附上一封信，建议"为百家争鸣提倡一种好风气——互相切磋、承认错误的好风气"。他在信中说："鄙见以为，提意见的同志应本学术为公、与人为善的态度，以和风煦日的文笔提出商榷的意见，而被提意见的同志则应以闻过则喜和有则改之、无则加勉的态度去接受批评。自古文人相轻，同行成仇。特别是那些自封为专家、权威之流，如有人提出正确意见，或考出真伪时，竟强辩不休，甚至结伙反对，使论问题则是非不明，考史料则真伪不辨。此种情况，于昔为烈，于今不绝。"罗先生建议编辑部在他的文章前加一段按语，指出他的错误，以便批评有的放矢。他强调说："承认错误是对人民负责的应有态度，而提意见的同志则应有与人为善的态度，为百家争鸣提倡一种好风气。"

罗先生在学术研究中，一辈子都是坚持这种虚怀若谷的态度，这是一种真正的大家风范。只要有人指出他文章中的错误，他立即写信感谢，并且写文章公开改正。这种闻过则喜、有则改之、无则加勉的态度，在今天值得大大加以提倡。

罗尔纲先生少年离开广西贵县，到上海上学，后到胡适家帮助胡适工作兼做家庭教师。又随胡适到北京工作。抗战期间，辗转云南、四川，1949年后，先在南京工作，着手筹办太平天国博物馆，后长期任职于中国科学院近代史研究所（中国社会科学院近代史研究所的前身）。我本人是后学，1964年8月才到近代史研究所报到。1988年9月担任副所长，1994年1月担任所长。在负责所里工作期间，每年都要到罗先生家里看望。1991年1月,罗先生90大寿,中国社会科学院胡绳院长来罗先生家里祝寿,献花,我陪同在侧。罗先生前一天知道了胡绳院长要来家里,异常兴奋,一夜未曾好好休息,早起不慎摔了一跤,头碰到暖气管上,出了血。我们到罗家时,罗先生头上还缠着纱布。胡绳院长来时,原来躺着的罗先生连忙坐起来。胡绳知道他因为兴奋摔跤,表示歉意,忙请他躺下。罗先生坚持坐起来说话。胡绳说些年轻时读过罗先生的书之类的话,仰慕罗先生在太平天国历史研究上的成就,表示中国社会科学院有罗先生这样的学者是中国社会科学院的光荣,祝愿罗先生健康长寿。有意思的是,胡绳是苏州人,说的是苏州口音,罗先生是贵县人,说的是很难懂的贵县话。两人的话,全靠在场的罗先生女儿罗文起和女婿贾熟村翻译,我也偶尔在旁插话。1997年,罗先生满了97岁,我和近代史研究所的同志们正在考虑为罗先生庆祝百岁生日。可惜,这个愿望没有实现,罗先生在那一年仙逝了。过了两年和三年,罗先生尊为领导的近代史研究所名誉所长刘大年、中国社会科学院院长胡绳也先后谢世了。罗先生身后留下了专著50种、论文200篇和亲自搜罗、编辑的太平天国资料3000万字。这是中国历史学的一座丰碑!

  读过《一代宗师　布衣学者——罗尔纲先生传》,写了以上感想,算是我的一点心得和补充。不敢云序,只算作出版赘言,向茅家琦先生复命,请茅先生笑纳!

2009年12月4日于北京东厂胡同一号

《台湾史》序[*]

台湾学者宋光宇教授著《台湾史》，要求在大陆出版。人民出版社要我提出审查意见，我做了郑重推荐。那本书已经在2007年由人民出版社出版。宋光宇先生是我在20世纪90年代初认识的朋友。作为台湾的历史学家，他不像近些年一些学者那样，以所谓台湾的主体性讲台湾历史，而是站在一个中国的立场上，用具体的历史事实，批驳了"台独"意识形态对台湾历史的歪曲，批驳了史明所谓台湾四百年史的错误说法，批驳了杜正胜的所谓"同心圆"理论，批驳了日本的强权史观，批驳了李登辉的弥日史观，强调了自古以来大陆人民开发了台湾的土地，强调了台湾文化的根是中华文化。作者在讲述台湾的上古历史时，强调"本书的基本立场就是以新考古材料为依据，把台湾上古文化定位在'中华文化多元起源'的一个源头"。我基本上赞成这样的观点。当然，我推荐出版此书，宋光宇先生在事前是不知道的。

2008年夏，来自台湾的又一位台湾史学者戚嘉林博士应中国社会科学院台湾史中心邀请，到北京访问。他告诉我，大陆的海南出版社要出版他的著作《台湾史》（台北海峡学术出版社，2008），他坚持要我为他的《台湾史》大陆版作序，海南出版社也提出了同样的要求。我虽有辞意，却感却之不恭。

戚嘉林博士是近几年才结识的台湾学者。2007年夏在厦门大学出席有关二二八事件学术讨论会时得以晤面，倾谈之下，甚有相见恨晚之憾。戚博士是出生在台湾的湖北沔阳人，我是出生在汉川的湖北人，他

---

[*] 戚嘉林：《台湾史》，海南出版社，2011。海南出版社把前一段话删了，不符合我的意愿，现予恢复。

与我有同乡之谊。他赠送给我五卷本《台湾史》（1985年初版，1998年三版），又送我在五卷本基础上改写的一卷本《台湾史》（台北海峡学术出版社，2007年8月版，2008年4月增订一版），先后还拜读他撰著的台湾史学术论文和在《海峡评论》杂志上发表的文章。

戚博士的所有著述，明确地、强烈地体现了中国情怀。他是出生在台湾的台湾人，也是祖籍湖北的湖北人，更是中国人。他爱台湾和他爱中国，是完全统一的，没有丝毫的含糊。他的台湾史研究，是在这样的历史认识下，依据历史事实铺陈叙述的。所以，他在台湾史的撰述中，通篇灌注了对台湾分离主义和"台独史观"的批评，对台湾历史、台湾人的祖国意识的赞扬，对台湾人民抵抗外来侵略精神的宣扬，对祖国统一的期待。戚博士指出："台湾属于中国，是天经地义的事，也是国际所公认的事。如果台湾不属于中国，那日本何须侵略中国，强迫中国割让台湾？如果台湾不属于中国，那台湾人为何发动长达数十年的武装抗日，接着又从事数十年的非武装抗日。"掷地有声，无可辩驳。

尽管台湾属于中国的理由如此不可辩驳，戚博士还是下了数十年工夫，主要利用业余时间，搜集、整理、阅读了与台湾历史相关的大量史料，爬梳耕耘，早于1985年就出版了《台湾史》，随后累加修订，终于成就2394页的五卷本巨著，并且辩证史料真伪、交代史料出处，不遗余力。现在要出版的一卷本，正是在这样的前提下，提纲挈领，删繁就简，突出重点，明晰条目，补充了新的史料，删去了注解，减少了书袋气，更便于大众阅读。

戚嘉林博士的《台湾史》，和宋光宇教授的《台湾史》，各有撰述特点，各有论证侧重，都是从一个中国的视域下，叙述台湾的历史，值得中国读者，包括大陆和台湾的读者阅读，以了解真实的台湾历史，了解台湾的未来，了解祖国统一的历史趋势。

我于是对这两本《台湾史》公开地予以推荐，望读者鉴察！

2009年3月6日于北京东厂胡同一号

《庆阳通史》序[*]

政协庆阳市委员会邀请庆阳市历史学会和有关专家学者，共同撰写完成《庆阳通史》，勉我作序。我很高兴。庆阳旧时通称陇东。我对陇东地区知识甚少，何况陇东自古及今的通史。虽不能为，亦得勉力为之。一则庆阳地区位置重要；二则庆阳历史学会运作其中，虽欲辞而终未辞。

盛世修史，是我国历史上经济文化高涨时期的一个基本特征。这个特征是我国历史文化传承数千年而不衰的基本标志。历史活动有多久，记录历史活动的史书就有多久。于史有籍，于史有征，是中华民族傲于世人的看家本钱。现今国家承平60载，国内经济生产总量已跃居世界第二位。社会发展，以人为本，歌舞升平，文化生活日趋繁荣。修史活跃，是新时期文化活动的重要内容之一，为历史所空前。

据我所知，国家有几项大的修史活动。第一是推动全国撰修地方志书。第一轮规划志书基本完成，各省已出版约6000种。撰修志书，是记录历史活动的一种方式。第二是中华大典的编纂。国家组织专家学者把1911年前的历史文献，按照专题重新编纂。这也是记录历史活动的一种方式。第三是编纂大型清史。国家组织清史编纂委员会，动员清史专家通力合作，编修、编纂有清一代历史。清代是我国历史上最后一个封建朝代。编纂清史是在清朝灭亡100年后对清代历史的总结。第四是在汶川特大地震发生及救灾活动开始后，国务院成立汶川特大地震抗震救灾志编纂委员会，动员全国力量，编纂汶川特大地震抗震救灾史料。这又是一种记载历史活动的方式。以上四种是一类修史活动，即由国家

---

[*] 《庆阳通史》（三卷），商务印书馆，2011。

组织的修史活动。第二类是各省组织的修史活动,近年各省编撰的通史纷纷出版,不完全统计,迄今已出版各省(市)通史已达23种,还有数种正在编撰过程中。省以下的地区史编撰,也已提上日程。第三类是学术机构、高等院校组织学者进行的修史活动。这方面形成的历史学著作甚多,不胜枚举。也可以列出第四类,就是个人进行的修史活动。

就国家来说,省及省以下地区修史,都可以称为区域史。中国地域广袤,每个地域都是组成祖国的分子之一。各省通史自然是区域史的主要组成部分。一些省会城市组织编写的通史也在纷纷出版。这方面有《武汉通史》《广州通史》《济南通史》《南京通史》《石家庄通史》等。这些都是大城市的历史。此外,还有一些中等城市的通史出版,如宁波、桂林、锦州、安阳等。这些也可以说是区域中的中心城市。还有一类区域史著作如《呼伦贝尔通史》。呼伦贝尔地区地域庞大,以呼伦贝尔草原为特色,海拉尔是呼伦贝尔的首府。这部区域史不是以城市史为特色。这是我国区域史编纂中很有特色的一部。接下来就是《庆阳通史》的编撰。

庆阳位于我国西部,甘肃东部,故称陇东,是半农半牧地区。《庆阳通史》以今天庆阳市行政范围为限。由于历史上行政范围的变化,叙述历史上的庆阳市,不一定囿于今行政区划。以今天我国现代化进程的角度看,特别是以东部发达地区的标准看,庆阳还是一个待发达地区。但是,庆阳地区在历史上曾经有过显赫的地位。据《史记》记载,庆阳地区本是"戎狄之地",自称华夏族的先祖不窋"奔戎狄之间",开始了华夏族与戎狄诸族的最早的交往与融合。夏朝末,周之先人公刘自"戎狄之间"迁豳。豳之地望,学者认识不一,一说在今陕西旬邑、彬县一带,一说在今甘肃宁县。旬邑、彬县、宁县三地今属两省,其实地界相望,鸡犬之声相闻,古人统称之为豳。宁县即在今庆阳境内,豳谓之陕甘之间更为妥帖。周先祖古公亶父迁居岐下后,庆阳地区长期是北地诸民族控制的地方。戎狄、诸胡、匈奴、羌、鲜卑、党项、吐蕃、吐谷浑等部族以及汉族都曾在这里生息。秦统一中国,这里设置北地郡,建长城,修直道,庆阳地区进入了不可逆转的封建化进程。自秦汉至唐宋元明清,庆阳地区是以汉文化为主导的中华民族大融合的典型地区之一。

庆阳地区还是新民主主义革命的重要根据地之一。陕甘宁边区中的甘，指的就是庆阳地区。庆阳地区是甘肃省唯一的革命根据地。早在抗战时期陕甘宁边区成立以前，1927年，共产党人王孝锡就在庆阳地区成立了中共甘肃第一个党组织；1931年，红军长征到达陕北以前，这里诞生了甘肃省第一支革命武装南梁游击队；1934年，刘志丹、谢子长、习仲勋领导建立了西北第一个苏维埃南梁政府。陕甘边革命根据地，不仅是全国唯一的革命根据地，还是红军长征的落脚点，又是八路军奔赴抗日前线的出发点；作为陕甘宁边区的重要组成部分之一，庆阳地区为中国新民主主义革命的胜利做出了重要的贡献。

《庆阳通史》具有如下几点值得注意的地方。

一、《庆阳通史》由政协庆阳市委员会组织推动，通过庆阳市历史学会邀请国内对陕甘地区历史有专长的专业历史学者分工撰写，这就使这本通史具有可靠的学术基础。通史叙述了传说时代至1949年前的历史，不仅注意各历史时代的政治、军事，还非常注意各历史时代的民族问题，兼及各历史时代的经济、文化、社会（包括民俗），具有通史的框架结构，是通史笔法。

二、《庆阳通史》的撰写者充分利用现有史料和学术界研究成果。本书充分利用了庆阳地区的考古资料，采纳了庆阳地区是我国旧石器时代遗址重要分布地区之一等观点；充分利用了庆阳地区历代地方志书和历史文献，也充分利用了已经出版的或者尚存档案馆的革命根据地时期的史料，这就使得这本通史具有扎实的学术和史料支撑。

三、《庆阳通史》具有庆阳人的眼光。庆阳在中国历史上的地位如何，该通史甚为关注。庆阳在旧石器时代、新石器时代的地位很重要；庆阳是先周文化的发祥地；先周时期庆阳的农耕文化；黄帝传说与庆阳的关系；秦直道、秦长城与庆阳的关系；义渠戎国在庆阳的建立以及秦汉及其以后长时期庆阳是居住在那里的各少数民族与中原文化交会地；民族迁徙与融合；庆阳的石窟文化；还有对庆阳籍的历史人物王符、傅玄、李梦阳等政治家、思想家、文学家的关注，北宋时期长期在庆阳担任知州的范仲淹父子；对庆阳在新民主主义革命时期的历史地位也给予了充分的关注。

四、《庆阳通史》具有正确的撰写原则。《庆阳通史》明确提出站在"国家"历史的高度，突出庆阳"地方"的历史，这是很重要的撰写原则，通过历史文献和史料，叙述庆阳在我国历史发展过程中的地位和作用。这就把立足点站对了。结合历史文献、考古资料和田野调查，对庆阳地区的历史事件、庆阳历史的动态发展进行阐释，把中国历史发展脉络与庆阳历史相对接。确立这样的撰写原则，就不会把眼光仅仅局限于庆阳一隅，庆阳历史在国家历史发展中的地位就活了。

庆阳地区在历史上曾经是民族活动和文化活动的温床和舞台，演出过重要的历史活剧。在清代，庆阳"淡出"中央王朝视野，区位优势由强变弱，正史中涉及庆阳的文献阙如。民国时期，新民主主义革命的重心移向西北，庆阳的区位优势复旺，地位复现其重要性。中国改革开放以后，东部成为发达地区，西部再次落后。随着中部崛起、西部大开发战略的实施，庆阳将再次显现它的重要性。由于庆阳地下矿藏丰富，人民勤劳，农牧并举，地理上位于陕、甘、宁之间，与西北三大城市西安、兰州、银川相密弥，庆阳在新世纪经济上的成长与腾飞，是可以预期的。

《庆阳通史》编撰事葳，杀青在即，谨以此数语，赘于卷首，以为政协庆阳市委员会、庆阳市历史学会贺，为所有参与编撰工作的历史学者贺，为盛世修史贺，为庆阳人民在新的历史时期的发展贺！

2011 年 1 月 22 日

《辛亥革命江苏地区史料合集》序[*]

以 1911 年 10 月 10 日武昌首义为标志的辛亥革命至今已整整一百年了。辛亥革命是由伟大的革命先行者孙中山先生领导的一次具有划时代意义的民族民主革命，是我国旧民主主义革命的顶峰。它不仅推翻了统治中国 268 年的清王朝，结束了在中国 2000 多年的封建君主专制制度，同时也开启了中国近代历史进步的闸门，推动了中华民族的思想解放，是 20 世纪中国社会进步的一个伟大的里程碑。

严格说来，辛亥革命史的学术研究，是 1949 年中华人民共和国成立以后开始的。1956 年 11 月，正值孙中山 90 周年诞辰，毛泽东主席发表了《纪念孙中山先生》一文。同时，中国史学会组织推动了徐特立、范文澜诸先生编辑《辛亥革命》大型史料丛书，中国同盟会机关刊物《民报》也在这时影印出版。由于新民主主义革命的胜利和社会主义革命和建设高潮所带来的喜悦与兴奋，广大史学工作者努力学习马克思主义理论，努力理解唯物史观的精神，开展了对包括辛亥革命历史在内的中国近代史的学习与研究。这些研究，包括对辛亥革命的历史背景、辛亥革命中的人民群众、辛亥革命中的革命派及其斗争、资产阶级在辛亥革命中的作用、辛亥革命的经济基础和阶级基础，等等，这些研究，都与旧史学区别开来。

1961 年 10 月，辛亥革命 50 周年，党和国家举行了隆重的纪念，中国史学会与湖北省社会科学联合会在武汉联合召开了辛亥革命 50 周年学术讨论会。这是辛亥革命以来有关辛亥革命的第一次学术讨论会。

以上这些活动，有力地推动了学术界对辛亥革命历史的关注，也推

---

[*] 祁龙威、周兴国主编《辛亥革命江苏地区史料合集》，江苏人民出版社，2011。

动了公众对辛亥革命历史的关注。研究中国近代史的学者，以及辛亥革命的亲历者，都下功夫搜集、整理、考订和出版辛亥革命的历史资料，辛亥革命在各省的历史资料纷纷出版，这对于学术界了解辛亥革命在各省的发展，提供了丰富的史料，进一步促进了辛亥革命史的研究。辛亥革命史研究成为国内历史学界成果最为丰硕的史学领域。

江苏光复是继武昌起义之后的又一个重大事件，革命派组织的江浙联军攻占东南重镇南京，对扭转当时的局势起了重大作用，为中华民国临时政府成立于南京奠定了基础。江苏立宪派在推动局势发展方面起了重要作用。研究辛亥革命在江苏的表现，对于认识和理解辛亥革命有着非常直接的意义。

有关江苏辛亥革命的史料的收集、整理、考订和出版等工作是研究辛亥革命的不可缺少的一项重要基础性工作。新中国成立后，广大文史研究工作者和辛亥革命的亲历者都曾对此做了大量工作，为研究江苏辛亥革命奠定了重要史料基础。

1961年，为纪念辛亥革命50周年，江苏人民出版社出版了由原扬州师范学院历史系编辑的《辛亥革命江苏地区史料》一书，该书由时任历史系中国近现代教研室副主任、著名历史学家祁龙威先生带领部分教师和学生深入民间实地征文访献，前后历时近3年，跋涉苏南、苏北的城市和乡村，在当地有关部门帮助下，查访寻找各种亲历辛亥革命的老人和部分辛亥名人的后裔。该书的出版是当时全国以省区编辑出版的辛亥革命史料的滥觞。该书出版后受到海内外学界的关注，著名历史学家胡绳教授在其所著《鸦片战争到五四运动》一书中曾引用该书二篇调查报告和部分资料即是一例。

随着新史料的发现，扬州师范历史系和江苏省政协文史资料办公室分别搜集新资料20多万字，1991年由时任历史系主任周新国教授和刘晓宁编辑，由江苏政协文史资料委员会出版了《辛亥江苏光复》一书，该书实为《辛亥革命江苏地区史料》的补集，内容主要为新发现的江苏辛亥革命当事人的回忆资料以及部分档案、文告等，进一步补充和丰富江苏辛亥革命的史料。该书出版后，学术界予以高度评价，并将其与1961年出版的《辛亥革命江苏地区史料》共同称为"江苏辛亥革命史研究史料宝库中的双璧"。

为了纪念辛亥革命百周年，也为了进一步推动江苏辛亥革命史研究，祁龙威教授和周新国教授共同负责编辑整理上述二书，合并编为《辛亥革命江苏地区史料合集》，由江苏人民出版社出版。

这些史料包括奏折、咨文、批复、电报、告示、章程以及当事人回忆的稿本和口述，涉及了苏州、南京、常州、无锡、镇江、扬州、淮安、连云港、徐州以及宿迁等江苏广大地区，是研究江苏辛亥革命珍贵的第一手史料。此次合编，可谓合集了江苏辛亥革命的百年历史，将为海内外广大读者和研究者提供极大的方便。

祁龙威教授嘱江苏史学会会长、扬州大学副校长周兴国教授要我为这本史料合集的出版写几句话，不得辞。于是写了上面几句话，以示祝贺。

2011 年 8 月 22 日

《黄炎培与国民参政会》序[*]

王凤青博士的专著《黄炎培与国民参政会》即将付梓,我很欣慰。她索序于我,乃欣然命笔。

国民参政会(1938—1947)是民国时期重要的政治参议机构,也是国共合作的一种形式,涵盖时间包括全面抗战期间和第三次国内革命战争时期初期,长达十年之久,解放战争全面爆发后解散。黄炎培作为民主人士,参加了国民参政会的历次大会,参与了其中一些重要活动,发挥了重要的政治作用,亲身体验到了在国民党独裁统治下,中国民主政治的困境。

近代史学界研究黄炎培有之,研究国民参政会也有之,但甚少有人专门研究黄炎培与国民参政会的关系。这项研究对于认识近代中国的政治走向具有典型意义。本书的撰写,在这方面做出了努力,取得了积极的研究成果,值得鼓励。

本书通过探讨黄炎培在担任国民参政员期间,在国民参政会历届大会、国民参政会驻会委员会历次大会、国民参政会各种组织机构中的言行、境遇、作用、他的感受以及他和其他中间势力参政员之间围绕国民参政会重大工作进行的政治活动,具体考察黄炎培为坚持抗战到底与促进国家政治进步、关注国计民生与推动国家战时建设,以及努力维护团结与统一等方面做出的努力,有利于展现黄炎培在全面抗战时期及战后相当长一段时间内的政治思想、行为特点、道德操守和政治策略。此项研究,对于通过国民参政会观察民国时期政治生活的走向和结局,具有深刻的学术意义;对于当前我们党通过制度创新将社会各阶层精英力量

---

[*] 王凤青:《黄炎培与国民参政会》,社会科学文献出版社,2011。

凝聚到中华民族伟大复兴的旗帜下，具有一定借鉴意义。

这本专著，对黄炎培与国民参政会的研究，其学术贡献如下。

第一，对黄炎培在国民参政会中各种工作，包括他在国民参政会内坚持抗战到底与促进国家政治进步、关注国计民生与推动国家建设、努力维护团结与统一等方面所做出的尝试与努力，第一次做出了全方位的深入考察，相当深刻地发掘了这种尝试与努力背后的复杂因素。这些考察对于我们了解全面抗战和战后相当长一段时期占人口大多数的中间势力对于中国战时团结、战时人力物力的动员、民主宪政的追求和战后对国共两党的政治态度的转变，具有重要的意义。

第二，本书揭示，国民参政会为国民党以外的其他党派参政员公开表述自己的政见，提供了一定的政治空间。可以说，国民参政会是全面抗战期间国民党主导的统一战线组织，在一定意义上体现了国民党对抗战政治的领导作用。国民参政会直接受控于国民党政府，国民参政会议政内容的变化，反映了国民党的抗战态度及对国内其他党派的态度。在这个政治背景下，本书深入探讨了国民党对国民参政会的严密政治控制、国共之间围绕抗战进程和国家民主进步展开的种种斗争、中间势力内部政见的歧异，以及国民参政会的实际运作过程等，对黄炎培个人政治态度、政治倾向的发展、变化所产生的影响。

第三，面对国民党对国民参政会政治态度的转变，黄炎培等非国民党参政员也在国民参政会工作过程中适时做出调整，以维护抗战的顺利进行和自身宪政民主建国理念的推行。深入探讨了黄炎培联合中间势力组建政党、积极实践宪政民主的理念和活动，探讨了黄炎培对国共两党的政治态度的转变以及他在政治选择上逐渐向中国共产党靠拢，并最终选择了中国共产党的历程。中共对国民参政会的态度，中共参议员在国民参政会内有理、有利、有节的斗争，中共参议员对国民参政会内部以黄炎培为代表的民主人士的团结和推动，在另一意义上体现了中共对抗战政治的领导作用。

第四，对黄炎培与国民参政会的关系进行全方位的研究和实事求是的评价，包括黄炎培在国民参政会工作过程中表现出来的不可避免的局限性和历史意义等做出了恰当的说明。由于国民党政府的阶级本质，黄炎培等广大参政员将民主政治的实现与保证国家和平、民主建国寄托于国民参政会的希望并没有成为现实。

作者是 2007 年山东大学毕业的历史学博士。我应聘为山东大学兼职特聘教授，正好做了她的指导教师。我对她进入这一课题，在研究路径上、在史料搜集上、在介绍她结识学术界前辈方面、在帮助她准确把握论文写作和修订上，发挥了指导教师的作用。本书是在博士学位论文基础上修改完稿的。书稿吸收了国内外，包括台湾地区学者的研究成果，利用了有关黄炎培研究的最新史料。写作过程中得到了中国社会科学院近代史研究所研究员、研究黄炎培的专家朱宗震、闻黎明的无私帮助。我相信，本书的出版，对于中国近代政治史研究，将会有贡献。现在公诸学术界，希望得到更多的关注、批评与讨论。

2011 年 1 月 10 日

《北洋集团与晚清政局》序[*]

研究晚清北洋集团的兴起及其从地方走向中央的过程，以此为个案，观察清末中央与地方的关系，是晚清政治史研究中一个很好的选题。本书研究了北洋集团的形成、发展、扩张到兴盛，即从地方性的军事政治集团到攫取中央政权的经过。以往学者研究北洋集团主要是军事方面，而且主要是以袁世凯为中心，本书则兼及军事、政治、文化教育、金融、实业，涉及北洋集团众多人物，多方面、多角度剖析北洋集团的形成过程，说明它成为军事政治集团的历史原因及其所产生的广泛、深刻的社会影响；指出了北洋集团是承袭了湘军、淮军的基础而发展起来的，是甲午战争后半殖民地半封建中国政治转型的产物；着重分析了清末新政过程中北洋集团在军事、政治、教育、实业等各方面的扩张，在这种扩张过程中出现的清王朝的权力争夺、权力再分配以及满汉矛盾；分析了清末社会转型中的复杂背景，包括资产阶级革命派、立宪派的活跃以及外国势力在中国的存在等因素。在复杂的阶级矛盾、民族矛盾和权力冲突的背景下，光绪皇帝、慈禧太后和一批朝中重臣差不多在不长的时间里先后死去，造成清王朝统治层的权力真空，为袁世凯和北洋集团的脱颖而出提供了条件。袁世凯在直隶总督兼北洋大臣任上，赢得了慈禧太后的信任，借满洲亲贵为靠山，以新政为名，抓军事，抓政治，抓经济，抓教育，抓警察，各方面都取得了实际成效，造成了北洋军事政治集团尾大不掉之势。虽然在1907年丙午政争中落败，虽然在宣统即位后不过一个月，就被摄政王以袁世凯"患足疾"，加以罢斥，将其逐回河南原籍，完全剥夺了他的军政权力，但是由于他已养成

---

[*] 马平安：《北洋集团与晚清政局》，辽海出版社，2011。

尾大不掉之势，这种剥夺未能改变他掌控军政权力的实质。武昌首义的爆发，给在桓上村"养足疾"的袁世凯提供了掌握国家最高权力的大好机会。

辛亥革命是近代中国历史上极为重大的事件，也是历史发展过程中极为吊诡的事件。

辛亥革命的发生，当然是近代中国社会自鸦片战争以来内外多种矛盾，主要是阶级矛盾和民族矛盾（这种民族矛盾包括国内满族统治阶级与汉族之间的民族矛盾和中华民族与外国侵略者之间的民族矛盾）长期发展不能解决，清政府腐朽颟顸，不能随着时代发展改革政治、发展社会经济的结果。

《马关条约》和《辛丑条约》的签订，是发生辛亥革命的直接的国际背景。甲午战争和《马关条约》，直接促成了兴中会的发生和发展，也直接促成了戊戌维新运动的发生和发展。《辛丑条约》的签订，使革命派进一步认识到大清朝廷已经成了"洋人的朝廷"，必欲推翻而后快；立宪派寄希望于清廷推行新政，早日实现君主立宪政治，无奈清廷虽然宣布预备立宪，但对立宪的具体时间则一拖再拖，对立宪派的立宪请愿活动也横加干涉和镇压，终于使立宪派也等不得了，并且得出了与革命派早先有关"假立宪"差不多的认识。这时候，全国革命形势形成，武昌革命党人打响起义枪声，一呼百诺，不过一个多月，全国就有13个省市响应起义，宣布独立。但是北方省区在北洋六镇的直接控制下，大多坐观形势变化。这就给了袁世凯及其北洋军事政治集团取得全国最高权力的最佳时机。

最佳时机的出现，是客观存在的。掌握和运用这个最佳时机，不是人人都具有这个能力的。正是袁世凯在晚清最后20年的政治场中练出了纵横捭阖、折冲樽俎的能力，使他能及时抓住这个时机。慈禧太后的死，等于破除了袁世凯头上的"紧箍咒"。摄政王等，岂在他的话下。他用又打又拉的手段，操控南北双方，应该说是卓有成效。表面上看，革命派胜利了，辛亥革命胜利了，袁世凯从南京临时参议院、南京临时政府手里接过了中华民国临时大总统的位置；实质上，袁世凯解释宣统退位诏书，认为他的权力来源于清帝的授予。退位诏书说："前因民军起事，各省响应，九夏沸腾，生灵涂炭。特命袁世凯遣员，与民军代表，讨论大局。议开国会，公决政体。两月以来，尚无确当办法。南北睽隔，彼此相持。商辍于途，士露于野。徒以国体一日不决，故民生一日不安。今全国人民心理，多倾向共和。南中各省，既倡议于前；北方诸将，亦主张于后。人心所向，天命可知。予亦何忍因一姓之尊荣，拂兆民之好恶。是用外观大势，内审舆情，特率皇帝将统治权公诸全国，定为立宪共和国体。近慰海内厌乱望治之心，远协古圣天下为公之义。袁世凯前经资政院选为总理大臣，当兹新旧代谢之际，宜有南北统一之方，即由袁世凯以全权组织临时共和政府，与民军协商统一办法。总期人民安堵，海宇乂安。仍合满、蒙、汉、回、藏五族完全领土为一大中华民国。予与皇帝得以退处宽闲，优游岁月，长受国民之优礼，亲见郅治之告成，岂不懿欤！"这份诏书，袁世凯副署其末。孙中山等虽然不同意共和政府由清帝委托组织，但也默认了退位诏书。问题就在于：袁世凯掌权的民国初期的政府，究竟是来源于南京临时参议院的推选，还是来源于清帝临终授予，不同的权力来源解释，构成辛亥革命历史最大的吊诡。再深一层想，难道它不是袁世凯几年后称帝的思想来源吗？

马平安同志花了几年时间，完成了这部著作。他要我作序。因为手头忙，拖了很久。现在想出了上面几句话，写出来，算是卸责吧。

2006 年 2 月 12 日

《台湾 台湾》序[*]

　　史学界有关台湾历史的关注正在加温，台湾史著作也在陆续出版。近些年我读到过的台湾历史著作，就通史类说，举例而言，有厦门大学陈孔立教授主编的《台湾历史纲要》（九洲图书出版社，1996），有中央民族大学张崇根著《台湾四百年前史》（九州出版社，2005），有台湾学者宋光宇著《台湾史》（人民出版社，2007），还有台湾学者戚嘉林著《台湾史》（海南出版社，2011）。这几本都是很不错的有关台湾历史的学术著作。我和陶文钊教授也合作主持了一本比较普及一点的《台湾简史》和一本学术专著《台湾史稿》，前者已在 2010 年由南京凤凰出版社出版，后者即将付梓，准备提请读者批评。

　　当然，海内外出版的台湾历史著作不止以上罗列的这几本。读过这些著作，我们会发现，除了某些具体的历史事实有不同认识外，在如何看待台湾历史的基本线索等若干重大问题上，存在着极为原则的分歧。一种意见认为，台湾只有四百年历史，史明的《台湾四百年史》是一个范本，我们常常听到一些人说台湾四百年史，就是以此为本；也有人说台湾历史是荷兰人开辟的，"福尔摩沙"是台湾历史的开始，2003 年春台北"故宫博物院"展出的"美丽的福尔摩沙"，就是这种史观的反映。还有一种见解，是杜正胜主持台湾教育工作时制定的中学历史教科书编写大纲，以所谓"同心圆"理论为指导，突出台湾的所谓主体性，把中国当作外国，所谓孙中山是外国人，一时引起苦涩的批评。这些观点都是尽量把台湾历史与中国历史分割开来。

　　另一种意见认为，台湾自古以来就与大陆有着不可分割的联系，大

---

[*] 赵国明（荒芒）：《台湾 台湾》，九州出版社，2012。

陆闽粤沿海人民自古就是开发台湾的功臣。历史上最早开发台湾的人，或者说台湾最早的居民，是大陆闽粤沿海人民和来自菲律宾等地的南岛人。陈寿编著《三国志》载，早在荷兰人来到台湾1600年前，即东吴黄龙二年（230），东吴卫温、诸葛直奉命率军来到夷洲（学者一般认为这个夷洲就是台湾），军事行动虽然一年（"军行经岁"）之久，却因水土不适、疾疫缠身而返。这是有历史记载以来中国大陆官方第一次派出官员到台湾。过了几十年，东吴丹阳太守沈莹撰写《临海水土异物志》，准确描绘了夷洲的地理方位和风土人情。这是历史上台湾地区的风土人情第一次被记诸历史。这些记载，明确无误地否定了台湾历史只有四百年的说法，否定了所谓美丽之岛——"福尔摩沙"是葡萄牙人发现的谬说。本文开始列举的那几本台湾史，都是持这样的观点。

分析以上不同学术观点的台湾历史著作，我们可以发现，前一种是"台独"论者，后一种是一个中国论者。主张一个中国论者是从最基本的历史事实出发，全面地历史地看问题；主张"台独"论者，是截取历史事实中的一个局部，歪曲了台湾历史的基本性质，不是历史主义的态度。这种史观，不仅在现实实践上是不可取的，在学术上也是不可取的。

我面前摆着的这本台湾史著作，是青年作者赵国明（荒芒）的作品。这本著作题名为《台湾　台湾》，是一部对祖国宝岛的历史充满了激情的书。作者是一个媒体人，晚报专栏作家，出版过长篇小说和近体诗集，很有成就。作者又是史学训练出身，在从事媒体业务、文学创作的同时，下功夫搜集有关台湾历史的资料，怀着对台湾和台湾历史的热爱，撰写出这样一部融史学与文学于一体的台湾史书。作者自称这本书"融诗歌之美、史料梳理与手记于一体，利用考古最新成果及鲜为人知的历史档案，介绍台湾历史中最真实、最重要的人和事"。笔者读过书稿后，深然其说。作者在章节开头和行文中，结合历史故事，创作了大量诗歌，题写了章节的说明（作者谓之手记），配上了图画，读者可不要误解本书是文学作品。本书确是一本史书，是一部剪裁得体、有史料根据，参考了众多台湾史著作，有个人历史眼光和判断，配以诗歌、散文和图画的新型史书。在这里，诗歌、散文和图画，平添了史书的文学之美，能够吸引读者眼球，吸引读者读下去，本质的东西是史学的真实、史学的判断，是讲述的真实的台湾历史。

我怀着深深的兴趣读过此书，深感专业历史学者的历史著作，守于严谨，而缺少文采，使读者有枯燥之感。本书作者兼有文学和史学修养，史学书兼有文学特色，可以说，这是史学著作走向大众的一种好的形式。谨特向读者推荐，希望读者喜欢这本书，通过这本书，了解台湾的真实历史，喜欢祖国宝岛——台湾。

2011年6月15日于北京东厂胡同一号

《赫德与晚清中英外交》序*

　　张志勇著《赫德与晚清中英外交》即将付梓，列入中国社会科学院近代史研究所专刊，值得祝贺。

　　赫德在中国近代史和中英关系史上是一个非常有影响的人物，也是学者研究中非常有争议的人物。学术界关于赫德的研究成果很多，但是对于赫德与晚清中英外交的关系，迄今似未见有关专著出版。张志勇在2002年9月考入中国社会科学院研究生院攻读博士学位，问学于我。在讨论他的研究方向时，曾经有多种设想。考虑到他大学本科学的是英语，也考虑到近代史研究所需要充实中英外交关系史方面的研究人才，建议他将研究方向定在中英关系历史上。他经过一段学习和调查，提出研究中英外交，又考虑到这个题目过大，便改为赫德与晚清中英外交，于是定议。2005年他以《赫德与晚清中英外交》为题，完成了博士学位论文，在答辩会议上，获得了较好的评价。

　　张志勇获得博士学位后，留近代史研究所中外关系史研究室工作。工作关系的确定给他进一步修订完善学位论文以极好的机会。在论文写作过程中，我建议他多使用英国蓝皮书等英文资料。他也这样做了。经过修改，论文也可以提升出版。但是与已有的研究相比，虽有进步，感觉上进步不是很明显。我曾建议志勇去英国贝尔法斯特女王大学查阅《赫德日记》，以填补中国学者研究的不足。但是由于种种原因，未能成行。

　　2008年初，中国社会科学院与英国学术院的合作有了进展。英国北爱尔兰贝尔法斯特女王大学希望与近代史研究所合作整理该校所藏赫德资料。志勇得以有机会赴北爱尔兰和伦敦查阅《赫德日记》和有关

---

　　* 张志勇：《赫德与晚清中英外交》，上海书店出版社，2012。

赫德档案资料。志勇在2008年去了两次、2009年去了半年、2011年去了一年，前后有四次赴英国查阅《赫德日记》，以及英国国家档案馆中的有关资料。近几年来，志勇埋头于利用日记中的史料来修改自己的博士学位论文。赫德日记字迹潦草，难于辨认，论文修改的进度缓慢，论文出版的事就不免有所延搁。志勇为此孜孜以求，毫无怨言。

经过4年的努力，志勇从《赫德日记》中挖掘出了许多宝贵史料，填补了前人研究中的某些空白。例如，赫德在1868—1869年中英修约谈判中的作用，1875年马嘉理案发生后赫德的过激反应，1877年赫德派海关洋员充任中国驻英使馆翻译的计划及其最终放弃的原因，以及中英藏印交涉时中方与英国驻华使馆的联系等。赫德在日记中对他所参与的中英交涉有详细记载，使志勇得以在充分占有资料的基础上，对赫德参与中英外交的目的、扮演的角色、采取的策略以及造成的影响，做出更为客观全面的论述。

历史人物都是复杂的。赫德是一个非常复杂的人物，在过去的研究中评价不一，有人将他视为帝国主义侵华分子，帝国主义利益的代表；也有人将他视为清政府的忠实仆人，中国利益的维护者；也有努力对他做出更为客观、更为全面评价者。作为一个史学工作者，研究赫德与晚清外交，首要的是尽可能搜求、掌握与赫德有关的各种史料。只有全面、充分掌握史料，才可能在重建历史真实方面打下根基。张志勇在这方面做出了可贵的努力。

本书的撰写充分利用了《赫德日记》、赫德与金登干通信集、中英文外交文书以及时人日记，从史料出发，对赫德与1868—1869年的中英修约、中英滇案交涉、中国驻英使馆的早期运作、中英缅甸交涉、中英香港鸦片贸易协议、中英藏印交涉、庚辛议和以及中英商约谈判进行了较为系统的研究，揭示了赫德在参与中英外交时扮演的多种角色，使用的多重策略，起到的多面作用，并总结了赫德参与晚清中英外交的特点。本书大量使用《赫德日记》和相关档案，为研究赫德与晚清中英关系历史，提供了此前学者未曾得见的新鲜史料，对推动赫德研究是有帮助的，希望得到学术界的欢迎与批评。

2012年6月22日端午节前夕
于北京东厂胡同一号

《辛亥革命与百年中国——纪念辛亥革命 100 周年国际学术研讨会专辑》序[*]

纪念辛亥革命 100 周年国际学术讨论会早已谢幕。这次学术讨论会是自 1961 年以来逢十纪念辛亥革命学术讨论会规模最大的一次，新闻媒体做了广泛的报道，无论在政治上还是学术上都产生了很好的影响，可以说会议取得了圆满的成功。

辛亥革命 100 周年国际学术讨论会规模盛大，是由中国社会科学院和湖北省人民政府联合主办，由中国史学会、中国社会科学院近代史研究所、湖北省社会科学联合会、武昌辛亥革命研究中心等四个单位合作承办。中国史学会、中国社会科学院近代史研究所主要承担会议的学术组织工作，湖北省社会科学联合会、武昌辛亥革命研究中心主要负责会议的会务保障工作。四个单位合作，亲密无间，保证了此次大规模学术盛会成功举办。

逢十纪念辛亥革命，自 1961 年开始。每次都是由全国政协在北京举办大规模纪念大会，由中国史学会和湖北省社会科学联合会在武昌举办大型学术讨论会。中国史学会和湖北省社会科学联合会联合筹办辛亥革命大型学术讨论会，成为学术界一个成功的模式。

1961 年 10 月，由中国史学会与湖北省社会科学联合会在武汉联合举办辛亥革命 50 周年学术讨论会，与会学人共 105 人，提交论文 44 篇。中国史学会副主席、革命元老吴玉章致开幕词，他说"利用历史事件或历史人物的周年纪念来进行学术活动，是推进学术研究的一个很好的方法。……所以认真对待纪念活动，对学术研究有促进作用。我们应

---

[*] 武昌辛亥革命研究中心编《辛亥革命与百年中国——纪念辛亥革命 100 周年国际学术研讨会专辑》，华中师范大学出版社，2012。

当有计划地利用这种机会，推动大家来做研究，不断提高学术水平。我们现在举行辛亥革命讨论会的意义，也就在这里"。范文澜、李达、翦伯赞、吕振羽、吴晗等著名学者与会，可见会议规格之高。此次会议最早由章开沅先生提出构想，得到各方支持。会后由中华书局出版《辛亥革命五十周年纪念论文集》，收录论文32篇，体现了当时条件下国内研究辛亥革命历史的学术水准。这次会议及其论文集的出版，对美国、日本学术界产生了积极的影响。

1981年10月，武汉又迎来纪念辛亥革命70周年的学术盛会。出席会议学者170余人，共提交论文106篇，其中外国及香港学者44人，提交论文25篇。完全以学术水准为根据，邀请这么多外国学者出席辛亥革命历史学术讨论会，新中国成立以来是第一次。此次会议展现了中国大陆史学界思想解放的新形象，海外学者予以高度评价。

1991年10月，"纪念辛亥革命80周年国际学术讨论会"在武昌举行，会议主题为"辛亥革命与近代中国"。中外学者共提交论文101篇，其中大陆学者论文76篇，台湾地区学者论文3篇，香港地区学者论文5篇，其他国家学者论文共17篇。此次会议海外学人提交论文数与1981年讨论会大体持平，但台湾学者的参与，开启了两岸辛亥革命研究的学术交流，是海峡两岸关系发展的见证。

2001年10月的90周年会议，以"辛亥革命与20世纪的中国"为主题，与会的中外学者共123人，共提交论文102篇。其中大陆学者87人，台湾学者达10人，阵容相当整齐。两岸学术交流的深度与广度都已今非昔比了。

2011年10月在武昌举办的纪念辛亥革命100周年国际学术讨论会，出席学者超过180人，其中海外学者和台港澳学者超过50人，会前经过专家委员会评审，通过提交会议的论文104篇，无论是出席学者人数还是论文数，都是空前的。

2009年11月，我在台北出席"两岸一甲子学术讨论会"，向大会提出了在2011年由两岸，或者国共两党联合主办纪念辛亥革命100周年大会，同时由两岸学术团体共同主办纪念辛亥革命100周年学术讨论会。这个建议为大会采纳。这消息为新华社和台湾、香港、澳门媒体广泛报道。在中国国民党在台湾执政的条件下，两岸在2011年联合主办辛亥革命100周年纪念大会，对于进一步推动海峡两岸关系，促进两岸政治对话，会产生积极作用。可惜，马英九作为台湾当局的领导人，未能同意这个建议。他在2010年5月就此表示，纪念辛亥革命，"两岸各干各的"，"大陆的会我们不参加"。这样，我们失去了两岸共同纪念辛亥革命100周年的好机会。

可见，纪念辛亥革命不单纯只有学术意义，还有强烈的现实意义在。

我个人很幸运，以上列举的四次逢十纪念，我都有机会在场。1961年10月，我正在武汉大学历史系读二年级。我作为年级学生代表，参加了在汉口举行的纪念辛亥革命50周年学术讨论会开幕式，聆听了吴玉章、李达等前辈的演讲。1981年10月在武昌东湖举办的纪念辛亥革命70周年国际学术讨论会，我参加了会务组的工作，我与冯天瑜共同主持了大会简报组。辛亥革命学术讨论会设置简报组，这是唯一的一次，我记得当时出席会议的学者很欢迎。1991年的会议，我参加了会前评审论文的专家组，我提交的论文在评审组获得通过，提交大会。但会议召开时，我正在当时的苏联访问，未能出席武昌的会议。2001年，我作为中国史学会副会长参与了会议的筹备，也作为论文评审组的成员参加了论文评审。会前，我争取了中央政治局委员、中国社会科学院院长李铁映同志的支持，给大会写了贺信。我受李铁映同志委托，在大会开幕式上宣读了李铁映同志的贺信。

筹备2011年纪念辛亥革命100周年国际学术讨论会，我作为中国史学会会长，与中国社会科学院近代史研究所、湖北省社会科学联合会、武昌辛亥革命研究中心密切合作，完成了这次会议的筹备工作。我对湖北省社会科学联合会、武昌辛亥革命研究中心对2011年大会提供的会务服务和后勤保障，有很深的印象和高度评价。有中国社会科学院和湖北省人民政府的大力支持，2011年纪念辛亥革命100周年大会获得了圆满成功。我在这里代表中国史学会对湖北省人民政府，对湖北省社会科学联合会和武昌辛亥革命研究中心表示诚挚感谢！

武昌辛亥革命研究中心搜集了2011年筹备100周年大会的有关文献，编为一册，做了一件很好的工作。据我所知，学术讨论会后，编辑出版会议筹备文件，是很少见的。有鉴于此，我写了几句话，作为这本专辑的序言，也算是完成了武昌辛亥革命研究中心交代的任务。

2012年10月23日

《蒋介石传》序[*]

几个月前，郑则民、严如平两位同志把他们合作撰著的《蒋介石传》打字稿放到我的书桌上，厚厚一大摞。书稿共分24章，70多万字，是长篇巨制。两位在20年前合著《蒋介石传稿》，1992年中华书局出版后，颇得好评。20年来海峡两岸新刊布的史料甚多，两位合作者深感有吸纳新史料，修改旧看法的必要。乃于近数年投入三四年时间，修订旧稿，成就新稿。旧稿40多万字，新稿70多万字，不仅增加章节，而且全书结构焕然一新。这就不是一般的修订，其实就是重新写作。严如平同志出生于1932年，今年满80岁，郑则民同志出生于1936年，也已76岁。在我担任近代史研究所所长期间，郑则民同志担任过民国史研究室副主任、革命史研究室主任。两位都比我年长，且已退休多年。在耄耋之年，继续研究近代中国的重要历史人物，孜孜矻矻，在学术上求真、求新、求深，实在令人感动。两位嘱我作序，情甚殷殷。我个人对蒋介石这个历史人物缺乏深入的学术研究，他们以我曾担任研究所所长，且以往对他们的研究工作不无了解相责。我不能辞。

蒋介石无疑是近代中国历史上一个非常重要的历史人物。他从1924年受孙中山之命担任黄埔军校校长，开始在政治上崭露头角。从1925年起，投入东征、北伐，著有战绩，成为晋升之阶。1927年至1949年，统治中国22年，是民国时期在国家负责岗位上时间最长的领导人。1949年后，长期主持台湾政务，直到1975年去世。

对于蒋介石其人的评价，在他生前或者身后，因政治立场不同而各异，全盘肯定者有之，全盘否定者亦有之。在今天，不仅在中国大陆，

---

[*] 严如平、郑则明：《蒋介石传》，中华书局，2013。

就是在中国台湾，也是众说纷纭。总的趋势是，随着时间的推移，随着当初那种政治的逐渐淡化、冷却，随着各种档案史料的公开，学术上的研究，逐渐走向客观。这是社会发展的正常现象，也是学术发展的正常现象。

郑、严两位合著的《蒋介石传》，较之20年前他们两位的《蒋介石传稿》，不仅大量采用新公布的档案史料，也尽力参考藏于美国胡佛研究所的《蒋介石日记》，在追求历史的真相、表述历史的本质方面，都有很大的进步，这是一种实事求是的态度，值得肯定。

从近代中国历史发展进程的角度评价蒋介石这个历史人物，应该注意什么呢？我在这里冒昧提出浅见如下。

第一，大革命时期，国共合作以北伐扫除北洋军阀时期的混乱局面，谋求中国的统一，是符合历史前进方向的，任何党派和个人适应了这个方向，就是进步的，符合历史潮流的。

第二，抗日战争时期，是从中华民族的全体利益出发，还是从党派的利益出发？凡是从中华民族全体的利益出发，坚决抵抗日本帝国主义的侵略，挽救民族危亡，争取中华民族独立自由发展前途的党派和个人，就是符合历史前进方向的，是进步的，是符合历史潮流的。

第三，经过八年艰苦抗战，赢得了抗战胜利，是组织各党联合政府，走和平民主建国的路，还是坚持走一党专政、个人独裁的路？只有坚持联合政府主张、实现和平民主建国的党派和个人，才符合全国人民的利益，符合历史前进的方向。

第四，在中华人民共和国成立后，在美国干预下形成海峡两岸暂时分离的局面，是坚持一个中国，坚持中国统一的方向，还是放弃一个中国原则，走台湾分裂的路，这也是评价蒋介石的一个重要原则。

先说第一点。国民党一大确定国共合作实现国民革命，决定以北伐手段扫荡北洋军阀的混乱局面，完成国家的统一，显然是符合历史前进方向的。蒋介石在这个阶段里，东征、北伐是有功的，1925—1926年在国共合作方面表现还是积极的，但是1927年4月发动清党运动，破坏国共合作，使民党一大确定的以国共合作完成国民革命的任务半途夭折，这又是违背历史前进方向的。在这个阶段里，蒋的历史作用是有功有过，功过参半；如果站在扫荡北洋军阀的角度说，他是功大于过；如果站在国共合作的角度说，他是过大于功。全面衡量，如果按照国民党一大方针，以国共合作完成国民革命，实现国家统一，对于国家的前途可能更好，应该说过略大于功。

再说第二点。日本帝国主义侵略中国，尤其是卢沟桥事变后发动全面侵华战争，造成近代中国历史上最严重的民族危机。这个时候，衡量中国的政治党派和政治人物，主要看他的言行是从整个中华民族的利益出发，还是从一党一派的利益出发。蒋介石在九一八事变前主张不抵抗，提出"攘外必先安内"政策，把主要军事力量集中于"剿共"，罔顾国民要求抗日的呼声，这就不是从国家的利益出发，不是从整个中华民族的利益出发。虽然面对日本侵略的步步紧逼，蒋介石对抗日也有所考虑和准备，但其政策的趋向还是对日妥协。日寇越过长城线，华北危急，北平学生发出"华北虽大，已经放不下一张平静的书桌"的呼声。在全国抗日民意高涨的情况下，张学良的东北军和杨虎城的十七路军发动西安事变，才最终推动蒋介石改变了"攘外必先安内"的错误政策，使蒋介石下决心抵抗日本侵略。

下决心抵抗日本侵略，是一个正确的政治态度和决策，不仅符合当时的全国民意，也符合中华民族的根本利益，因此是符合中国历史前进方向的。在八年全面抗战中，国民党、蒋介石虽然放弃了"攘外必先安内"的政策，基本方针变成抗日第一、反共第二，不愿意放手发动全国人民，不愿意放手依靠中共抗日力量，但毕竟在困难的环境下坚持了抗战，始终打出的是抗战的旗帜，与汪精卫投降集团有着本质的区别。从中华民族的整体利益来说，抗战是大方向。坚持了这个大方向，蒋介石的历史地位就是正面的了。

再次，说到第三点。抗战最后赢得胜利，是近代中国历史上第一次赢得对外战争的全面胜利。这个胜利，是全国人民的胜利，是中华民族的胜利，是正面战场与敌后战场战略配合的胜利，是国共两党合作抗战的胜利。这个胜利是中国复兴的枢纽。战争期间，日本的侵略和战争掠夺，对中国国家和中华民族造成的极大伤害。战后，如何实现和平民主建国，是全国人民的愿望。1945年10月毛泽东在重庆与蒋介石会晤，国共两党达成会谈纪要（又称"双十协定"）；1946年1月在重庆召开各党派和民主人士参加的政治协商会议，通过了宪草协议，提出了实行国会制、内阁制、省自治的民主制宪原则，开辟了中国和平民主建国的新路，得到有关各方和社会舆论的高度评价。政协会议达成的民主化进程的路线图，符合当时国人在战后和平建国、防止内战再起的愿望，却为国民党顽固派所反对。国民党、蒋介石不愿意与各党派尤其是中共分享国家建设的重任，要通过战争继续维持国民党的一党利益和蒋介石的个人独裁。这时候，他把抗战时期的抗日第一、反共第二，转变成为反共第一、和平第二。蒋介石迷信武力，以为在很短时间就可以让中共陷于万劫不复的境地，决然发动内战，却事与愿违，竟在短短三年多时间里，遭遇到了国民党历史上最严重的惨败，失去了在中国大陆的执政权，躲到东南一隅的海岛，坐上了"南明"小朝廷的交椅。蒋介石、国民党的失败，当然有众多原因，违反民意是最基本的原因。战后不过四年，蒋介石从巅峰跌到谷底，说明了它的历史地位降到空前低落的程度。他是民国历史上因违反民意遭到大失败的又一例证。

最后，第四点。在台湾，蒋介石反对美国"台湾地位未定论"，反对"台独"，坚持了"中华民国"立场，也就是坚持了"一个中国"的立场；他虽然反对美国提出的"台湾地位未定论"，也不能不依靠美国，在台湾建设"反攻大陆的复兴基地"，使得台海两岸的分裂局面延续下来。他在台湾是反"台独"和反共并列第一。蒋介石反攻大陆无望，蒋氏父子却在台湾开辟了现代化建设的新路。从中国现代化进程的角度看，蒋在这一点上是有贡献的。

除了上述四点外，还有一个抗日战争期间的领导权问题，需要单独提出来说一说。这个问题与对蒋介石的评价直接相关。所谓领导权问题，也就是中国抗日战争究竟是谁领导的问题。至今为止，它还是两岸中国人、两岸学术界各执一词、众说纷纭的问题。

2005年是中国人民抗日战争暨世界反法西斯战争胜利60周年纪念的一年。中共中央和国务院举行了隆重的纪念活动。9月3日，在人民大会堂，我聆听了胡锦涛主席在纪念中国人民抗日战争暨世界反法西斯战争胜利60周年大会上的讲话，会后又读了报纸发表的文字。胡锦涛主席在报告中说："在波澜壮阔的全民族抗战中，全体中华儿女万众一心、众志成城，各党派、各民族、各阶级、各阶层、各团体同仇敌忾，共赴国难。长城内外，大江南北，到处燃起抗日烽火。中国国民党和中国共产党领导的抗日军队，分别担负着正面战场和敌后战场的作战任务，形成了共同抗击日本侵略者的战略态势。"这段话，是许多年来党和国家领导人第一次正面阐明了抗日战争中国共两党在战场上分别承担着正面战场和敌后战场的战略任务。这是客观的历史评价,不仅政治影响极好,也具有学术上的指导意义。2005年10月,我在台北与台湾学术界的朋友们交流,也拜访过中国国民党党史馆,发现那里的朋友们对胡锦涛的上述评价是满意的。我以为,学术研究可以在这个评价基础上,再进一步,明确指出抗日战争中存在着国民党、共产党两个领导中心,就比较完美了。

抗日战争中的领导权问题,是一个长期有争议的老问题。我们过去习惯上强调共产党的领导作用,台湾学术界只承认国民党的领导作用。对抗战历史中的这个认识问题,至今还影响着海峡两岸的人们。在抗战胜利近70年的今天,我们可以冷静地、客观地看待这个问题。

日本帝国主义侵略中国,是企图灭亡中国。中华民族面临存亡绝续的危机。抗日战争是在中国共产党倡导的抗日民族统一战线的旗帜下,以国共合作为基础,各阶级、各民族人民团结起来,在国民政府领导下进行的中华民族解放战争。这是对抗日战争的基本定性。从民族战争的全局来看,中华民族内部各党派、各政治团体和政治势力,只有团结一致,共同抵御日本帝国主义侵略,中华民族才有出路。说共产党发挥了领导作用,是因为它倡导、推动并始终坚持了抗日民族统一战线,使民族战争所必需的国内团结大局能够维持下来,而且,共产党还领导、指挥八路军、新四军(这不是一支乌合之众,而是有明确政治目标,以抗日为宗旨,纪律严明,训练有素的军队,到抗战末期已接近百万之众),动员敌后地区的广大人民群众,担负着敌后战场的作战任务。从这一点来说,共产党是中国抗日战争的领导中心,当然是可以成立的。

但是,我们必须看到,在抗日战争中,还存在着国民党这个领导中心。当时国家权力掌握在蒋介石、国民党政府手中。这个政府是民族战争所必需的、国际国内承认的统一政权,它指挥数百万军队,担负着正面战场的作战任务。抗日战争只有发动蒋介石、国民党参加,才可能利用国家政权的力量推动全国抗战的开展,才可能有全民族的抗战。没有蒋介石、国民党的参加,单凭共产党的力量,尽管她的抗日主张无疑是正确的,是符合中华民族的民族利益的,但在当时的历史条件下,也是难以独立支撑全国抗战大局的。抗战期间,蒋介石虽然没有放弃反共,但也没有放弃抗战。八年全面抗战,尽管蒋介石、国民党政府不无消极、片面的作为,对日有过妥协退让,但毕竟没有对日投降,毕竟在十分困难的环境下坚持了抗战，最终把抗日的旗帜扛下来了。需要指出的是，共产党推动蒋介石、国民党参加抗战，是提高了蒋介石、国民党的历史地位呢，还是贬低了蒋介石、国民党的历史地位呢？很明显，蒋介石成为抗战领袖，与共产党的支持是分不开的，抗战把蒋介石、国民党在中国历史上的地位提到了从未有过的高度。这是由中华民族的整体利益决定的。抗战胜利后，在美国的扶持下，蒋介石、国民党一意孤行，肆意反共反人民，才从原有的历史地位上跌落了下来。从历史唯物主义的观点看，从实事求是的观点看，从中华民族的民族利益看，蒋介石在抗战中尽管没有放弃反共，但还是把八年全面抗战坚持到底了。这一点是值得肯定的。同样，中国共产党领导的人民力量的存在和发展，是这场民族解放战争胜利的基本条件，如果没有这个基本条件，全民族抗战是否能实现，或者一时实现了，能否坚持下去而不中途夭折，以及中国是否能取得抗战的最后胜利，就要打一个大问号。从这个角度说，中国共产党及其领导的人民力量，是保证抗战胜利的中流砥柱。所以，人民力量的存在和发展这个基本条件的极大重要性，更加应该得到客观的、全面的评价。因此，抗日战争这场民族解放战争的胜利，是国民党、共产党和全国人民共同奋斗争取得来的。毛泽东在1938年也说过国共"共同领导"抗战的话。

国民党、共产党两个领导中心，它们所处的地位不同，能够起作用的方面不一样，不是一个从属一个，又都是不可缺少的，不可替代的。这两个领导中心，不是一时一刻起作用的，都是全面的、全局的。不承认一个中心，或者取消一个中心，行不行呢？显然是不行的。取消国民党、蒋政权这个中心，失去国家政权的力量，全国抗战难以推动，难以调动几百万军队在正面战场与敌作战，难以争取国际援助；取消共产党这个中心也不行，取消这个中心，抗日民族统一战线就形成不了，还是内战不止，如何形成全国抗战的局面？取消这个中心，敌后战场谁来开辟，谁来领导，广大敌后地区的人民群众谁来组织和发动？取消这个中心，被敌后战场吸引的侵华日军的超过半数，将压在正面战场，国家还能够坚持抗战八年吗？

如果不承认国民党这个领导中心，只承认共产党这个中心，抗战时期中国打的许多败仗，尤其是1944年豫湘桂大溃败谁来负责？共产党能够负责吗？全国政治的不民主、官吏的腐败堕落、社会的动荡、经济的崩溃，共产党能负责吗？共产党当然不能负责，而应该由国民党的领导错误负责。

抗战后期，蒋介石、国民党政权与国际的联系作用也不可忽视，他们代表中国政府与苏联、美国、英国等发生国际关系，谈判废除《辛丑条约》和治外法权，蒋介石作为中国首脑出席开罗会议，同盟国一致同意并支持中国从日本手中收回东北和台湾等地，以及中国参与创建联合国，这些成绩离开了蒋介石和国民党政权也是不行的。这些基本的历史事实，我们必须尊重。

客观地说，在抗日战争这个整体大局中，国民党、共产党都起着领导作用。这个作用，都是全局性的，不是局部的、暂时的。不承认其中任何一个中心所发挥的领导作用，都不是实事求是的态度，都不是历史主义的态度。承认国民党的领导中心，并没有削弱、更没有否定共产党的领导中心的全局性作用。反之，承认共产党这个领导中心，客观反映了中华民族全民族抗战的事实，对国民党的领导中心地位也没有削弱。双方这种都是全局性的领导作用，是各自通过自己的领导能力来实现的，是在又统一、又矛盾的斗争中来实现的，是客观存在的。在抗日统一战线内部又统一、又斗争的过程中，国共力量的消长发生着变化，总的历史趋势，是国民党政权的力量由盛转衰、中国共产党领导的人民力量由弱转强，并且历史性地改变了国内政治力量的对比。换一句话说，国民党这个领导中心的作用由大变小，共产党这个领导中心的作用由小变大，这是对抗日战争中国民党、共产党的领导地位和作用的最终的说明，也是抗战胜利后不久，国民党就垮得那么快，人民共和国能够迅速成立，近代中国历史开辟了新的通道的原因。

像任何一个曾经推动或者延缓历史进程的历史大人物一样，蒋介石一生不是风平浪静的，他的历史作用的高低、曲折是有变化的。他有时候推动了历史的前进，有时又拉了历史前进的后腿。他是一个极为复杂的历史人物，简单地完全否定，简单地完全肯定，都不是历史主义的态度。

郑则民、严如平两位同志的《蒋介石传》，正是以中华民族的复兴、国家的独立强大这个基本视角，来研究蒋介石这个历史人物的。他们对在近代中国各个不同历史阶段的蒋介石的历史作用，依据大量史料，钩沉索引，反复斟酌，提出了自己的研究心得。我相信，这本著作，对学术界，对大众了解、认识蒋介石其人的言行真相，是有帮助的，是有价值的。

我在本书付梓前先读为快，并且得出了一点读书心得，谨供作者、读者批评、参考。

2012年1月11日于北京东厂胡同一号

《民国散论》序[*]

当我应邀为《民国散论》一书作序时,《民国散论》作者徐辉琪先生已然于2012年1月18日作古。徐辉琪先生仙逝后不久,他的遗孀曲清芳女士找到我,说清理徐先生留下的遗物时,发现徐先生生前编好了自己论著的自选集,题名为《民国散论》,并且在后记里表示感谢我为他作序。曲清芳女士希望我完成这个嘱托。徐先生走得急,生前没有来得及给我打招呼。他在北京肿瘤医院住院时,我与曾业英先生去看他,他在病痛中,我们执手相看,他已经不能自由地表达。没过多久,即收到徐辉琪去世的消息。他刚满70岁,照古人之例,享年已高;照今人之例,尚属英年早逝。一个老朋友,一个长期从事学术研究单位管理工作的民国史学者,就这样离世了。

1964年8月,徐辉琪与我分别从西北大学和武汉大学历史学系毕业,来到当时的中国科学院近代史研究所报到。头一两年,我们先后在甘肃张掖县参加"四清"运动,在山东黄县大吕家公社于家口大队劳动锻炼,彼此不在一起,了解不多。他是关中大汉,篮球好手,在西北大学时是学校篮球队成员,到近代史所时,也作为近代史所篮球队队员,经常与近在咫尺的考古所篮球队举行友谊比赛。记得1965年10月,我们结束了于家口大队的劳动锻炼,在黄县县城集中总结时,我到黄县一中联系,近代史所与考古所劳动锻炼队组成临时篮球队与黄县一中校队举行了一场友谊比赛。临时篮球队当然不是黄县一中校队(由十七八岁的高中生组成)的对手,但徐辉琪在临时篮球队中是佼佼者,篮球打得扎扎实实。

---

[*] 徐辉琪:《民国散论》,社会科学文献出版社,2013。

我们之间的联系多起来，是在1966年6月"文化大革命"在近代史所开展以后。那时候，我们都是离开大学校园不久，满怀激情，积极投身到运动中去，成了"文革"运动初期的造反派。当时，中央"文革"成立文艺组，需要从各单位抽人。我当时是近代史所"文革"小组副组长，便推荐徐辉琪去了。他在文艺组图博口负一点责任，一时颇负盛名。江青借口所谓"整江青黑材料"，整了文艺组负责人金敬迈，也祸及徐辉琪。金敬迈在他所著长篇小说《欧阳海之歌》1979年的修订版中，记述了此事，并记述了与徐辉琪的关系。徐辉琪回所，因事涉有关方面的"保密"要求，只含糊其词地对我提到过此事，我也不便于多问。后来知道是谢富治对他提出的保密要求。在工宣队、军宣队进所后开展的"清查五一六反革命阴谋集团运动"中，一大批在"文革"初期活跃的分子，遭到残酷斗争。我和徐辉琪也列名其中，且都是重点审查对象，时间长达六七年之久。我被关了起来，差不多一年，完全丧失了自由。料想徐辉琪也是如此。1972年7月从河南五七干校回来，我的自由度稍微多了一点。这时候才听说，徐辉琪在专案组实施的"车轮战"批斗中，坚持了七天七夜拒不交代"罪行"，是受审查的人中表现最好的，这让我肃然起敬。听说当时黎澍先生对此表现也跷起大拇指。"车轮战"批斗，我有切身经历。所谓"车轮战"，是指专案组歇人不歇马，对审查对象24小时不停歇地批斗和攻心。我自己经历了三个24小时，实在坚持不住，只好违心地向"代表毛主席的无产阶级革命路线"的专案组屈服，在专案组的诱骗下，为自己罗织"莫须有罪行"。三天三夜得不到任何休息，当然也得不到一分钟的睡眠，身心所遭受的痛苦，非经历者难以体会。七天七夜不得休息和睡眠，得具有何等惊人的毅力！我得知这个消息后，对徐辉琪不仅刮目相看，而且敬佩有加！

　　1975年，军宣队对我们解除了审查，我们可以参加研究组。徐辉琪加入了民国史组，我先是加入了翻译组，后改入近代史组。他和曾业英一起合作开展民国政党史研究，颇有起色。1981年他在所刊《近代史研究》发表《论武昌起义后同盟会的演变》，是我们这一批人中较早在重要学术刊物发表论文的。随后又在同一刊物发表《论第一届国会选举》的学术论文，受到同行学者的重视。

　　我虽然在1975年9月加入近代史组，真正做研究工作，还是在

1978年。从1964年到1978年，我们有十多年时间虽然身在研究所，确是不与闻学术研究的。这是那个时代造成的悲剧，不独我们个人如此。我因为"文革"期间的遭遇以及所损失的时间，1978年后，一心一意坐冷板凳，不与闻窗外事。这时候反而与徐辉琪的联系减少了。1986年，近代史所科研处处长王玉璞先生调入中央文献研究室，科研处缺少处长。王庆成副所长找我谈话，问我是否有意出任。我因多种考虑，婉拒了他的提议。他又要我推荐一个人，我向他郑重推荐了徐辉琪。1987年，徐辉琪正式就任科研处处长。这个处长一当就当了十多年。他当处长，勤恳奉公，毫不懈怠，有目共睹。

1988年9月，我被任命为副所长，1994年1月被任命为所长。我在近代史所领导岗位上前后工作了16年。在这16年中，绝大部分时间里，他与我是实际上的近代史所科研管理部门的负责人。在我协助刘大年先生组织中国抗日战争史学会后，他积极支持学会工作，曾担任学会副秘书长。我担任中国史学会常务副会长和会长后，他担任副秘书长，是我从事中国史学会工作的主要助手。1998年，中国社会科学院建立中日历史研究中心，与日本的日中友好会馆日中历史研究中心相对应，开展历史问题的合作研究。我担任了中日历史研究中心副主任兼专家委员会召集人，徐辉琪担任中日历史研究中心办公室副主任。他在这一职务上，参与组织了多次中日两国学者的互访。

我在这里要强调指出一件事，我们在一起策划了许多次国际学术讨论会。这些国际学术讨论会，有近代史所组织的，有中国抗日战争史学会组织的，有中国史学会组织的。1990年为纪念近代史研究所建所四十周年，组织了近代中国与世界国际学术讨论会，那次讨论会，云集了世界各国研究中国近代史的优秀学者。从那年以后，几乎每年举办一次，个别年代甚至两次。还有一些是国内的重要学术会议，海峡两岸之间的学术会议。所有这些会议，他都是参与者、实际执行者。他最后一次帮我组织会议，是2009年7月纪念中国史学会成立60周年座谈会。那次座谈会在首都师范大学召开。我在此前在协和医院做过一次肠镜手术，切去了三块结肠息肉。手术完成后大夫告诉我，三天以内如果出血，尽快上医院处理。就在去首都师范大学出席纪念中国史学会成立60周年座谈会的那天早晨，也就是肠镜手术10天后，我忽然在早起大便时大出血。因为在座谈会上我有主旨发言，我还是忍耐着出席了会议。中午回来又有大出血。下午赶紧到协和医院,再次做了肠镜手术,对结肠息肉伤口做了紧急处理。我把这个情况告诉了徐辉琪,告诉他,要注意检查大便潜血,要注意做肠镜。

没有想到,仅仅四个月后,他出现了类似的情况。2009 年 10—11 月,我在台北待了差不多两个月,回京后,接到徐辉琪电话,他告诉我,刚刚做了肠镜手术,切去了息肉,发现息肉有癌变。他去做肠镜,是因为有大出血。我一听他说这些情况,便大叹息道,肠镜检查太晚了。我做肠镜,是因为先做了大便潜血检查,要排除肠内发生癌变。他事先没有检查大便潜血,一到大出血,就是大问题了。

此后,他有很长时间在中日友好医院做化疗,情况似乎有好转。后来又转到北京肿瘤医院做化疗。做一段时间,回家休息一段时间。病情时有反复。大约 2011 年夏秋间,我约好曾业英到他家里去看望,发现他的身体有些虚弱,还能行动,陪我们到外面吃了饭。几个月后,病情转急,当我们再次到肿瘤医院去看他时,他躺在病床上已经口不能言了。

作为老朋友、老同事,我在这里写几点对徐辉琪的印象。

为学很勤奋、谨严。耽误了十多年的青春岁月,才开始进入中国近代史研究,他在确定研究民国政党史后,跑了全国许多图书馆、档案馆,搜集政党史资料,其中许多资料还没有来得及整理。他参加了《中华民国史》第 2 编第 1 卷的撰写,发表了民初政党政治的学术论文,研究了近代妇女问题,还研究了李烈钧、冯玉祥等民国人物,与人合编了《孔府档案选编》《护国运动资料选编》《政党社团资料选编》《中国妇女运动史料选辑》,编辑了《李烈钧文集》。应福建教育出版社邀请,他还与我合作编辑了《中国近代爱国人物故事丛书》(14 册),1993 年福建教育出版社出版后,获得第八届中国图书奖。如果天假以年,身体健康,他本来还可以在学术上做出更多的贡献。

对工作有奉献精神。因工作需要,自 1987 年起担任科研处处长,全身心投入工作,对所里交代的工作任务,从不辞谢,从不懈怠,任劳任怨,加班加点,努力做好。带动处里所有工作人员,全力以赴,毫不含糊。我在副所长、所长任内,得到了他的很大帮助。有的研究所科研处长当几年,就转而担任副所长。我在所长任内,多次向中国社会科学院主管人事工作的副院长,主管史学片的副院长,甚至向主持院里工作的负责人建议，应该任命徐辉琪为近代史所副所长，没有成功，也没有人向我做出解释。我胡乱猜想，这大概与"文革"中的挨整有关系。徐辉琪对此虽有想法，但并不介意，丝毫不影响工作，直到2002年退休。从科研处长退休后，我还请他担任中国史学会副秘书长，负责中国史学会秘书处工作，直到2009年。他从所里退休后，又应社科文献出版社邀请，担任社科文献出版社兼职责任编辑，为出版社编辑审定了多部书稿。

对朋友很仗义，对年轻人很关心。他对科研处的年轻人，在工作上严格要求，在学业上、生活上关心帮助。对所里的年轻学者也多有提携帮助。他是关中大汉，对朋友浑身透着义气。仗义执言，敢打抱不平。他是我的挚友和诤友。作为科研处长，他是我的下级。对我的工作，他敢于提出不同意见、建议和批评。我常从他那里听到外界对所里工作，对我个人的工作的反映。这对我很有好处。记得20世纪70年代初，从河南五七干校回京后，几个朋友在一起蹲在地下吃饭、聊天。他对在场的几个朋友有所评点。他对我说，你有很强的综合能力，但分析能力不够。这句话，鞭策我一辈子。从那以后，我一直努力锻炼我的分析能力。我在学术研究中，每写一篇文章，都要想想他这句话，想想我是否把问题分析透了，在哪个问题上还有继续分析的余地。我后来写过一些有分析的学术论文，在学术界得到比较好的反响，我要感谢徐辉琪对我的提醒和鞭策。

作为共产党员很合格。他在我之前加入中国共产党。作为共产党员，我认为他是合格的。他严守党的政治纪律，拥护党中央的路线、方针。记得有几次与朋友聊天，涉及天下大事，或偶有出格，他总是首先要求打住，表现他在大事上的清醒，不含糊。他是优秀的共产党员，值得我学习。

他对家庭很尽责。在晚年，他的夫人身体不太好，他经常陪同妻子去医院打针，照顾甚为周到。记得我到他家里探望他的病情，他还在念着妻子的病情，为她的健康担忧。

老朋友小我两岁，却先我而去了。他晚年做出版社兼职责任编辑，也为自己编好了文集，却看不到文集的出版问世。曾业英先生为尽朋友之责，进一步完善了《民国散论》的编辑，补充了材料。不久前，又通过了中国社会科学院老干局组织的出版资助评审，可以交付出版社了。我借《民国散论》即将出版的机会，写上上面一些话，算是与老朋友的谈心与交心，也算是对朋友们一个交代。

呜呼！先生已矣，先生走好，先生千古！

2013 年 3 月 1 日

《四川抗战史》序[*]

在中国人民第一个法定的抗战胜利纪念日到来的时候，在中国人民抗战胜利69周年到来的时候，我读到了四川省社会科学院编著的《四川抗战史》书稿。作者要求我为这部即将付梓的书稿写一篇东西，作为评介的文字。我怀着很大兴趣读了这部书稿，因为留给我的时间极少，我读得很粗略。

《四川抗战史》以四川为主体，围绕四川抗战，概述了政治、军事、经济、文化、教育、外交、人口、交通、移民、社会以及少数民族抗战的历史事实。本书还突出了四川抗战精神的文化解读，提升了该书写作的意义。四川抗战史主要指四川军民对日作战的历史，这段历史既是抗日战争正面战场的组成部分，也是全国抗战的大后方基地，其地位是重要的，其作用是巨大的。八年全面抗战，日本飞机虽然轰炸了四川，毕竟日军未能进入四川。四川以其扩大的胸怀，容纳了南京国民政府的迁入，容纳了华北华东沦陷地区工业企业、科学教育机构的迁入，容纳了各地大量逃难人群的迁入，同时又以巨大的物力人力支援了前线的抗战。本书作者既有史学功底深厚的知名专家，也有史学思维敏捷的青年才俊，他们在注重史料爬梳的同时，能以国际的视角全面审视，把中国人民的抗日战争置于世界反法西斯战争的大背景下进行分析，从中华民族民族战争的立场来叙论中国人民的抗日战争。

该书全面地展示了中国人民抗日战争在四川的历史演进过程，客观叙论了国民政府在七七事变前做的战略准备和四川人民民族意识觉醒的过程，多角度展现全面抗战爆发后四川成为全国抗日复兴根据地的原

---

[*] 张彦主编《四川抗战史》，四川人民出版社，2014。

因，拓宽了地方抗战史的内涵和外延；该书较好地把握了在中国共产党主张建立的抗日民族统一战线旗帜下，在以四川为中心的大后方进行的全面抗战与国民党当局抗战的关系，较为公允地叙论了国民政府抗战的历史事实，高度评价了中国共产党的抗日主张及抗日活动，客观展示了各种爱国力量在抗战中的作用和地位；该书全面叙述了四川地区少数民族的抗战事实，展现出中华民族多元一体、共赴国难的伟大精神，开拓了抗战史研究的新领域。

这些都是《四川抗战史》取得的成就，应该如实加以肯定。

中国人民抗日战争是中国近代史上一场规模浩大、波澜壮阔的伟大民族解放战争，是世界反法西斯战争的重要组成部分，是第二次世界大战东方主战场。中国人民抗日战争也是中国人民近百年来第一次取得完全胜利的反对外来民族侵略的战争，它大大促进了中华民族独立解放的进程，也大大促进了中国社会的民主化进程。中国人民抗日战争的胜利，对打破帝国主义的奴役压迫，推动世界一切殖民地和附属国争取国家独立和民族解放的斗争，对形成第二次世界大战后的国际新格局，产生了巨大而深远的影响。中国人民的抗日战争，具有划时代的历史地位。

中国人民抗日战争全面爆发后，中国共产党推动的抗日民族统一战线正式形成。这种抗日民族统一战线，主要表现在以下几个方面。

第一，在政治上形成了国共两党在抗日的大前提下的合作，国共两党的负责人会因形势变化而交换意见；中国国民党是执政党，中国共产党作为在野党，会监督国民党在抗战的大方向上不能后退。皖南事变是国共两党之间极为严重的冲突和对抗，政治上、军事上的斗争达到了八年全面抗战中最严重的阶段，但在日本发动中条山战役的时候，国共两党的斗争会迅速降温是一个典型的案例。

第二，在抗日民族统一战线的大前提下，形成了国民党和共产党两个领导中心。两个领导中心独立地发挥作用，相互之间不能取代。这种领导作用不仅表现在政治上，也表现在军事上。国民党是一个领导中心是毋庸置疑的。国民党是执政党，他掌握着中央政府，可以号令全国，可以调动全国政治、军事、经济资源，有几百万军队，担负着正面战场的作战任务。抗日战争必须要有蒋介石、国民党参加，才可能利用国家政权的力量推动全国抗战的开展，才可能有全民族的抗战。没有蒋介石、国民党的参加，单凭共产党的力量，在当时的历史条件下是难以独立支撑全国抗战大局的。这个政府代表中国与苏联、美国、英国等发生国际关系，谈判废除《辛丑条约》和治外法权，蒋介石作为中国首脑出席开罗会议，做出了从日本手中收回台湾等地的决定以及参与建立联合国，这些成绩离开了蒋介石和国民党政权也是不行的。我们要尊重这些基本的历史事实。

肯定国民党是抗战中的领导中心，是否就否定共产党的领导重心作用呢？答案是否定的。说共产党发挥了领导作用，是抗日战争中的中流砥柱，是因为它倡导、推动并始终坚持了抗日民族统一战线，使民族战争所必需的国内团结能够维持下来，而且，共产党还指挥八路军、新四军，动员敌后地区的广大人民群众，担负着敌后战场的作战任务。共产党还团结各民主党派，利用各种宣传文化的形式，对全国人民进行了抗日战争的政治动员，形成了全国高涨的抗战热情，这种抗战热情又转化成抗日战争的有形和无形的物质力量和精神力量。从这一点来说，共产党是中国抗日战争的领导中心，也是抗战期间一个基本的历史事实。同样地，没有这样一个领导中心，只有国民党一个领导中心，在当时的历史条件下，也是难以独立支撑全国抗战大局的。

第三，抗日民族统一战线体现在军事上，就是正面战场与敌后战场的并存。全面抗战初期，国民党领导的正面战场是对日作战主要战场。国民政府动用了大量兵力，连续在忻口、淞沪、徐州、武汉等地进行了大规模的会战。这些会战沉重打击了日本的侵略势力，消灭了敌人的有生力量，粉碎了日军企图迅速灭亡中国的狂妄计划；在客观上掩护了八路军、新四军的战略展开和中共敌后战场的开辟，鼓舞了全国人民；扩大了中国抗战的国际影响，唤起了国际舆论的同情和支持；掩护了一部分沿海、沿江工业和临战区大中学校的内迁，保存了中国民族工业和民族教育的基础。八路军在忻口战役中也发挥了重要作用。

当前学术界对抗战期间正面战场的作用估计较以往有了很大的提高，但对敌后战场作用的估计显得有所不足。这种评价是不大公正的。在抗日民族统一战线的旗帜下，中国共产党在华北、华中建立了大片根据地，管辖人口5000万，有着数十万武装部队，在延安建立了政治领导中心，在日本占领区形成了广大的敌后战场，与正面战场形成战略配合态势，牵制了敌军的正面进攻，促使战争转入战略相持阶段。

中国抗日战争中，正面战场和敌后战场两个战场的存在是决定抗日战争面貌和结局的关键。抗日战争的特异之处是国民党政权控制的正面战场与共产党领导的敌后解放区战场并存。两个战场并存，是第二次世界大战中中国战场所独有的。国民党政府掌握着国家军队，有国家提供的后勤支持，与敌人正面相抗衡。1938年10月武汉失守以前，正面战场与日寇作战是积极的。抗战进入相持阶段以后，正面战场作战就变得消极了。日寇大幅度进入中国，华北、华东、华中、华南均为敌人占领。中国共产党领导的八路军、新四军打进敌占区，建立抗日根据地，发动广大人民，依靠广大人民，开展大规模的游击战争。中共在上述敌占区先后建立了19块敌后抗日根据地。在敌占区除了城镇和铁路沿线，都是人民发动游击战争的战场。除了组织百团大战那样的大规模作战外，敌后战场的主要作战形式是游击战。国民党攻击共产党"游而不击"，这是出于制造反共舆论的需要。在敌人鼻子底下"游而不击"，它怎么生存下去呢？实际上，敌后战场吸引了在华日军大部分兵力。1944年3月日军发动豫湘桂战役以前，敌后战场抗击日军56万人的64.5%，正面战场抗击35.5%。日伪军加在一起，敌后战场抗击敌人总数134万中的110万，约占80%。客观来说，敌后战场、正面战场，共同构成了中国抗日战场的全局。它们在战略上互相依托、互相配合，共同支撑了抗战的大局。这种战略配合关系没有高下之分，在抗战战略的意义上是同等重要的。正是因为敌后战场吸引了大部分日伪兵力，自然就减轻了正面战场的压力。如果没有敌后战场，全部日军压到正面战场，中国抗战的局面还能存在吗？两个战场互存互补，互相支持，缺一不可。缺了一个，抗日战争的胜利都是难以想象的。敌后战场的战略地位，当时美国的军事评论家威尔纳就指出过。他说，日本后方充满了中国的游击队，在第二次世界大战中，"没有一个地方的游击战能够担当游击战在中国将要而且能够担负的战略任务"。正是有正面战场的坚持，又有敌后战场的强大存在，才使日寇招架不住，穷于应付，才赢得了战争胜利的结局。

从这个角度说，在野的共产党在抗日民族统一战线中发挥的作用，是在朝的国民党不能替代的。说中国共产党及其领导的人民力量，是保证抗战胜利的中流砥柱，绝不是虚言。在国家、民族危亡的时刻，中华民族的利益是第一位的，阶级的利益、政党的利益，都要服从民族利益。国民党也好，共产党也好，其他中间党派也好，如果都强调本党的利益，而不顾民族的利益，就要被人民淘汰，被历史淘汰。立足于这样的认识，我们需要公正评价国共两党在抗战中的作用。

1937年10月底，国民政府决定迁都重庆；12月1日，国民政府在重庆正式办公，四川成为抗日战争最重要的核心区域。国民政府迁都重庆，依托西南后方进行抗战的决策，突出四川在抗战中的重要地位。从另一方面说，也显示国民党政府自1931年九一八事变以来没有做好抗日战争的充分准备，万不得已放弃华东华北大片地区，形成以空间换时间的被动局面。中国共产党支持拥护国民政府迁都重庆的决定，中共派周恩来赴重庆，领导八路军办事处和中共南方局的工作，肩负起推动国共合作的使命。从此，四川重庆既是正面战场的指挥中心，又是抗战的大后方基地，还是抗日民族统一战线的一处重要平台。

1939年1月，以周恩来为书记的中共中央南方局在重庆正式成立。南方局高举抗日民族统一战线的旗帜，贯彻党中央"坚持抗战，反对投降；坚持团结，反对分裂；坚持进步，反对倒退"的三大政治主张，维系国共合作，坚持抗战。1941年3月，在南方局的支持帮助下，中国民主政团同盟在重庆成立。民主党派坚决抗日的主张，对中国政治局势的发展，特别是对国内阶级关系的变化，产生了深远的影响。中共南方局在重庆的建立，维护了国共合作，坚持了团结抗战，发展了抗日民族统一战线，凝聚了抗战民主力量，促进了抗日战争的胜利进展。

重庆成为抗日民族统一战线的一个重要的表现形式，是整个抗日民族统一战线的缩影。在这里不仅云集了国民党和国民政府的所有负责人，也有中共的主要负责人，还有各民主党派的活动分子。国共两党以及各政治势力有关抗战大局的主张可以在这里商讨交换，较易达成共识。作为国民政府咨询机构的国民参政会在这里召开，国共两党和其他政治势力的代表在这里出席会议，在共同的国事平台上提出各自的政治主张。国民参政会上的意见交换和主张冲突，是整个抗日民族统一战线的意见交换和主张冲突的反映。

已故著名历史学家刘大年在研究抗战历史的时候，有一个重要的结论：抗日战争既是民族战争，又是人民战争。其实，这样的认识，当时身与其事的人已经感觉到了。亚洲问题专家、曾任蒋介石政治顾问的美国人拉铁摩尔在皖南事变后说过："对中国人民来说，这四年的历史既是争取民族解放的历史,又是国内革命的历史",抗日战争是"争取民族独立和国内民主革命相结合的战争"。从这个观点出发,在八年抗战中,客观上存在着两种力量相互消长的过程。从民族战争这一方面说,是日本侵略力量由盛转衰、中国抗战力量由弱转强的过程;从人民战争这一方面说,是国民党政权力量由盛转衰、中国共产党领导的人民力量由弱转强的过程。这两个过程是在八年全面抗战的历史进程中逐步展现出来的。国民党、共产党两个领导中心的力量强弱,在抗战期间是向相反的方向转换的。在我看来,1944年国民党政府在指挥豫湘桂战役中的失利是一个关键。金冲及先生在研究了这次战役失利后指出:抗日战争后期大后方人心变动的重大转折发生在1944年豫湘桂大溃退后,"它造成强大的冲击波,不仅影响抗战最后阶段的国内政治局势,而且延伸到战后,在相当程度上埋下了国民党政府失败的重要种子"。这个观察是极为深刻的。为什么抗战胜利后不到四年时间,在国民党挑起内战后,在涉及中国前途和命运的决战中,国民党败得那样惨,那样快速,那样彻底。这个结果,就解释了国民党这个抗战的领导中心如何迅速衰败下去,而让位给共产党这个抗战的领导中心。其中最决定性的因素,就是人心向背的转换。

四川抗战史研究是中华民族抗战历史研究的重要内容和重要组成部分,具有全局的高度和很强的现实意义。如果本书作者们认识到抗战领导中心如何从国民党较强转换到共产党较强,而且这种转换在一定意义上也是在四川、在重庆开始的,一定会对读者正确理解四川抗战史的作用和地位,有更大的帮助。我期望四川省社会科学院继续推进抗日战争史的研究,进一步彰显你们在该领域的学术地位。明年是中国抗日战争胜利70周年,国家和学术界都将有一系列的纪念活动,我相信四川省社会科学院研究抗战史的学者一定会继续发扬学术创新的勇气,在抗日战争史研究中发出你们更多的声音,以贡献于学术界,贡献于人民大众。

2014年9月11日

《文王周易解密》序[*]

张家明先生著《文王周易解密》将在中国社会科学出版社付梓，作者嘱我写几句话，我不得辞。

家明长我三岁，同是湖北省汉川县张家大嘴人。儿时同在汉川县私立两铭小学上学。我那时个子不高，他似乎比我还矮些，长得黑黑的，小名叫黑子（赫字，汉川人发音相同）。他其实长我一辈，是我的族叔。儿时不大讲礼貌，我们在玩耍时不以叔侄相称。我记得他的家在西湾东头第一家一间土坯屋，很矮小。我见过他的婆婆，似乎他们家就是祖孙二人过日子。他的父母我未曾见面。我清楚记得，大约1948年，八九岁的时候，我到他家去玩，看见他家大门口两边墙上（我们家乡称为干阴头）挂着一些干草，问他婆婆这是什么，老婆婆告诉我是车前草，晾干了，可以泡水喝，是利尿的好东西。这是我第一次知道了车前草的作用。

大约在1949年，家乡解放的那一年，忽然不见了玩伴和同学，很久都不见他的身影。以后隐约听说他家搬到汉口去了，从此一去毫无音信。时间过了60多年，2012年某日，忽然接到他打来的电话，说他在北京，住在儿子这里。他的公子在北京某机关供职。我们亟谋见面。见面时，两人都是垂垂老者。两人互道分别后的种种情形。

原来，他的父亲曾在新四军五师帮助修理枪械，1946年五师突围前，为了精简部队，一些不是战斗人员的人便遣散回乡。乃父回到汉口，生活艰辛，靠拉板车度日。1949年父亲把他接到汉口。武汉解放后，他们的日子过得还是很艰难。兄弟姐妹多，他是老大，只读到初中

---

[*] 张家明：《文王周易解密》，中国社会科学出版社，2015。

毕业就就业了。他长期在武昌造船厂工作，通过刻苦自学提高文化水平和专业水平。

家明极聪明，自学获得湖北函授大学汉语言文学专业资格，业余钻研数学，对组合数学的"河图洛书"有较深探究，数学论文在若干大学学报发表，论文《三维幻方解》被推荐在美国人工智能学会第二届年会发表。1989年，论文《四维幻方定理》在中国合肥举行的国际组合数学学术会上发表。我的数学成绩很低，只是在50多年前在高中学过一点数学基础知识，早已抛诸脑后，看到他的数学论题，什么三维幻方、四维幻方，如堕五里雾中，懵然难解其意。

他长期在武昌造船厂担任工程师，主持过大中型产品的制作，在技术刊物上发表过自己撰写的技术论文，也翻译过英文的技术标准。他担任过工厂党委宣传部干部，做过车间党支部书记，熟悉工厂工作，了解基层工厂的工人。

最令我惊异的，是他在退休后，十多年来专门钻研《周易》，读了大量有关先秦的史学著作、考古资料，运用它善解数学难题的能力，解八卦卦画，解周易真义，认为周易不是一部卜筮书，也不是哲学书，而是一部有关周朝兴起的纪实的历史书。家明现在研究的东西，属于史学领域，广义来说，与我是同行。但是中国历史学宏博、渊深，中华五千年历史尽在其中。他深钻的是历史的头，我学习的是历史的尾。我不能说对历史学是外行，但是对于先秦历史，我又的确是外行。他所著《文王周易解密》，的确新论迭出，但对我来说，我还是门外汉。读历史著作如此，我实在是太惭愧了。这说明，即使是历史学领域，知识是何等渊博，人的一生所知实在甚少，不努力学习，随时都有落后的危险。

60多年后再见面的这位儿时的玩友、同学，居然以这样的面目与我相见，实在令我感慨、唏嘘。我对他稍有了解，对他的自学能力钦佩无既，他既懂工业，又懂数学，还懂先秦历史，实在是一个全才。他的著作即将面世，使我感到无比高兴。我熟悉的故乡人中，又有一位有著作贡献于世了。

但是，我对他的《文王周易解密》不能置评，也不能对他的著作与坊间已经刊刻付印的各种周易书加以比较，因为我没有这样的水平。多说一句都可能是外行话，藏拙要紧。不管是卜筮书，还是哲学书，在这之外，他提出历史书的解读，总是可以给读者一个新的理解，给读者理解《周易》一种新的思考方向，我以为读者如果认同这一点，就是家明的一大成就。

《文王周易解密》是一部通俗、普及读物，作者力图提高他的知识性、趣味性、通俗化，这种努力是值得鼓励的。

我们再见面时，我改变儿时对他的称呼，敬称他为家明叔，他大不满，还是要求恢复儿时的称呼。我不能违坳，只得从权。看到他的新著，看到他的一生经历，我受到鼓舞。从谈话中，我深感他是一位信仰共产主义的老共产党人，他的谈吐，对我是一种鞭策。

近日，家明通过电子邮件，发给我一首诗，敬录如下，谨做共勉：

赠海鹏

横堤杨柳横山前，新街旧港绕春烟。
孝感习艺官会计，珞珈修道举苍天；
瀚海沉浮坐冷凳，燕山起伏祭先贤。
平生钟爱一支笔，丹点长沙二百年。

这是一位儿时朋友给我的鼓励，谨敬谢不敏！

老朋友要我为他的新著写篇序言，我引以为荣。于是写了上面的话，虽然不能为他的新著增光，却希望用这些话把分隔了60多年的友情连接起来。

2014年7月12日于北京东厂胡同一号

《宜昌抗战史料汇编》序[*]

世界反法西斯战争暨中国人民抗日战争胜利70周年即将到来，中共宜昌市委党校课题组编辑《宜昌抗战史料汇编》即将蒇事。我作为专家组组长，曾在2014年11月参加了该课题结项审查，深感欣慰。课题组邀我为该书作序，辞而不得，方勉为援笔为文。

今年是甲午战争结束、《马关条约》签订120周年，又是中国人民抗战胜利70周年，出版《宜昌抗战史料汇编》具有历史研究的学术意义，也有现实意义。

日本自明治维新后，随着资本主义经济的发展而逐渐走上军国主义道路。以天皇为首的日本统治阶级形成了对外侵略扩张的国策，把侵略琉球、朝鲜和中国作为"大陆政策"的主轴。1879年日本强行吞并了琉球王国，1894年7月挑起了侵略朝鲜和中国的"甲午战争"，并在次年强迫清政府签订了《马关条约》。日本通过《马关条约》获得了极为丰厚的回报，从此战争机器就一直在转动，也从未停止过对中国的侵略。1929—1933年资本主义世界爆发空前的经济危机。日本为了转嫁和化解国内因经济危机所带来的矛盾，进一步扩大侵华战争。1931年9月18日，日本制造了震惊中外的九一八事变，后陆续侵占东北三省全境。1937年7月7日，日军制造卢沟桥事变，标志着日本帝国主义蓄谋已久的全面侵华战争最终爆发。日军所到之处，烧杀掳掠，暴行屡发，给中华民族带来战争灾难，罄竹难书。

面对日本侵略军踏入国土，中国人民不能不奋起抗战。抗日战争是整个中华民族抵抗日本侵略的战争，是挽救民族危亡的战争。国内阶级

---

[*] 宜昌市政协、中共宜昌市委党校编《宜昌抗战史料汇编》，中央文献出版社，2015。

矛盾让位于中日之间的民族矛盾。中国共产党、中国国民党组成抗日民族统一战线，开始了艰苦卓绝的八年全面抗战，成为全民族抗战的中流砥柱。中国国民党领导的正面战场，中国共产党领导的敌后战场，做战略的配合，与凶恶的日寇鏖战八年，终于取得了最后的胜利。

抗战初期，由于国力悬殊，华北沦陷，长江流域的上海、南京、武汉接连失守，陪都重庆岌岌可危，宜昌旋即成为陪都门户。1940年6月宜昌失守，蒋介石极为震惊，令第六战区长官陈诚率其所辖第10、第26、第33集团军及江防军等部队，与日军第3、第13、第39师团鏖战于宜昌地区，先后发生了1941年9月的"宜昌反击战"、1943年5月的"鄂西会战"、1944年6月的"夏季攻势"等战役，其中，"鄂西会战"的胜利尤其具有重大意义，此战一举粉碎了日寇自宜昌西窥重庆的图谋，在中国抗战最为困难的时期，极大地鼓舞了全国军民抗战必胜的决心和信心，奠定了战略反攻的基础。

宜昌学者提出了宜昌抗战概念。我在听取汇报以及阅读若干史料后以为这个概念是值得研究抗战历史的学者注意的。

1938年10月武汉失守之后，日军一路西进，正面威胁中国战时首都重庆，宜昌自此成为拱卫陪都的战略支点和战役中心。宜昌地处长江西陵峡口，上控巴蜀，下引荆襄，自古为"川鄂咽喉"，兵家必争。武汉失守，这一战略地位再次凸显。

1939—1945年，在以宜昌为中心，包括信阳、南阳、随县、枣阳、襄阳、宜昌、荆州、常德、益阳等地在内的约近20万平方公里的广大区域，中日两军进行了6年之久的拉锯、抗衡，以争夺对江汉平原、洞庭湖流域地区和陪都门户的控制权，这一局面对国民政府能否坚持抗战是个严峻的考验，因此鄂西宜昌地区具有极为重要的战略地位。日本的战略目标一开始在于占领宜昌，控制长江水道，逼降重庆政府，早日结束战争；这一战略目标未能达成，控制宜昌，可以威胁陪都安全，分化中国抗战力量。坚持宜昌抗战，东可以威胁日军控制的中心城市武汉，西可以阻止日军西进的战略态势，捍卫陪都重庆安全，这个战略目标基本上达到了。

宜昌一度成为战时全国交通枢纽和重要的战略中转站。早在1938年10月，上海、南京、武汉接连失守后，这三大城市乃至全国各地西迁的重要物资、人员积压宜昌，在40天时间之内，全部安全转运内迁，教育家晏阳初先生称之为"东方的敦刻尔克大撤退"。宜昌沦陷后，经长江出川的弹药、粮食、被服等军需物资在三斗坪、香溪下船，由人力背运，从宜昌西部、西北部、西南部山区，分送供应第五、第六、第九战区，"铁肩队"的事迹，至今还在民间传诵。

宜昌抗战亦是全民族抗战的重要组成部分，是两个战场做战略配合的地区之一。正面战场在这里形成了第五、第六战区的基本格局。先是第五战区以李宗仁为司令长官，下辖七个集团军和一个江防军，第五战区司令长官部驻守老河口，江防军 8 万人驻守宜昌长江沿岸。宜昌战役紧急阶段，调陈诚赴宜昌三斗坪实施指挥。宜昌失守后，1940 年 7 月另组第六战区，以陈诚为司令长官兼湖北省省长，战区司令长官部驻节恩施（当时的湖北省省会）。湘北以第九战区为辅车，第九战区司令长官为薛岳。为了突出拱卫重庆的重要，蒋介石甚至提出了"第六战区第一"的口号。华中日军在这一带常常集中六七个师团兵力。武汉失守后，中国共产党在这里成立了鄂豫皖、鄂豫边、鄂西北及鄂中区党委，在河南南部、湖北和湘西北发动并领导民众抗日，形成了分散的小块的抗日根据地，开展游击战，牵制敌军，组织人民群众运输物资、救护伤员、慰问劳军、捐钱捐物、踊跃参军等，有力地支援了前线作战，对配合正面战场方面起了重要作用。同时新四军第五师在襄西地区布置了第十五旅两个团的武装力量，在鄂豫地区布置了大量武装力量，在江汉地区、江湖地区形成了两个敌后根据地。两个战场在这里呈现，对武汉采取了战略包围态势，对长沙采取了牵制态势，分散并牵制了敌军的活动范围和行动能力，对保卫重庆安全起到了极其重要的作用。尤其在 1943 年湘鄂西会战中，正面战场和敌后战场在战略上配合作战，取得了湘鄂西大捷的伟大战绩，巩固了陪都重庆的战略地位。

以宜昌为中心的湘鄂西地区（包括襄河东西、长江南北）以及鄂豫边地区战略地位极其重要，在这里从事过中国共产党的建设、根据地建设的，有董必武、朱理治、钱瑛、陶铸、曾志、郭述申、张执一、韦君宜、马识途等共产党员，这里的党的工作直接向中共中央中原局、中共中央书记处以及毛泽东、周恩来、刘少奇汇报并听取指示；从事过军事工作的有李先念、陈少敏、任质斌、刘少卿、王海山、刘子厚、张体学等共产党员，他们的军事工作也直接向中共中央军委汇报并听取指示。社会各界知名人士如陶行知、老舍、宋庆龄、宋美龄、宋霭龄、潘梓年、叶圣陶、张伯苓、吴作人、马寅初、晏阳初等，都在宜昌做过抗日宣传。正如习近平总书记所讲的："伟大的中国人民抗日战争，使中华民族的觉醒和团结达到了前所未有的高度。"

宜昌抗战更是世界反法西斯战争的重要组成部分，日军侵入宜昌，恰是德国纳粹侵占巴黎之际。宜昌军民的坚持抗战不仅仅拱卫了陪都重庆，更削弱了当时世界法西斯嚣张气焰。鄂西大捷亦让世界反法西斯人民为之振奋。美国参议院军事委员会主席雷诺尔斯称："中国军队在鄂西之大捷，足以表现中国军事力量，乃联合国家制胜战略中不可或缺之部分。"中央社伦敦路透社远东观察家谓："日军最近在华所遭受显著而可耻之失败，乃中国于第六年对日作战期间一有意义之新页之开始。"美国记者史沫特莱也专门到鄂豫边江汉抗日根据地采访，目睹了新四军五师抗击日寇的场景。

据盘踞在长江中游地区、与国共军队作战的日本第 11 军记载，1943 年，他们将战斗在以沔阳为中心的长江北岸三角地带的新四军视为"插进武汉中枢部的匕首"，说其"编成、训练、战法、民众工作等有浓厚的共产军色彩，武器弹药等也是自制"，在数量上不可小觑，且善于利用水濠沼泽，有众多堡垒工事，虽然日军曾为摧毁新四军进行过所谓"沔阳作战"，但并不能达到目的，以至于在 1944 年还要进行所谓"一号作战"，"以图改善、强化本军的战略态势"。

宜昌抗战具体体现了中国国民党、中国共产党在抗日战争中的两个领导中心的地位和作用。在抗日民族统一战线的大前提下，形成了国民党和共产党两个领导中心。两个领导中心独立地发挥作用，相互之间不能取代。这种领导作用不仅表现在政治上，也表现在军事上。国民党是一个领导中心是毋庸置疑的。共产党也是一个领导中心，也是毋庸置疑的。鄂豫边区、湘鄂西地区（以宜昌地区为中心）的共产党推动并始终坚持了抗日民族统一战线，使民族战争所必需的国内团结能够维持下来，而且，共产党还指挥新四军五师，动员敌后地区的广大人民群众，担负着敌后战场的作战任务。共产党还团结各民主党派，利用各种宣传文化的形式，对这一地区的人民群众进行了抗日战争的政治动员，形成了高涨的抗战热情，这种抗战热情又转化成抗日战争的有形和无形的物质力量和精神力量。这一地区的共产党及其领导下的武装力量同顽固派、伪军的摩擦和斗争，也是维持在对敌斗争的大前提下进行的。这一地区的正面战场与敌后战场并存，是全国抗战大局的缩影。在这个地区，只有国民党一个领导中心，在当时的历史条件下，也是难以独立支撑抗战大局的。

把以宜昌为中心的抗战战略态势称为宜昌抗战，应该是可以成立的。以往学术界研究，分别提出随枣会战、枣宜会战、反攻宜昌作战、鄂西大捷、收复宜昌等阶段，这些都是反映历史实际的。这些作战，不同程度上都是以宜昌为中心。分散研究这些作战，不利于从战略高度纵观华中地区乃至全国抗战大局。现在提出宜昌抗战的概念，在宜昌抗战的战略态势下研究武汉失守以后华中地区的抗战态势，对于整个抗日战争历史的学术研究，或许不无裨益。

宜昌市抗战史研究会、中共宜昌市委党校在思考宜昌地区的抗战历史时提出了宜昌抗战的概念。他们建立课题，搜集史料，围绕宜昌抗战编辑史料，工作是很认真的。《宜昌抗战史料汇编》汇编了从枣宜会战到鄂西大捷的中日双方的历史文件，搜集了宜昌抗战时期中国共产党在这一地区的活动史料，还搜集了参加宜昌抗战的人员回忆以及宜昌地区亲历过抗战历史的人民群众的回忆和这一地区抗战遗存遗迹，提供学术界作为研究宜昌抗战的资料，是很有意义的。这部史料集对日本当局妄图否认、篡改历史真相的丑恶行径是有力的揭露与回击。

2014年11月，在鄂西会战70年后，我到宜昌西昔日石牌要塞寻访战时遗迹，找到几处建在山腰、面对长江的炮台遗址，不胜唏嘘！我还访问国民党部队驻地的年长老乡，听他们谈及当年战争情势，只言片语，亦能勾起对当年抗战精神的回忆。石牌面对长江西陵峡口，长江蜿蜒于崇山峻岭之中，形势险要，至今行路不易。当年10多万人正规军运动于崇山峻岭之间，与10万人日军相周旋，实属不易。老乡介绍，敌机前来轰炸，我机起而迎战，击落敌机多架。据老乡介绍，前些年还在长江底打捞敌人飞机残片。我国船只封锁江面，至今还有沉船沉于江底云云。正是在石牌一带的顽强抵御，日军未能跨过西陵峡口，日军试图打通宜昌至重庆航道的图谋始终未能得逞。

铭记抗战历史，继承抗战精神，凝聚民族共识，推进民族复兴，是研究抗战历史包括研究宜昌抗战历史的出发点和归结点。我个人对抗战历史，特别对宜昌抗战历史缺乏深入研究，研读史料，写出上面的话，只是一种粗浅的体会，意在为宜昌抗战的概念做一点呼应，意在为推动抗战历史研究出一点微力。以上意见正确与否，敬请读者不吝批评指正！

2015 年 2 月 25 日

《马交与支那诸名考》序[*]

谭世宝教授年逾耳顺，自澳门理工大学荣休，编成《马交与支那诸名考》以作纪念，并为开展新的研究立一座界碑。付梓在即，索序于我。我前曾为世宝兄大著《金石铭刻的澳门史——明清澳门庙宇碑刻钟铭集录研究》作序，颇推崇他在澳门史研究上取得的成就。此次又读新著，深感世宝兄在澳门历史研究上挖掘之深，在涉及中国称呼的外文译名上思考之准，感佩良深！

敝人20年前为迎接澳门回归，曾在澳门和中葡关系历史上偶有涉猎，浅尝辄止，不成学问；也曾编过中葡关系史料，意在为推动中葡关系包括澳门史研究提供臂助。写过几篇讨论澳门历史的文章，对"双重效忠"之说提出质疑。后蒙世宝兄雅爱，偶尔交换意见，似颇相契。

《金石铭刻的澳门史——明清澳门庙宇碑刻钟铭集录研究》从亲身踏勘澳门地区庙宇碑刻钟铭，结合历史文献集中讨论澳门历史，并对保护澳门历史文物提出建议；《马交与支那诸名考》考证澳门地名的得名，考证马交、Macau、Macao的名与实，都不厌巨细，极下功夫。有一份史料说一份话，离开了史料不说话，不做无根据的推想或者猜想。什么时候称濠镜，什么时候称濠镜澳，什么时候称澳门，世界上哪里有Macao、Macau，珠江三角洲哪里有马交、Macau、Macao，马交、Macau、Macao何时专指今澳门半岛南端葡萄牙商人居住的地方，作者都依据各种可靠的中文文献，参照实地考察所得碑铭，对比早期到这一带游历、经商的欧洲人记录，包括葡文、英文、拉丁文记录，反复比勘，才下笔做出结论，绝不人言亦言。对于各种学术研究文章或者著述，也不轻易

---

[*] 谭世宝：《马交与支那诸名考》，香港出版社，2015。

附和。凡有疑问，必不放过，不到考证清楚不止。澳门、香港地区一些涉及澳门历史细节的小地名，都在他的考证范围之内。证据不拒其多，从二重证据法到五重证据法，逐一展开，必到网罗无遗。这种做学问"打破砂锅璺到底"的精神是可取的，也是可贵的，是值得青年学者取法的。

澳门何其小，中国何其大。《马交与支那诸名考》不仅考证了澳门的西文名称，也考证了中国的西文名称。他利用自己历史学和语言学的功底，运用中西文献，汉译佛经和古悉昙梵字等材料，翔实考察了"支那"、"China"、"Cina"、Cathay 诸词的来历。尽管学者对"支那"、"China"、"Cina"、Cathay 的考察由来已久，本书作者的考察还是有他的贡献。在作者看来，第一，"China""Cina"等词在古悉昙梵字佛经中已经采用，两晋、十六国时期中国高僧翻译佛经，已经用汉字"支那""振那"对应这个词。16 世纪葡萄牙人向欧洲人推广了这个词，用这个词指代中国。印度人使用"China""Cina"指代中国比欧洲人早得多。第二，两晋、十六国时期中国印度佛教僧人交流频繁，中土僧人把"晋"字带到印度，印度僧人用"China""Cina"对应了"晋"，从而否认了传统上"秦"是"China""Cina"的对应词的说法。第三，作者经过研究，提出"China""Cina"等的"na""尚有另一种值得注意的来源和含义，这就是西方文字对东方的外国异族的名称中往往含有'na'的尾音节，这实际上是对在西域最接近中国的一些民族语言文字中的表示族名的后缀的译音和转写"。他的结论是：可以推断"Cina"等的"na"就是中国的"国"字的直接或间接的意译。至于 Ci 或 Cī（支）这一音节则应是"中国"的"中"的声母的对音。因此，China、cina 就是中国的对音。这是"China""Cina"的最新解释。这些研究结论是否站得住，学者们还可以展开讨论，运用各种知识深入研究，各展其长，共襄盛举。

在这里，作者讨论的多的是 China、Cina，对 Catay（俄文写作 Китая）着笔不多。我指导过的一个博士后研究学者羽根次郎在博士后报告中也研究过这个问题。他的认识是：从海上过来的西方人一般以 China、Cina 指代中国，从陆地上过来的西方人一般以 Catay、Китая 指代中国。这个认识是否可靠，提供世宝兄参考。

作者在研究了 China、Cina 指代中国后，特别指出：从明清至民国时期的外国人受其国家的殖民主义侵华政策的影响，故意利用中国政府的自大无知或软弱无能，而一直使用来源及原意皆不详的旧称或蔑称诸如 China、Sina、Catay 等来称中国，实际是在对中国的命名权的侵犯。1946 年前，日本以"支那"指称中国，完全是蔑称。1946 年应中国政府要求，日本才正式废止"支那"一词。直至今天，我们还是接受西方人以 China、Sina、Catay 等来称中国。作者认为这是极不合理的。

作者指出：1977 年 8 月，联合国第三届国际地名标准化会议通过了采用汉语拼音作为中国地名罗马字母拼法的国际标准。中国外交部通报各国驻我国的外交代表机构，决定从 1979 年 1 月 1 日起，中国政府的外交档译文将改用汉语拼音作为中国人名地名罗马字母拼写法的统一规范。从那时至今，采用汉语拼音作为拼写中国地名的国际标准，已经获得了全世界的公认和实施。但是至今的西语文献里中国、中华等词还是用 China、Chinese。作者坚决主张应采用"名从主人"的普遍原则，中国、中华、中国海等词，在西文里应该用汉语拼音来表示，即表示为：zhongguo、zhonghua、zhongguo sea。

我在读过《马交与支那诸名考》有关 China、Sina、Catay 诸篇文字后深感，作者的上述主张是无可挑剔的。

我与谭世宝教授交往有年，深觉世宝兄乃是耿直狷介之士，执着于探讨学问之道，孜孜矻矻，寻根究底，不遗余力，于世间之道则不甚着力。世宝兄的学问，概括起来，有以下特点。

第一，学问渊博，历史学、语言学、佛学各有专通。

第二，长于考证，搜集中外文献史料相互比对，从史料中寻求结论。

第三，研究学问，着眼于强烈的现实关怀。

作为一个学者，当如是也。

谨为序。

2015 年 12 月 1 日凌晨

《中国大陆台湾史书目提要》序[*]

李细珠研究员组织中国社会科学院近代史研究所台湾史研究室青年学者编撰的《中国大陆台湾史书目提要》编葳付梓，嘱我写几句话赘于卷首，我很高兴。

台湾史研究，在中华人民共和国成立之初就已开始。那时的台湾史研究，大体上是放在中国近代史名义下。台湾史作为一个学科，起步较晚，基本上是1980年以后，以厦门大学台湾研究所成立为标志。厦门大学台湾研究所成立伊始，就是以台湾研究和台湾史研究并重。这基本上形成了此后中国大陆台湾研究的格局。台湾研究的人才，大多集中于厦门、福州、上海、南京和北京，台湾史研究的人才，大体上与此相同。

中国社会科学院成立台湾史研究中心，近代史研究所成立台湾史研究室，则比较更晚一些。此间的台湾史研究室，主要研究台湾历史。十余年来，小有所成。这主要指，形成了一小批专门研究台湾史的队伍，出现了一批台湾史专门著作，出现了一两本台湾通史一类的书，也编了台湾史资料书。从2004年开始，组织了一系列以台湾史为专题的学术讨论会。2013年还出版了以书代刊形式的《台湾历史研究》。我们希望，这本《台湾历史研究》在适当时候能成为一本正式的台湾史学术刊物。这些对于台湾史学科建设，应该说不无帮助。与厦门大学台湾史研究比较起来，我们追赶的步伐还是稳健的，也是未敢停歇的。

中国社会科学院台湾史研究中心、台湾史研究室成立之初，我们曾设计了研究工作努力的方向，有的正在逐步实现，有的限于条件未能实

---

[*] 李细珠主编《中国大陆台湾史书目提要》，中国社会科学出版社，2015。

现。要编一本台湾史书目提要，也早有计划，未能及时完成。李细珠接手台湾史研究室后，悉心经营，各项研究逐一展开。这本书目提要的编纂是一例子。

一门学问，一个学科要能成立，在我看来，需要有一批专门从事相关研究工作的学者，或者研究机构，有一些代表性的学术带头人，有一批专门著作，有一批通史性大书，需要编辑学术刊物，需要编辑史料，需要建设资料库，需要有书目。有了这些，这个学科就形成了。在中国大陆，台湾史作为一个学科的条件，大体上具备了。具备了这些条件，加上后起者努力奋进，台湾史学科站立鳌头是大可期待的。

《中国大陆台湾史书目提要》收罗了1949年以来大陆学者出版的涉及台湾的著作。除了尽可能收集台湾历史研究著作外，实际上也收集了大量的台湾研究著作。台湾研究著作是应对台湾现状做出的学术研究，对于台湾史来说，确是十分有用的参考资料，把研究台湾现状的著作汇编在这本书目里，是有眼光的。我希望这本书，读者会把它当作工具书来读，特别是对于新走进台湾史研究行列的年轻学者，本书可以看作一本入门书。我想读者是会欢迎这本书的。

2015年10月6日于北京东厂胡同一号

《丝路记忆——"一带一路" 历史人物》序[*]

中国社会科学院边疆研究所青年学者吕文利的新著《丝路记忆》即将出版，这是一本值得一读的好书，应该向读者们推荐。

《丝路记忆》是为了阐述习近平总书记有关"一带一路"建设构想的历史背景而写作的。这是一本历史书，一本通俗的普及历史知识的读物。

2013年9月7日，国家主席习近平在访问哈萨克斯坦时提出"丝绸之路经济带"建设的构想；10月3日，在访问印度尼西亚时，他又提出共同建设21世纪"海上丝绸之路"的构想。"一带一路"构想，是党和国家统合国际国内两个大局后提出的，具有重大意义。

"一带一路"构想提出后，学术界特别是国际关系学、政治学、经济学等与现实紧密相关学科阐述"一带一路"意义的研究文章和著作较多。"一带一路"的现实意义需要加以阐述，提出"一带一路"构想的历史根据是什么，更应该加以说明。这是历史学家应该做的事。吕文利博士精心撰写的《丝路记忆》是自从提出"一带一路"构想以来，从历史学的角度，尤其是从历史普及读物角度出版的第一本论著。只有从历史学的角度把"一带一路"的历史根据讲清楚了，"一带一路"构想的历史纵深就清楚了。

大略翻阅一下，我以为这本书有以下特点。

一是以史实为准绳。

近些年，有个很奇怪的现象，一方面历史剧很热，无论是《芈月

---

[*] 吕文利：《丝路记忆——"一带一路"历史人物》，人民出版社，2016。

传》还是《甄嬛传》，无论是《康熙王朝》还是《雍正王朝》，都赚足了粉丝的眼球；可是另一方面，严肃的历史学家却不屑于做历史普及工作，致使"戏说""恶搞"历史的情况愈演愈烈。一些网络写手随便查找些资料后就根据想象天马行空了，一些历史剧不顾历史人物生活的时代，任意裁剪、割断联系，甚或无中生有、捕风捉影，张冠李戴的情况比比皆是，甚至出现了"我孝庄"的笑话，其直接后果是误导大众，造成人们历史知识的混乱，导致人们以轻佻的态度对待历史，对历史缺乏应有的敬畏，这种不尊重基本历史事实的现象是值得警惕的。

我认为，只要本着尊重历史真实精神来书写历史，来演绎历史剧，就是对读者负责，就是对历史负责。该书作者写作态度严谨，尊重史实，作为专业的史学工作者，若干论断来自本人的研究。作者绝不因为是一本普及性的历史读物，就可以随意编造。该书的每个篇章都是在查阅大量历史资料基础上写成的。如康熙皇帝在内蒙古设置五路驿站，每个驿站以50户养站的制度，应该是作者在韩儒林先生等前辈研究成果的基础上，又进一步详细考订后形成自己的研究成果。在今天的内蒙古各地，有一些叫五十家子乡、五十家子村的地名，甚至河北省平泉县还有北五十家子镇、南五十家子镇。为什么这么多地方偏爱"五十家子"这个地名？寻访村中老人，大多推测之词。看了该书《康熙帝》一篇就都明白了，原来这些都跟康熙时设置的驿站"五十家子"制度有关。该书《马可·波罗》一篇，说元代"在各个驿站之间，每隔三英里的地方就有一个小村落，大约由40户人家组成，其中住着步行信差，也同样为大汗服务"。这是不是就是"五十家子"制度的原型？养站的人员为何由元代的40户人家变成了清代的50户人家？我曾经向作者提出商榷，作者说这正是他最近致力于研究的一个课题，希望尽快看到作者的成果问世。把学术研究成果尽快普及到一般读者中去，这至少是历史研究的妙处之一，值得称赞。

二是论断令人耳目一新。

书中多有令人耳目一新的论断。如以历史划分法提出的历史上的丝绸之路分为1.0、2.0、3.0时代，即秦汉开始直至元朝的1500多年是丝绸之路的1.0时代，明清时代是丝绸之路的2.0时代，现在的"一带一路"倡议是丝绸之路的3.0时代。这三个时代的划分法是以全球视野来观照的。大体来说，1.0时代主要是"中原"与"四夷"互动的过程,丝绸之路成为交流、交往、交融的重要桥梁。由此作者提出另外一个重要理论——嵌入式互动,即"嵌入式互动是以战争、和亲、通婚、贸易、和平、互助等为表达手段的一种横向的历史互动"。2.0 时代是中国与世界沟通的时代。这个时代的特点是中国是当时世界经济和贸易的中心地区之一,有大量白银流入。但中国的经济应该是进入了一个数量增长,但质量下降的时代,即白银的流入量很大,但并未能以比国外先进的技术作为交换。到了清末,西方商人选择了鸦片作为替代品,当丝绸之路上一旦充斥这种邪恶的商品之后,丝绸之路就衰落了。另外,明清前期都有海禁政策,这是皇权集中的产物,是逆历史潮流而动的。清代即便是废除海禁之后,乾隆皇帝还是把四口通商改为仅广州一口通商,目的是便于集中管理,也是"柔远之仁"的体现,所以统治者狭隘的视界也是丝绸之路衰落的标志之一。3.0 时代当然就是现在这个时代。作者划分的丝绸之路三个时代特点清晰,逻辑性强,很令人信服。

丝绸之路衰落,我想在这里补充一点看法。14—17 世纪,奥斯曼帝国遮断了陆上丝路通道,是陆上丝路衰败的重要原因。16 世纪以后海上丝路受阻,既与明清两代在初期实行海禁有关,也与西方资本主义兴起,海上通道被霸权国家控制,和平贸易受到抑制有关。总之,丝绸之路的兴起与衰落,都还值得历史学者下功夫探讨。

三是文字生动活泼。

历史书和历史故事有很广的受众面,人人都关注历史的由来与去向,问题是以什么样的语言、以什么样的形式让广大读者喜闻乐见这些历史故事。毛泽东《在延安文艺座谈会上的讲话》中曾说:"现在是'阳春白雪'和'下里巴人'统一的问题,是提高和普及统一的问题。"一直以来,我们在尊重史实基础上的"下里巴人"式的历史普及读物太少了。上世纪 50 年代末,以吴晗为首,组织各路专家撰写了普及读物历史小丛书,受到了读者的欢迎。这套"中国历史小丛书",到 1965 年时出版 147 种,累计印数多达 900 万册。拥有如此多的读者,跟这套丛书语言的通俗性是分不开的。吕文利博士这本书,行文风格不但通俗易懂,而且还幽默风趣,把严肃的历史很轻松地讲出,体现了作者的功力,一定会受到读者欢迎。作者的文章先在《环球人物》发表,据说每期专栏文章刊出后,引起微信各公众号争相转载,点击量不下数万,表明读者十分欢迎。中国国际广播电台的"非常记录"栏目又邀请作者去主讲"丝路历史人物",截至目前,已经主讲了12期,同样受到海外华人听众的欢迎。

四是由人物来看整个时代。

社会历史的创造者是人,正如作者所说,没有了人,没有人的活动,时间和空间将失去意义。所以我很欣赏"一带一路历史人物"专栏的定位,也很欣赏作者以人物为中心来展现整个时代的写作手法。选择的人物也较有代表性,不但有丝绸之路的决策者,也有参与者;不但有帝王,还有使者、商人、留学生、科学家、音乐家、探险家、宗教人物等,领域广泛,而且注意选择较为"新鲜"的人物,如开闽三王、三娘子、斯文·赫定等。有些人物以及他们在丝绸之路中的作用,是我们在其他历史书中不能轻易发现的。

每篇文章几千字,作者试图在这几千字中展现这个人物的一生和他背后所处的时代。给我印象较为深刻的是沈括,原来沈括给我们的印象比较固化,他是一个科学家,一生热爱科学,写出了科技史上的巨著《梦溪笔谈》。可是在古代传统社会里没有类似于现在中国科学院这样的研究机构,他靠什么为生?他还是要做官的,这是维持生存和发展的基本前提,他是王安石变法的得力干将,可是因为性格的原因,为了保住乌纱帽,他却在改革派和保守派中左右摇摆,最后仕途不顺,从而有时间和精力在最后的人生时光中写下了《梦溪笔谈》一书。从沈括的一生来了解他的贡献,了解他的著作在丝绸之路形成过程中的作用,使读者对这个人物感知得更加丰满,更有助于我们了解北宋王安石变法的时代。

在丝绸之路的决策和开拓上,作者也根据各个时代具体的历史情势来写,力图展现出一个个丰满的时代图景。总体而言,丝绸之路历史的大势是在曲折中前行。作者在写张骞时,他说"一个国家再有大的战略,还要有能人与决策者一起实现,张骞与汉武帝就互相成就了'凿空'西域与雄才大略的千古美名"。在"一带一路"这个新时代,更是呼唤具有"张骞精神"的人物出现。作者的描述,有深意在焉。

五是处处体现丝路精神。

该书每篇文章都在弘扬和平合作、开放包容、互学互鉴、互利共赢的丝绸之路精神,作者也在有意使文章发挥"以史为鉴,资政育人"的功能。在每篇文章的最后一两段话,实际上都是这个人物和这个时代的启示,这是作者经过仔细推敲后的总结之语,有的甚至有成为流行语的潜质,如"一代必有一代俊彦,一代俊彦必产生一代文化","从某种意义上说,丝绸之路,一半在实物,一半在书中",等等。相信,各类读者都会在本书中读出自己的趣味。

在我看来,丝路精神,就是习近平总书记引用过的"计利当计天下利"的精神,这是一种典型的东方思维,或者说中国思维。一个地区,一个国家,乃至整个世界,都需要发展。用剥夺别国来求自富,是欧美世界在资本主义发展过程中采用的办法,叫作损人利己的办法。这是西方思维。历史已经证明,这种思维带给历史的影响是消极的,是不利于世界共同发展的。"计利当计天下利",是以共赢追求共富的思维,是一家发展,家家发展,一国发展,各国共同发展的思维。共同发展,就是各国人民都要享受发展的红利,各国人民的福祉都要得到保障。"一带一路"就是这样的思维,就是用共赢的手段达到共富的目的。"一带一路"构想提出后,受到世界各国广泛欢迎就是这个道理。

这本书是作者在《人民日报》下属《环球人物》所开设的"一带一路历史人物"专栏的基础上结集出版的,写作周期为一年,很考验作者的忍耐力。据说作者在内蒙古草原调研的过程中,还坚持在晚上写作,在没有网络的情况下,就在电脑上写完了当期的稿子,用手机拍成照片,然后发给在北京的编辑再重新打出文字。创作过程,艰辛如此。

我与吕文利博士有过几次见面,感觉是个踏实向上的青年学者。我很愿意看到他的著作出版,看到他撰写的丝路文章为读者所欢迎。他嘱我为序,乃勉为命笔,翼望他在学术道路上越走越康庄,翼望他在历史学研究中为国家、为社会、为读者服务方面有更好的表现。

2016 年 2 月 16 日

《归去来兮——那些去往台湾的文化名家》序[*]

吴十洲教授新著成稿,我得先睹为快。

1949年前后,伴随着百万国民党党政军人败退台湾,大陆数万名技术精英来到台湾,依靠美援,以计划方式,走市场经济的道路,终使台湾经济迅速发展,为落后国家和地区的经济成长提供了宝贵的经验。这是20世纪60年代末台湾经济起飞的重要原因。台湾经济为什么在20世纪60年代末起飞,有多种因素,有国际原因,也有海峡两岸关系的原因,可以写多本书来加以分析。台湾用赎买方式进行土改,大量美元援助,美国发动越南战争使台湾成为越战的后方,蒋经国推动多个"四年经建计划",支持中小企业发展,建立广泛的国际商业联系,都是基本的原因。在这个过程中,一大批从大陆来的知识分子,在其中起了不可替代的作用。

本书记述了1949年前后去从大陆去台湾的一批知识分子(包括一批知识分子出身的官员)在台湾的生活,作者在台湾搜访逸闻,又广参史书,为读者勾画了这批知识分子在台湾的奋斗,他们在台湾的成功和痛苦。这批儒家知识分子对把中华文化推广到台湾,起到了很重要的作用。当然到台湾的知识分子,不仅限于儒家知识分子,还有很多受过欧风美雨熏陶的中华文人,他们在那时的世界局势下,对推进台湾的现代化建设也起了重要作用。

十洲的书上说,傅斯年与顾颉刚同是胡适的大弟子,傅多偏官僚文人,避共如避匪,准备好了"家伙"遇上共军就自杀,顾颉刚属纯文

---

[*] 吴十洲:《归去来兮——那些去往台湾的文化名家》,社会科学文献出版社,2016。

人一类,想跟上逃亡的国军,结果是没有盘缠。梁实秋是跟来的自由派诗人。

他提到,台湾是小地方、大文化,这个大文化就是中华文化。指出这一点很重要,"台湾奇迹"的经济神话的内在动力实际上是"大文化"的作用,如果没有"大文化"的背景,这样的事情就难以发生。

他以实地的考察为先导,把来台的文人分成 12 拨,其中一个中研院,一个"故宫博物院",一批著名大学校长,都是中国大陆的文化精华。

台湾自古与大陆有着紧密的联系。郑成功驱逐荷兰人,明确告诉对方,台湾是中国的土地;荷兰人与在台湾的日本人发生争执,也明确告诉日本人,台湾是中国的土地。1683 年,大清康熙皇帝用武力收复台湾,正式把孤悬海外的台湾收入版图。康熙收复台湾,实际上是从南明势力手里收复台湾,是中国统一进程的一部分。甲午战争失败,清朝政府被迫签订《马关条约》,台湾割让给日本长达 50 年,因为中国人民抗日战争的胜利,日本无条件投降,台湾光复,回归祖国怀抱。自此以后,台湾出现"独立"的声音。20 世纪 90 年代初以来,台湾实际上存在统派和"独派"两大倾向和两大政治实力。可以说,维系统派的文化观念就是一个中国,就是中华文化。台湾"独派"知识分子说台湾自古就是一个国家,是完全站不住的,是没有任何史料支持的。我近年曾著文辨析过这一点。

2008 年 5 月以后,台湾的局面有了新的积极的变化,两岸关系也随之出现了新的积极的变化。当前海峡两岸的良性互动关系,正在向着两岸一家亲的方向发展。该书中描述的许多人物故事,会使读者清晰看到祖国和平统一的希望。

十洲的书原名《民国名士在台湾》,我建议他改为《大陆名士在台湾》。但是,我又反复思考,用"名士"二字是否妥当。名士一词古已有之,名士之人,今天已很难寻觅。我想,所谓名士,多指佯狂、狷介之士,与世有大争,争而不得,则与世无争,砭清激浊,不同流合污,魏晋"竹林七贤"之党,世以名士名之。魏晋以下,蝇营狗苟,干青云而直上的读书人,比比皆是,求名士而不可得也。名士与清流,名虽近,而意旨不同。我们看晚清清流大臣,哪一个不是冠冕衮衮,哪一个与权力保持距离呢?

十洲书中列举三十人，盖皆知名之士，哪一个可指为名士呢，可谓难矣。照我看，文士则有之，名士则难求。有一个人，倒是有点名士味道，可惜书中没有介绍此人。此人谓谁？敝同乡、汉川人王作荣是。他曾在联合国担任处长，颇有才气，蒋经国召他回台，可能有要职任命。在台北候任期间，他不甘寂寞，在报纸上著文批评蒋经国的治国理政，不是一篇，而是几篇，蒋经国没有接受这样批评的雅量，他的候任终于落空。王氏怀抱"建国"之才，打算在台湾的现代化建设上多所献替，也终于落空。他虽然参与了某个"四年经建计划"，还是有志难伸、郁郁不得志。他在回忆录中说过一句名言："蒋经国不用我，不是我个人的损失，而是国家的损失。"我看了此话，觉得这句话有点名士味道。他是李登辉加入国民党的介绍人，在李登辉任上当了"监察院院长"，也是一个大官。李登辉显现了"台独"面目，便与李氏反目绝交，公开著文，屡以中华大义责李氏。我曾到他府上拜访，用家乡话向他问好，他一下就听出来了，与我畅谈甚欢。他已答应我改日采访，请他谈谈他的经建计划。可惜时不我与，隔年他便去世了，享年92岁。

还有一个湖北黄陂人胡秋原，在大陆时期主持过《中央日报》笔政，讲过马克思主义、唯物史观。到台湾后，20世纪六七十年代在台北主持《中华杂志》，传播中华文化，主张民族主义。他的身边团结起一批主张中国统一的朋友。胡秋原在上世纪90年代初，当"台独"势力开始成形时，他成为台湾统派组织"中国统一联盟"的发起人兼主席。他们是用中华文化反击"台独"舆论，在台湾起了重要作用。

我在这里谨向作者建议，改大陆名士为大陆文士似乎好些。文士大体上可以与知识分子画等号，名士则不一定可以画这样的等号。这三十人中，有一些是高官，有的是重要的学官，还有不少学者、教授、艺术家、诗人、历史学家，大多是术有专攻的人。把这些人称为名士，似乎与他们的活动本质不大相符。在我看来，这批人之所以到台湾，与他们的反共、恐共心态有关系。就像傅斯年那样"避共如避匪"，这是他们的共同特征。政治上坚决反共的人不说，一些恐共的人，是害怕共产党把他们的身家性命——儒学传统破坏了。所以有些人到了台湾，又成了自由主义者，对老蒋的统治很不满，很失望。《自由中国》的那批人就是如此，雷震、殷海光是如此，胡秋原、李敖是如此，就是胡适，未尝不是如此。顾颉刚、陈寅恪、陈垣诸人，对共产党不一定有很多同情的了解,但是反共、恐共情节并不深厚,他们都留在大陆了。

文士或者名士,都只是一种学术探讨。究竟如何题签,当然是本书作者的权利,我本是不该置喙的。

2015 年 6 月 24 日于北京东厂胡同一号

《天下为公：孙中山的中国梦与澳门》序[*]

谭世宝教授推出新著《天下为公：孙中山的中国梦与澳门》，以学术著作形式纪念伟大的革命先行者孙中山先生诞辰150周年，很有意义。

谭教授学术兴趣广泛，既有中国佛教史、悉昙学与汉字音韵学著作刊行于世，也致力于研究澳门史有年，有多种澳门史著作名世。其间注意研究孙中山与澳门的关系，发表论著多篇。这些研究，对于孙中山研究有意义，对于澳门史研究也很有意义。这本孙中山与澳门关系研究的新著，得到澳门文化局资助，说明谭教授有关孙中山与澳门关系的研究，已经得到了澳门特区政府的注意，也得到澳门公众的关注。也许谭教授的研究，对于澳门的历史认识与澳门今后的建设，不无帮助。

孙中山先生在清代是香山翠亨村人，翠亨村距离澳门很近。1849年前，香山县派出县丞（相当于副县长）驻扎前山寨，1849年这位县丞被蛮横的葡督驱逐，从此澳门被葡萄牙强占。在今天的行政区划上，中山市、珠海市和澳门加在一起，原来都是香山县所辖。1892年孙中山从香港西医书院毕业，在澳门挂牌行医，从事反清革命的宣传，与澳门有了密切关系。1894年1月，孙中山决然舍弃在澳门的行医事业，回到翠亨村家里起草上李鸿章书，随后不久离开澳门赴广州，6月经由上海去天津上书，无果。从此后，孙中山对清政府失去任何希望，决心走上推翻清朝统治的革命道路。我们似乎可以说，孙中山一生事业和革命道路，是从澳门开始的，是从澳门走出去的。其实，我们这样说的时

---

[*] 谭世宝：《天下为公：孙中山的中国梦与澳门》，香港出版社，2016。

候，与说孙中山一生事业和革命道路，是从翠亨村开始的，是从翠亨村走出去的，几乎是同义。

因此正确认识和把握孙中山与澳门关系的历史细节，认识孙中山在澳门的朋友圈，了解孙中山在澳门的活动轨迹和历史遗迹，对于认识这个孙中山革命活动的出发点，乃至认识孙中山的宏大志愿，都是有意义的。谭教授有关孙中山和澳门研究的深入发掘，正是在帮助读者做这样一个工作。

孙中山诞辰150周年之际，在澳门特区政府文化局帮助下，谭教授所著《天下为公：孙中山的中国梦与澳门》在澳门出版，在一定的意义上，是孙中山周游世界、在中国创下一番经天纬地事业后，又回到了澳门，这个孙中山革命活动的出发点。

作为谭教授的朋友，我祝贺这本书的成功出版！

2016年年末于京华

《刘大年年谱》序[*]

黄仁国教授编撰完成《刘大年年谱》，值得祝贺！

刘大年先生过世已经17年了。史学界一直记着他。

当刘大年先生逝世10周年的时候，周秋光、黄仁国著《刘大年传》在岳麓书社出版（2009年）。2010年2月，中国史学会和中国社会科学院近代史研究所联合举办了"学者与战士——刘大年先生逝世十周年追思会"。2014年6月，中国社会科学院近代史研究所和曲阜师范大学在山东省曲阜市联合主办了"马克思主义史学理论与刘大年史学思想"学术研讨会。会后，《近代史研究》2015年第1期发表一组"纪念马克思主义史学家刘大年先生诞辰一百周年"文章。2015年8月，由中国社会科学院学部主席团、中国社会科学院历史学部、中国社会科学院近代史研究所和湖北人民出版社共同主办纪念刘大年先生诞辰100周年学术座谈会。中国社会科学院院长、党组书记、学部主席团主席王伟光出席开幕式并做《学会用马克思主义指导史学研究》的讲话。另外，由我牵头，几位学者共同编辑的《刘大年全集》在2016年年底出版。

刘大年先生是抗大出身的历史学家。1949年新中国成立前夕，他在《人民日报》连载《美国侵华简史》，此后几经修改补充，1954年在人民出版社出版《美国侵华史》，在国内外产生重大影响。这部书的出版是对新中国成立的一份厚礼，从此奠定了他在学术界的地位。上世纪50年代初，他担任中国科学院编译局副局长、近代史研究所副所长、中国科学院学术秘书，协助郭沫若院长、范文澜所长从事学术组织工作。从中国科学院建立到他去世，在大部分时间里（"文革"时期除

---

[*] 黄仁国：《刘大年年谱》，人民出版社，2017。

外），他几乎都是中国学术界特别是中国史学界的领军人物，为中国学术发展特别是中国史学发展起到了极为重要的作用。据我所知，不少学者都有这样的评价。在学术领域，他有大量著述探讨史学理论，对史学研究具有指导意义；他还参与创建了中国近代史学科体系建设。他长期主持中国史学会、中国孙中山研究会和中国抗日战争史学会工作，为开拓中国历史学的国际学术联系殚精竭虑。

刘大年是一位具有深厚国学基础的学者，他又服膺于马克思主义，服膺于历史唯物主义，他的学术论著体现了中国学者的学术气派。在我国史学界建立文化自信、理论自信，建立中国学者的学术气派和话语体系，不无参考意义。

为这样一位学术界的领军人物做年谱是很值得的。他的一生经历可以成为后辈学者学习、研究的对象，这对于推动中国学术特别是史学的发展是有帮助的。黄仁国教授从学生时代起，就跟随他的老师关注这位湘籍先贤，为了为刘大年传记搜集资料，在刘大年先生生前就当面采访，获得了许多第一手资料。在刘大年传记写作和出版以后又继续搜集资料，采访多位与刘大年先生接触较多的学者。在我主持《刘大年全集》的工作中，他承担了编辑任务，为全集编写了约 10 万字的年谱。正是在这个基础上，几经修改补充完成了这部约 50 万字的年谱。我以为，黄仁国是刘大年年谱最合适的作者。

我曾看过黄仁国几个文本的刘大年年谱，提过若干修订补充建议，多蒙他采纳。这个成果得到了国家社科基金后期评审专家的重视，获得国家社科基金资助。出版在即，作者要我写几句话，谨作介绍如上，如能得到读者批评指正，则是作者之幸、学术之幸。

2016 年 12 月 23 日

《留学生群体与民国的社会发展》序[*]

周棉教授的大著《留学生群体与民国的社会发展》即将由国家社会科学基金文库推出，是学术出版界的一个好消息。在送旧迎新、鸡年即将到来之际，周教授告知我这个好消息，要我为他的大著写几句话。我与周教授联系有年，对他的索序，不好推脱。

鸦片战争以后，西方列强凭借坚船利炮打开了中国封闭、封建的大门，从此，中国逐渐沦为半殖民地半封建社会，特别是到1901年清政府被迫签订《辛丑和约》，中国半殖民地半封建社会的地位"确立"，中国国家地位更降到"谷底"。东西方列强更是磨刀霍霍，疯狂地要把中国豆剖瓜分，中华民族面临前所未有的亡国灭种的危机。但是，优秀中华的儿女并没有奴颜屈服，没有跪倒在东西方列强的铁蹄下呻吟，而是发愤为雄，存亡继绝，立志振兴中华。中国近代留学运动的发生和留学生群体的演变，就从一个重要侧面反映了中华民族不屈不挠，挣脱列强奴役，捍卫国家主权，走向世界，走向现代化的历史。用习近平总书记的话说"百余年的留学史就是'索我理想之中华'的奋斗史"。按照我的理论，近代中国历史度过了"谷底"之后，慢慢呈现"上升"趋势，留学生在这个时候出现，总体来说是近代中国历史的"上升"趋势表现形式之一。

最先走出国门的是容闳和他倡导的留美幼童。作为中国近代留学运动的先驱，容闳的贡献不仅在于他倡导、促成了中国官派留美运动，开中国近代留学运动之先河，更在于他有一颗不变的中国心，试图用当时先进的西方文化改造封建落后的中国。《西学东渐记》言："以西方之

---

[*] 周棉：《留学生群体与民国的社会发展》，中国社会科学出版社，2017。

学术，灌输于中国，使中国日趋于文明富强之境"，就是他爱国思想和兴国远见的集中概括。他带出去的学生虽然数量不多——四批幼童120人，但是大都学有所成，在清末民初的历史上，为国家的体制转型和社会的科技发展，做出了不同程度的贡献。如唐绍仪，曾任民国首任国务总理，在邮传部、外务部任上，他就为国家利益同列强反复争衡；在辛亥革命后的南北议和中，作为北方代表而趋同于南方主张，力主清帝逊位，实行共和；出任总理以后，为坚持《临时约法》而不惜与老上司袁世凯翻脸直至挂冠而去。至于詹天佑修筑铁路的事迹，在今天的中国已家喻户晓、人人皆知了。其实，需要强调的是，在留美幼童和随后的福州船政学堂留欧学生中，还有一批在马尾海战和甲午海战中卫国捐躯的烈士，其中马尾海战中牺牲的幼童是"扬武"号枪炮官六品军功杨兆楠、"扬武"号枪炮官六品军功薛有福、"扬武"号枪炮官七品军功黄季良、"振威"舰二副六品军功邝詠钟。在甲午海战中牺牲的是幼童陈金揆和福州船政学堂留欧学生刘步蟾、林泰增等一批中国最早的现代化的海军军官。他们都是近代中国最早站在反对外来侵略第一线的新一代知识分子的代表。也就是从他们开始，中国留学生爱国主义的主流和本质得到彰显和发展，并成为中华民族爱国主义传统的一部分。

甲午战争之后，湖广总督张之洞选派了第一批官派学生到日本留学。甲午惨败，中国学生要到日本去看看到底是何原因。日俄战争，日本取胜，中国国内废除科举制度，中国的留学运动进入了波澜壮阔的新阶段，清末留日大潮是一个明显标志。1905年底，留日学生人数约8600人，达到了近代中国留日学生人数的顶峰，1906年大约也有8000人。从1896年中国官派留日开始至1937年，留日学生大约有10万人之谱。从此，中国留日学生与祖国的命运紧密地结合在一起。

明治维新后的日本，迅速脱亚入欧，成为亚洲唯一的初步现代化的强国，介绍西方各种科学知识、理论学说的出版物比比皆是。在这里，留日学生接触了大量的西方资产阶级社会政治学说和马克思主义、科学社会主义的学说，学到了许多在国内封建专制的禁网下不可能学到的新知识，包括经日本人翻译、删节或改写的西学理论，并通过创办的各种刊物如《浙江潮》《游学译编》等，向国内广泛传播。他们研究各式各样的思想、学说和治国方案，增强了国家兴亡的危机感和现代的民族、国家观，并形成了多种政治派别。

概括地说，留日学生，尤其是早期的留日学生，无论是官费生、自费生，无论是革命派、改良派还是随大流者，大多是抱着救国的目的浮海东渡的。因此，留日学生的一大特点是极其关心中国的前途，但凡日本对中国不友好的一举一动，都无不触动他们敏感的神经。因为他们比国内一般人更深切地感受到了日本帝国酝酿、形成、发动侵华战争政策的全过程。在求学期间，他们一次一次地发起世界留学史上独一无二的集体归国运动，投入祖国人民抗日的洪流。为了祖国的尊严，他们忍受艰苦，拒绝日本文部省提供的带有侮辱性质的庚款助学款项。回国以后，则在不同时期、不同方向、不同领域发挥了多种作用，尤其在政治、军事和基础教育方面，更是令人刮目相看，影响至大至巨，总体上推动了中国社会的进步。特别是近代中国第一次资产阶级性质的革命——辛亥革命，其发动和鼓吹，与中国留日学生关系极大，是在中国同盟会的组织、发动、号召和直接参与下取得成功的。此后民国历届政府人员的构成，留日学生都占有比较大的比例，对民国社会的影响也就不言而喻了。关于留日学生与中国社会发展的关系，我在20年前的《中国留日学生与祖国的历史命运》一文[①]中，曾有详细论述，在此不赘。

总体上说，近代中国留学生的主流是爱国的，推动了中国的社会进步和中国的现代化。当然，对具体人而言，也不尽然。有少数留学生，对祖国的社会发展，没有积极贡献，甚至产生迟滞的作用。

周棉教授从上个世纪80年代末开始研究中国留学生与社会发展问题，提出了"留学生与近代中国"这个综合性大课题。至今已垂30年。在漫长的时间里，在艰苦的条件下，他围绕这一综合性课题，以"留学生与中国的现代化"为中心论题，进行了持久的探索。当初，鉴于资料的欠缺，他用了近十年的笨功夫，编辑了一部《中国留学生大辞典》，初步打下了研究的史料基础，特别是其中的人物简表，在辞书编撰史上是一个创造。这本严谨的留学人物工具书为后来的留学生研究提供了很大的方便，因此，获得了广泛的好评，学者们曾给予较高的评价。在此后的岁月里，周棉一边研究一边还从事推动留学生研究的工作，在他所主持的《江苏师范大学学报》（原《徐州师范大学学报》）上创建了

[①] 《中国社会科学》1996年第6期。

"留学生与近代中国研究"专栏,团结了海内外的有关专家学者,使该刊成为国内留学生研究的重要阵地;还创建了江苏师大留学生与近代中国研究中心,发起召开了两次中国留学生学术研讨会。这些都具有开拓性意义,是可以载入留学生研究史册的。

有了十多年的学术积累,周棉于 2006 年竞标申报了教育部人文社会科学研究重点基地重大招标课题"中国留学生与民国社会发展",获得成功。从此,他开始了十年如一日的研究。这个项目于 2013 年结题,获得教育部结项优秀等级。此后,他锲而不舍,勇攀学术高峰,又申报并获得了 2011 年国家社科基金重大课题"民国时期留学史料的整理与研究"和 2015 年国家社科基金重大课题"中国第一历史档案馆留学史料的整理与研究",补充了新的档案史料,也不断提炼自己的观点。为此,他又连续 5 年对结项后的这部书稿进行了反复、认真的修改,真可谓咬定青山,琢磨不断,于是,得以入选 2016 年国家哲学社会科学成果文库,才有了这部即将出版的书稿。

因此,我首先祝贺作者在世风日下之际,不受窗外诱惑,甘坐冷板凳,苦心凝成一部大著。作者抱定学术目标,攻坚不止,这种严谨的治学态度应充分肯定。

就全书来看,该书以民国的发展进程为线索,按照民国的阶段性建构大的纵向框架,探讨留学生群体在民国各阶段发展中的作用;下编以专题为线索,探讨留学生群体在民国不同领域的贡献,从纵横两个方向论述留学生群体的作用,结构合理,规模宏大,史料丰富,论证严密,提出了一系列新观点、新看法。

留学生群体是从清末开始形成的特殊的知识分子群体,是区别于旧式文人的新型的知识分子群体。他们的出现对清末和民国的社会变革起到了特殊的作用。研究留学生群体与民国社会的关系,对中国近代史研究、对民国史研究,其学术价值是很明显的,对新中国成立以后的留学运动的研究也有着重要的参考价值。

该书对留学生群体的研究把握比较到位,有较多值得重视的新观点,或在前人研究的基础上发展提炼,达到了新的高度。

首先,"导论"对留学生群体的概括:在鸦片战争以后"空前而艰难的变革时期,在中国大地上出现的持续不断的留学运动,实际上是中国人走向世界整体运动的一部分,也是中国走向现代化的一种特殊运动。在此过程中出现的留学生及其群体，就是中国最早、最直接地走向世界的先行者和推动中国走向现代化的特殊群体"。

又如第一章对清朝皇族内阁出笼后的评述："本来相当多的留学生还寄希望于立宪，为此积极参加新政，希望通过有序、平稳的体制改革，建立英国式君主立宪的现代国家。但是皇族内阁的出笼，标志着清末新政进入了立宪的死胡同，击碎了他们多年的幻想。留学生们的初衷已被扭曲，感情受到了愚弄，对清王朝失去了信心和耐心；而体制外的留学生们更被激怒，进一步加快了武装革命的步伐。最终，踟蹰不前的清王朝终于在清末宪政运动和革命的浪潮中，被以留学生为主体的革命派用暴力革命的手段推翻！"

再如，对留学生与同盟会和辛亥革命的关系，在此前论述的基础上，周棉在本书第二章的论述无疑更准确也更有高度："以留学生为主体的同盟会的成立，不仅标志着中国资产阶级民主革命进入了一个新阶段，也标志着中国一个全新的知识分子群体——留学生群体即将登上20世纪中国历史的大舞台。其主要标志是辛亥革命的爆发和中国民国的成立。""在清末民初的政治鼎革中，以孙中山、黄兴为首创建了以留学生为主体的同盟会，推动了辛亥革命的爆发，创建了中华民国，从而标志着留学生群体登上了民国乃至20世纪中国社会历史的政治大舞台。"

其次，有的问题虽然是老生常谈，作者却能花样翻新，得出新观点。如"以往对留学生倡导白话文多从文学方面讨论，其实从传播学的角度看意义更大：第一，在中国历史上，它史无前例地实现了语言形式的伟大变革，帮助世界上最古老的文明古国中国的4亿多人民，运用新的思维外壳（语言形式）进入了一个全新的时代，促进了中国社会和文化的转型。第二，在中外文化交流史上，它为沟通中外文化交流，提供了一种符合时代发展潮流的全新的语言载体：不仅大量的西方文艺作品通过白话文传入中国，大量的西方近代科学知识和马克思主义等西方哲学社会科学理论，也借助这种形式在中国广泛传播。因此，它对中国走向现代化，并最终与世界接轨，其意义实在是难以估量的。"

对于五四新文化后期统一战线的分化，以往多有研究，该书的看法也能独出机杼："五四新文化运动后期队伍的分化，实际上也就是以留学生为代表的知识分子队伍的分化——在经过五四的洗礼之后，各自对中国的社会发展和文化发展的方向产生了歧异，也就是对中国未来的现代化道路做出了不同的选择。"

第三，引证史料比较丰富，其中有的还是首次引用，例如，对张伯苓推荐曹禺留学而被陈立夫婉言拒绝的史料，是第一次发现，也是第一次引用，这不仅对于留学研究，对于研究陈、张的为官为人乃至抗战期间国民政府的官场作风都有意义，等等。

总的看来，作者倾心研究留学生与近代中国这个课题，颇富心得。《留学生群体与民国的社会发展》即是作者多年来研究这个课题的重要著作，也是学术界留学生研究的重要著作。本人也曾稍稍涉猎近代中国的留学生运动，了解《留学生群体与民国的社会发展》的学术价值，谨在作者索序之际，写出如上的话，敬请读者批评。

2017 年 1 月 27 日

《日本侵华战争自供状：中国事变画报》序言[*]

这是一本以刊行日本侵华战争军事行动为主的画报，今天翻译成汉语出版，是以研究日本侵华的史料面目提供给读者，又可称之为自供状。这本画报由日本陆军省和日本中国驻屯军司令部批准，大阪每日新闻社、东京日日新闻社于1937年8月发行，原名《华北事变画报》，9月从第4期起改名为《中国事变画报》。

这本画报从创刊之日起，就以报道日军侵华战争军事进程为职志。

当年它是以鼓舞日军士气为目的的宣传品，从照片的选用到文字说明，充分显示日军在华侵略有理、日军侵略合法、中国军队抵抗非法的说教。今天的读者看来，当年所谓"大东亚圣战""解放"种种谬说，是何等软弱无力。当日本军人在中国土地上大踏步前进时，还声称"邻邦日本对中国绝无领土之野心"的欺骗诳人之语言，又是何等没有说服力。今天的日本读者读起来，是否平增羞愧呢？把当年的《中国事变画报》翻译成汉语出版，把它改称为"日本侵华战争自供状"，在一定意义上是恰如其分的。

这里说在一定意义上是恰如其分的，是指它不能全面反映日本侵华的事实。日本帝国主义发动的侵华战争，包括军事的、政治的、经济的、外交的、文化的各种手段。这本画报，顶多只是报道了日军发动侵华战争在军事上的大致进程，一般不涉及政治、外交、经济、文化等内容。仅就军事进程而言，它也只报喜不报忧，战争进程的挫折和失败从

---

[*] 李继锋、杨霞等译《日本侵华战争自供状：中国事变画报》，山东画报出版社，2017。

不报道。日军在军事行动中的暴行从不报道。1937年12月13日日军攻进中国首都南京城，至少在头六周内，残杀南京军民约30万人，读者在这本画报上看不到一点点迹象。日军在华北沦陷区的烧杀掳掠，也只掩盖在"治安肃正"几个字眼中。

另外，画报报道内容，都来自日本随军记者，画报出版期限有限制，仅就军事行动而言，它也不可能是很全面的。

我们可以做出结论：这本《中国事变画报》只是经过日本陆军省和日本中国驻屯军司令部批准的对外宣传的画报，是一本对日军和日本国内人民鼓舞士气的宣传品。

但是，由此结论，不应该得出另一个推论，即这本画报不值得一看，不反映日军侵华史实。读者当然不会得出这样的结论。画报从卢沟桥事变后立即出版，到珍珠港事变结束，经历了日本侵华四年半时间，从1937年7月到1941年12月，占了八年全面侵华战争的大部分时间，日本随军记者所到之处，用相机和笔记录了日军在中国各地的军事行动，其中还有日本天皇的谕旨，某些日军前线司令部的训令，攻占中国各地的具体时间，反映被占领地区伪政府的活动，等等，都可以看作历史记录，值得中国抗日战争史、中日关系史学者做研究参考。例如，1937年9月25日，日本随军记者从中国驻屯军司令部了解到该司令部发表报告，认为"华北的肃正基本完成"，"皇威远被华北"，认为日军"之威力得以完全发挥，已足以威压华北而震内外之耳目"，"然而南京当局仍不知错，居然与第三国秘密联合，容纳赤化势力，自掘坟墓，此等错误足以让人哀其愚蠢。吾人素来期冀断乎破坏中国之赤色势力，以确保东洋之和平"。这显然指1937年9月23日蒋介石为发表《中共中央为公布国共合作宣言》在庐山发表的谈话。中共宣言和蒋介石谈话宣告抗日民族统一战线成功，国共两党第二次合作正式形成。这反映出日本对于中国抗日民族统一战线的形成的恐惧，对中共抗战势力发展的担忧。

中国人民抗日战争暨世界反法西斯战争胜利已经过去了70周年。这场战争的政治结论已经由《开罗宣言》和《波茨坦公告》做出。从学术研究的角度说，学术界已经取得了大量研究结果。但是，对于中国学术界来说，不能说我们的学术研究已经做得很好了，很令人满意了。习近平总书记在抗战胜利70周年政治局学习会上指出："同中国人民抗日战争的历史地位和历史意义相比，同这场战争对中华民族和世界的影响相比，我们的抗战研究还远远不够，要继续进行深入系统的研究。"这个估计是符合学术界实际的。习近平强调，抗战研究要深入，要加强资料收集和整理，尽量掌握第一手材料。山东画报出版社翻译出版《日本侵华战争自供状：中国事变画报》就是掌握第一手材料。其实战时日本出现的这类史料是相当多的，只要条件具备，就要尽量搜集。

1941年12月8日珍珠港事变后，《中国事变画报》自第102期起改名为《大东亚战争画报》。从第二次世界大战的全局看，中国抗日战争和太平洋战争都是其组成部分。研究中国抗日战争一定要有世界眼光，要有亚太眼光。所谓"大东亚战争"，就是日本侵略中国和侵略亚太地区的战争。我建议，第102期及以后各期也应该组织翻译，这对于研究中国抗日战争暨世界反法西斯战争历史都有很大参考价值。

2016年7月24日

《共和磐石——黎元洪150周年诞辰学术纪念文集》序言*

中国近代历史上的著名人物黎元洪似乎已经是一个被人遗忘的人。在论述辛亥革命前后历史的时候，很少有人谈论黎元洪的作用。

2014年10月19日，是一代名人黎元洪150周年诞辰。湖北省荆楚文化研究会、辛亥革命研究会、天津楚文化研究会联合在武汉举办了黎元洪150周年诞辰学术座谈会。政协湖北省委员会和政协天津市委员会负责人以及来自各地研究辛亥革命历史的学者在座谈会上讨论了黎元洪的生平事迹，讨论了如何评价黎元洪这个历史人物问题。我事前未经仔细斟酌，在这个座谈会上发表了一点意见。天津每日新报记者报道了我在会上的发言："我们过去对黎元洪的历史评价的确是低了，我们学术界、历史学界过去对黎元洪的一些说法，现在都得重新加以思考。说黎元洪是'反动军阀'，这个说法，或者说这个帽子是不能成立的。他虽然在北洋时期是总统，但是他没有军队，要在湖北，他可能还有点军权，但是到北京以后他无法控制任何一支军队，所以他不可能成为军阀。综观黎元洪一生的经历，我觉得在历史上给他一个基本的评价是'有大功无大过，有过不是大过'，说有大功就是因为辛亥革命以后建立共和、坚持共和、维护共和，这是中国近代史提出的第一的任务，这是历史性的任务，支持了共和，坚持了共和，维护了共和，这就是坚持了我们近代中国历史向前发展的方向，此外，尽管他是被迫就任都督，毕竟担任了都督这个职务，并且在推动建立全国政权、中华民国政府组建方面，也

---

* 荣长海主编《共和磐石——黎元洪150周年诞辰学术纪念文集》，天津社会科学院出版社，2015。

起到了自己的作用,尤其是在袁世凯要做皇帝、几次三番派人到他家里去宣布袁世凯封他为'武义亲王',他坚决拒绝,而且把来人骂出去,这个态度是十分可取的;后来张勋复辟,他也采取了同样的态度,反对袁世凯称帝,反对张勋复辟,这就是坚持共和,坚持共和就是坚持中国近代史的前进的方向、一个正确的方向,所以从这个角度说,我认为他是有大功而无大过。"记者还报道我的意见说:"二次革命"期间,在对待湖北革命党人的问题上他有一些过,在担任总统、副总统期间,不是很坚定,这是当时历史条件所决定的。这方面不能算是他的大过,可以算作是他的小过,从历史前进的方向来讲,他是有大功的。(见天津每日新报记者李海燕报道,2014年11月13日特别报道第9版)

《人民政协报》记者也在《人民政协报》报道了我在那次会议上的发言:"评价一个历史人物,首先要看他对历史前进的方向采取一种支持的态度还是采取一种否定的态度。坚持共和、维护共和,这是中国近代史提出的第一任务。黎元洪就任革命后的湖北都督,在推动建立全国政权、中华民国政府,制定临时约法等方面起到了自己的作用。他坚决反对袁世凯称帝,反对张勋复辟,坚持共和,是坚持了正确的历史方向。"记者写道:中国社会科学院学部委员、中国史学会会长张海鹏认为,深入思考黎元洪的历史作用,对于正确认识中国近代史是有益的。他从一个近代史学者的角度,提出评价黎元洪要在观察和思考中国近代史的前进方向上思考,"学术界、历史学界过去对黎元洪的一些说法,现在都得重新加以思考"。(见张原《历史地看待黎元洪》,《人民政协报》2014年11月24日,第9版)

会后看了报纸的报道,觉得记者如实地反映了我的发言。几经思考,私心自觉这次发言的基本精神是可取的。从与会学者的发言看,没有听到不同的声音,没有听到商榷的意见。似乎与会者是认可上述评价的。

与会学者提供的论文将要结集出版,主事者要我作一篇序言。为了完善我对黎元洪这个近代中国历史人物的认识,斟酌再三,我觉得从辛亥以来百年历史的角度,评价历史人物黎元洪有必要说三句话。第一句话,黎元洪在担任湖北军政府都督以后乃至担任中华民国副总统、大总统,对于近代中国的历史进程而言,有大功无大过。第二句话,在此期间,无论是对湖北革命党人,还是对袁世凯的认识,都有过错误,但是对于坚持和维护共和而言，都是小过。第三句话，在武昌起义后成为全国瞩目的政治家，他未能做好思想准备，在治国理政上，他不是一个成功的政治家，不能成为一个治理转型期大国的有作为的政治领袖。

黎元洪出生于贫寒之家，幼年生活困苦，9岁才入学。后随在北洋当兵的父亲到天津北塘，入天津水师学堂，毕业后加入北洋海军，在黄海大海战中受到挫折。后为张之洞接纳，帮助湖广总督张之洞练新军，官至第二十一混成协协统。武昌起义前，他以善带兵知名，士兵对他有好感。如果不发生武昌起义，他大约只能是军中将领，极可能上升为镇统。武昌起义前，湖北新军中革命党势力发展迅速。没有确凿史料证明，武昌起义前黎元洪与新军中革命党人士有过接触，同样，没有确凿史料证明，武昌起义前黎元洪具有革命思想。但是不能排除作为汉族将军，他具有大汉族思想。

武昌起义改变了他的历史命运和人生轨迹。此前，他不过是清政府内一个二品领兵大员，只能被看作一个武将；此后，他成为闻名中国的政治家。1911年10月11日，他被聚集在湖北谘议局的起义士兵和立宪派人士推举为湖北军政府都督。形成这个推举，必须具备三个条件：第一，起义的革命党人都是普通士兵，自觉起义后不能号召群雄，革命党的领导人孙中山、黄兴、宋教仁等都未能直接参与起义的组织工作，而且不在起义现场。第二，起义革命党人经过一夜战斗，占领了湖广总督衙门，按照同盟会革命方略，起义后如果不立即建立军政府，推举军政府首脑，极有可能导致起义失败。第三，在孙中山、黄兴、宋教仁等革命领袖不在现场的紧急情况下，推举何人担任军政府都督，事关重大，而且起义后立即面临清廷镇压，如何领兵打仗，非素有带兵大员，无人能够承担。起义士兵中有人对黎元洪有好感，起义前已议论过请黎元洪出任都督，谘议局立宪派人出于对革命党人的顾虑，赞成推举黎元洪。这三个条件在10月11日早晨同时具备。历史事实证明了武昌起义后能够担任湖北军政府都督的只有黎元洪。

黎元洪被请到军政府，以"莫害我"三字相推辞。他害怕造反不成被杀头。但是军政府对外发布的第一份通告以黎元洪名义公布于世。这一份通告发表于报端，立即哄传国内外，对外界具有的宣示作用不应低估。这份通告宣布武昌革命成功，对于推动湖北各地和各省起义有着不可估量的意义。辛亥老人李廉方在《辛亥武昌首义记》里说：黎元洪"资历人望，足以消反侧而号召各省响应"，"是为当日时事最适当之人选"。这应该是对当时时势的准确评论。

黎元洪被迫担任鄂军政府都督不过三天，眼见革命局势大有一日千里之势，黎元洪的政治态度发生了大转变，10月17日正式宣布就任鄂军都督，赞成共和，开始主动组织革命军队抵抗清廷镇压之师。10月20日，他致函率海军舰队前来武汉镇压的海军提督萨镇冰，劝其反正。10月28日，请黄兴主持抗清战事，11月3日在武昌阅马场公开举行任命黄兴为中华民国军政府战时总司令的拜将仪式。史料证明，从正式就任鄂军都督以后，黎元洪拥护共和、坚持共和的政治立场没有大的动摇。

黎元洪就任鄂军都督对于稳定湖北局势，推动全国革命形势向深度发展，作用甚大。10月之内，湖南、陕西、山西、云南、江西等省响应武昌起义，宣布独立。汉口各国领事发布通告宣布"租界中立"。11月之内，上海、贵州、浙江、江苏、广西、安徽、福建、广东、四川等省宣布独立，长江海军舰队宣布起义。这个局势，基本上奠定了辛亥革命成功的大局。这样，他以"首义元勋"之名，与孙中山、黄兴并列为"开国三杰"。1912年4月，孙中山在南京卸任后到武昌会见黎元洪，当面称他为"中国第一人"，这当然不免时人恭维之词。所谓"首义元勋"，"中国第一人"，当然并不是指他是10月10日夜打响武昌起义第一枪的人，而是指他是首义后全国第一个独立于清廷的军政府领导人。如果仅就首义后全国第一个独立于清廷的军政府领导人而言，说他是"首义元勋""中国第一人"，则庶几乎属实。尽管，把革命的功勋归于他一人，并不很合适。1915年12月15日黎元洪在拒绝代表袁世凯前来册封的陆征祥时说："辛亥革命起义，乃全国人民公意，及无数革命志士流血奋斗……我个人不过滥竽其间，因人成事，决无功绩可言。"这个态度是可取的，虽然这是迫于袁世凯权势，过于自谦之词。

对于黎元洪来说，拥护共和、坚持共和、维护共和，最重要的是体现在反对袁世凯称帝和反对张勋复辟上。黎元洪在担任了北京政府副总统以后，被袁世凯辖制，有靠近袁世凯的倾向，他借袁世凯的手杀了一些不服他管的湖北革命党人士，他又帮助袁世凯镇压了孙中山发动的"二次革命"。但是袁世凯这个做了大总统的枭雄对于武昌的"首义元勋"十分不放心，因为黎元洪在武昌，还兼了湖北省都督，手中掌握了一些军权。袁世凯用哄骗方法把黎元洪一家接到了北京,住进中南海瀛台,随即任命段祺瑞为湖北都督。此举剥夺了黎元洪的实职和军权,消除了黎元洪可能危害袁世凯的任何隐患。黎元洪住在瀛台,在袁世凯的卵翼下,只能奉命唯谨,唯唯诺诺。无论是担任副总统,还是参政院长,都只能仰袁世凯鼻息。史料证明,在这期间,不管是主动还是被动,他还是帮了袁世凯的忙。我们要理解,他是笼中鸟,只要是在民国的大框架下,违反袁世凯意志的事,他是很难有所作为的。

但是在历史的大关节上,他还是做出了自己的选择。这个选择决定了他在历史上的地位。这个历史的大关节就是袁世凯称帝。1915 年 8 月 14 日,杨度等发表拥袁称帝的筹安会宣言后,即往游说黎元洪,明示这是袁意。黎即明确表示:"我身为民国副总统,对此违背民国事,非所愿闻。"此后,袁世凯称帝活动紧锣密鼓进行。与此相反,8 月 30 日,黎元洪辞参政院长;9 月 26 日,黎元洪由瀛台迁往东厂胡同;10 月 1 日,黎元洪向参政院辞副总统,并通知财政部停发副总统薪俸。显然,这是在同袁世凯划清界限。12 月 12 日,袁世凯接受百官朝贺,正式称帝。12 月 15 日,袁世凯封黎元洪为"武义亲王",这是袁世凯颁发的第一道"谕令"。此前,黎元洪已经向亲信表示:"我志已定,决不接受。即牺牲个人,亦所不惜。"当国务卿陆征祥前来宣读"册封令"时,黎元洪即明确拒绝:"断不敢冒领崇封,致生无以对国民,死无以对先烈。"此后,袁世凯一再以封王相纠缠。12 月 19 日,袁世凯派大礼官带着"诰封申令",由九门提督江朝宗陪护前往黎府。黎指着厅内大柱说:"你们如再逼我,就撞死在这里!"黎元洪的态度何其决绝!

黎元洪无法反对袁世凯称帝,但他可以坚持自己民国副总统的立场。这在中华民国刚刚成立的时候,是一个向前看还是向后看的问题;是坚持民国副总统,还是接受洪宪帝制的"武义亲王",这是一个历史大关节,是一个历史转折点。我之所以要不厌其烦地指出这一点,是因为这是涉及推动历史向前进,还是拉历史倒车的大问题。我们评价历史人物,就要看在历史的大关节点上,是坚持历史前进的方向呢,还是向后看,走历史的回头路。在这里,黎元洪和袁世凯,代表了两个不同时代的人,一个是新时代的代表,另一个则是旧时代的代表。新时代的代表为历史所肯定,旧时代的代表为历史所唾弃!

否定帝制，肯定共和，这是黎元洪作为首义元勋给近代中国历史做出的第二个历史贡献。黎元洪坚持了首义元勋的立场。无疑，这是我们肯定黎元洪这个历史人物的基本根据。

帝制失败以后，对于黎元洪来说，相对比较简单了。1916 年 6 月黎元洪继任大总统，1917 年 7 月下台；1922 年 6 月再任大总统，1923 年 6 月被迫辞职。担任大总统时间前后两任共两年。这两年总统，对于黎元洪是不愉快的。基本上，他是被北洋军阀玩弄于股掌之上。他没有掌握军队。北洋军阀们只是利用他为自己谋利益。他有自己的想法，不能实现，只能下台。此后虽然不断有人鼓吹他"复职"，均为他所拒。1925 年任中兴煤矿董事长，在天津从事实业，这表示他对政治已经绝望，也表示拒绝与军阀们往来。他晚年主张"君子不党"，也是厌恶军阀政治的表示，以"清流"自许。从这个角度说，把他说成北洋军阀，是没有历史和事实根据的。

在北洋军阀时代，无军的总统只能是无权的总统。起于湖北新军的第二十一混成协协统，一夜之间转变为有全国影响的政治家，黎元洪缺乏思想准备，更缺乏政治基础和组织基础，也没有军事实力支持。他不能成为民国初期的杰出的政治家，是必然的，是可以理解的，也是时代局限决定了的，对他有过多的要求是不合适的。

此次黎元洪 150 周年诞辰学术座谈会取得了很大学术成绩，会议收到学术论文数十篇。这是一次集中探讨黎元洪历史作用的学术会议。我希望借此次学术讨论，对黎元洪的历史评价，对辛亥革命历史的评价，对民国初年历史的评价，能够更加实事求是一些。只要从历史唯物主义的要求出发，对历史的认识就会更加符合真实了。

这篇文字，也是我参加此次学术讨论的一点心得。是否妥当，请读者不吝指正！

2014 年 12 月 31 日

《太平天国史料汇编》序[*]

从南京传来的消息，南京太平天国博物馆馆藏《太平天国史料汇编》已于2013年列入国家"十二五"出版规划增补项目，凤凰出版社已与南京太平天国博物馆签订出版合作合同，并计划申报国家出版基金。

这部史料，收集了除太平天国本身的官文书和清朝镇压太平天国的正式官书以外各种涉及太平天国历史资料，主要是清朝官员参与镇压太平天国的史料，以及许多亲历太平天国统治地区的地主文人所撰写的记事、随笔、日记、书信、诗歌等比较原始的记载。在太平天国官文书被大量焚毁的情况下，这一类史料对于认识太平天国历史价值极大。

这一部史料的搜集和编纂，由已故太平天国史大师罗尔纲先生主持，从1950年到1960年。工作的起始只比中华人民共和国成立晚一年。尔纲先生研究太平天国史早已成名，1949年前已有多种论著问世。新中国成立，把他研究太平天国历史的愿望大大激发起来。为了筹备1950年纪念太平天国起义百周年，筹备建立太平天国博物馆，从1950年开始，尔纲先生领导一批研究太平天国历史的志愿者，开始排查涉及太平天国历史的史料。这里所谓排查，尔纲先生当年称为"摸底"。所谓摸底，是在江浙皖地域展开，以江苏、南京为重点，比如在南京图书馆两个书库和前苏南区文物保管委员会书库，就是逐库、逐排、逐架，除经部外，史部、子部、集部、丛书等各类图书，一册一册、一页一页翻拣。用十年工夫，得太平天国时期各地地主阶级文人写成的涉及太平天国历史大约1200万字。

---

[*] 罗尔纲主编《太平天国史料汇编》，凤凰出版社，2018。

这种为搜集太平天国史料，埋首书库，积十年之功，发生在新中国成立之初的十年，实在是难能可贵！这在中国学术史上，至少在中国近代史学术史上，在当时是空前的，拿到今天来看，也是空前的。我以为，这种投身中国近代史学术建设，特别是太平天国史学术建设的精神，是一种建国精神，是一种革命精神。

1949年10月新中国成立以后，中国近代史学得到突飞猛进的发展，中国近代史史料搜集整理出版也得到突飞猛进的进展。今天，中国近代史学科在中国历史学各门类中，取得惊人的成就，与20世纪50—60年代前辈学者打下雄厚基础有密切关系。

由于卷帙浩繁，出版条件所限，尔纲先生与出版社协商后，决定从中抽出180万字，编成《太平天国史料丛编简辑》，于1961年至1963年分6册由中华书局上海编辑所出版。这部简辑几乎成了太平天国史研究学者书桌上必备读物。

尔纲先生于1954年加入近代史研究所，是近代史研究所前辈学者。尔纲先生领导搜集上述史料，包括了南京时期和北京时期，从业的志愿者包括了南京的学者和近代史研究所的学者。我在1964年进入近代史研究所，是罗先生的晚辈。耳濡目染，也耳食一点南京搜集太平天国史料的传闻。

1979年至1980年，中华书局接手出版，决定从原来选出的800万字扩充为1000万字，但出版《太平天国资料汇编》第一册和第二册后，便无消息。

我的印象，上世纪80—90年代，近代史所王庆成、庄建平两位曾接受编辑，但也无进展消息，以后便不了了之。

现在国家财政较为充裕，资助这部太平天国史料出版已无疑问。南京太平天国博物馆组织南京地区学者对所选编的史料，认真点读，编辑工作做得很精细。相信这部《太平天国史料汇编》出版，一定是给予太平天国史研究者一个很大的惊喜。遗憾的是，经过了半个多世纪，现在在中国近代史学领域，太平天国史研究已成冷门。

借《太平天国史料汇编》出版之际，我建议读者，特别是建议有志于中国近代史研究的青年史学工作者，重新来研究太平天国历史。现在研究这一段历史，国家社会生活、政治气氛都很好，各种基金资助力度很大，最重要的是史料条件较之半个世纪前，不知道好了多少倍！从海外辛苦搜集回国的太平天国本身的官文书已经出版很多，清政府镇压太平天国的奏折等官书也出版很多，加上这一部主要是地主士绅文人撰写的亲历太平天国统治区的文献，再加上各种外文文献，可考文献应该说是很充分了。

我们现在有充裕的时间来设计太平天国史课题，有充裕时间考证排比史料，有充裕的时间反复思考、讨论。上个世纪90年代前，有许多前辈学者下功夫研究太平天国史，罗尔纲、萧一山、简又文、郭廷以、谢兴尧、祁龙威、钟文典、茅家琦、王庆成等在开辟太平天国史研究方面下功夫尤深。青年学者可以检视前辈学者研究成果，思考哪些是他们的学术成就，哪些是他们思考未及之处，参考丰富的新史料，做出新的判断。我以为，只要下功夫，在今天的时代条件下，以辩证法为武器，以唯物史观为指南，做出新的研究成果，是可以计日程功的。

中国近代史学科的研究趋势，大多青年学者的研究方向在转向五四运动以后，这是时代发展的趋势，应该支持。不可否认，五四运动以前的历史，也应该研究。总起来说，五四运动以前的历史，或者说中国近代的早期历史，也应该研究。像太平天国史一样，近代早期的历史，史料比从前更丰富了，档案开放的更多了，中外文献可利用的更方便了。有志于此的青年学者，应该可以比前人做出更丰富的学术成果。

谨此祝贺《太平天国史料汇编》出版！祝贺太平天国史研究将走上新的台阶！

罗尔纲先生去世已近20年，享年97岁。先生在天有灵，一定会对他花费了许多心血的这部太平天国史料出版含笑九泉的！

2016年6月27日

《创榛辟莽：近代史研究所 与史学发展》序[*]

赵庆云新著《创榛辟莽：近代史研究所与史学发展》即将付梓，我已先睹，写下几句话。

近代史研究所"十七年"间的故事，现在很少人讲得完全了。我虽有16年时间担任研究所的负责工作，又在"文革"前进所，虽耳闻一些零星故事，也不能系统讲清楚近代史所与"十七年"史学的故事。我长期以为，近代史所的文书档案因"文革"动荡，早已不存于世，不免生有遗珠之憾。现在读了赵庆云的新著，方才知道他找到了近代史所"十七年"的文书档案，加上科学院的早期档案和个人日记以及回忆等资料，努力复原了近代史所"十七年"的历史，真是可喜可贺！

近代史所的历史，如果加上前身，已经过了70年。它的历史，它在中国科学院的地位和作用，它在新中国成立后对全国史学界的影响和发挥的作用，已经很少有人能说清楚了，包括今天在事领导诸公在内。这些已成为历史，成为历史学家的研究对象，成为一门学问了。赵庆云的研究意义也在于此。

70年前建立的中华人民共和国，是中国共产党领导人民奋斗的产物。中国共产党的指导思想是马克思列宁主义、毛泽东思想。新中国的主流意识形态当然是以马克思列宁主义、毛泽东思想为指导。中国科学院建立，在史学领域，为什么首先建立近代史研究所，而不是首先建立历史研究所，这是一个令人感兴趣的话题。

范文澜作为延安马列研究院历史研究室主任和华北解放区华北大学

---

[*] 赵庆云：《创榛辟莽：近代史研究所与史学发展》，社会科学文献出版社，2019。

历史研究室主任，他的史学专精在中国古代史，他下的功夫也在《中国通史简编》，虽然他也编著了《中国近代史》上册。为什么他坚决主张中国科学院首先要成立近代史研究所？我想这要回顾延安的整风运动。毛泽东在《改造我们的学习》中，非常郑重地提出要改造全党的学习方法和学习制度。他认为党内的学习存在三个方面的弊病：不注重研究现状，不注重研究历史，不注重马克思列宁主义的应用。他认为这是极坏的作风。谈到研究历史，他说："不论是近百年的和古代的中国史，在许多党员心目中还是漆黑一团。许多马克思列宁主义的学者也是言必称希腊，对于自己的祖宗，则对不住，忘记了。"他还进一步指出："对于自己的历史一点不懂，或懂得甚少，不以为耻，反以为荣。特别重要的是中国共产党的历史和鸦片战争以来的中国近百年史，真正懂得的很少。近百年的经济史，近百年的政治史，近百年的军事史，近百年的文化史，简直还没有人认真动手去研究。"为了克服党内学习方法的三个弊病，它有三个针对性的提议。在研究历史方面，他提议："对于近百年的中国史，应聚集人材，分工合作地去做，克服无组织的状态。应先作经济史、政治史、军事史、文化史几个部门的分析的研究，然后才有可能作综合的研究。"《改造我们的学习》是1941年5月在延安干部会议上的报告，它和《整顿党的作风》《反对党八股》都是党的整风运动的基本文献。学习和贯彻这三篇基本文献，极大地改善了全党的学习方法和学习态度，提高了全党特别是高级干部的理论水平和政治水平。三篇文献是毛泽东思想的重要组成文献，是中国共产党取得新民主主义革命胜利的思想保证。

毛泽东所做研究近百年史的提议十分明确、具体。我们知道，范文澜在延安与毛泽东在研究中国历史问题上是有交流的。范文澜对毛泽东的思想理论水平是心悦诚服的。我认为，毛泽东在延安的这个提议，就是范文澜坚持在中国科学院首先成立近代史研究所的最重要的根据。

我在1964年8月进入近代史研究所，报到后两天就被所里派去参加1964年北京科学讨论会，任政法组秘书。1964年北京科学讨论会是新中国建国以后举国家之力举办的一次最重要的国际学术讨论会，与会学者包括了文、史、哲、经以及自然科学各学科。我看到范文澜所长、刘大年副所长都是中国代表团组成人员，很活跃。在政法组，我看到刘桂五先生，也是很活跃的成员。刘桂五那时是近代史所的学术秘书，地位很重要。我在会上认识了安藤彦太郎先生和岸阳子小姐，他们两位后来结为夫妻，刘大年是他们两位的红媒。

说起刘桂五，我想起十多年前的一个故事。某年我在京西宾馆出席社科基金评审会。那里还有两院院士遴选会议在同时进行。我刚进房间坐定，就有人敲门。来人是中国科学院院士、中科院植物所一位老研究员。他进来对我说，看见社科基金的评审会在这里，他猜想一定会有近代史研究所的人参加，到会务组打听，知道了我的房间。他一进门就说，看见近代史所的人很亲切。他告诉我，1951年中国科学院做抗美援朝动员报告，报告人是近代史所的刘桂五。他说，刘桂五说话声情并茂，举手投足，他都印象深刻。老院士还说，近代史所在科学院的地位极其重要，很不一般。刘桂五不是近代史所负责人，科学院请他在全院作抗美援朝动员报告，这件事情在今天不可想象。刘桂五说话声情并茂，与我的了解是相同的，可见这位老院士的记忆是准确的。

赵庆云早些年从我攻读博士学位，研究范文澜、胡绳、刘大年与中国近代史学科体系问题，毕业后留所工作，很有成绩。他现在进入中国历史研究院历史理论研究所，是学有所归。

研究近代史研究所与"十七年"史学的关系，不是仅仅一个近代史所的问题，而是关系到全国史学发展方向的问题，很有理论意义。我觉得，他的研究值得学术界关注，特作赘言如上。

张海鹏

2019年3月16日

于东厂胡同一号

《黄遵宪年谱长编》序[*]

  嘉应学院林振武、郑海麟、魏明枢、郭真义教授编著《黄遵宪年谱长编》告蒇，嘱我写几句话。四位作者中，郑海麟教授是我的朋友，我们在学术上多有交流。其他三位似乎未曾谋面。不过，2015 年我曾访问过嘉应学院，并且在郑海麟陪同下瞻仰梅州黄遵宪故居人境庐。在人境庐内，我还发现了 2005 年中国史学会与中国社会科学院近代史研究所主办的"黄遵宪与近代中国"国际学术讨论会开幕式后的合影，郑海麟和梅州学者出席了那次学术讨论会。

  黄遵宪是晚清的一位著名外交家、政治家和诗人。他在科举道路上并不顺利，只考上了举人，终生与进士无缘；他做的官也不算大，在外交方面担任过驻日本使馆、驻英国使馆参赞，做过驻美国旧金山总领事、新加坡总领事，在行政事务方面，也只有道台官衔，署理过湖南按察使。后来光绪皇帝任命他以道台带卿衔担任驻德国公使。德国正要图谋胶州湾，深怕他到德国识破其计谋，阻止其行。光绪又任命他为驻日本国公使，因为他在戊戌维新时期积极提倡维新变法，戊戌政变后被免除了这个职务，回到广东嘉应州老家办理教育，1905 年 3 月终老乡里。

  黄遵宪辞世已过百年，在黄遵宪所企盼富强的中国这块大地上，已经发生了巨大而深刻的社会变化，我们已经进入习近平中国特色社会主义新时代。国家日益接近国际活动舞台的中心。我们比以往任何时候都更加接近中华民族伟大复兴的梦想。2010 年，我国国民经济总产值已稳居世界第二位，今天已经是日本的 2 倍多。进入 21 世纪后，中国积极致力于与世界各国建立不同形式的伙伴关系。中国倡议和推动的"一

---

[*] 林振武等编著《黄遵宪年谱长编》，中华书局，2019。

带一路"建设，成为开放包容的国际合作平台，受到广泛欢迎，100多个国家和国际组织积极支持并参加到这个平台中来。中国还主办"一带一路"国际合作高峰论坛、二十国集团领导人杭州峰会、亚太经合组织北京会议、金砖国家领导人厦门会晤等主场外交，积极参与和引领全球治理进程，为改革完善全球治理体系，推动国际秩序和国际体系朝着更加公正合理、普惠均衡的方向发展贡献中国智慧。中国正从经济全球化的积极参与者变成更具有国际影响力的推动者。

今天中国的国际地位、海外华侨华人的正常活动和利益保障、国家科学文化事业的飞跃发展，与黄遵宪所处的时代已不可同日而语了。黄遵宪时代已经进入历史教科书，供后人研究总结，成为激励后人为改变中国面貌而努力奋斗的动力。这个时候，我们回顾百年前黄遵宪所处的时代、他的思想和作为，研究黄遵宪的生平事迹及其在近代中国的历史地位，编撰黄遵宪年谱长编，是有意义的。

借这个机会，我想对黄遵宪的历史贡献提出几点个人的认识，敬请各位指教。

第一，黄遵宪活动的主要年代是19世纪70年代至20世纪初年。这时候，列强加在中国身上的不平等条约体系已经形成并且很牢固，中国已经形成了半殖民地半封建社会。从近代中国的历史发展特点来说，中国社会总体来说是处在向下"沉沦"的时代。在这样的时代条件下，社会充满了各种矛盾。一部分先进的中国人从列强的侵略中思考对策，寻求中国的出路。黄遵宪是从西方寻求出路的先进的中国人之一。他的思想轨迹，表现了从地主阶级改革派向资产阶级改良派转变的特点。正是这种转变，体现了"沉沦"中的中国社会向上发展的积极因素。

第二，黄遵宪是开始掌握近代国际观念，主张维护国家主权，保护华侨华人权益的爱国的外交官。黄遵宪在驻外使领馆工作十多年，注意了解有关各国情况，增强现代国际观念，注意保护国家利益。黄遵宪初次出使，抵达驻日公使馆的时候，日本正在加速吞并琉球的步伐。琉球虽然不是中国领土的一部分，但与中国有几百年的藩属关系，也就是说，有相当紧密的利益关系。黄遵宪与驻日公使何如璋共同提出"琉球三策"，认为"琉球既灭，行及朝鲜"；"琉球迫近台湾，我苟弃之"，"他时日本一强"，"台澎之间将求一夕之安不可得"，力主积极保护琉球。这种见解是值得重视的，后来事实证明也是正确的判断。但是，却未被李鸿章等朝臣采纳。随后两年琉球被日本吞并，成为日本的冲绳县。日本因此举大大增强了西南海域的控制权，中国则失去了东南海疆的自然屏障。2013年5月8日，我在《人民日报》发表文章，提出悬而未决的琉球问题到了可以再议的时候了。提出这个认识的根据之一，正是黄遵宪、何如璋他们的琉球交涉以及此后中日之间关于琉球地位的谈判。

黄遵宪担任驻美国旧金山总领事期间，正值美国排华高潮愈演愈烈，在美华工就业受到种种限制和刁难，华人被殴打，华人洗衣店被掠夺、烧毁。黄遵宪曾提出对付美国排华对策，不为清朝廷所接受。据《清史稿》黄遵宪传记载，旧金山某地方官借口卫生问题，把众多华工拘禁起来，塞满了监狱。黄遵宪到监狱考察，命从人丈量监狱容积，然后向美国地方官指出，难道监狱比华工住所还要卫生吗？当局哑口无言，只得释放华工，为在美华侨争得合法权益，改善了他们的处境。此事过后二十多年，梁启超访美，当地华侨还在称道此事。研究者认为，黄遵宪是近代中国驻美外交官中唯一能做保护华侨工作的人。今天，中美贸易摩擦正烈，在美华人华侨的安全利益受到保障，不可能出现百年前的情况了。

黄遵宪调任新加坡任总领事，那时候，新加坡兼辖槟榔屿、马六甲和附近各岛，是英国的海峡殖民地。那里人口中华人近半数，共五十余万。黄遵宪考察了南洋华侨情况，看到华侨"拳拳本国之心"，其服饰"仍守华风"，生活"亦沿旧俗"。他们对各省筹赈筹防，多捐巨款，但他们却"不欲回国"。黄遵宪了解到国内海禁尚未废除，国内存在对华侨勒索、敲诈、打击、诬陷的积弊。为此，他建议"申明新章，豁除海禁"，扫除对待华侨的种种不良做法。他的建议被政府主管当局采纳，南洋华侨至今十分感谢和怀念他。

甲午战争爆发后，黄遵宪离任回国。他出面主持与日本领事交涉苏州、杭州开办租界的谈判。他鉴于鸦片战争以来沿海开埠丧失治外法权的教训，答应可以把苏州、杭州市政建设尽可能搞好，但拒不允诺治外法权，力图保护国家权益。此事虽因他故未成，但他这种办外交的思想和作为无疑是正确的，在当时就得到好评。与当时许多糊里糊涂办外交的人相比，黄遵宪的确是一个时刻注意维护国家主权的具有爱国主义思想的外交家。他还总结自己外交工作的经验，提出挪展、渐摩、抵制诸法。这样用心办理外交，并且对经验加以总结，在清代外交官中是不多见的。

第三，《马关条约》签订后，黄遵宪痛感"一腔热血，无地可洒"，难忍国家"净土化为腥膻",逐步走上变革社会的道路。1895年,他先后在上海和北京加入由康有为和梁启超设立的强学会。1896年,创办上海《时务报》,宣传变法图存主张。同年,黄遵宪受光绪帝召见,回答"泰西政治何以胜中国"时,他坦陈"泰西之强,悉由变法"。随后,黄遵宪任湖南长宝盐法道,署湖南按察使。他在湖南与巡抚陈宝箴,以及维新人士谭嗣同、唐才常、梁启超等合作,推行新政。湖南成为率先进行维新活动的省份。戊戌政变后,黄遵宪以"推崇西教","诋毁朝政","创为民主民权之说"等罪名,被撤销使日大臣的任命,并被革职"放归"原籍。

第四,黄遵宪是晚清著名的爱国诗人,又是最早撰写日本明治维新历史的史学家。他诗作丰富,结集的代表作有《日本杂事诗》和《人境庐诗草》,广为传播。首倡"我手写吾口,古岂能拘牵",高擎诗界革新的旗帜,把新事物、新理想融入旧风格,被梁启超誉为"近世诗界三杰"之冠。黄遵宪使日期间,怀着了解驻在国的使命感,结交日本友人,网罗旧闻,参考新政,收集丰富资料,写出一部反映日本历史,特别是明治维新后的日本历史的《日本国志》。该书1887年成书,抄送总理衙门和李鸿章等人,可惜没有得到重视。甲午失败以后,人们才注意到它的价值。

今天人们没有忘记黄遵宪。在那个时代条件下,黄遵宪的职衔不高,每一任职,都虚心学习,认真办事,处处从维护国家利益着想。他对历史做出了自己的贡献。黄遵宪是一个值得纪念的历史人物。他留给我们的许多宝贵记录,值得历史学家研究和总结,以丰富我们对中国近代史的认识,作为21世纪中国人的借鉴。

《黄遵宪年谱长编》以年系月,逐日记载黄遵宪生平事迹,网罗旧闻,不遗余力。每年起始,增补当年国内外大事,以明了谱主所处的时代环境,很有创意。黄遵宪故乡的学者悉心编撰这部年谱长编,用力甚勤,对谱主所作诗歌,颇多爱惜,不使遗漏,也许为谱主当年自己编辑诗草所不及,这是可以理解的。

受托写序,实不敢当,谨赘言于此,请编者、读者指正!

张海鹏

2019年6月3日

于北京东厂胡同一号

《中日媾和研究》序[*]

日本关东学院大学教授殷燕军著《中日媾和研究》2007年在东京柏书房出版，现经作者修订，即将在香港商务印书馆推出繁体字版。承著者不弃，嘱我作序。殷教授学有专攻，对中日战争赔偿问题、对近代日本政治体制问题，都有精深研究，中日媾和问题研究是在中日战争赔偿研究之后所做的学术构思。我对此素无研究，很愿意拜读，弥补我的知识欠缺。

作者在他的著作中主要讨论的是迄今为止中日两国三方（中国大陆，台湾与日本）围绕媾和问题，即和平条约及战争处理展开的政策制定、外交谈判过程，厘清主要争论和分歧问题，思考战后中日媾和问题全过程，探讨在国际法上，中日两国之间是否应该缔结和平条约，正式宣布结束战争状态、建立国际法意义上的和平，寻求最终实现两国真诚和解的基本思路。

作者有关"旧金山和约"后日蒋之间"议和"研究，是我感兴趣的。作者利用了丰富的档案史料，所做研究是扎实可靠的。日本政府服从美国对华政策并从自身需要出发，与台湾当局"缔约"谈判长达60多天，日本不承认台湾"政权"代表全中国，在与台湾当局签订的"和平条约"中明确规定该条约只适用于台湾政权控制的地区，为日本与中国之间和平条约及解决战争问题留下了空间。这是所谓"吉田书简"的基本精神。我还了解到，所谓蒋介石自愿放弃战争赔款也不是真实的，实际上是美、日逼迫的结果。也许我是孤陋寡闻，这些历史陈账，在其他的研究中似乎未读到过。我猜想，1972年中日复交谈判时，

---

[*] 殷燕军：《中日媾和研究》，香港商务印书馆，2019。

中方似乎是不知道这些历史细节的。

　　当然，考虑中日关系问题，所谓"日台和约"是不可能有它的合法地位的，是不可能用国际法来解释的。道理很明白，1949年10月1日中华人民共和国成立，是一场国内大革命的结果，国民政府被彻底推翻，残余力量逃到（台湾习惯于用"播迁"来掩饰）台湾蜗居起来，相当于中国历史上的南明残余势力。从国际法来说，中华人民共和国完全继承了中华民国的历史遗产，包括土地和人民。尽管还有曾经代表过中国的一些人打着"中华民国"的旗号盘踞在中华人民共和国的一小块土地上，而且得到了美国等国家的支持，但是从法理上说，在台湾的那股势力已完全丧失了代表中国的权力。1971年联合国2758号决议明确宣布了中华人民共和国政府是中国唯一合法政府，这个决议虽然迟到了，但毕竟承认了既有事实。

　　从"日台条约"不是一个合法的条约来说，1972年中日复交谈判时，中方不知道那些细节是完全没有关系的。今天从学术研究的角度回顾当初"日台条约"谈判的细节，对于我们重检中日媾和还是有意义的。

　　1972年中日复交谈判是一个特殊的历史时期的产物。特殊在于那个既定的历史时期。日本担心"尼克松冲击"把日本甩下了，日本有急迫感。中方因中苏交恶，亟须改善国际关系；国内"文革"正处在困难时期。双方都有急迫的现实需要。中方虽然提出了复交三原则，但是为了"照顾"日本的困难，灵活处理了三原则。这就是在《中日联合声明》新闻公报中未坚持表述"日台条约"是非法的、无效的、必须废除这一原则。但是《联合声明》表达了"日本国政府承认中华人民共和国政府是中国的唯一合法政府"，这满足了中国的要求，间接否定了台湾当局的"代表权"。《联合声明》"自本声明公布之日起，中华人民共和国和日本国之间迄今为止的不正常状态宣告结束"，这句话留下了解释空间。这句话没有明确宣布结束中日两国之间的战争状态，如果是"和约"，应该明确宣布这一点。仅仅说"不正常状态宣告结束"，可以理解为1949年10月以后中日之间的不正常关系。这个模糊表述，从一定意义上满足了日本政府的要求，因为它在"日台条约"中宣布了这一条；同时又等于间接肯定了非法的"日台条约"。

　　"照顾"日本政府的困难，有它当时的现实理由，不是不可以理解的。但是这又为从国际法的角度解释复交三原则,解释《中日联合声明》带来了隐患。日本的困难要害在于,它既要坚持"日台条约"的实质合法性,又要面对站在面前的这个代表中国唯一合法政府的中华人民共和国的代表;它不想放弃"吉田书简"有关台湾当局不能代表全中国,只能代表中国的那一很小的部分(尽管这一点也是不合法的。前面说过完全继承的道理是站得住的),又想让中国政府承认这个观点。中方当时应该坚决否定"吉田书简"这个观点,不允许它在联合声明中有丝毫痕迹。

殷教授的研究告诉我们,"吉田书简"的观点,后来的历届日本政府并不是一贯坚持的,有时是反对的,有时认为"日台条约"就是与中国签订的条约。这完全违背了"吉田书简"的精神。可见国际法有所谓"禁止反言"的说法,在现实面前是不能落实的。日本政府不断在"反言"。既然日本政府都不坚持"吉田书简"的精神,日本政府还有什么困难呢?日本政府事实上已不存在的"困难",中方还有必要加以"照顾"吗?

殷教授的《中日媾和研究》还透露一些战时细节。这就是宣战问题。除了珍珠港事变后中国政府对日宣战外,日本政府始终未对中国宣战。战时日本军政当局还不断就是否对华宣战进行讨论,提出国际法的理由,认为宣战是国际法的必要程序,不宣战表示不承认战争状态的存在。不存在战争状态当然就没有"战后",没有"缔和"问题。我认为,这些讨论,在国际法上是没有根据的。说穿了,日本军政当局讨论宣战的国际法问题,只是一个幌子。日本军政当局根本就没有设想所谓"战后"问题,他们对占领整个中国很有把握,至少占领中国东部地区。这是甲午战争前后日本政治家和军事家的理想,再早一点,是丰臣秀吉的理想。卢沟桥事变爆发,日本就狂妄地宣布三个月占领中国,1938年又提出不以国民政府为对手。这些都透露了日本军阀们尽快占领全中国的妄想。整个中国都占领了,还有什么"战后"问题,还需要考虑"缔和"吗?

撇开日本的野心不说,单从国际法的角度说,日本军政当局的讨论也是在强词夺理。

我们研究中国近代史,深感近代中国对所谓国际法是软弱无力的。帝国主义列强不把中国作为讨论国际法的对象,对他们有利就祭出国际法的大旗,对他们无利,就把国际法撇在一边。1901 年 1 月在西安行在的慈禧太后以皇帝名义发布上谕,批准"议和大纲"说:"今兹议约,不侵我主权,不割我土地,念列邦之见谅,疾愚暴之无知",对侵略者感激涕零。它把主权理解为慈禧本人的统治权,而不知道主权原则是国家的最高原则,是国际法的基本出发点。

关于宣战问题,义和团战争即八国联军侵华战争,存在着与日本侵华战争同样的问题。八国联军以 10 万之众,打进中国,占领天津、北京(京师)、保定以及华北各城镇,历时数月之久,完全是战争行为,可是八国不承认它们与中国之间存在着战争状态。中国清政府也不敢承认与八国之间存在着战争状态。清政府虽然给各国驻华公使馆发出了照会,似乎是最后通牒,但仔细看照会,不过说"现在京城拳会纷起,人情浮动",考虑到各国使馆"情形危险","中国实有保护难周之势",请各使馆在 24 小时之内"前赴天津,以免疏虞"。显然不能把这看作宣战照会。实际上,这个照会未发生作用,各国使馆人员并未到天津躲避。

没有宣战,就不算战争吗?就不要缔结和约吗?看看国际法学者怎么说吧。

格老秀斯虽把宣战作为战争开始的必要步骤,但往后的国际法学者有不同的说法。步伦(J. C. Bluntschli)在《公法会通》(*Le droit international codifie*)认为,一国对另一国宣战,或虽未宣战而侵入另一国领土,或封闭另一国的海港、海岸,就是战争状态的开始。阿·菲德罗斯等著《国际法》(1981 年中译本)也有类似说法。1907 年制定的关于战争开始的海牙公约第一条"缔约国承认非有预先明确的警告,或用说明理由的开战的形式,或用附有条件的宣战的最后通牒的形式,彼此间不应开始敌对行为"。看起来,海牙公约也未把宣战列为战争开始的必需要件。高野雄一《国际法》(弘文堂 1986 年改定版)认为,"不存在战争开始的实质性要件。宣战或最后通牒或开战手续等问题并非行使战争的实体要件"。

国际法学者的意见很难约束侵略者。1900 年 6 月,各国海军陆战队 1000 人攻占大沽炮台。7 月,1.2 万联军士兵占领天津,在天津成立军事殖民机构。8 月,1.88 万联军士兵攻下北京,在北京实施分区占领。9 月,联军总司令瓦德西率领 2 万人进入进京。1900 年 12 月后,联军组成"讨伐队",对北京四周保定、张家口、正定、井陉以及山东扩大侵略。据统计,八国联军在华兵力超过 10 万。这是未经宣战的赤裸裸的侵略战争行为。战争期间,既未宣布断交、撤使,也未宣布废约,战争法里规定的这些程序一个也未履行。可是,议和这个程序却没有遗漏。议和是结束战争的基本步骤。中外庚子议和长达 8 个月。不存在战争状态,为何还要议和?议和不仅是宣布结束战争的必要一着,而且是胜利方攫取胜利成果的法律保障。奕劻、李鸿章报告议和情况说:"窃查泰西通例,各国开战之后,原定条约即须作废,另立新约。臣等此次奉命议和,应分两端:一为各国重联旧好之总约,一为各国通商善后之分约。总约仅止商结目前战争,提纲挈领,条款无多。分约则通商权税之数,往来交涉之繁,条分件系,纤细必集,稍或疏漏,日后辄繁辩论。"清政府负责议和的官员对战争与议和这一套程序是清楚的,八个侵略国家对议和是抓得很紧的。

日本侵华战争的情形与八国联军侵华情形大致相同。不同的是战争延续时间极久,说 8 年可以,说 14 年可以,还可以说得更长。没有宣战,没有断交,没有撤使,只有实际的战争行为,只有超过百万的日本军人占领大半个中国。用国际法能约束日本侵略者吗?用国际法能约束德国、意大利侵略者吗?用国际法能约束往后其他的侵略者吗?

假设战争的结果不是日本失败,就没有议和的可能了。恰恰日本在战争中失败了,中国是胜利一方。照国际通例,议和主动权应该在中国一方。恰在此时,中国国内出现了新政权取代旧政权的巨大变动,国际上也出现了战后新动向。对日议和问题被敌视中国的美国掌控了,中国被排斥在对日议和之外,这是战争史上脱出常轨的怪现象。由此也就产生了殷教授研究中日媾和问题的兴趣。

中日之间 8 年战争或者 14 年战争,未曾按照国际法结束战争的程序正式缔结和约,的确有许多学术问题值得探讨。"日台条约"不能算中日之间的议和条约,这是毋庸置疑的。《中日联合声明》是复交声明,似乎中日双方都未承认它是中日议和条约。中日复交已近 50 年。中日之间的现实关系在渡过了几年的难关之后,目前正处在恢复正常关系的当口。但是横亘在中日之间的历史认识问题,几乎看不到消弭的迹象。中日两国之间存在着现实利益的某些冲突,这是正常的。许多国家之间都存在类似现象，这些通过谈判应该可以解决。唯有历史认识问题，是无形的，也是有形的，比较不易解决。关于议和问题是不了了之呢，还是在某种友好的气氛下重新探讨呢？

也许这是野人献曝，瞎操心呢！

2019年6月28日

北京东厂胡同一号